131가지 핵심 포인트로 끝내는
오피스 2010

오피스튜터 지음

엑셀, 아웃룩, 파워포인트, 워드, 원노트, 퍼블리셔, 쉐어포인트, 쉐어포인트 워크스페이스

정보문화사
Information Publishing Group

131가지 핵심 포인트로 끝내는
오피스 2010

초판 1쇄 발행 | 2010년 5월 12일
재판 5쇄 발행 | 2011년 10월 26일

저자 | 오피스튜터
발행인 | 이상만
발행처 | 정보문화사
주소 | 서울특별시 종로구 동숭동 1-81
전화 | 02)3673-0039(편집부), 3673-0114(대)
등록번호 | 제1-1013호
ISBN | 978-89-5674-496-4
가격 | 13,000원

도서 문의 및 A/S 지원
정보문화사 홈페이지 | http://www.infopub.co.kr
저자 홈페이지 | http://www.officetutor.co.kr

정보문화사는 독자 여러분의 의견에 항상 귀를 기울이고 있습니다.

저자의 글

아마도 많은 독자분들은 아직도 오피스를 그저 문서 작성 도구로만 생각할 것이다. 틀린 말은 아니지만 문서 작성 도구로만 이해하기엔 오피스는 너무나 강력한 제품이다. 아직도 오피스에 대한 대중적 이해가 충분하지 못함에 '오피스튜터'로서 반성이 앞선다.

오피스 2010의 출시를 위해 2007, 2008년 MVP Global Summit 때부터 차기 버전에 대해 본사 개발팀과 미팅을 해왔고, 2009년에는 베타 테스트, RC 빌드와 RTM 빌드를 검토하였다. 먼저 경험한 사용자로서, 오피스 2010은 이전에 비해 소셜 네트워크, 클라우드 컴퓨팅, 스마트 폰 등 새로운 IT 기술에 맞게 진화되었다고 말할 수 있다.

마이크로소프트 오피스는 엑셀, 파워포인트, 워드, 퍼블리셔와 같은 문서 제작 프로그램과 아웃룩, 원노트, 쉐어포인트 워크스페이스와 같은 자기 계발 및 협업 지원 도구로 나눌 수 있다. 정보 근로자에게 중요한 것은 문서를 빨리, 잘 만들어 내는 것뿐만 아니라 회사 내부 및 외부 자원과의 원활한 커뮤니케이션과 협업을 통해 성과를 내는 것이다. 이러한 문제 인식을 기반으로 이번 책에서는 그동안 잘 다뤄지지 않았던 아웃룩, 원노트, 쉐어포인트 및 쉐어포인트 워크스페이스에 대한 파트를 별도로 두어 협업과 관련된 기능을 파악할 수 있도록 도왔다.

(주)오피스튜터를 설립한 지 10년을 맞이했다. 때마침 오피스의 새 버전인 2010의 런칭에 맞춰 책을 출간하게 된 것에 뜻 깊게 생각한다. 원고에 미흡한 점이 있더라도 독자 분들의 너그러운 양해를 구한다. 이 책의 기획 단계부터 수고해주신 마이크로소프트 이승식 부장님, 정보문화사 김우진 팀장님, 오피스튜터 권은정 팀장님, 꼼꼼히 감수를 보느라 고생하신 이미향님, 이경희님 그리고 원고를 집필해주신 네 분의 오피스튜터 파트너 강사님들께 깊은 감사를 전한다.

미리보기

레슨

각 레슨마다 제시되어 있는 주제어와 해당 아이콘으로 핵심 내용을 파악할 수 있고, 배울 내용을 미리 제시함으로써 본문을 시작하기 전에 먼저 내용을 파악할 수 있습니다.

point

본문 내용에 대하여 추가적으로 알아야 세부 사항이나 중요 사항을 보충 설명합니다.

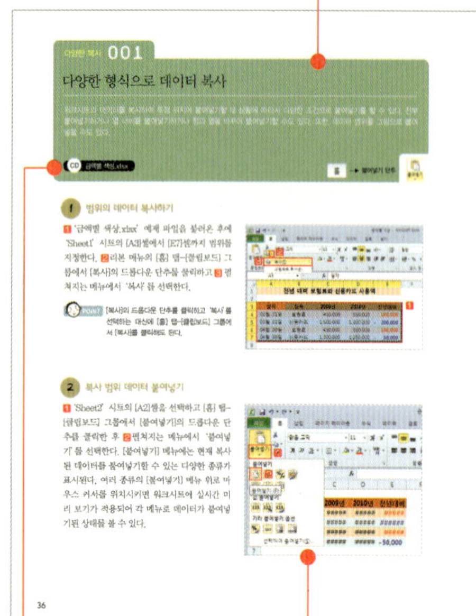

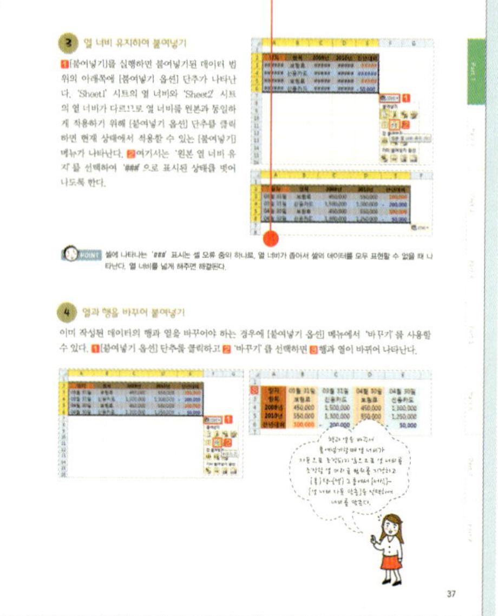

예제 파일

각 레슨에서 배울 내용을 따라할 수 있도록 예제 파일을 제공합니다.

따라하기

각 따라하기 내용의 핵심이 되는 제목과 함께 따라하기 번호 순서에 따라 진행할 수 있도록 구성하였습니다.

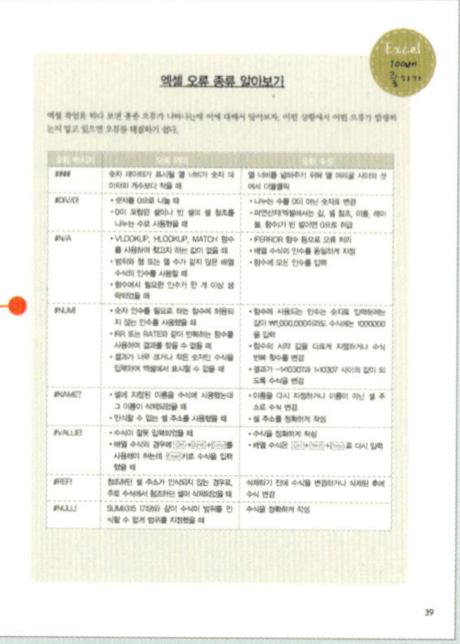

파트

마이크로소프트 오피스 2010의 대표 프로그램인 엑셀, 아웃룩, 파워포인트, 워드, 원노트, 쉐어포인트, 쉐어포인트 워크스페이스, 퍼블리셔를 프로그램별로 구성하여 새로운 기능을 중심으로 학습합니다.

엑셀 100배 즐기기

본문 내용에서 한 단계 더 나아가 알아두면 좋을 것 같은 내용을 담아 엑셀을 좀 더 효과적으로 활용할 수 있습니다.

예제 파일 다운로드

이 책에서 사용된 예제 파일 및 완성 파일은 정보문화사 홈페이지(www.infopub.co.kr)의 통합 자료실에서 다운로드 받을 수 있습니다.

1 정보문화사 홈페이지(www.infopub .co.kr)의 통합자료실에 접속합니다. 하단 [SEARCH]의 검색란에 책 제목을 입력하고 [검색] 버튼을 클릭 합니다.

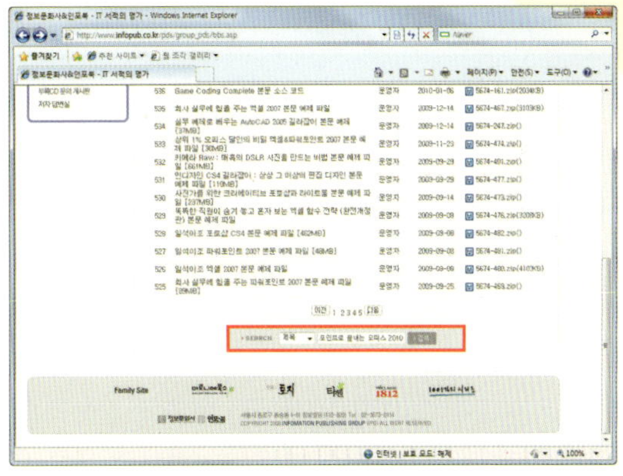

2 검색 화면이 나타나면 [파일]에서 예제 파일을 클릭하여 다운로드합 니다.

프로그램 소개

 **엑셀** EXCEL 2010

엑셀 2010은 정보를 분석하거나 관리 및 공유할 수 있는 다양한 기능이 추가되었습니다. 데이터 분석 및 시각화 도구를 이용하여 중요한 데이터 추세를 추적 및 강조할 수 있을 뿐 아니라 웹을 통한 파일 편집이 가능하여 여러 사람과의 공동 작업 효율을 높일 수 있습니다. 또한, Office Excel Mobile 또는 Office Excel 웹 응용 프로그램을 이용하여 이동 중에 데이터를 액세스할 수 있습니다.

 **아웃룩** OUTLOOK 2010

아웃룩 2010은 넘쳐나는 메일을 효율적으로 관리 및 활용할 수 있도록 도와줍니다. 같은 주제에 해당하는 전자 메일을 구분하고 범주, 추가 작업, 정리할 수 있으며, 전자 메일 대화 추적 및 관리를 통해 받은 편지함의 용량을 절약할 수 있습니다. 일정 공유를 통해 상대방의 일정을 파악하여 회의 혹은 모임의 효율적인 스케줄 관리가 가능합니다.

 **파워포인트** POWERPOINT 2010

파워포인트 2010에서 동영상 편집 기능이 강화되었을 뿐만 아니라 다양한 템플릿을 구현할 수 있도록 다양한 기능을 제공해 더욱 설득력 있는 프레젠테이션을 가능하게 합니다. 뿐만 아니라 스마트폰이나 웹을 통해 청중과 공유할 수 있어 아이디어를 더욱 효과적으로 전달할 수 있습니다.

 **워드** WORD 2010

워드 2010은 전문가 수준으로 문서를 작성할 수 있도록 기능이 개선되었고, 다양한 방법과 장소에서의 액세스가 가능하여 많은 사람과 공동으로 작업할 수 있습니다. 새로워진 기능으로 문서 작업에 필요한 시간과 노력을 절감해 봅니다.

원노트 ONENOTE 2010

원노트 2010은 효과적으로 메모를 저장하고 공유할 수 있습니다. 텍스트뿐만 아니라 사진, 오디오, 비디오 파일을 캡쳐하여 언제 어디서든 필요한 순간에 활용할 수 있습니다. 또, 웹이나 스마트폰을 이용하면 이동 중에도 필요한 정보를 사용할 수 있습니다.

퍼블리셔 PUBLISHER 2010

퍼블리셔 2010을 이용하면 전문가적인 발행물과 마케팅 자료를 제작할 수 있습니다. 그림 엽서, 브로슈어, 인사말 카드, 회보 등을 제작 시 포맷이 갖춰져 있어 별도의 디자인 작업 없이도 훌륭한 품질의 결과물을 만들 수 있습니다.

쉐어포인트 워크스페이스 SHAREPOINT WORKSPACE 2010

쉐어포인트 워크스페이스 2010은 그루브 2007의 새로운 이름으로 쉐어포인트 콘텐츠에 빠르게 액세스할 수 있어 효율적인 공동 작업을 가능하게 합니다. 쉐어포인트 라이브러리나 목록을 자신의 컴퓨터와 동기화하고 오프라인 상태에서 문서 및 양식을 손쉽게 업데이트할 수 있습니다. 뿐만 아니라 다시 온라인 상태가 될 때 자동으로 작업 내용을 서버로 동기화할 수도 있습니다.

쉐어포인트 SHAREPOINT 2010

쉐어포인트 2010는 기업이나 웹을 위한 비즈니스 공동 작업 플랫폼으로, 여러 기능이 통합된 세트를 통해 사용자를 연결하고 작업 효율을 높일 수 있습니다. 쉐어포인트 2010을 통한 협업으로 비즈니스 요구에 신속하게 대응하면서 통합 인프라와 관련된 비용도 절감할 수 있습니다.

차 례

PART 02 아웃룩 2010

아웃룩 2010을 이용하여 넘쳐나는 메일을 효율적으로 관리하고 활용하는 방법을 알아봅니다. 메일뿐만 아니라 일정, 연락처, 작업의 효과적인 기능에 대해서도 추가적으로 알아봅니다.

PART 03 파워포인트 2010

파워포인트 2010의 다양한 동영상 편집 기능과 디자인을 이용하여 프레젠테이션을 만들고 사무실뿐만 아니라 웹에서도 청중과 공유하는 방법을 알아봅니다.

PART 04 워드 2010

워드 2010의 맞춤법 검사, 다양한 효과, 향상된 검색, 번역 기능 등의 새로운 기능을 이용하여 필요한 문서를
따로, 또 같이 작성하는 방법을 알아봅니다.

PART 05 원노트 2010

원노트 2010을 이용하면 메모를 효과적으로 저장하고 공유할 수 있습니다. 텍스트, 사진, 오디오, 비디오 파일을 캡쳐하여 언제 어디서든 필요한 순간에 바로 꺼내어 활용할 수 있는 방법에 대해 알아봅니다.

PART 06 퍼블리셔 2010

퍼블리셔 2010을 통해 일반 사용자가 카탈로그, 브로슈어, 전단지, 뉴스레터, 업무 양식 등 다양한 유형의 발행물을 전문가 수준으로 쉽고 빠르게 만드는 방법에 대해 알아봅니다.

PART 07 쉐어포인트 워크스페이스 2010

쉐어포인트 워크스페이스 2010을 이용하여 자신의 컴퓨터와 서버 간에 문서를 업데이트하고 동기화할 수 있습니다. 협업을 가능케 하는 기능들에 대해 알아봅니다.

PART 08 쉐어포인트 2010

쉐어포인트 2010을 이용하여 로컬에 오피스 프로그램이 없더라도 웹 응용 프로그램에서 문서를 작성할 수 있습니다. 공동 작업과 문서 공유를 통한 효율적인 문서 작업 방법을 알아봅니다.

01 처음 만나는 오피스 2010

오피스 2010은 5개의 제품군으로 구성되어 있다. 작업 환경에 따라 적합한 제품군을 선택하면 되며, 오피스 2007 버전을 무리 없이 사용하던 환경이면 추가적인 하드웨어의 업그레이드 없이 사용할 수 있다.

 **어떤 제품군이 있을까?**

작업 특성에 따라 5가지의 제품군을 골라 사용할 수 있다.

제품명	구성 요소	
Microsoft Office Professional Plus 2010	• Microsoft® Excel® 2010 • Microsoft® Outlook® 2010 with Business Contact Manager • Microsoft® PowerPoint® 2010 • Microsoft® Word 2010 • Microsoft® Access® 2010 • Microsoft® InfoPath® 2010 • Microsoft Communicator • Microsoft® Publisher 2010 • Microsoft® OneNote® 2010 • Microsoft® SharePoint® Workspace 2010 • Microsoft Office Web Apps	
Microsoft Office Professional 2010	• Microsoft Excel 2010 • Microsoft PowerPoint 2010 • Microsoft Access 2010 • Microsoft OneNote 2010	• Microsoft Outlook 2010 • Microsoft Word 2010 • Microsoft Publisher 2010
Microsoft Office Home and Business 2010	• Microsoft Excel 2010 • Microsoft PowerPoint 2010 • Microsoft OneNote 2010	• Microsoft Outlook 2010 • Microsoft Word 2010
Microsoft Office Standard 2010	• Microsoft Excel 2010 • Microsoft PowerPoint 2010 • Microsoft OneNote 2010 • Microsoft Office Web Apps	• Microsoft Outlook 2010 • Microsoft Word 2010 • Microsoft Publisher 2010
Microsoft Office Home and Student 2010	• Microsoft Excel 2010 • Microsoft Word 2010	• Microsoft PowerPoint 2010 • Microsoft OneNote 2010

2 오피스 2010을 설치할 수 있는 환경은?

오피스 2007을 사용하고 있는 수준의 시스템 사양이면 오피스 2010도 사용할 수 있다. 시스템 요구 사항을 구체적으로 살펴보면 다음과 같다.

구성 요소	요구 사항
운영체제	Windows XP SP3, Windows Vista, Windows 7
프로세서	500MHz 이상의 32비트 또는 64비트 프로세서
하드 디스크	1.5GB 이상의 사용 가능한 디스크 공간이 필요하면 원본 다운로드 패키지를 제거하면 디스크 공간을 다시 사용할 수 있음
시스템 메모리	256MB이상
모니터 해상도	1024x768 이상의 고해상도
추가 요소	DVD–R/W 드라이브

02 오피스 2010 인터페이스 구성 요소

오피스 2010에 대한 전체 화면 구성을 살펴보면 다음과 같다. 오피스 2007에서 처음 소개된 리본 메뉴 체계를 사용하면서 오피스 단추의 역할을 [파일] 탭으로 변경된 것이 화면상의 큰 변화이다. [파일] 탭은 인쇄, 저장, 웹과 쉐어포인트에서 문서 공유 등에 대한 메뉴가 있다.

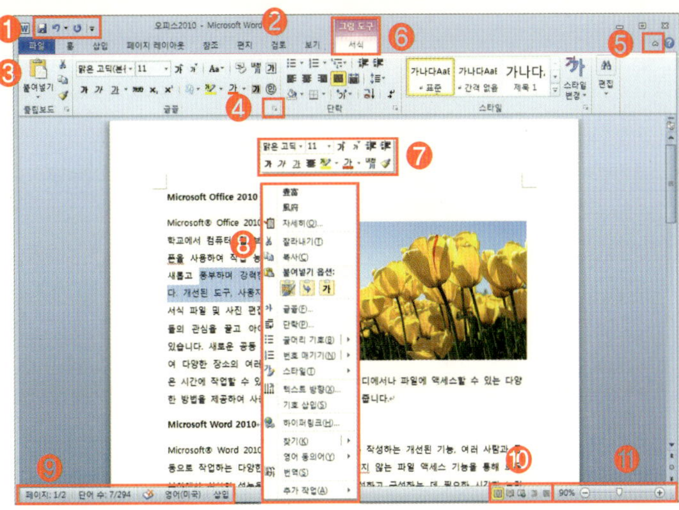

❶ **빠른 실행 도구 모음** : 저장, 실행 취소와 같이 자주 사용하는 명령들을 빠르게 사용할 수 있도록 모아놓은 곳으로, 위치 이동과 명령 단추 추가 및 삭제가 가능하다.

❷ **제목 표시줄** : 작업 중인 파일의 이름이 표시되고, 상황에 따라 추가되는 상황 도구 탭이 표시된다.

❸ **리본 메뉴** : 오피스 2007부터 소개된 메뉴로 [탭]-[그룹]-[명령 단추] 형식으로 구성된다. [탭]은 관련 명령 단추들을 모아 놓은 메뉴를 나타내는 대표 명칭이고, 하나의 탭 안에서 관련 기능끼리 그룹으로 표시하고, 각 그룹을 구성하는 것은 기능을 실행하는 명령 단추들이다.

❹ **대화상자 표시 화살표** : 각 그룹 명칭의 오른쪽 하단에 표시되는 화살표(🔲)로, 화살표를 클릭하면 해당 기능을 보다 상세하게 설정할 수 있는 대화상자가 표시된다.

❺ **리본 메뉴 확대/축소 단추** : 창의 오른쪽 위의 꺾쇠모양(⌃)의 단추로, 화면을 넓게 사용하고자 할 때 리본 메뉴를 나타내지 않도록 설정할 수 있다.

❻ **상황 탭** : 작업하는 상황에 맞게 바뀌어 표시되는 탭으로 주로 디자인과 서식 탭이 나타난다.

❼ **미니 도구 모음** : 문서에서 작업 대상을 선택하면 작업에 많이 사용하는 서식이 모아진 도구 모음이 나타난다.

❽ **바로 가기 메뉴** : 작업하려는 대상에서 마우스 오른쪽 단추를 클릭하면 현재 상태에서 사용할 수 있는 메뉴를 보여준다.

❾ **상태 표시줄** : 현재 작업 상황과 관련된 정보와 메시지들이 표시된다.

❿ **여러 가지 보기 단추** : 문서의 화면 [보기] 형태를 선택할 수 있는 단추들이다.

⓫ **화면 확대/축소 단추와 슬라이더** : 창의 크기 배율을 조절할 수 있다.

03 오피스 2010 새로운 기능 찜하기

새로운 오피스 2010은 '언제 어디서나 쉽고 빠르게'를 공약으로 내걸었다. 협업 기능이 강화돼, 사무실에서 업무에 필요한 주요 기능들을 밀접하고 촘촘하게 연동했으며, PC/웹/모바일 연동 오피스를 지원하는 'MS 오피스 웹 앱스'가 그 정점을 이룬다. 그밖에 특징적인 새 기능으로는 엑셀 2010에서 지원하는 '스파이크 라인', 파워포인트 2010에서 지원하는 '슬라이드쇼 브로드캐스트' 등이 있다. 여기서는 본문에서는 다루지 않는 공통적인 새로운 기능에 대해 알아보자.

Microsoft Office Backstage-[파일] 탭

Microsoft Office Backstage는 오피스 단추 대신에 추가된 것으로, 새 파일이나 기존 파일 열기, 문서 속성 정의, 정보 공유 등을 비롯하여 문서를 열거나 닫을 때 주로 사용하는 명령들을 쉽게 찾을 수 있다. 특징적인 부분들에 대해 알아보자.

1 정보

정보 메뉴는 문서 속성, 문서 버전 관리, 문서 공유 권한 등을 지정할 수 있는데 창의 오른쪽에 문서에 대한 정보를 알기 쉽도록 문서 속성이 표시된다. 자동 저장이 되는 경우, 버전 관리에 저장 시간이 표시되고 저장되지 않은 파일의 사본을 찾을 수도 있다.

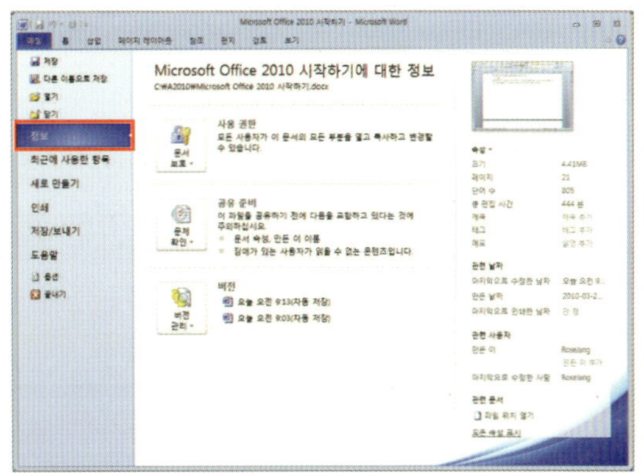

2 최근에 사용한 목록

최근에 사용한 목록은 매우 편리한 기능으로 왼쪽에는 최근 문서가 오른쪽에는 최신 작업 폴더 위치가 표시되어 보다 빠르게 쉽게 작업 문서를 찾을 수 있다. 또한, [빠른 실행이 가능한 최신 문서 수]를 지정해두면 문서를 찾는 작업이 더욱 빨라진다.

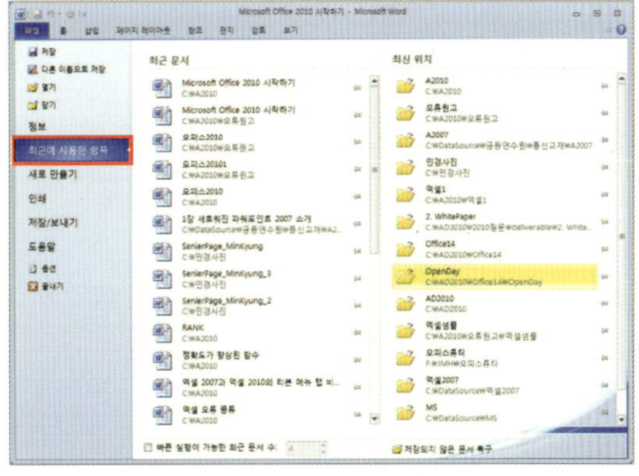

3 인쇄

페이지 설정과 인쇄 미리 보기 기능이 한 화면에 있어 바로 바로 페이지 설정을 하면서 설정된 내용을 미리 보기에서 확인할 수 있다. [페이지 설정]를 클릭하여 [페이지 설정] 대화상자를 표시하거나 [확대/축소] 단추로 미리 보기 배율을 조절할 수 있다.

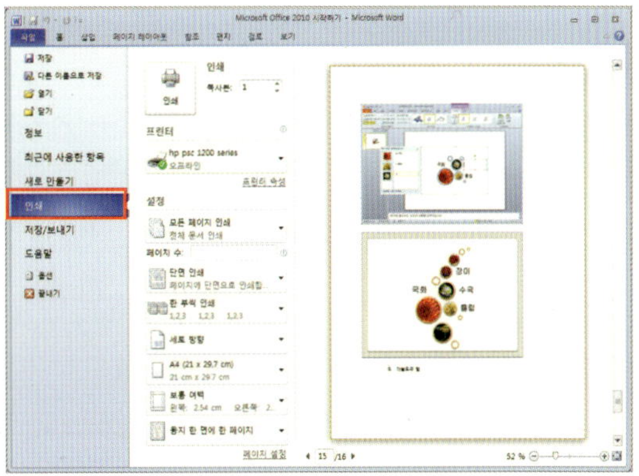

4 저장/보내기

[저장/보내기]에서는 문서를 일반적인 파일 저장이 아닌 다른 사람과 공유를 위한 저장 관련 옵션들이 위치한다. 웹 상에 있는 Windows Live의 Skydrive에 저장하거나 SharePoint에 저장하거나 블로그 게시물로 게시하거나 PDF/XPS 문서로 만들 수 있는 기능을 제공한다.

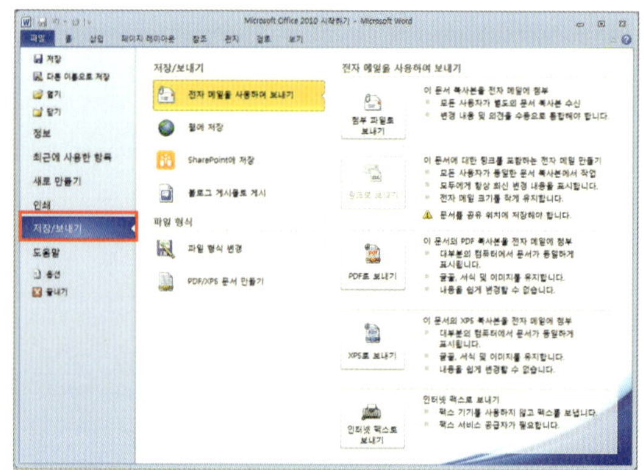

5 도움말

버전이 높아지면서 함께 발전하는 메뉴 중의 하나인 도움말은 온라인에서 도움말을 사용할 수 있을 뿐만 아니라 오피스 해당 제품의 온라인 지원 사이트로 바로 연결하여 정보와 교육, 질문을 할 수 있고 업데이트로 편하게 할 수 있다.

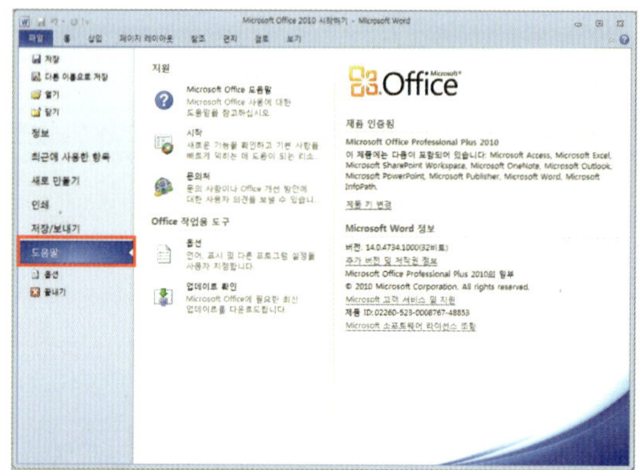

6 옵션

오피스 2007의 옵션과 비슷한 내용들을 포함하고 있지만, 항목 명칭들도 바뀌었고 리본 메뉴를 수정할 수 있는 [리본 사용자 지정] 항목이 눈에 띄게 추가되었다. 각 프로그램 별로 세심하게 사용자의 편의를 신경 쓴 조금씩 개선된 내용들이 추가되어 있다.

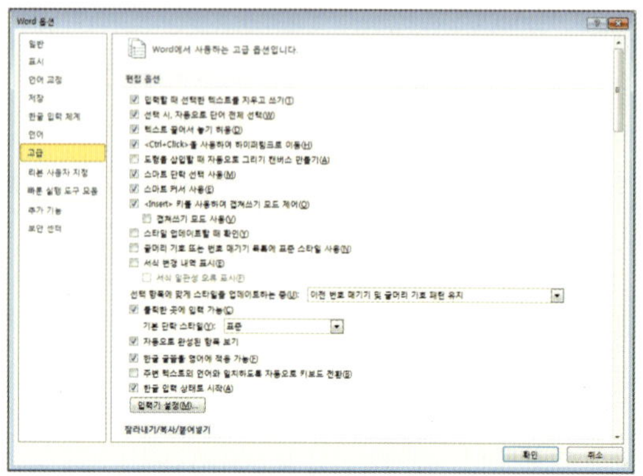

스크린샷

1 오피스 2010에서 눈에 확 띄게 추가된 기능 중의 하나로 특히 파워포인트나 워드에서 작업할 때 편리해진 기능이다. 화면 캡쳐를 쉽게 할 수 있어 전체 창의 캡쳐나 창의 일부를 캡쳐할 수 있다. **1**[삽입]-[일러스트레이션]-[스크린샷]을 클릭하면 현재 화면에 실행되고 있는 화면들이 표시된다. **2**그 중에서 캡쳐하려는 창을 클릭한다.

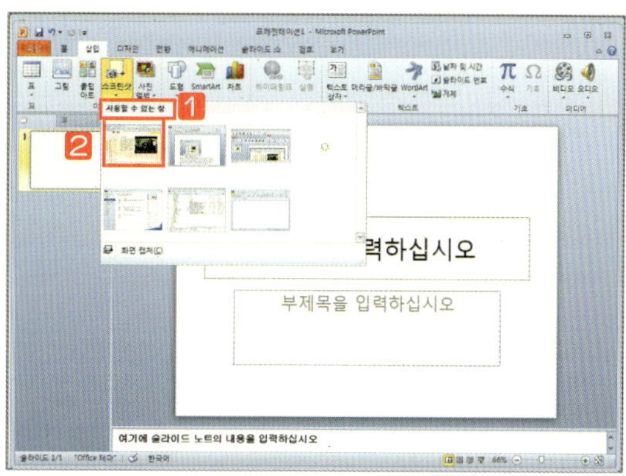

2 캡쳐하려고 클릭한 화면이 바로 프로그램에 그림으로 나타난다.

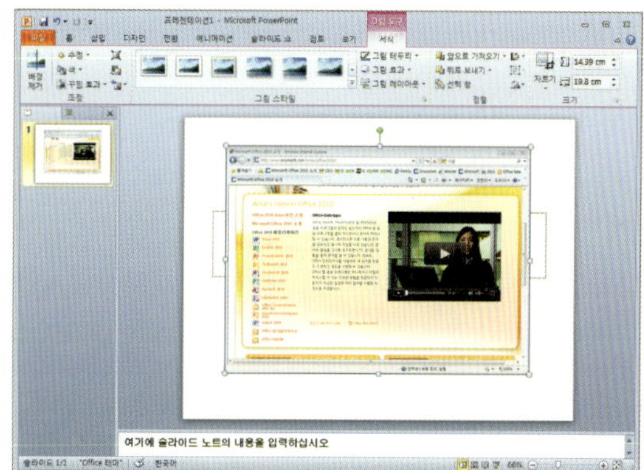

오피스 웹 응용 프로그램

오피스 웹 응용 프로그램을 사용하면 웹 브라우저를 기반으로 하여 워드 2010, 엑셀 2010, 파워포인트 2010 및 원노트 2010 파일을 볼 수 있고 간단한 편집도 할 수 있으므로 장소에 크게 구애 받지 않고 더 다양한 장치를 통해 문서들을 다룰 수 있다. 또한, 스마트폰을 사용하거나 인터넷에 연결되어 있는 컴퓨터를 통해 언제든지 작업 내용에 액세스할 수 있다. 단, Windows Live 문서 계정에 액세스하려면 Windows Live ID가 필요하다.

1. [파일]-[저장/보내기]-[웹에 저장]-
[로그인]을 클릭한다. 이때 Windows
Live ID가 있어야 한다. 없으면
[Windows Live 등록]을 통해 ID를
작성한다.

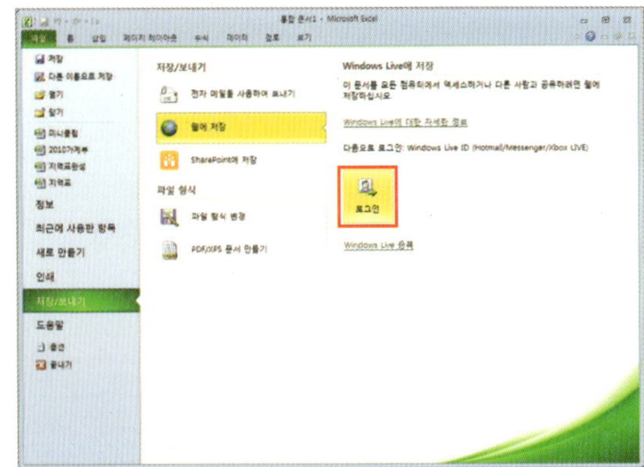

2. 다음과 같은 창이 나타나면 전자 메일
주소에 Windows Live ID와 암호를
입력한다.

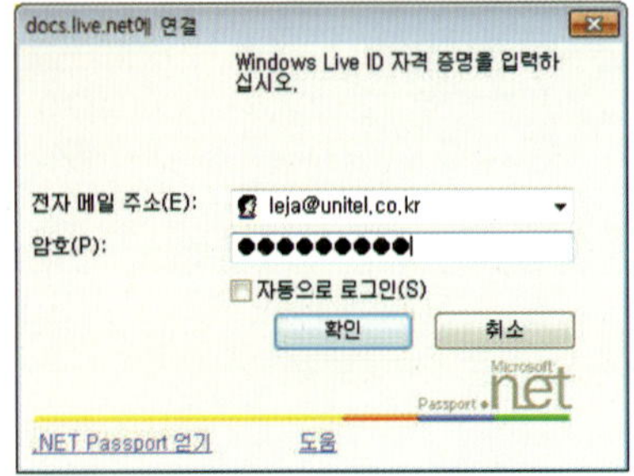

3. 다음과 같이 [서버에 연결하는 중]이
라는 메시지 창이 나타난다.

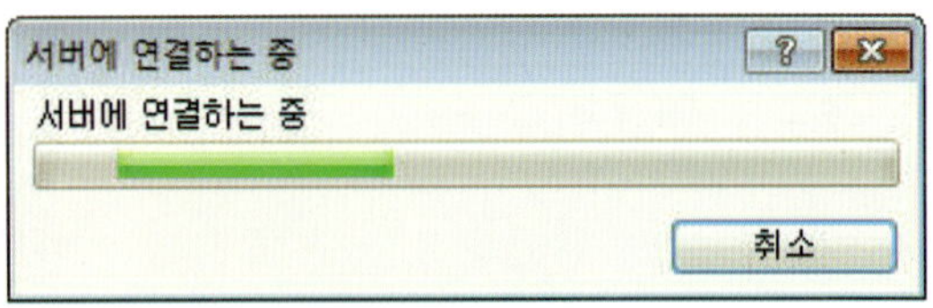

4. Windows Live에 로그인이 되면
Windows Live 저장 공간이 나타나
고 그 중에 한 곳의 폴더를 클릭한다.

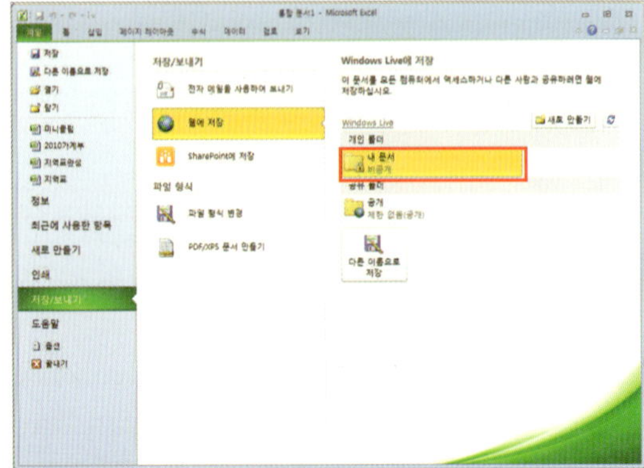

5 [다른 이름으로 저장] 대화상자가 나타나면 **1** 'Sample' 이라고 문서 이름을 지정하고 **2** [저장]을 클릭한다.

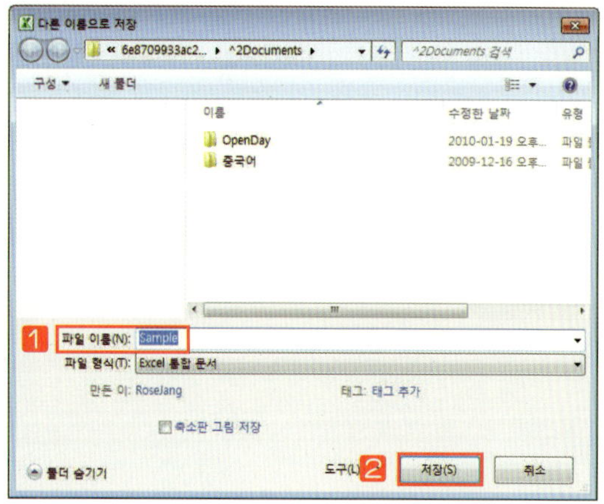

6 [파일]-[저장/보내기]-[웹에 저장]-[Windows Live]를 클릭하면 연결되는 사이트에서 **1** Windows Live ID와 암호를 입력하고 **2** 로그인한다.

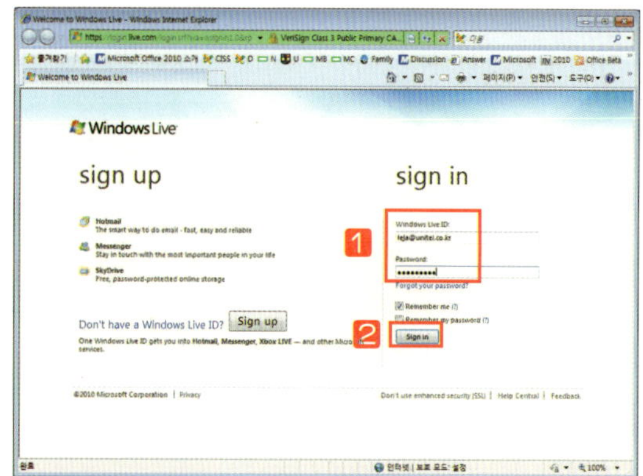

7 Windows Live에 로그인하면 프로그램에서 저장한 폴더에 문서가 저장되어 있는 것을 알 수 있다.

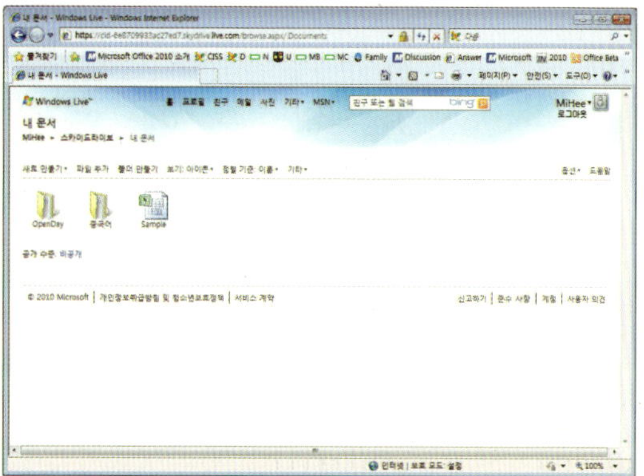

8 문서를 클릭한 다음에 나타나는 메뉴에서 [편집]을 클릭하면 문서를 편집할 수 있는 프로그램의 편집 화면이 나타내고 문서를 편집할 수 있다.

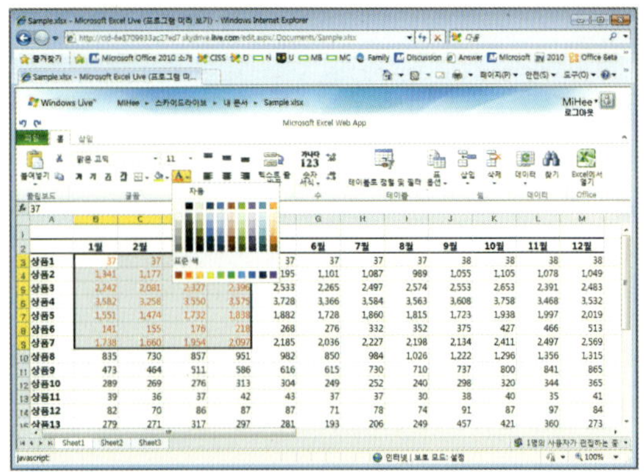

04 오피스 2010에서 보다 향상된 기능

이전 버전의 오피스에서 지원되던 기능 중 사용자 편의를 고려하여 그 기능이 대폭 향상된 기능들이 있다. 간단하게 알아보도록 하자.

편리해진 인쇄 페이지 설정

1 **1**[파일]-[인쇄]를 클릭하면 창이 두 부분으로 나뉘어 표시되는데 왼쪽은 인쇄 페이지 설정에 대한 항목들이 찾기 쉽게 배치되어 있고, 오른쪽에는 인쇄 미리 보기 상태가 표시된다. **2**[단면 인쇄] 항목을 클릭하면 인쇄를 단면 인쇄와 양면 인쇄 중에서 선택할 수 있다.

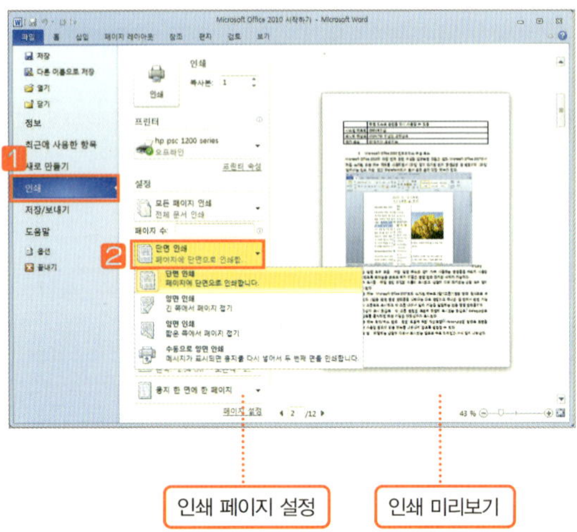

2 [모든 페이지 인쇄] 항목을 클릭하면 홀수 페이지 인쇄와 짝수 페이지 인쇄를 선택할 수 있다.

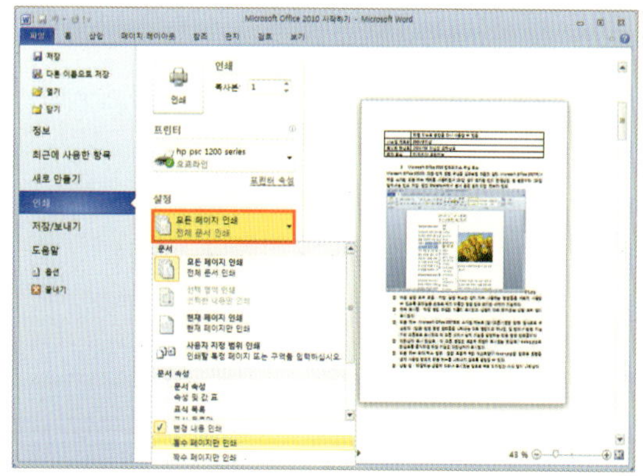

최근 문서 표시 개수

1 **1**최근에 작업한 문서들이 표시되는데 문서 이름 뒤에 있는 📌 를 클릭하면 🌐 로 변경되면서 최근 항목에 고정된다. **2**[빠르게 액세스 할 최근 문서 수]에 체크하면 [파일] 탭에 해당 문서가 표시되어 조금 더 빠르게 문서를 열 수 있다.

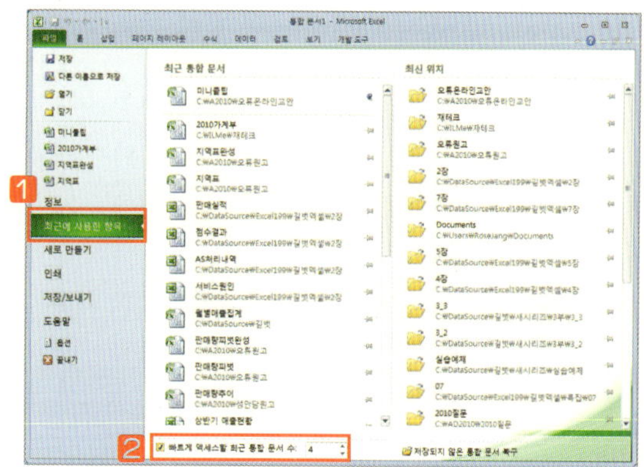

2 [저장되지 않은 통합 문서 복구]를 클릭하면 다음과 같이 [열기] 대화상자가 표시되면서 저장하지 않고 닫은 문서 목록이 표시되어 복구할 수 있다.

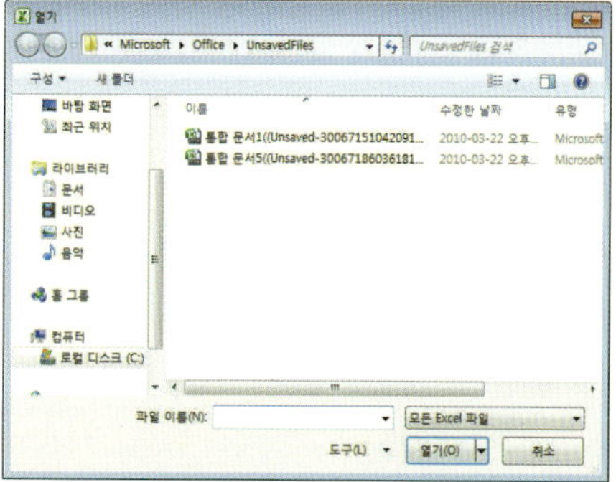

자동 저장 설정 기능

자동 저장 설정 기능에 [저장하지 않고 닫은 경우 마지막으로 자동 저장된 버전을 유지합니다.]를 체크 설정해둔다. 또한 [자동 복구 파일 위치]와 [기본 파일 위치]를 설정할 때, 이전 버전까지는 직접 경로를 입력해야 했으나 오피스 2010 버전에서는 [찾아보기] 단추로 지정할 수 있다.

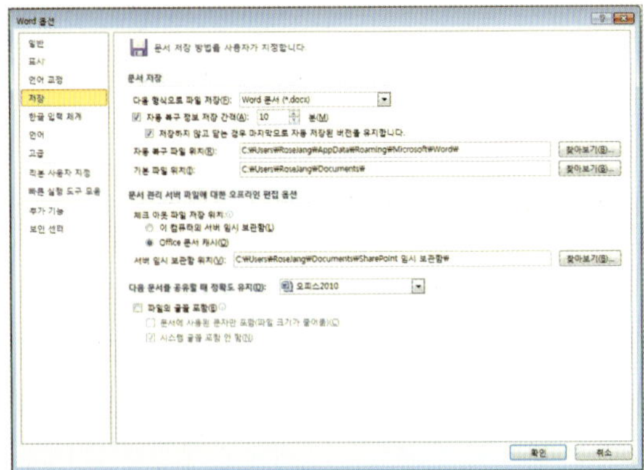

리본 메뉴 사용자 지정

1 오피스 2010 버전에서 가장 눈에 띄는 기능 중의 하나가 리본 메뉴를 사용자가 지정할 수 있다는 것이다. [파일] 탭-[옵션]을 클릭하고 나타나는 옵션 대화상자에서 **1**[리본 사용자 지정]을 클릭한다. **2**새로운 탭을 [홈] 탭 다음에 추가하기 위해 오른쪽 창에서 [홈] 탭을 클릭하고 **3**[새 탭]을 클릭한다.

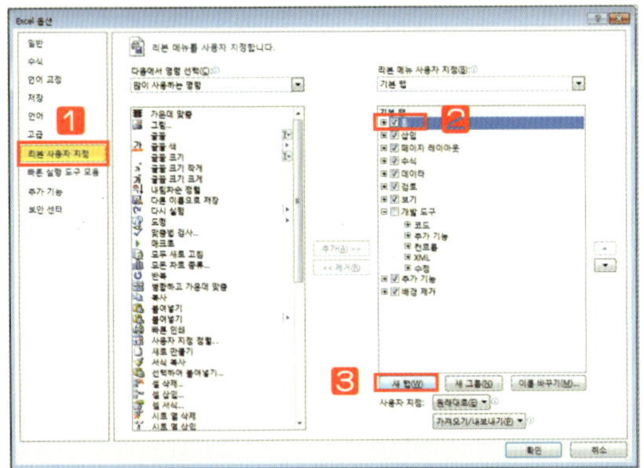

2 **1**[홈] 탭 다음에 [새 탭(사용자 지정)]이 추가되면 [이름 바꾸기]를 클릭해서 **2**나타나는 [이름 바꾸기] 대화상자에 '프로젝트'라고 입력한다. [확인]을 클릭한다.

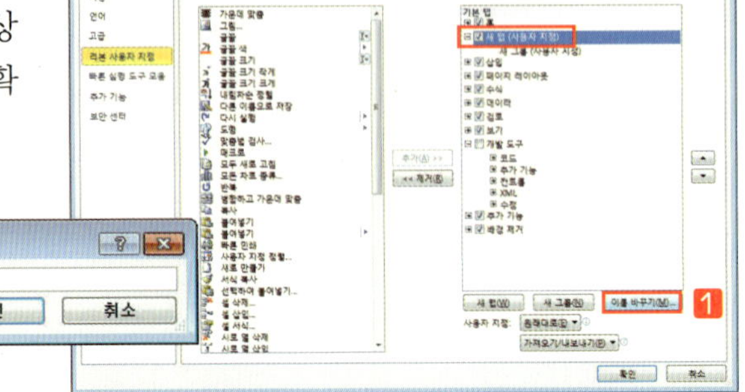

3 🟥[새 그룹(사용자 지정)]을 선택하고 🟧[이름 바꾸기]를 클릭한다. 🟩나타나는 [이름 바꾸기] 대화상자에서 [표시 이름]에 [색]이라고 입력한다. 🟦[확인]을 클릭한다.

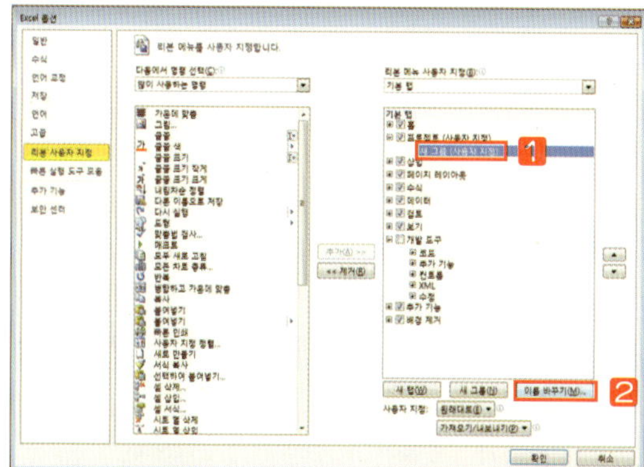

4 🟥옵션 창의 왼쪽에서 필요한 명령 단 추들을 선택하고 🟧[추가]를 클릭하여 오른쪽의 [프로젝트] 탭에 추가한다. 🟩[확인]을 클릭한다.

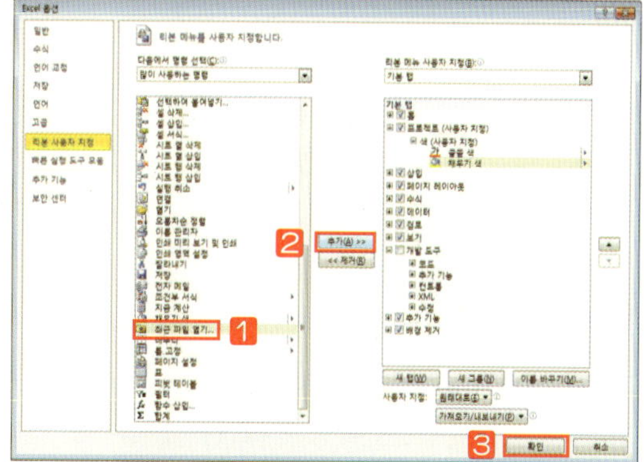

1 전문적인 그림 편집 프로그램이 부럽지 않을 정도로 그림 도구의 [서식] 탭 기능들이 향상되거나 새로 추가되어 그림을 멋지게 꾸밀 수 있다. **1**그림을 선택하고 [서식]-[조정]-[배경 제거]를 클릭한다. **2**변경되는 창에서 [배경 제거]-[고급 검색]-[제거할 영역 표시]를 클릭하고 그림에서 제거할 영역을 마우스로 클릭한다. [배경 제거]-[닫기]-[변경 내용 유지]를 클릭하면 배경이 제거된 그림이 나타난다.

2 그림을 선택하고 [서식]-[조정]-[꾸밈 효과]를 선택하면 다양한 효과를 제공하므로 적당한 효과를 실시간 미리 보기로 확인하면서 선택할 수 있다. 추가된 기능으로 [서식]-[그림 스타일]-[그림 레이아웃]에서는 다양한 SmartArt 도형들을 그림으로 채울 수 있다.

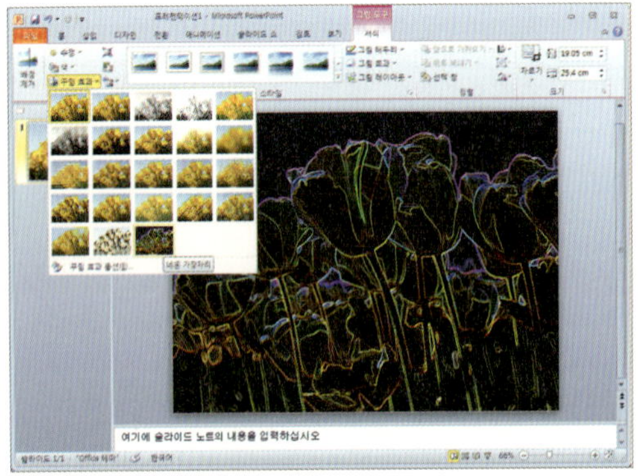

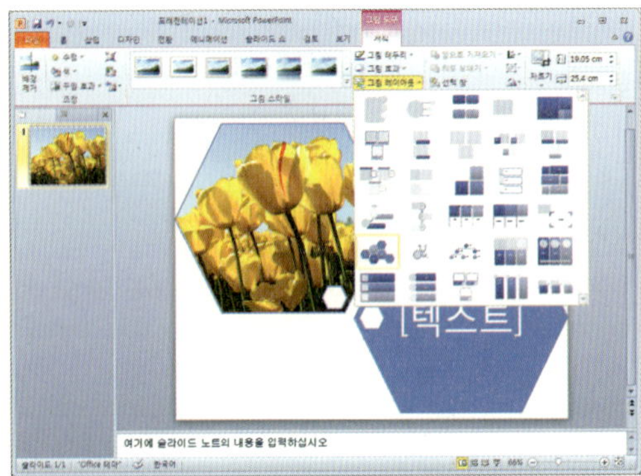

다양한 그래픽 제공

오피스 2007부터 SmartArt에 다양한 그래
픽이 제공되어 특히 파워포인트에서 작업이
편리해졌는데, 오피스 2010에서는 도형이
더욱 풍부하게 추가되어 선택을 다양하게
할 수 있다. 다음은 [거품형 그림 목록형]으
로 작업한 예이다.

개발도구 탭

오피스 2007에서는 [개발 도구] 탭을 특정
제품의 옵션에서 [기본 설정]해 놓으면 오피
스 제품 중 VBA를 사용할 수 있는 모든 제
품에 [개발도구 탭]이 표시되었다. 하지만,
오피스 2010에서는 개별 제품별로 [개발 도
구] 탭을 설정할 수 있다. 옵션 대화상자의
[리본 사용자 지정]에서 [개발 도구] 탭에 체
크 설정하면 [보기] 탭 다음에 표시된다.

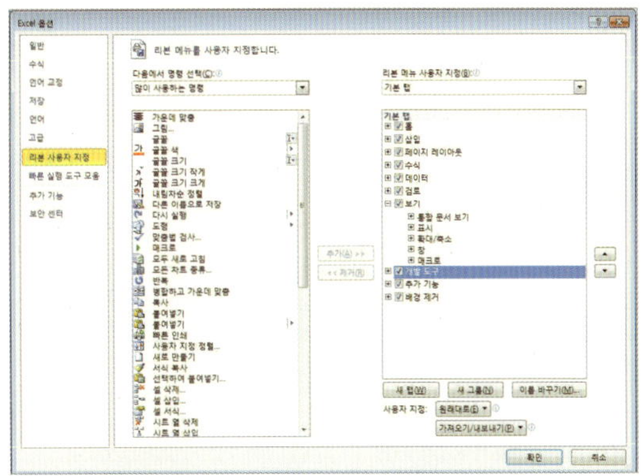

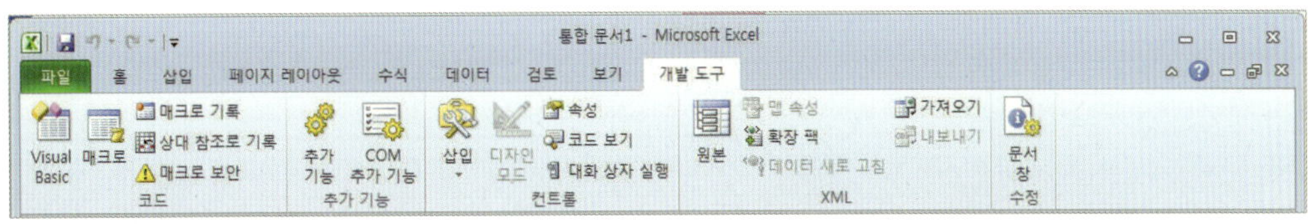

 EXCEL 2010

 OUTLOOK 2010

 POWERPOINT 2010

 WORD 2010

 ONENOTE 2010

 PUBLISHER 2010

 SHAREPOINT WORKSPACE 2010

 SHAREPOINT 2010

엑셀 2010은 정보를 분석하거나 관리 및 공유할 수 있는 다양한 기능이 추가되었습니다. 데이터 분석 및 시각화 도구를 이용하여 중요한 데이터 추세를 추적 및 강조할 수 있을 뿐 아니라 웹을 통한 파일 편집이 가능하여 여러 사람과의 공동 작업 효율을 높일 수 있습니다. 또한, Office Excel Mobile 또는 Office Excel 웹 응용 프로그램을 이용하여 이동 중에 데이터를 액세스할 수 있습니다.

PART 01

EXCEL 2010

다양한 형식으로 데이터 복사

워크시트의 데이터를 복사하여 특정 위치에 붙여넣기할 때 상황에 따라서 다양한 조건으로 붙여넣기를 할 수 있다. 전부 붙여넣기하거나 열 너비를 붙여넣기하거나 행과 열을 바꾸어 붙여넣기할 수도 있다. 또한, 데이터 범위를 그림으로 붙여넣을 수도 있다.

CD 금액별 색상.xlsx

홈 ···▶ 붙여넣기 단추

1 범위의 데이터 복사하기

1 '금액별 색상.xlsx' 예제 파일을 불러온 후에 'Sheet1' 시트의 [A3]셀에서 [E7]셀까지 범위를 지정한다. **2** 리본 메뉴의 [홈] 탭-[클립보드] 그룹에서 [복사]의 드롭다운 단추를 클릭하고 **3** 펼쳐지는 메뉴에서 '복사'를 선택한다.

POINT [복사]의 드롭다운 단추를 클릭하고 '복사'를 선택하는 대신에 [홈] 탭-[클립보드] 그룹에서 [복사]를 클릭해도 된다.

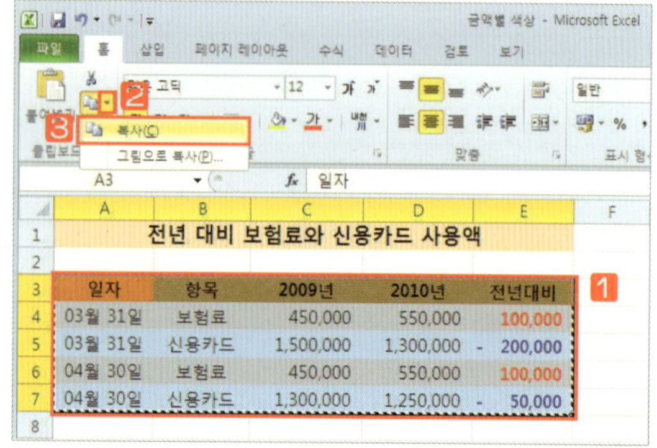

2 복사 범위 데이터 붙여넣기

1 'Sheet2' 시트의 [A2]셀을 선택하고 [홈] 탭-[클립보드] 그룹에서 [붙여넣기]의 드롭다운 단추를 클릭한 후 **2** 펼쳐지는 메뉴에서 '붙여넣기'를 선택한다. [붙여넣기] 메뉴에는 현재 복사된 데이터를 붙여넣기할 수 있는 다양한 종류가 표시된다. 여러 종류의 [붙여넣기] 메뉴 위로 마우스 커서를 위치시키면 워크시트에 실시간 미리 보기가 적용되어 각 메뉴로 데이터가 붙여넣기된 상태를 볼 수 있다.

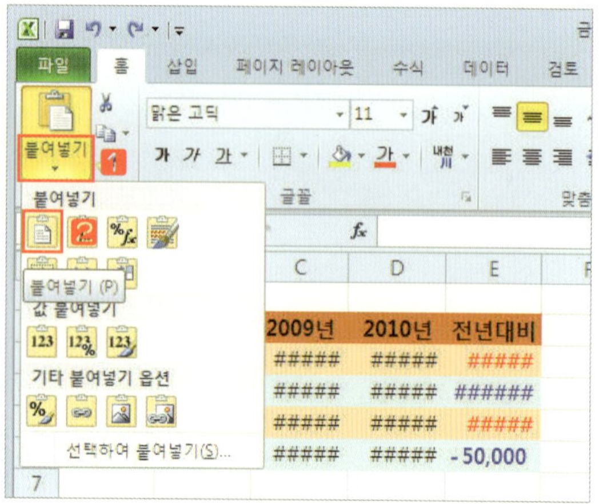

❸ 열 너비 유지하여 붙여넣기

❶[붙여넣기]를 실행하면 붙여넣기된 데이터 범위의 아래쪽에 [붙여넣기 옵션] 단추가 나타난다. 'Sheet1' 시트의 열 너비와 'Sheet2' 시트의 열 너비가 다르므로 열 너비를 원본과 동일하게 적용하기 위해 [붙여넣기 옵션] 단추를 클릭하면 현재 상태에서 적용할 수 있는 [붙여넣기] 메뉴가 나타난다. ❷여기서는 '원본 열 너비 유지'를 선택하여 '###' 으로 표시된 상태를 벗어나도록 한다.

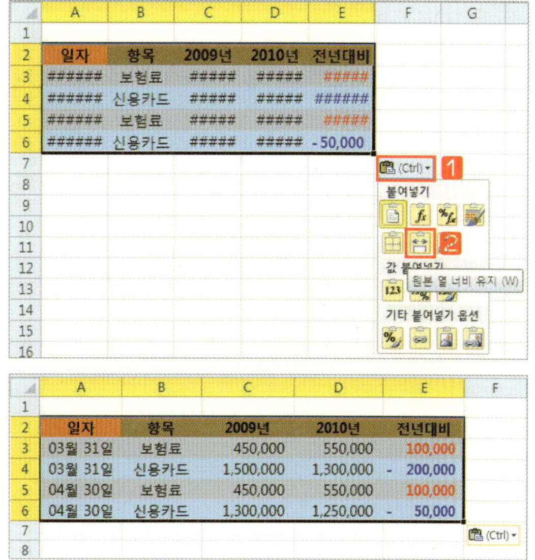

POINT 셀에 나타나는 '###' 표시는 셀 오류 중의 하나로, 열 너비가 좁아서 셀의 데이터를 모두 표현할 수 없을 때 나타난다. 열 너비를 넓게 해주면 해결된다.

❹ 열과 행을 바꾸어 붙여넣기

이미 작성된 데이터의 행과 열을 바꾸어야 하는 경우에 [붙여넣기 옵션] 메뉴에서 '바꾸기'를 사용할 수 있다. ❶[붙여넣기 옵션] 단추를 클릭하고 ❷'바꾸기'를 선택하면 ❸행과 열이 바뀌어 나타난다.

5 그림으로 붙여넣기

데이터 범위를 그림으로 복사할 수 있다. **1** [붙여넣기 옵션] 단추를 클릭하고 **2** '그림'을 선택한다.
3 데이터 범위가 그림으로 변경되면서 그림 틀이 표시된다. 그림 틀을 클릭하고 드래그하여 이동할
수 있다.

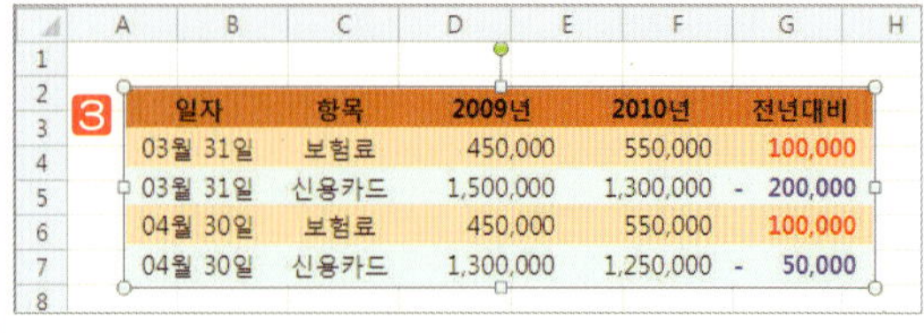

6 그림 데이터 보기 좋게 꾸미기

그림으로 붙여넣기된 데이터 그림은 [그림 도구]-[서식] 탭-[그림 스타일] 그룹의 모든 메뉴를 사용할
수 있다. [그림 스타일] 그룹에서 [그림 효과]-[3차원 회전]-[원근감 강조(왼쪽)]을 선택하여 꾸며 보자.

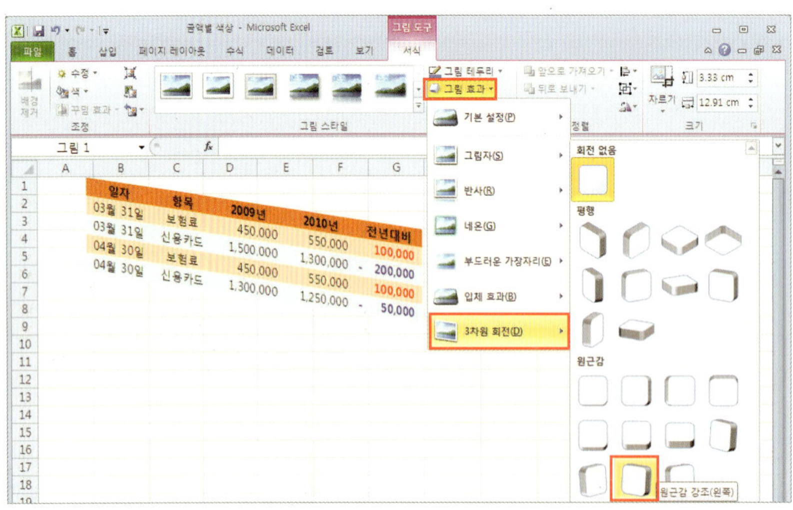

POINT 그림으로 붙여넣기한 후에 그림을 선택하면 [그림 도구]-[서식] 탭이 추가된다. [그림 도구]-[서식] 탭의 명령들
을 이용하여 그림을 다양하게 꾸밀 수 있다.

엑셀 오류 종류 알아보기

엑셀 작업을 하다 보면 종종 오류가 나타나는데 이에 대해서 알아보자. 어떤 상황에서 어떤 오류가 발생하는지 알고 있으면 오류를 해결하기 쉽다.

오류 메시지	오류 의미	오류 수정
####	숫자 데이터가 표시될 열 너비가 숫자 데이터의 개수보다 작을 때	열 너비를 넓혀주기 위해 열 머리글 사이의 선에서 더블클릭
#DIV/0!	• 숫자를 0으로 나눌 때 • 0이 포함된 셀이나 빈 셀의 셀 참조를 나누는 수로 사용했을 때	• 나누는 수를 0이 아닌 숫자로 변경 • 피연산자(엑셀에서는 값, 셀 참조, 이름, 레이블, 함수)가 빈 셀이면 0으로 취급
#N/A	• VLOOKUP, HLOOKUP, MATCH 함수를 사용하여 찾고자 하는 값이 없을 때 • 범위와 행 또는 열 수가 같지 않은 배열 수식의 인수를 사용할 때 • 함수에서 필요한 인수가 한 개 이상 생략되었을 때	• IFERROR 함수 등으로 오류 처리 • 배열 수식의 인수를 동일하게 지정 • 함수에 모든 인수를 입력
#NUM!	• 숫자 인수를 필요로 하는 함수에 허용되지 않는 인수를 사용했을 때 • IRR 또는 RATE와 같이 반복하는 함수를 사용하여 결과를 찾을 수 없을 때 • 결과가 너무 크거나 작은 숫자인 수식을 입력하여 엑셀에서 표시할 수 없을 때	• 함수에 사용되는 인수는 숫자로 입력하려는 값이 ₩1,000,000이라도 수식에는 1000000을 입력 • 함수의 시작 값을 다르게 지정하거나 수식 반복 횟수를 변경 • 결과가 $-1*10307$과 $1*10307$ 사이의 값이 되도록 수식을 변경
#NAME?	• 셀에 지정된 이름을 수식에 사용했는데 그 이름이 삭제되었을 때 • 인식할 수 없는 셀 주소를 사용했을 때	• 이름을 다시 지정하거나 이름이 아닌 셀 주소로 수식 변경 • 셀 주소를 정확하게 작성
#VALUE!	• 수식이 잘못 입력되었을 때 • 배열 수식의 경우에 Ctrl+Shift+Enter를 사용해야 하는데 Enter 키로 수식을 입력했을 때	• 수식을 정확하게 작성 • 배열 수식은 Ctrl+Shift+Enter 로 다시 입력
#REF!	참조하던 셀 주소가 인식되지 않는 경우로, 주로 수식에서 참조하던 셀이 삭제되었을 때	삭제하기 전에 수식을 변경하거나 삭제된 후에 수식 변경
#NULL!	SUM(I3:I5 I7:I9)와 같이 수식이 범위를 인식할 수 없게 범위를 지정했을 때	수식을 정확하게 작성

스파크라인 작성과 디자인

엑셀 2010에서 새로 추가된 스파크라인은 하나의 셀에 데이터의 추세를 꺾은선형과 막대형으로 나타낼 수 있다. 꺾은선형 차트와 막대형 차트를 각각 한 셀에 나타낸다고 생각하면 된다. 작성된 스파크라인은 [스파크라인 도구]-[디자인] 탭에서 표식과 스파크라인에 대한 스타일을 설정할 수 있다.

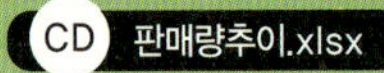 CD 판매량추이.xlsx

삽입 ┄➔ 꺾은선형 단추 

1 스파크라인 종류 선택

1 스파크라인을 작성할 첫 셀인 [N3]셀을 선택하고 **2** [삽입] 탭-[스파크라인] 그룹에서 [꺾은선형]을 클릭한다.

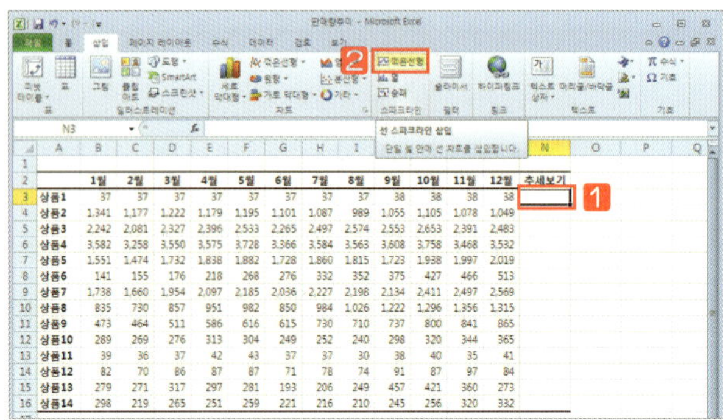

2 스파크라인을 작성할 데이터 범위 지정

1 [스파크라인 만들기] 대화상자가 나타나면 [원하는 데이터 선택]의 [데이터 범위]에 'B3:M3'을 드래그하여 지정하고 **2** [스파크라인을 배치할 위치 선택]의 [위치 범위]에는 '$N$3'을 입력한 후 [확인] 단추를 클릭한다.

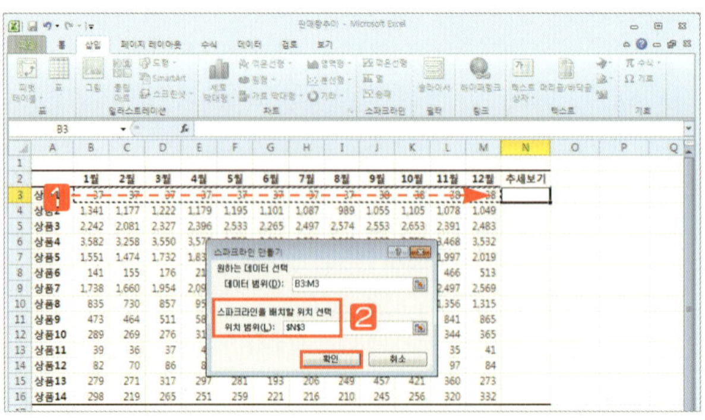

3 스파크라인 복사

1 [N3]셀에 [B3]셀에서 [M3]셀까지 데이터의 추세를 나타내는 스파크라인이 작성된다. 2 [N3]셀의 채우기 핸들을 드래그하여 [N16]셀까지 복사하면 각 셀에는 [B]열에서 [M]열까지 데이터의 추세를 나타내는 스파크라인이 모두 작성된다.

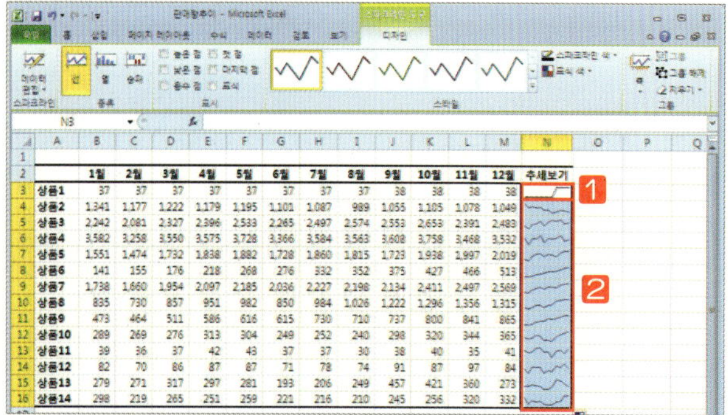

POINT 스파크라인을 작성할 때 [N3:N16]셀을 범위로 지정하고 [스파크라인 만들기] 대화상자를 실행하면 [위치 범위]에 '$N$3:$N$16'이 입력되어 있다. [데이터 범위]에 'B3:M16'을 지정한 후에 [확인] 단추를 클릭하면 지정된 셀들에 모두 스파크라인이 작성된다.

4 높은 점과 낮은 점 표시

1 스파크라인이 작성되면 [스파크라인 도구]-[디자인] 탭이 자동으로 나타나고 다양한 스타일과 항목들을 표시하도록 설정할 수 있다. 2 [스파크라인 도구]-[디자인] 탭-[표시] 그룹에서 [높은 점]과 [낮은 점]을 체크하여 3 데이터 값 중에서 가장 높은 값과 낮은 값 위치에 표식이 나타나도록 한다.

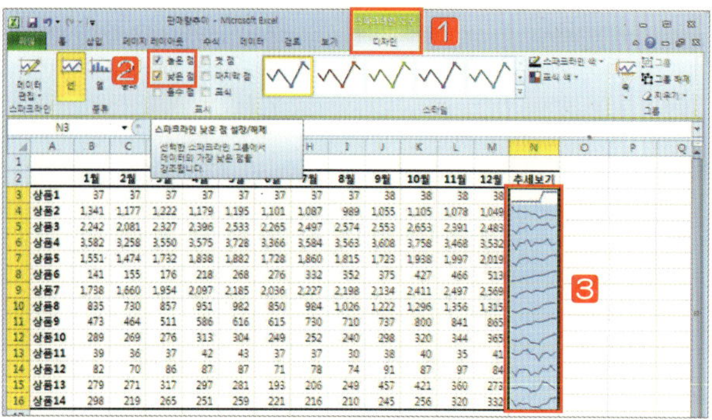

5 스파크라인 스타일 지정

1 스파크라인이 작성된 셀들을 범위로 지정하고 2 [스파크라인 도구]–[디자인] 탭–[스타일] 그룹에서 [스파크라인 색]의 드롭다운 단추를 클릭한 후 '파랑'을 선택한다. 3 같은 방법으로 [스파크라인 색]의 드롭다운 단추를 클릭한 후에 [두께]–[2¼pt]를 선택하여 스파크라인의 스타일을 설정한다.

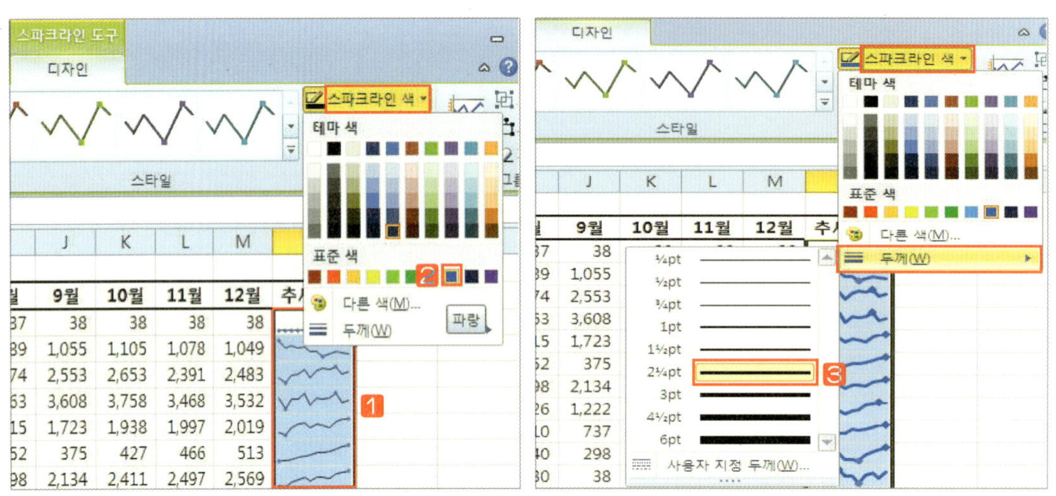

6 표식의 색 지정

스파크라인의 높은 점과 낮은 점의 표식 색을 다르게 지정할 수 있다. 1 [스파크라인 도구]–[디자인] 탭–[스타일] 그룹에서 [표식 색]–[높은 점]–[빨강]을 선택하여 높은 점 표식을 빨강으로 표시한다. 2 같은 방법으로 [표식 색]–[낮은 점]–[주황]을 선택하여 낮은 점 표식을 주황으로 표시한다.

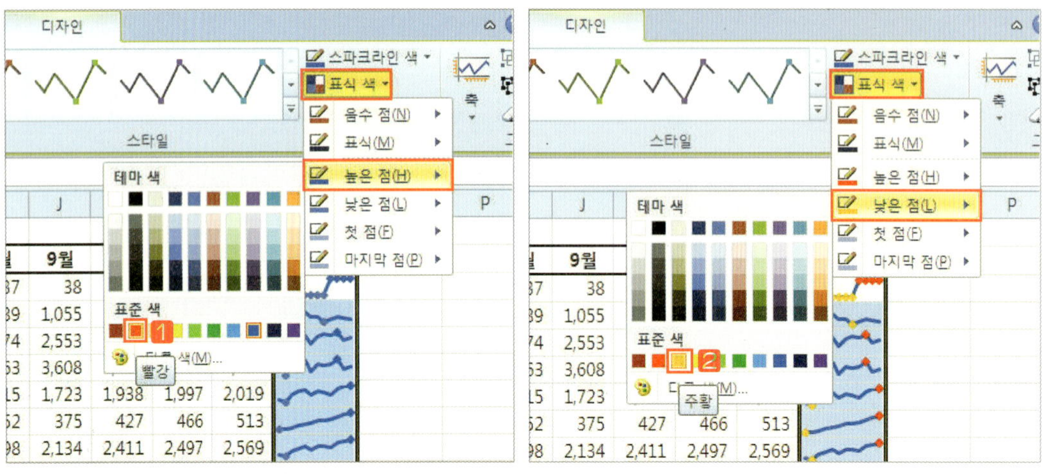

7. 열 스파크라인으로 변경

1 꺾은선형 스파크라인의 범위가 지정된 상태에서 [스파크라인 도구]–[디자인] 탭–[종류] 그룹에서 [열]을 클릭하면 열 스파크라인으로 변경된다. **2** 열 스파크라인은 데이터가 차트의 막대형처럼 표시된다.

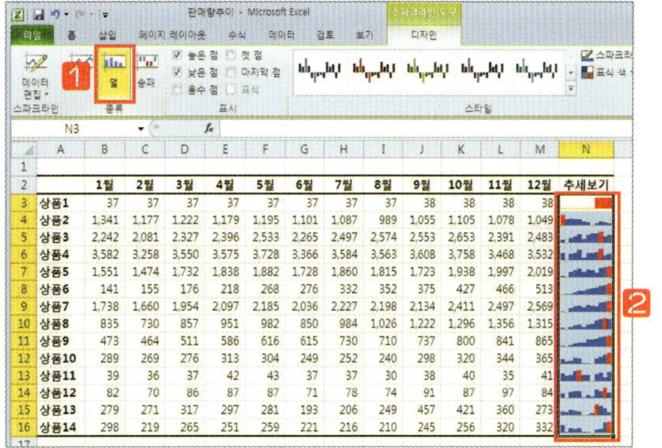

POINT 스파크라인 종류가 변경되어도 이전에 설정한 스타일의 [스파크라인 색]과 [표식 색]은 그대로 적용되어 나타난다.

8. 스파트라인의 최대값과 최소값 설정

1 스파크라인이 작성된 셀 전체 또는 셀 하나를 선택하고 **2** [스파크라인 도구]–[디자인] 탭–[그룹] 그룹에서 [축]을 클릭하여 [세로 축 최소값 옵션]과 [세로 축 최대값 옵션]을 '모든 스파크라인에 대해 동일하게' 로 지정한다. **3** 각 셀의 스파크라인별로 적용되는 축 옵션이 전체 스파크라인에 동일하게 적용되어 전체 데이터들의 추세를 알 수 있다.

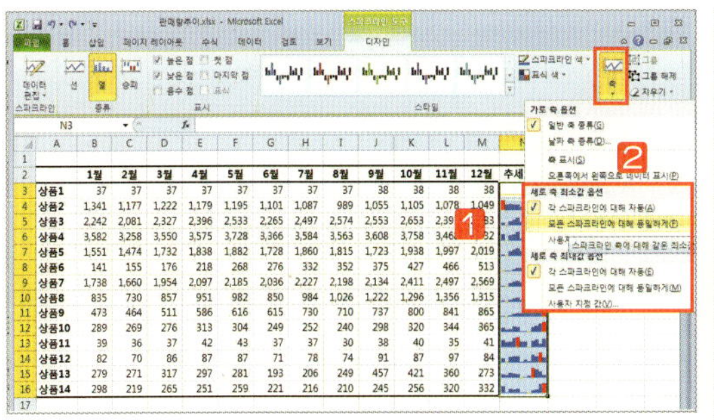

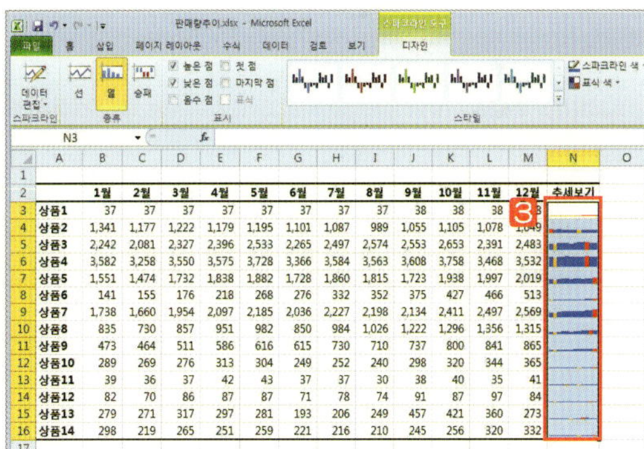

엑셀 2007과 엑셀 2010의 리본 메뉴 비교하기

엑셀 2007과 엑셀 2010의 리본 메뉴를 구성하는 변화된 탭을 비교해보면 변화된 메뉴를 알 수 있다.

① [홈] 탭

엑셀 2010에서는 [홈] 탭-[클립보드] 그룹의 [복사] 단추에 명령이 추가되어 드롭다운 단추를 클릭해서 선택한다. [회계 표시 형식] 단추 모양도 다르다.

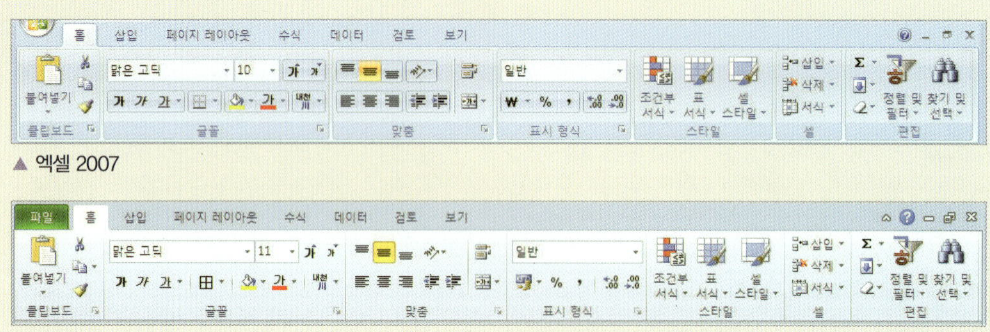

▲ 엑셀 2007

▲ 엑셀 2010

② [삽입] 탭

엑셀 2010에서 기능 변화가 가장 많은 탭으로 [일러스트레이션] 그룹에 [스크린샷], [스파크라인], [필터] 그룹에 [슬라이서], [기호] 그룹에 [수식]이 추가되었다.

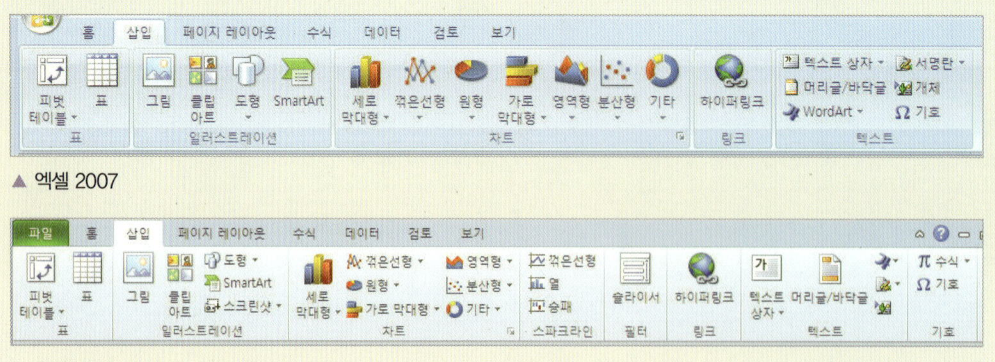

▲ 엑셀 2007

▲ 엑셀 2010

3 **[수식] 탭**

눈에 띄는 메뉴의 변화가 없는 탭이다. 리본 메뉴상으로는 변화가 없어 보이지만 함수의 변화가 많아서 [함수 라이브러리]–[함수 추가]–[호환성]이 추가되었다.

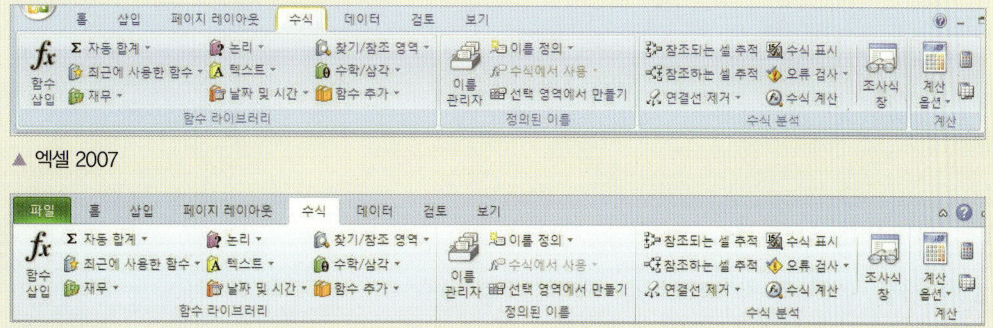

▲ 엑셀 2007

▲ 엑셀 2010

4 **[보기] 탭**

엑셀 2010 버전에서는 [표시] 그룹의 [메시지 표시줄]이 없어졌다.

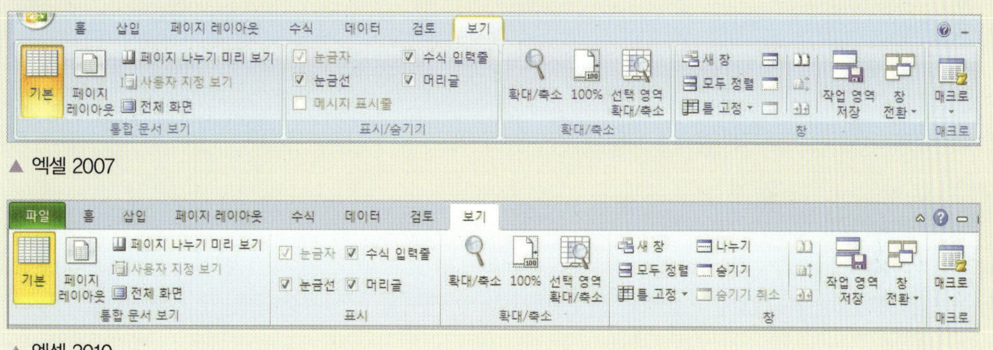

▲ 엑셀 2007

▲ 엑셀 2010

5 [페이지 레이아웃], [데이터], [검토] 탭은 변화가 없다.

슬라이서로 필터 적용

슬라이서는 피벗 테이블에 추가된 기능으로 작성된 피벗 테이블 데이터를 필터해주는 기능이다. 피벗 테이블의 보고서 필터 영역, 열 레이블 영역, 행 레이블 영역에서 모두 필터 기능이 적용되지만, 슬라이서는 별도의 필터 창에서 편리하게 작업할 수 있다.

CD 팀별매출.xlsx

옵션 ┈▶ 슬라이서 삽입 단추

1 피벗 테이블 작성하기

1 슬라이서를 사용하기 위해서는 피벗 테이블이 작성되어야 하므로 피벗 테이블을 작성하기 위해 데이터 내의 임의의 셀을 선택하고 **2**[삽입] 탭-[표] 그룹에서 [피벗 테이블]의 드롭다운 단추를 클릭하여 [피벗 테이블]을 선택한다.

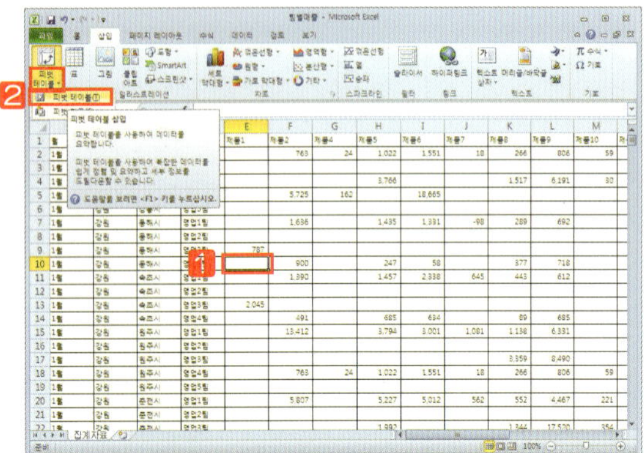

2 피벗 테이블 레이아웃과 필드 목록 창 나타내기

1[피벗 테이블 만들기] 대화상자가 나타나면 [표 또는 범위 선택]에 데이터 범위가 지정되어 있다. [확인] 단추를 클릭하면 **2**새로운 시트가 삽입되면서 피벗 테이블 레이아웃과 [피벗 테이블 필드 목록] 창이 나타난다.

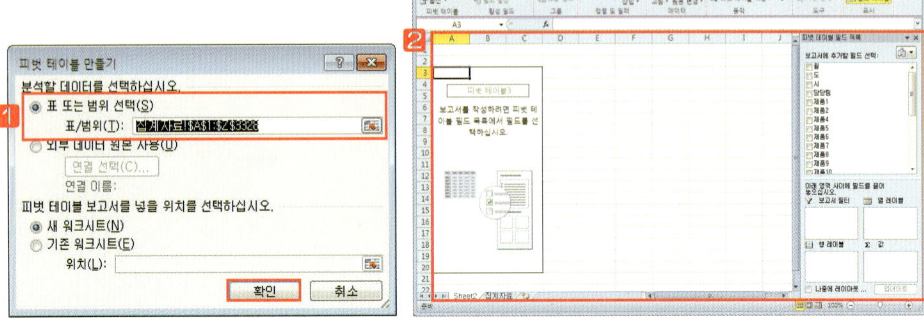

POINT [피벗 테이블 만들기] 대화상자의 [표 또는 범위 선택]에 입력되어 있는 데이터 범위가 정확하지 않다면 직접 범위를 지정해도 된다.

③ 피벗 테이블 구성하기

1 [피벗 테이블 필드 목록] 창에서 '월', '도', '시', '담당팀'을 차례로 체크하면 설정한 필드가 모두 [행 레이블] 영역에 위치할 것이다. **2** 이때 [행 레이블]의 각 필드를 드래그하여 '월'은 [보고서 필터] 영역으로, '담당팀'은 [열 레이블] 영역으로 이동한다. **3** [피벗 테이블 필드 목록] 창 하단에 '총계'를 체크하면 **4** [값] 영역으로 이동하며 합계 함수가 적용되어 피벗 테이블이 완성된다.

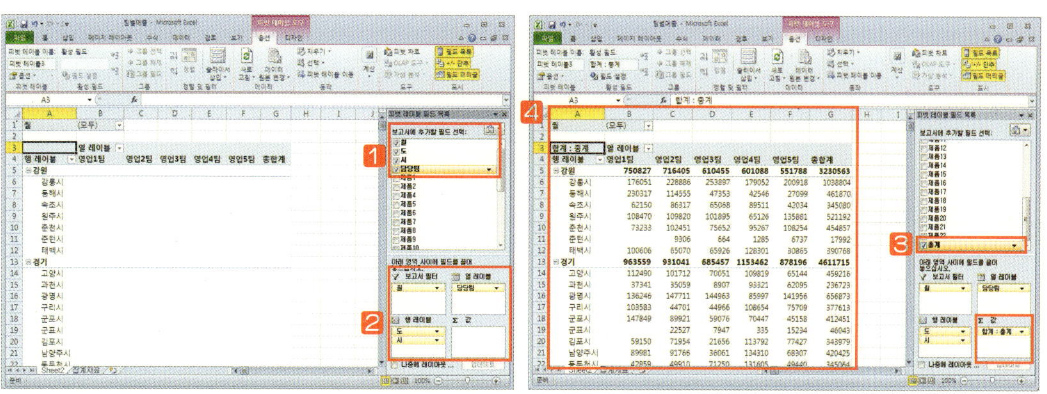

POINT '총계' 필드는 숫자 데이터 필드이므로 피벗 테이블에서 자동으로 [값] 영역으로 이동하여 표시한다. 피벗 테이블에서 값 영역은 함수를 사용하는 영역이므로 일반적으로 숫자 데이터가 입력된 필드가 위치한다.

④ 값 영역에 표시 형식 지정하기

1 [값] 영역에서 [합계:총계]의 드롭다운 단추를 클릭하고 펼쳐지는 메뉴에서 [값 필드 설정]을 선택한다. **2** [값 필드 설정] 대화상자에서 [표시 형식] 단추를 클릭하고 **3** [셀 서식] 대화상자의 [숫자]에서 [1000 단위 구분 기호(,) 사용]에 체크한 후 [확인] 단추를 차례로 클릭한다. **4** 워크시트에 작성된 피벗 테이블의 값 영역 데이터에 천 단위를 구분하는 ',' 기호가 표시되는 것을 확인할 수 있다.

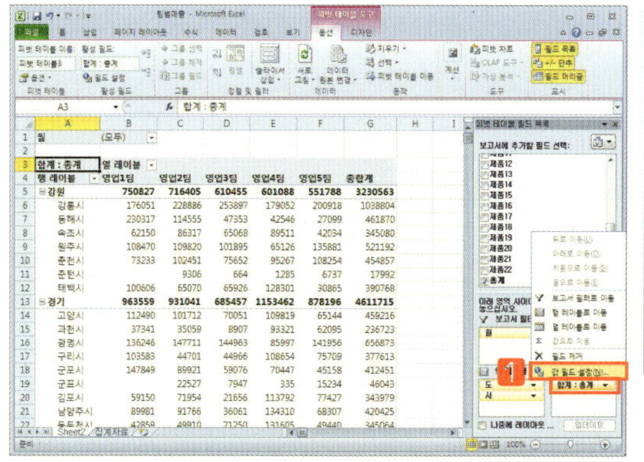

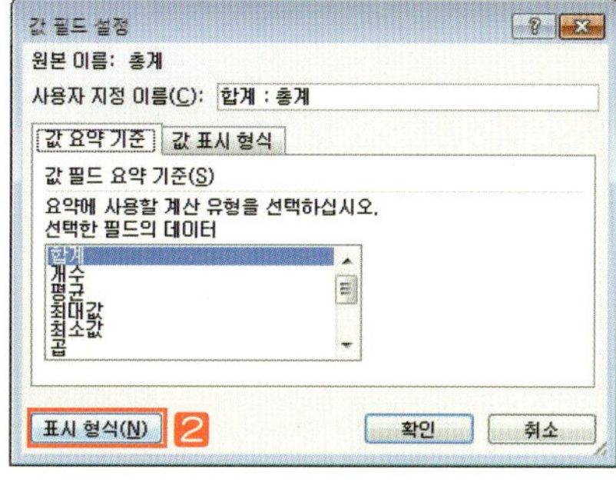

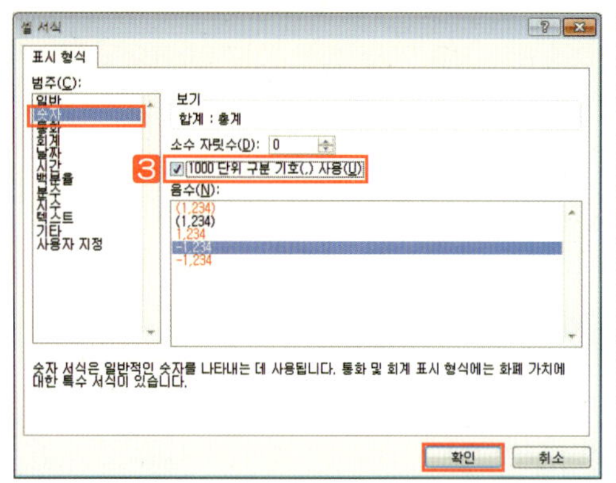

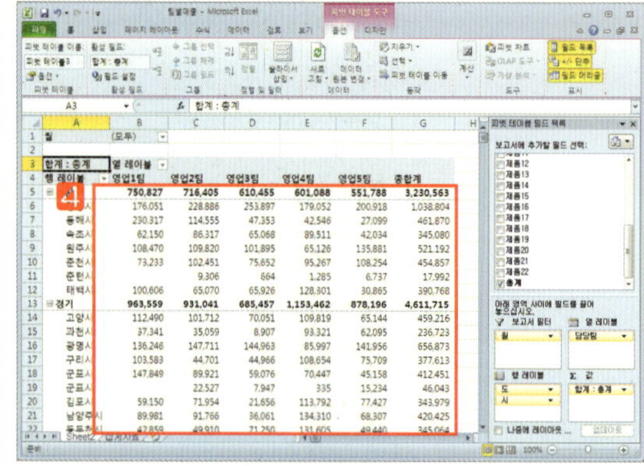

5 슬라이서 삽입하기

1 피벗 테이블이 작성되면 [피벗 테이블 도구]에 [옵션] 탭, [디자인] 탭이 포함되어 나타난다. **2** [피벗 테이블 도구]-[옵션] 탭-[정렬 및 필터] 그룹에서 [슬라이서 삽입]의 드롭다운 단추를 클릭하여 [슬라이서 삽입]을 선택한다. **3** [슬라이서 삽입] 대화상자가 나타나면 피벗 테이블을 구성하는 데이터의 모든 필드가 표시된다. 이중에서 '월'과 '제품1'을 체크하고 [확인] 단추를 클릭하면 **4** '월'과 '제품1'의 슬라이서 창이 나타나는데 '월'과 '제품1'의 모든 데이터 값이 선택된 상태로 표시된다.

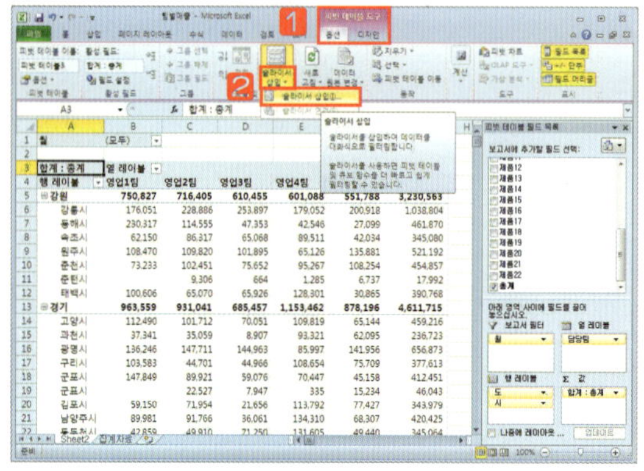

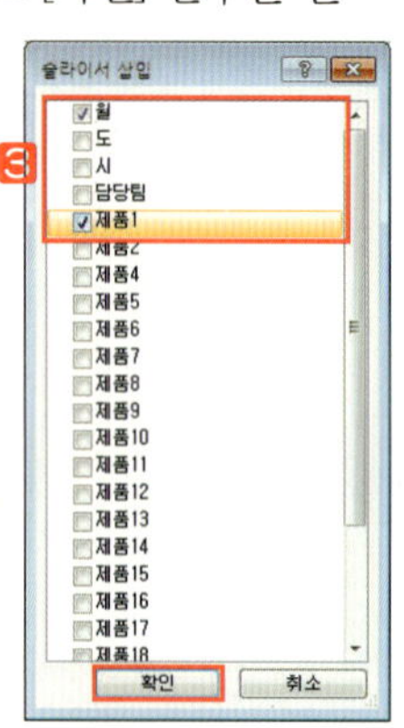

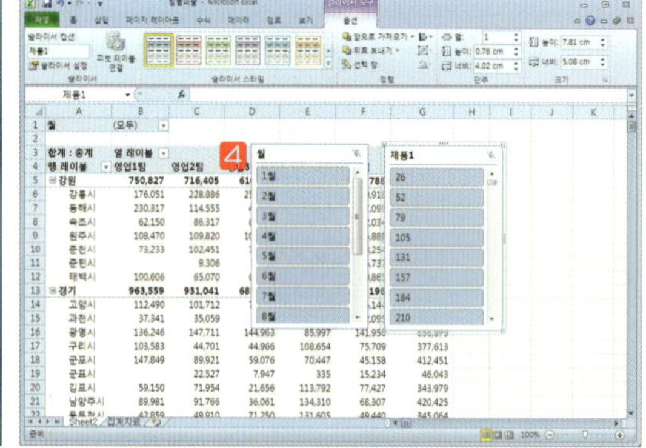

 슬라이서가 삽입되면 [슬라이서 도구]-[옵션] 탭이 추가된다. [슬라이서 도구]-[옵션] 탭-[슬라이서 스타일] 그룹에서 슬라이서의 구성과 색을 변경할 수 있다.

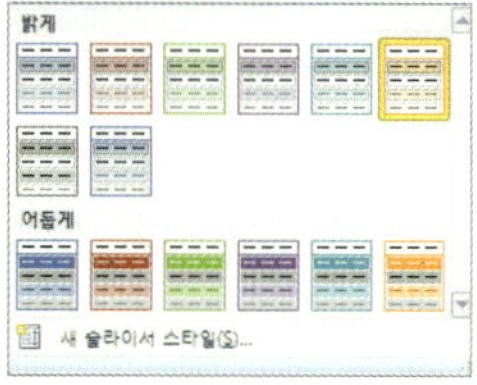

6 슬라이서로 필터하기

1 '월' 슬라이서 창에서 '1월'을 클릭한 후에 Ctrl 키를 누른 상태에서 '3월'과 '5월'을 추가로 클릭한다. 선택한 3개월의 데이터만 표시되며, 2 '피벗 테이블의 [보고서 필터]도 역시 '다중 항목'으로 필터된 상태를 나타낸다. 3 '제품1'의 슬라이서 창에서 제일 첫 항목인 '26'을 클릭하면 '1월', '3월', '5월' 중에서 제품1의 값이 '26'인 데이터만 필터된다.

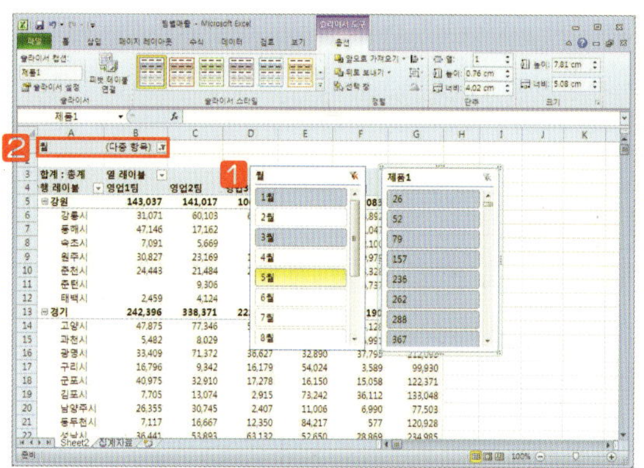

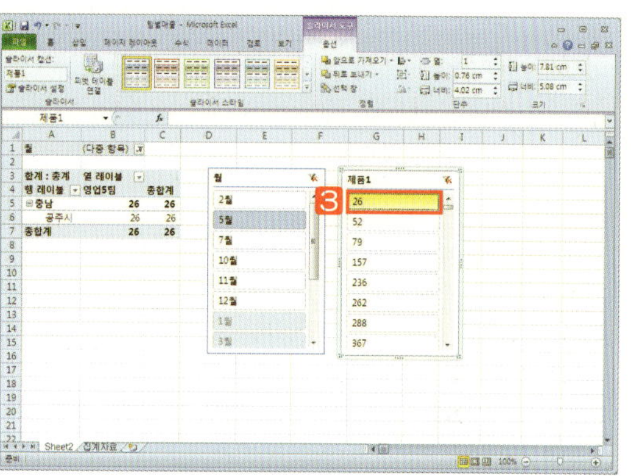

정확도가 향상된 함수

엑셀 2010에서는 과학자, 엔지니어, 학자 그룹들이 지적해오던 함수의 문제점을 개선하였는데, 특히 통계와 관련된 함수의 정확도가 많이 개선되었다. 새로운 알고리즘으로 정확도를 높이거나 MOD 함수와 같은 몇 개의 함수들은 정확도와 속도가 함께 향상되었다.

1 정확도가 향상된 함수 목록

다음 표에 정리된 함수는 정확도가 향상된 함수들이다. 여기서 BETA.DIST와 BETADIST 함수는 동일한 기능의 함수지만 BETADIST는 이전 버전에서 제공되던 함수로 기존 사용자의 편의를 위하여 제공하고, BETA.DIST는 개선된 함수의 개념에 맞게 새로 이름을 지정한 함수이다. 두 함수의 계산 기능은 동일하며, 통계 함수에서 이런 기능 향상이 두드러진다.

함수 범주	개선된 함수
통계	BETA.DIST, BETADIST, BETA.INV, BETAINV, BINOM.DIST, BINOMDIST, BINOM.INV, CRITBINOM, CHISQ.INV.RT, CHIINV, CHISQ.TEST, CHITEST, F.DIST.RT, FDIST, F.INV.RT, FINV, GAMMA.DIST, GAMMADIST, GAMMA.INV, GAMMAINV, HYPGEOM.DIST, YPGEOMDIST, LINEST, GAMMALN, GEOMEAN, LOGNORM.DIST, LOGNORMDIST, LOGNORM.INV, LOGINV, NEGBINOM.DIST, NEGBINOMDIST, NORM.DIST, NORMDIST, NORM.INV, NORMINV, NORM.S.DIST, NORMSDIST, NORM.S.INV, NORMSINV, POISSON.DIST, POISSON, STDEV.S, STDEV, T.DIST.RT, TDIST, T.DIST.2T, T.INV.2T, TINV, VAR.S, VAR
공학	CONVERT, ERF, ERFC, IMLOG2, IMPOWER
재무	CUMIPMT, CUMPRINC, IPMT, IRR, PMT, PPMT, XIRR
수학/삼각	ASINH, FACTDOUBLE, MOD, RAND

2 호환성 함수

엑셀 2010에서 성능이 개선된 함수들의 이전 버전 함수는 함수 범주가 '호환성'으로 분류되어 표시된다. 워크시트에서 직접 입력할 경우에는 함수 이름에 노란

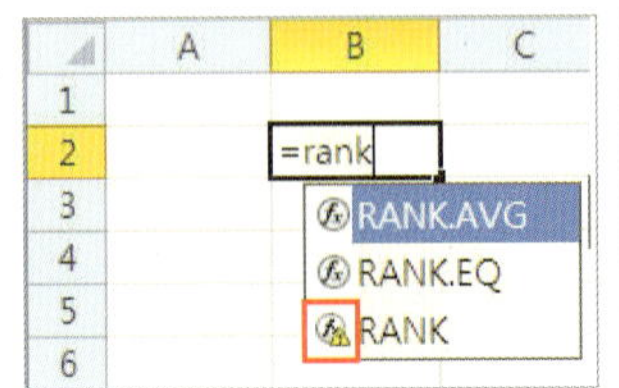

색 삼각형이 표시되며, 선택하면 '이 함수는 Excel 2007 및 이전 버전과의 호환성을 위해 제공되는 함수입니다.' 라는 메시지가 나타난다. RANK 함수와 MODE 함수는 호환성 함수 중의 하나이다.

추가된 함수 005

변경된 함수와 추가된 함수

함수의 정확도가 개선되는 한편, 함수의 개념을 명확하게 정의하여 함수 이름을 재정의하면서 새로운 함수를 추가했다. 예를 들어, RANK.EQ와 RANK.AVG처럼 함수 이름에 '.'이 붙어 있다면 엑셀 2010에서 새로 이름이 정의된 함수이거나 추가된 함수이다.

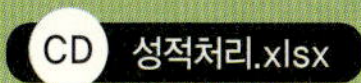

CD 성적처리.xlsx

수식 ···▶ 함수 추가 단추

1 RANK 함수로 순위 구하기

RANK 함수는 이전 버전에서는 단순히 순위를 구하는 함수로 정의했는데, 엑셀 2010에서는 이전 버전의 RANK와 개념이 같은 RANK.EQ 함수 이외에 새로 RANK.AVG 함수를 추가했다. **1**[R3]셀을 선택하고 **2**[수식] 탭-[함수 라이브러리] 그룹에서 [함수 추가]-[호환성]-[RANK]를 선택한다. 이때 [호환성]으로 분류된 함수들은 이전 버전의 함수 이름으로 엑셀 2010에 같은 기능의 함수가 다른 이름으로 있는 경우이다.

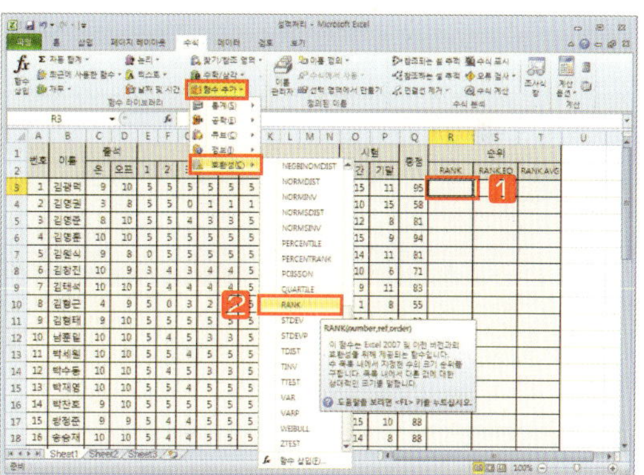

2 RANK 함수의 인수 입력하기

1[함수 인수] 대화상자가 나타나면 [Number]에 'Q3', [Ref]에 '$Q$3:$Q$46'을 입력하고 [확인] 단추를 클릭하면 셀에 결과가 계산된다. **2**[R3]셀의 채우기 핸들을 더블클릭하여 나머지 셀에 수식을 복사한다.

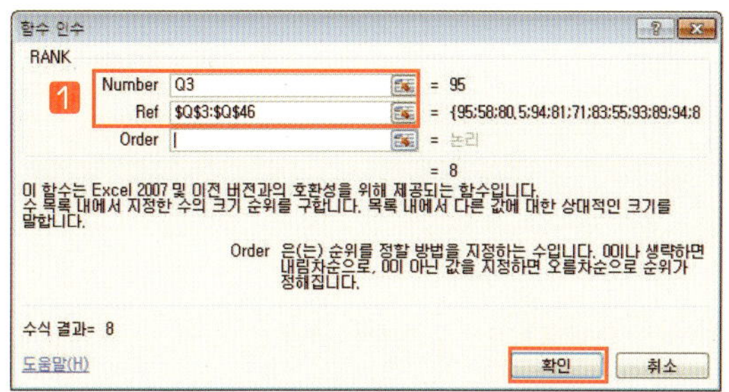

③ RANK.EQ 함수로 순위 구하기

1️⃣[S3]셀을 선택하고 2️⃣[수식] 탭–[함수 라이브러리] 그룹에서 [함수 추가]–[통계]–[RANK.EQ]를 선택한다. 3️⃣[함수 인수] 대화상자에서 [Number]에 'Q3', [Ref]에 '$Q$3:$Q$46'을 입력하고 [확인] 단추를 클릭하면 셀에 결과가 계산된다. 4️⃣[S3]셀의 채우기 핸들을 더블클릭하여 나머지 셀에 수식을 복사한다. RANK.EQ 함수는 RANK 함수와 동일한 함수로 계산 결과가 RANK 함수와 같은 것을 알 수 있다.

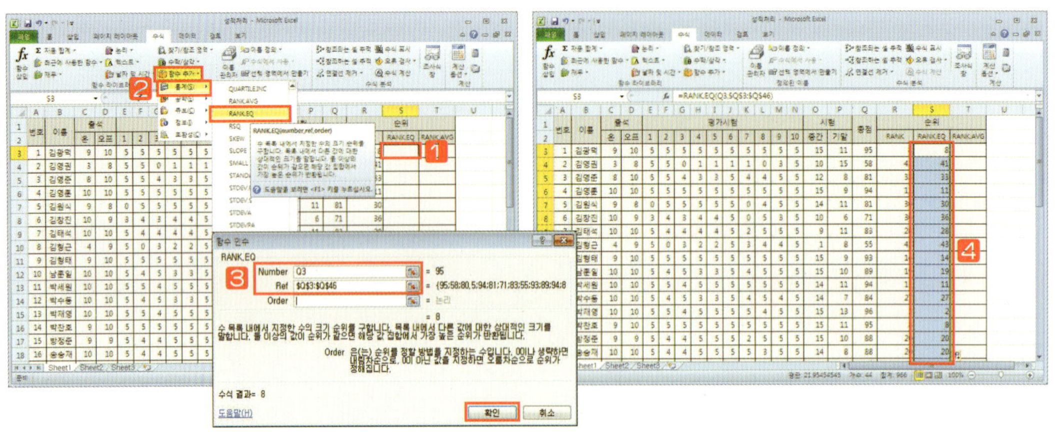

④ RANK.AVG 함수로 순위 구하기

1️⃣[T3]셀을 선택하고 2️⃣[수식] 탭–[함수 라이브러리] 그룹에서 [함수 추가]–[통계]–[RANK.AVG]를 선택한다. 3️⃣[함수 인수] 대화상자에서 [Number]에 'Q3', [Ref]에 '$Q$3:$Q$46'을 입력하고 [확인] 단추를 클릭하면 셀에 결과가 계산된다. 4️⃣[T3]셀의 채우기 핸들을 더블클릭하여 나머지 셀에 수식을 복사한다. 계산 결과가 RANK 함수, RANK.EQ 함수의 계산 결과와 다른 것을 알 수 있다.

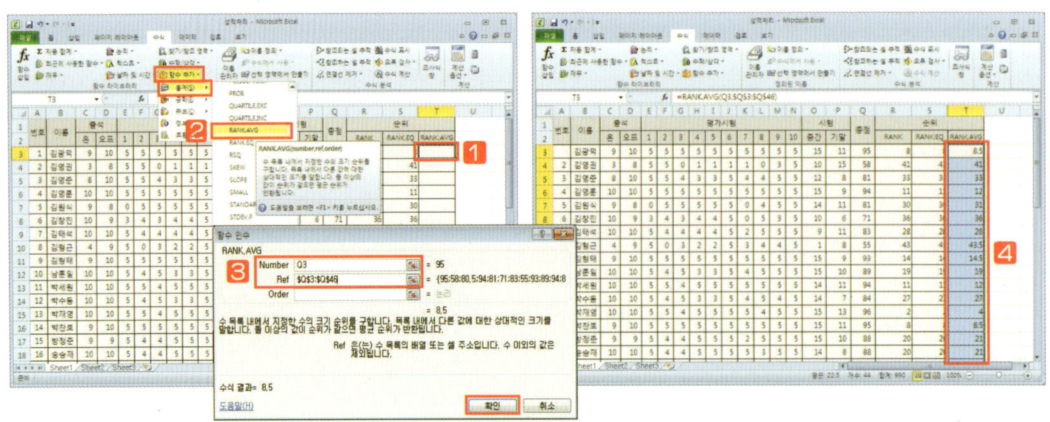

> **POINT** RANK.AVG 함수는 동일한 값이 있는 경우에 순위를 평균으로 구하는 함수이다. 예를 들어 8등이 2명이라면 RANK와 RANK.EQ 함수는 '8'이라고 표시하지만, RANK.AVG 함수는 '8.5'라고 표시한다.

RANK, RANK.EQ, RANK.AVG 함수의 결과값 비교하기

❶ 다음 표를 보면서 RANK, RANK.EQ, RANK.AVG 함수의 결과값을 비교해본다. 총점이 '91' 인 사람이 2명이면 RANK와 RANK.EQ 함수는 두 명을 모두 '4' 로 표시한다. 이에 비해 RANK.AVG 함수는 4와 5의 평균인 '4.5' 로 표시한다.

❷ 총점이 '88' 인 사람이 2명이면 RANK와 RANK.EQ 함수는 두 명을 모두 '7' 로 표시한다. 이에 비해 RANK.AVG 함수는 7과 8의 평균인 '7.5' 로 표시한다.

❸ 총점이 '81' 인 사람이 3명인 경우를 보면 함수의 차이가 분명하다. RANK와 RANK.EQ 함수는 세 명을 모두 '10' 으로 표시한다. 이에 비해 RANK.AVG는 10, 11, 12의 평균인 '11' 로 표시한다.

❹ 엑셀 사용자는 RANK.EQ와 RANK.AVG 함수 중에서 필요에 따라 순위 함수를 선택하여 사용할 수 있다.

번호	이름	총점	순위		
			RANK	RANK.EQ	RANK.AVG
39	이민경	99	1	1	1
1	이민주	95	2	2	2
4	김영훈	94	3	3	3
31	장재웅	91	4	4	4.5
44	홍종팔	91	4	4	4.5
41	최문철	90	6	6	6
37	정태우	88	7	7	7.5
40	이익모	88	7	7	7.5
43	장미희	85	9	9	9
5	김원식	81	10	10	11
32	장준형	81	10	10	11
42	최우석	81	10	10	11
3	김영준	80	13	13	13
36	정승은	72	14	14	14
38	조대현	63	15	15	15
30	이창우	59	16	16	16
2	김영권	58	17	17	17

음수와 양수를 표현하는 데이터 막대

조건부 서식에 음수와 양수를 구분하여 표현하는 기능이 추가되었다. 이때 각각 음수와 양수를 나타내는 색을 지정하거나 음수와 양수를 같은 방향으로 표현할 수 있다. 또한, 막대의 방향을 왼쪽에서 오른쪽, 오른쪽에서 왼쪽으로 변경할 수도 있다.

CD 상품수지1.xlsx

홈　⋯▶ 조건부 서식 단추

1　조건부 서식 지정하기

1[B2:F18]을 범위로 지정하고 **2**[홈] 탭-[스타일] 그룹에서 [조건부 서식]-[데이터 막대]-[연한 파랑 데이터 막대]를 선택한다. 지정된 범위의 셀에 조건부 서식이 적용되는데, 음수와 양수가 각각 다른 색의 서로 다른 방향의 막대로 나타난다.

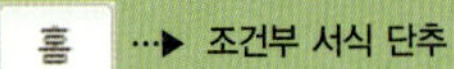

2　양수 막대 서식 규칙 편집하기

1범위가 지정된 상태에서 [홈] 탭-[스타일] 그룹에서 [조건부 서식]-[규칙 관리]를 선택하고 **2**[조건부 서식 규칙 관리자] 대화상자에서 [규칙 편집] 단추를 클릭한다. **3**[서식 규칙 편집] 대화상자가 나타나면 [막대 모양]의 [채우기]는 '그라데이션 채우기', [색]은 '녹색', [테두리]는 '테두리 없음' 으로 설정한다. 양수의 막대 색은 녹색으로, 양수와 음수의 막대 테두리는 선을 표시하지 않도록 지정하였다. **4**[서식 규칙 편집] 대화상자에서 [음수 값 및 축] 단추를 클릭한다.

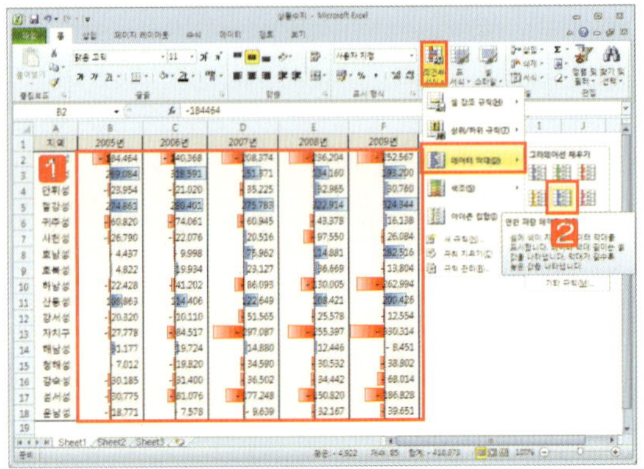
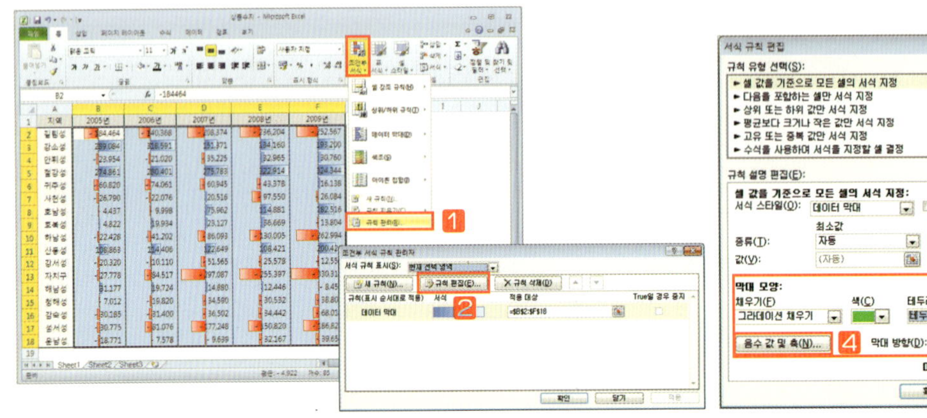

❸ 음수 막대 서식 규칙 편집하기

1[음수 값 및 축 설정] 대화상자에서는 음수일 경우를 설정할 수 있는데, 기본 설정을 유지하고 차례로 [확인] 단추를 클릭한다. **2**워크시트 셀에 음수는 '빨간색', 양수는 '녹색'으로 테두리 없는 데이터 막대가 표시된다.

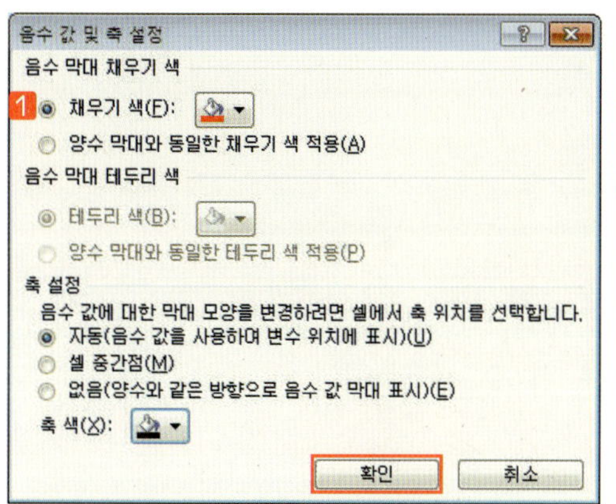

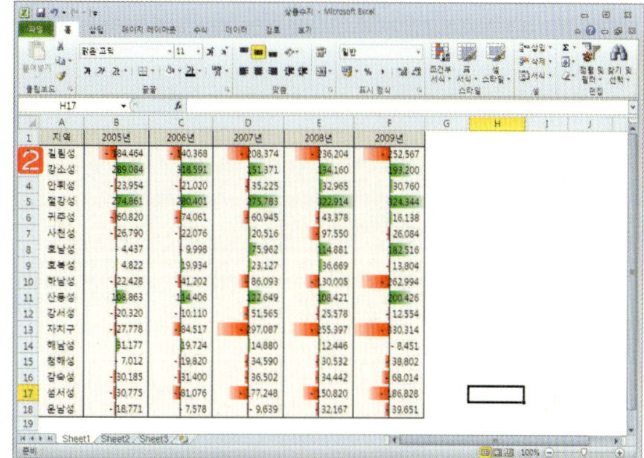

❹ 지정된 조건부 서식 규칙 편집

1조건부 서식이 적용된 범위가 지정된 상태에서 [홈] 탭-[스타일] 그룹에서 [조건부 서식]-[규칙 관리]를 선택한다. **2**[조건부 서식 규칙 관리자] 대화상자에서 [규칙 편집] 단추를 클릭하고 **3**[서식 규칙 편집] 대화상자에서 [음수 값 및 축] 단추를 클릭한다.

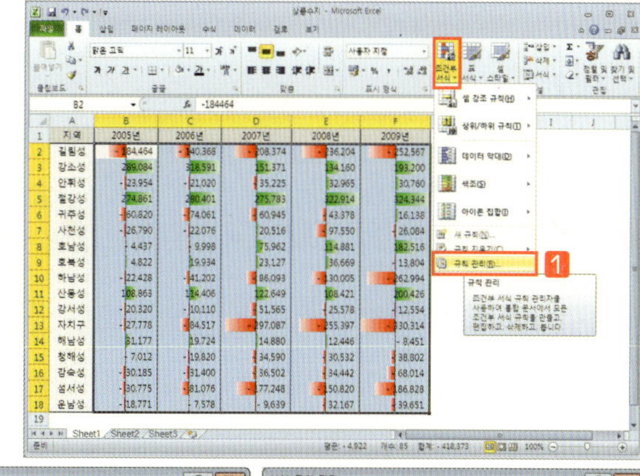

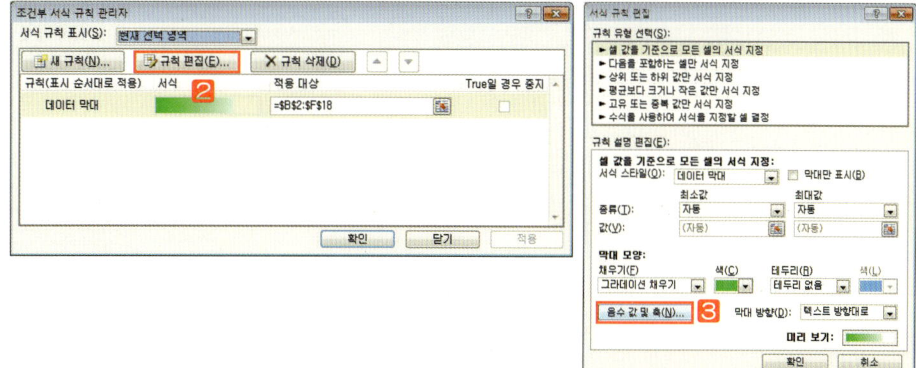

음수와 양수 막대 방향 동일하게 설정

1 [음수 값 및 축 설정] 대화상자에서 [축 설정]의 '없음'을 선택하고 차례로 [확인] 단추를 클릭한다.
2 셀에 조건부 서식이 음수는 '빨간색', 양수는 '녹색'으로, 막대의 방향은 왼쪽에서 오른쪽으로 표시된다.

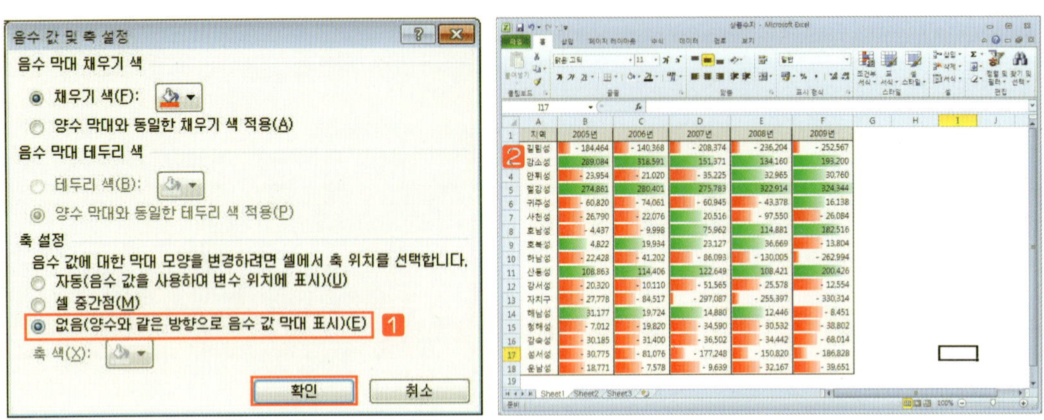

음수와 양수 막대 방향 반대로 변경

1 조건부 서식이 적용된 범위가 지정된 상태에서 [홈] 탭-[스타일] 그룹에서 [조건부 서식]-[규칙 관리]를 선택한다. **2** [조건부 서식 규칙 관리자] 대화상자에서 [규칙 편집] 단추를 클릭하고 **3** [서식 규칙 편집] 대화상자에서 [막대 방향]을 '오른쪽에서 왼쪽'으로 지정한 후 차례로 [확인] 단추를 클릭한다.
4 셀에 막대 방향이 셀의 오른쪽에서 왼쪽으로 나타난다.

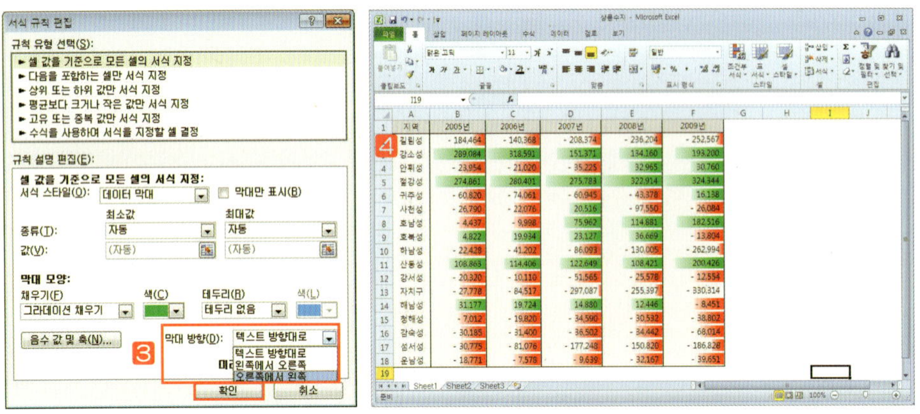

아이콘으로 데이터 표현하기

조건부 서식에 노란색 별 모양 아이콘이 추가되었다. 별은 모두 3종류로, 노란색으로 전부 채워진 별, 반만 채워진 별, 색이 채워지지 않은 별로 구성되어 있다. 숫자 데이터의 범위를 직접 지정하여 3종류 별로 나타낼 수 있다.

CD 상품수지2.xlsx

홈 ┄▶ 조건부 서식 단추

1 별 3개로 표시 아이콘 지정하기

1 [B2:F18]셀을 조건부 서식을 지정할 범위로 지정하고 **2** [홈] 탭-[스타일] 그룹에서 [조건부 서식]-[아이콘 집합]-[별 3개]를 선택한다.

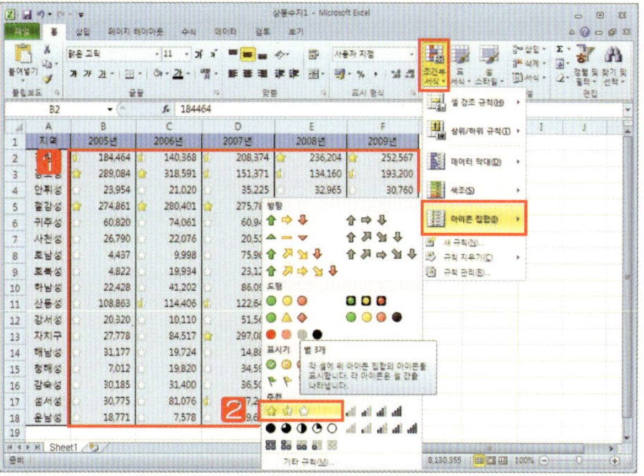

2 조건부 서식 규칙 편집하기

1 범위에 해당되는 숫자 데이터의 값에 따라서 별 아이콘이 지정되면 [조건부 서식]-[규칙 관리]를 선택하고 **2** [조건부 서식 규칙 관리자] 대화상자에서 [규칙 편집] 단추를 클릭한다.

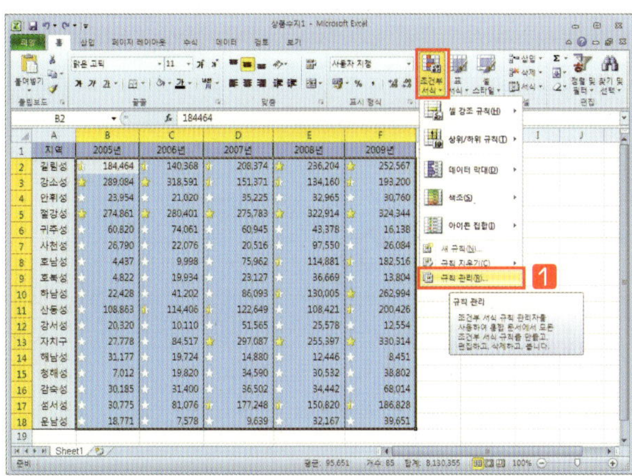

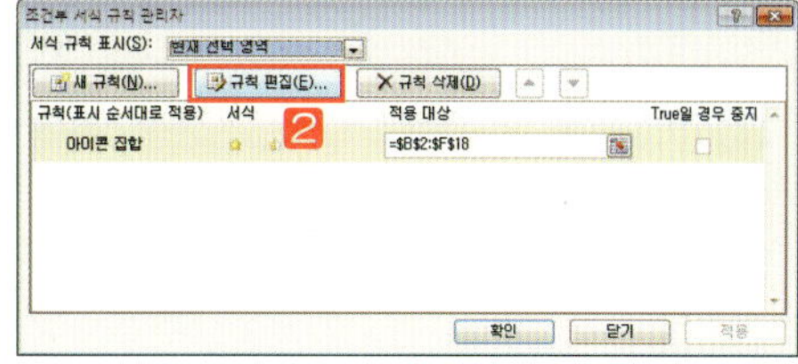

POINT [규칙 관리]를 실행할 때는 범위가 지정된 상태이어야 한다.

❸ 숫자 값으로 표시 아이콘 지정하기

1 [서식 규칙 편집] 대화상자의 [다음 규칙에 따라 각 아이콘 표시]에서 [종류]는 '숫자', [값]은 각각 '200000'과 '50000'으로 설정하고 차례로 [확인] 단추를 클릭한다. **2** 완전히 채워진 별은 '200000' 이상인 숫자에 적용되고 반만 채워진 별은 '200000'과 '50000' 사이의 숫자에 적용된다.

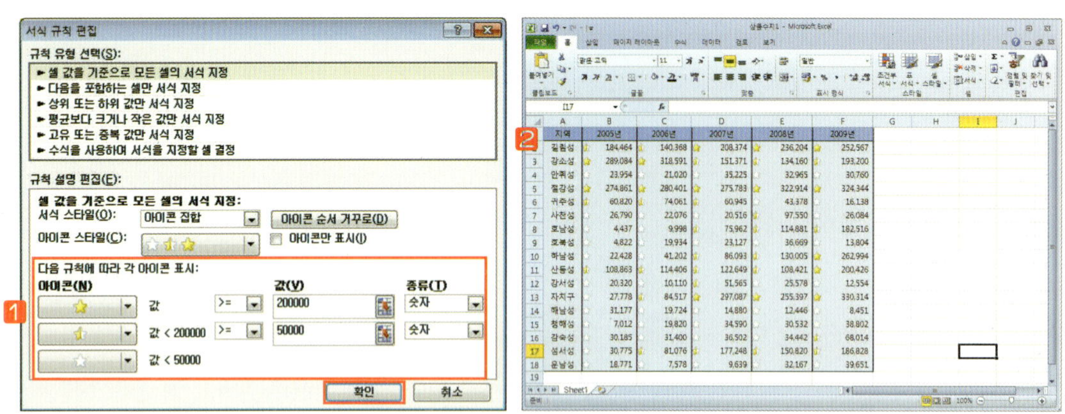

❹ 백분율로 표시 아이콘 지정하기

1 [홈] 탭-[스타일] 그룹에서 [조건부 서식]-[규칙 지우기]-[시트 전체에서 규칙 지우기]를 클릭해서 시트에 작성된 조건부 서식을 지운다. **2** [B2:F18]까지 범위를 지정한 상태에서 [조건부 서식]-[아이콘 집합]-[상자 5개]를 선택한다. **3** [조건부 서식]-[규칙 관리]를 선택하고 [조건부 서식 규칙 관리자] 대화상자에서 [규칙 편집] 단추를 클릭한다. **4** [서식 규칙 편집] 대화상자의 [다음 규칙에 따라 각 아이콘 표시]에서 [종류]는 '백분율'로 두고 [값]은 차례로 '75', '50', '25', '0'을 입력한 후 차례로 [확인] 단추를 클릭하면 **5** 지정된 백분율로 상자가 표시된다.

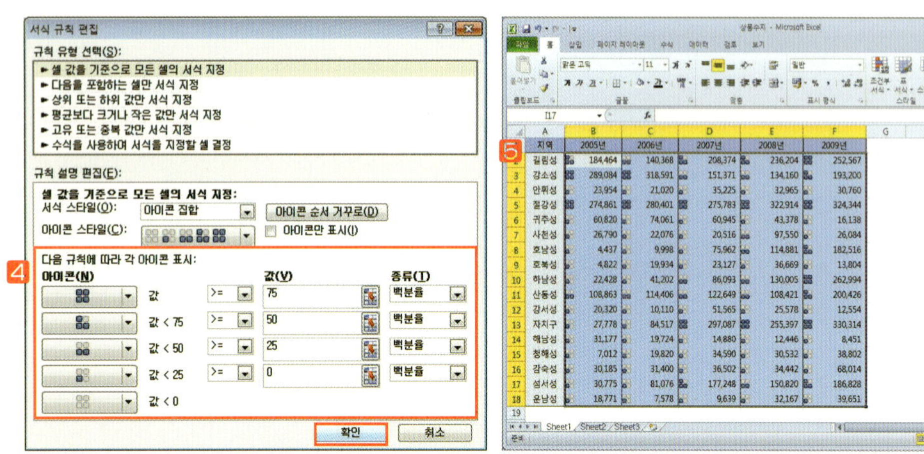

피벗 차트 008

피벗 차트로 데이터 표현하기

피벗 차트의 [필드 목록] 창이 별도로 표시되던 이전 버전에 비해 엑셀 2010의 피벗 차트는 [열 레이블] 영역에 [범례 필드] 영역, [행 레이블] 영역에 [축 필드] 영역이 표시되면서 [피벗 테이블 필드 목록] 창을 함께 사용할 수 있다.

CD 판매량피벗.xlsx

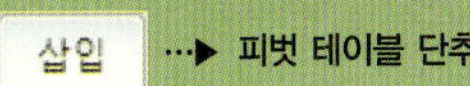 삽입 ┈▶ 피벗 테이블 단추 

1 피벗 차트 작성하기

1 데이터 내의 임의의 셀을 선택하고 **2** [삽입] 탭-[표] 그룹에서 [피벗 테이블]의 드롭다운 단추를 클릭하여 [피벗 차트]를 선택한다.

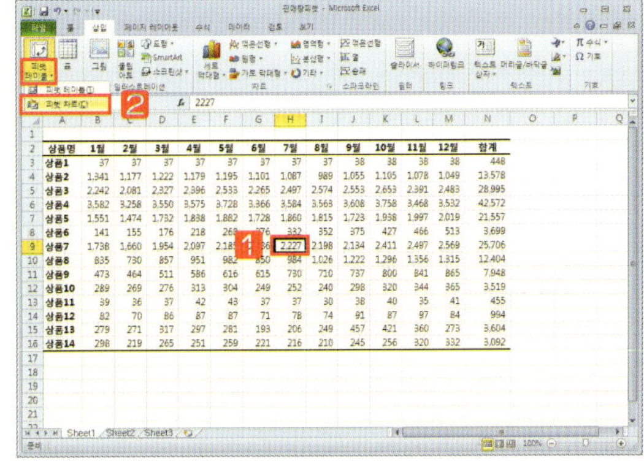

2 피벗 차트 목록 창 구성하기

1 [피벗 테이블 및 피벗 차트 만들기] 대화상자에 데이터 범위가 정확하게 지정되어 있는지 확인하고 [확인] 단추를 클릭하면 **2** [피벗 테이블 필드 목록] 창이 표시되는데 모든 항목을 체크하여 선택한다. **3** 자동으로 '상품명' 필드만 [축 필드] 영역에 위치하고 나머지 필드는 모두 [값] 영역에 위치한다.

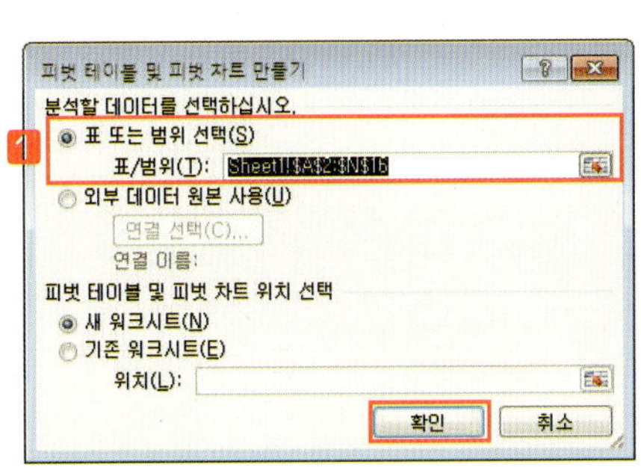

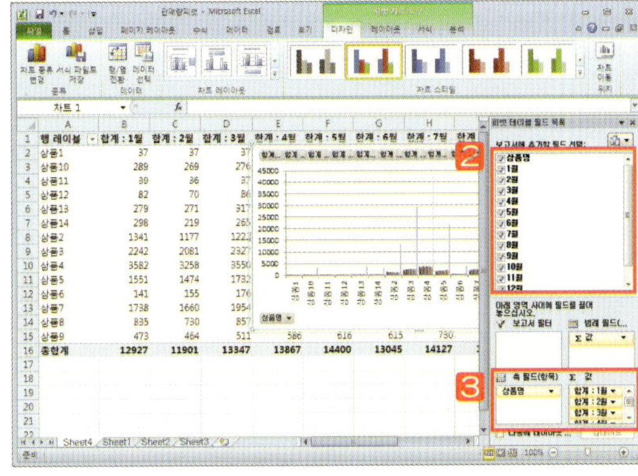

3 값 필드의 단추 피벗 차트에 표시하지 않기

작성된 피벗 차트는 [값] 영역의 필드명이 모두 표시되어 보기에도 좋지 않고, 작업에도 별 의미가 없다면 표시하지 않도록 설정할 수 있다. **1**[값] 영역에 있는 필드 중의 하나를 선택하고 드롭다운 단추를 클릭한 후 펼쳐지는 메뉴에서 [차트에서 값 필드 단추 숨기기]를 선택한다. **2**피벗 차트 위쪽에 표시되던 필드명이 표시되지 않는다.

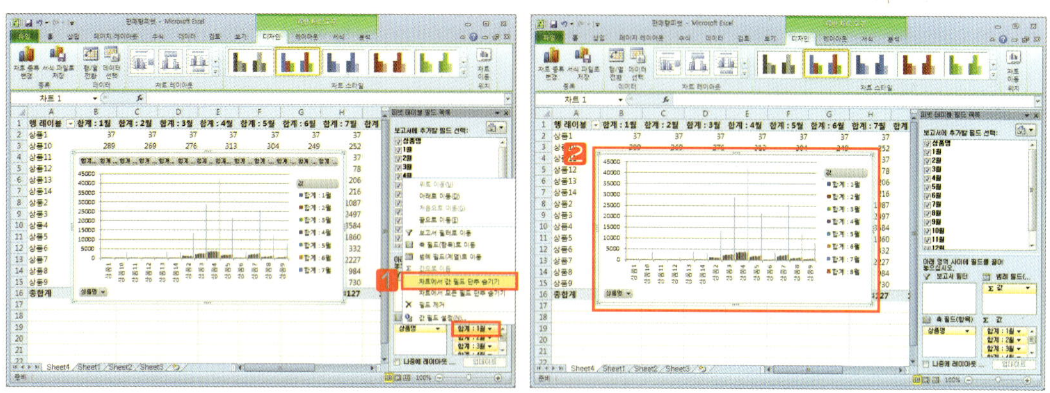

4 피벗 차트에서 상품명 필터하기

1피벗 차트에 표시된 [상품명]을 클릭하면 자동 필터 메뉴가 표시된다. **2**그중에서 '상품1', '상품2', '상품3'만 체크하고 [확인] 단추를 클릭한다. **3**3개 상품만 피벗 차트에 필터되어 표시된다. **4**데이터를 잘 나타내기 위해 [피벗 테이블 필드 목록] 창에서 '합계' 필드를 체크 해제한다.

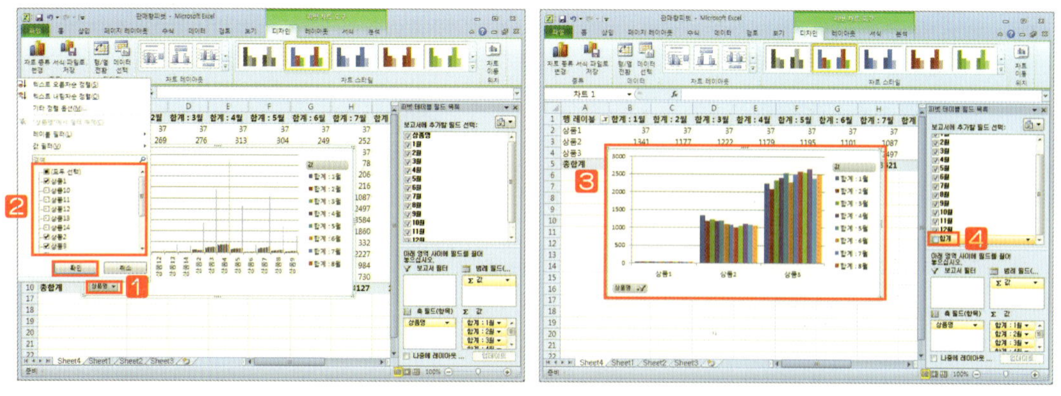

POINT [A1]셀의 [행 레이블]의 드롭다운 단추를 클릭해도 자동 필터 메뉴를 표시할 수 있다.

5 피벗 차트 데이터 행/열 전환하기

상품명이 가로축에 표시되는 피벗 차트는 상품의 월별 추이를 나타내지만 상품 간의 비교는 되지 않는다. **1** 피벗 차트를 작성하면 자동으로 추가되는 [피벗 차트 도구]–[디자인] 탭–[데이터] 그룹에서 [행/열 전환]을 클릭한다. **2** 피벗 차트의 가로축이 월로 변경되어 상품 간의 월별 데이터를 비교할 수 있다.

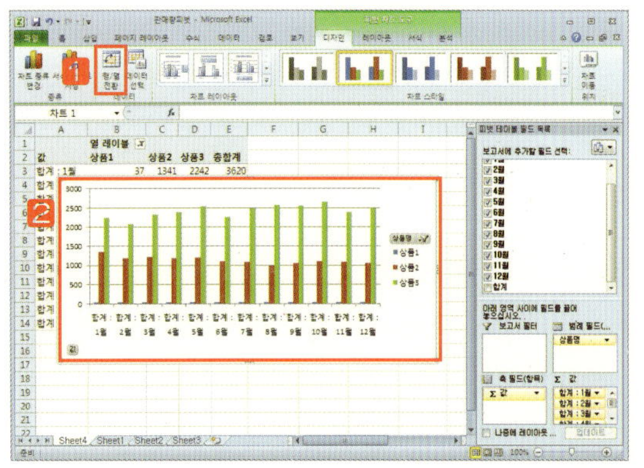

수식 삽입으로 수식 작성하기

화학식이나 복잡한 수학 공식을 엑셀에서 작성할 수 있는 기능이 수식 삽입이다. 이미 작성된 수식을 삽입할 수도 있고 텍스트 상자에 직접 수식을 작성할 수도 있는데, 수식을 삽입하면 [수식 도구]의 [디자인] 탭이 추가되어 수식을 편집할 수 있다.

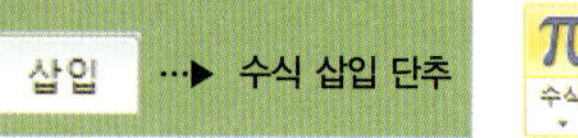

1. 이미 작성된 수식 삽입하기

1 새 통합 문서를 열고 [삽입] 탭-[기호] 그룹에서 [수식]의 드롭다운 단추를 클릭하여 기존에 많이 사용되는 수식들이 펼쳐지면 '이항 정리'를 선택하여 삽입한다. **2** 워크시트에 수식이 도형의 형태로 삽입되면서 [그리기 도구]-[서식] 탭과 [수식 도구]-[디자인] 탭이 동시에 추가된다. **3** 수식이 작성된 도형의 크기를 조절하여 보기 좋게 만든다.

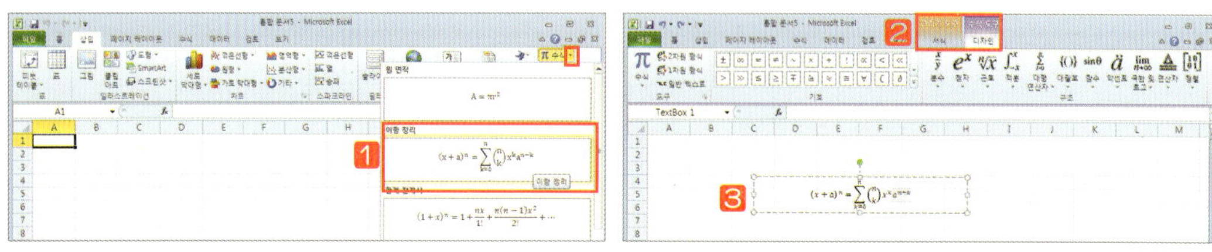

2. 수식이 삽입된 도형 꾸미기

수식이 삽입된 도형은 도형 서식을 사용하여 꾸밀 수 있다. **1** 도형을 선택하고 **2** [그리기 도구]-[서식] 탭-[도형 스타일] 그룹에서 [도형 채우기]의 드롭다운 단추를 클릭하여 [그라데이션]-[오른쪽 아래 모서리에서]를 선택한 후 **3** [도형 효과]-[입체 효과]-[둥글게]를 선택하여 도형 꾸미기를 완성한다.

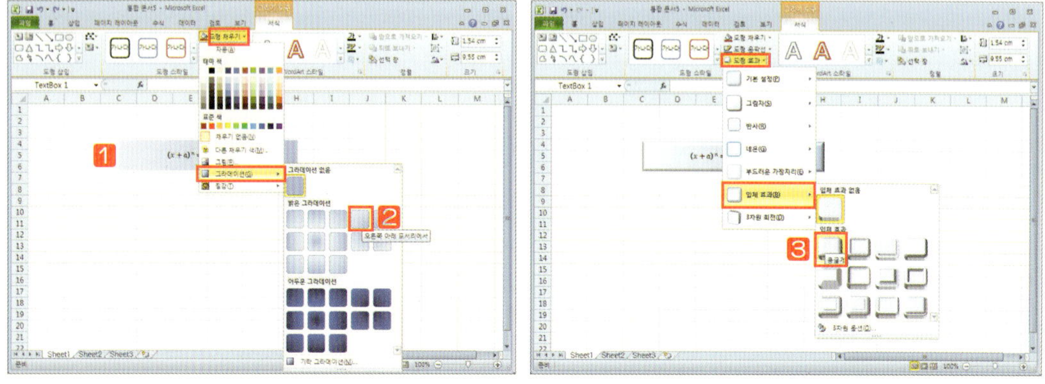

3 텍스트 상자 삽입하기

이미 작성된 수식을 사용하지 않고 직접 수식을 작성하려면 텍스트 상자를 사용해야 한다. **1**[삽입] 탭–[텍스트] 그룹에서 [텍스트 상자] 드롭다운 단추를 클릭하여 [가로 텍스트 상자]를 선택한다. **2**마우 스로 워크시트의 중앙을 클릭하면 텍스트 상자가 표시되는데, **3**그 상태에서 [삽입] 탭–[기호] 그룹에 서 [수식]의 드롭다운 단추를 클릭하여 [새 수식 삽입]을 선택한다.

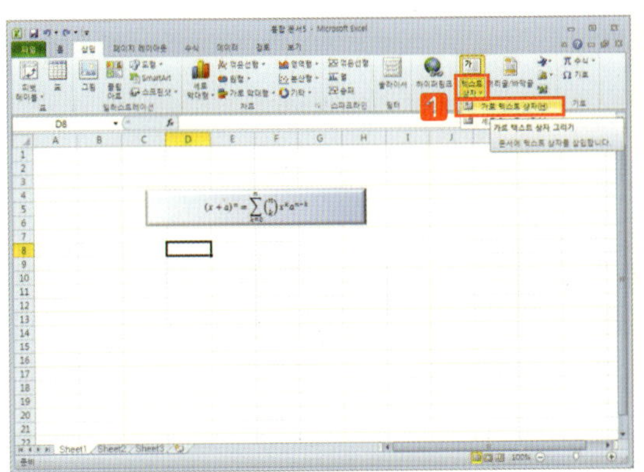
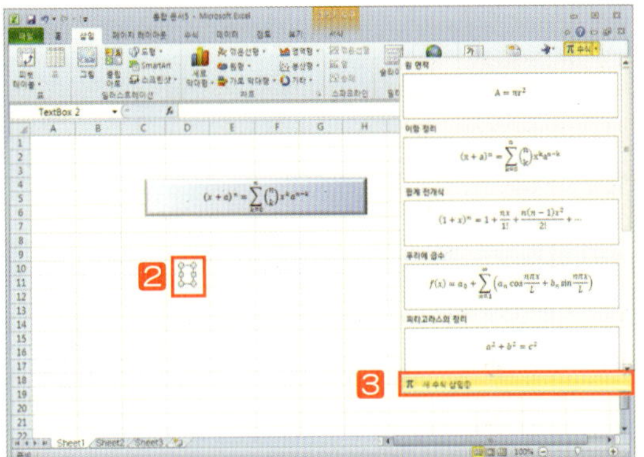

4 텍스트 상자에 직접 수식 작성하기

1[수식 도구]–[디자인] 탭–[구조] 그룹에서 [분수]를 클릭하고 그중 하나를 선택하여 삽입한 후 **2**분수 뒤에 '는 분수식이다.' 라고 입력한다.

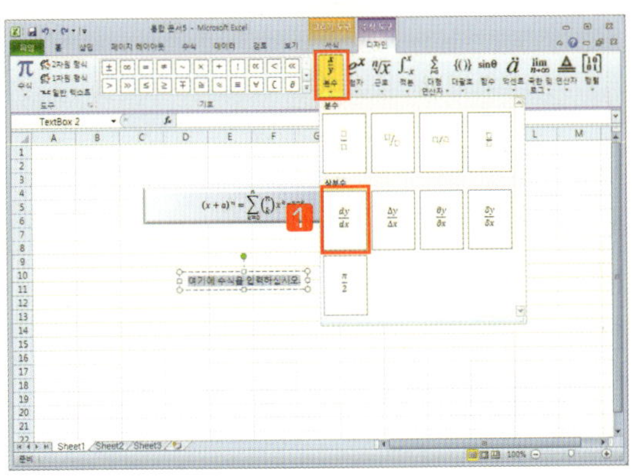
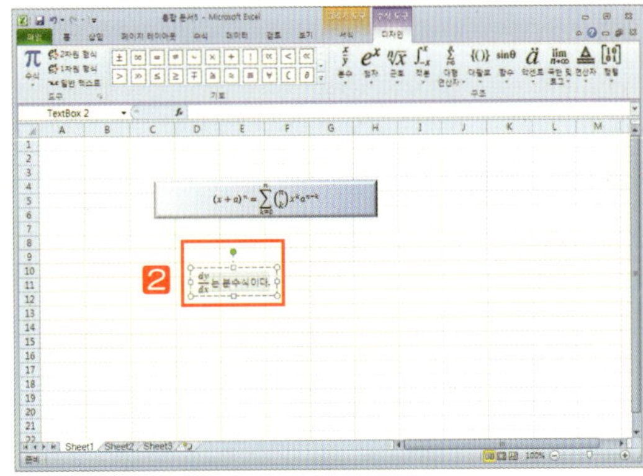

POINT [수식 도구]–[디자인] 탭–[기호] 그룹에서는 기본 수학 연산자를 제공한다.

자동 필터에서 검색하기

엑셀 2010의 자동 필터 기능은 편리하고 쉽게 데이터를 필터할 수 있는 기능으로 엑셀 2007보다 기능이 많이 향상되었으며, 새로운 검색 기능이 추가되었다. 자동 필터의 사용자 지정 필터 기능 중의 일부를 간편하게 사용할 수 있도록 해준다.

CD 주문제품1.xlsx

데이터　…▶　필터 단추

1　자동 필터 적용하기

1 자동 필터 기능을 사용하기 위해 [데이터] 탭-[정렬 및 필터] 그룹에서 [필터]를 클릭하면 데이터 [1]행의 열 머리글 옆에 자동 필터 단추가 표시된다. **2** '고객사'의 자동 필터 단추를 클릭하고 **3** 펼쳐지는 메뉴에서 '가나무역(주)', '명지상사(주)'를 체크한 후 [확인] 단추를 클릭한다. **4** 고객사 중에 '가나무역'과 '명지상사'가 필터되어 표시된다.

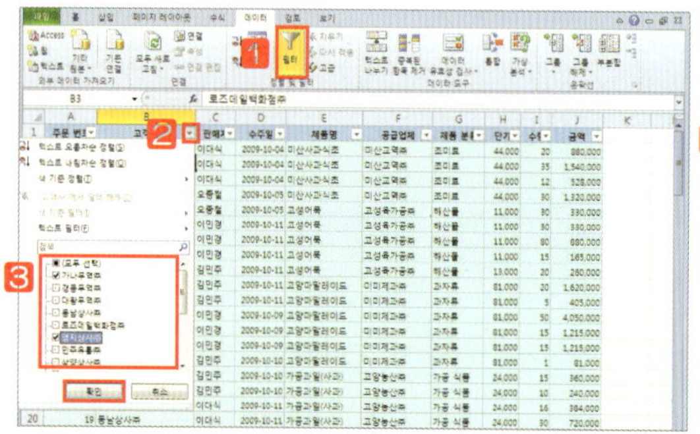

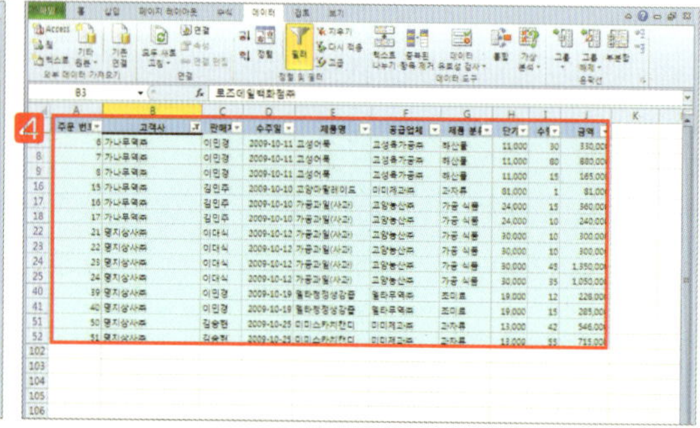

2　자동 필터에서 검색하기

1 '고객사' 자동 필터 단추를 클릭하고 **2** [검색] 입력란에 '무역'이라고 입력한다. 입력하자마자 고객사 명칭 중에 '무역'이 포함된 데이터들이 필터되어 표시되면 [확인] 단추를 클릭한다. **3** 고객사 이름에 '무역'이 포함된 데이터 행이 필터되어 나타난다.

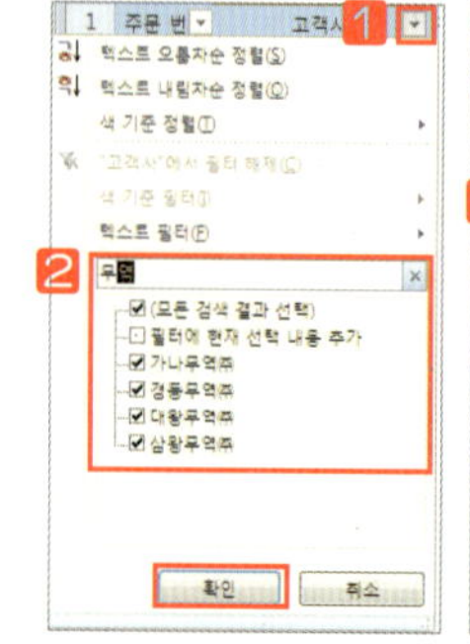

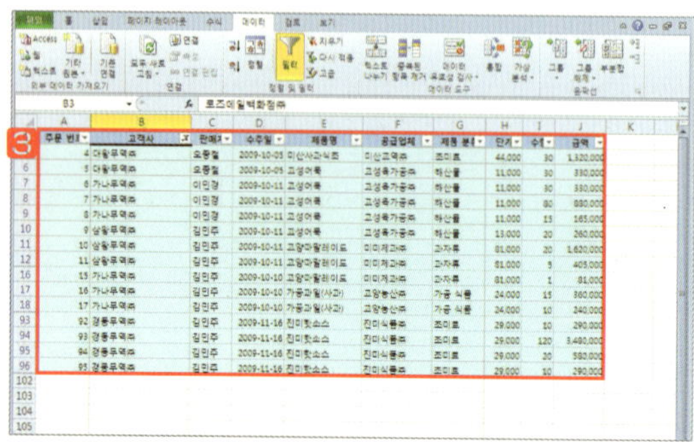

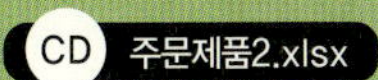

표 필터 **011**

표의 열 머리글에 필터 단추 표시

엑셀 2010에서는 표를 삽입할 경우 자동으로 나타나는 자동 필터 단추에 새로운 기능을 추가했다. 표 삽입 상태에서 아래쪽의 표 데이터를 보기 위해 스크롤하면 표의 열 머리글이 엑셀의 'A, B, C, …' 열 머리글 위치로 이동하면서 자동 필터 단추가 그대로 표시된다.

CD 주문제품2.xlsx

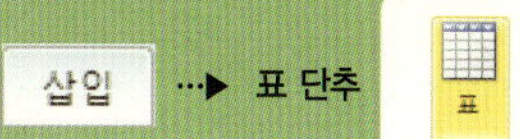

1 표 삽입하기

1 데이터 범위 내에 임의의 위치에 셀을 선택하고 **2** [삽입] 탭-[표] 그룹에서 [표]를 클릭한다. **3** [표 만들기] 대화상자에서 입력된 범위를 확인하고 [확인] 단추를 클릭한다.

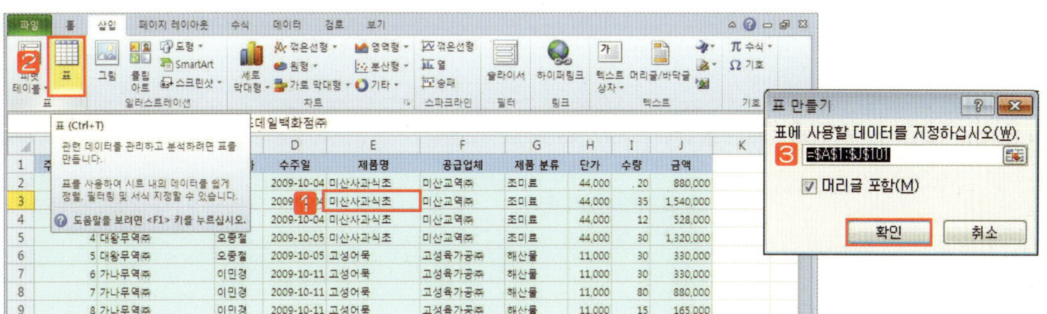

2 자동 필터 표시하기

표가 삽입되면 마우스를 스크롤하여 아래쪽의 데이터를 표시해보자. [1]행의 머리글이 엑셀 열 머리글로 이동하면서 자동 필터가 그대로 표시되어 필터 작업에 사용할 수 있다.

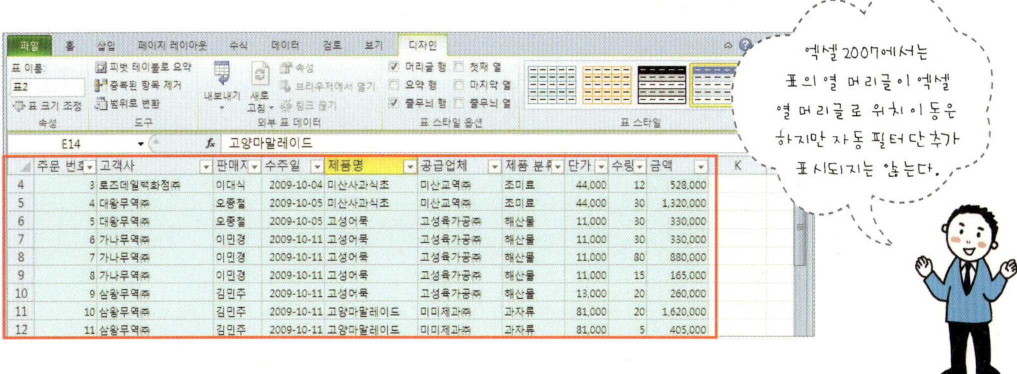

표의 구조적 참조 표현 변경

데이터 목록을 표로 변경한 후에 수식을 작성할 때 표 삽입 기능을 이용하여 표의 이름을 사용하면 편리하다. 엑셀 2007과 엑셀 2010에서 표의 수식을 나타내는 표현이 변경된 것이 있는데, 그 중 참조 표현 방법에 대해 살펴보자. 현재 행을 의미하는 표현이 [#이 행]에서 @로 변경되었다.

CD 지역표.xlsx

삽입 …▶ 표 단추

① 수식을 작성하는 행을 의미하는 표현

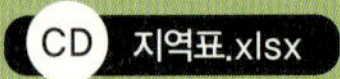엑셀 2007에서 [E3]셀을 선택하고 [홈] 탭-[편집] 그룹에서 [자동 합계]를 클릭하면 자동으로 셀에 '=SUM(표1[[#이 행],[1월]:[3월]])' 이라고 입력되고 Enter 키를 누르면 수식이 계산된다. 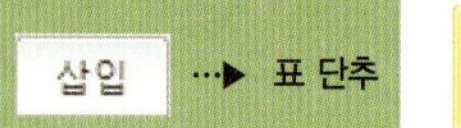엑셀 2010에서는 '=SUM(표1[@[1월]:[3월]])' 이라고 수식이 표현된다. 수식의 계산결과는 동일하지만, 수식을 작성하는 행을 의미하는 표현이 [#이 행]과 @로 다르다.

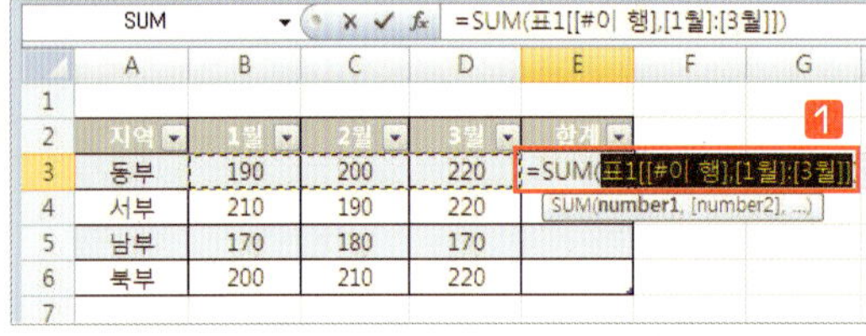

▲ 엑셀 2007

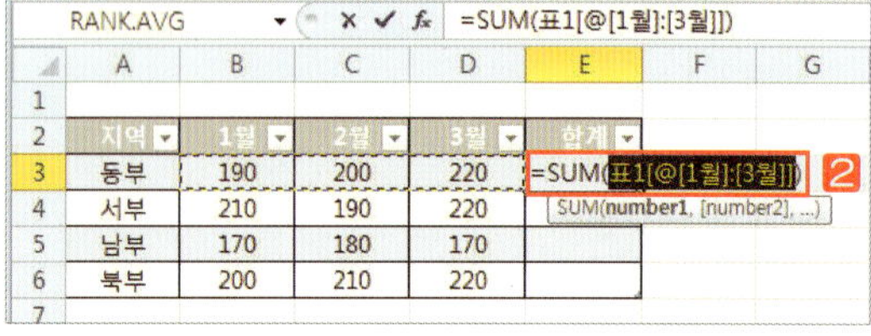

▲ 엑셀 2010

**POINT** 표에서 수식을 작성하고 Enter 키를 누르면 자동으로 나머지 셀에 수식이 채워진다. 이것은 표의 기본 설정이 [자동으로 계산된 열 만들기]로 설정되어 있기 때문이다. 이 설정이 번거롭다면 [자동 고침 옵션]의 드롭다운 단추를 클릭하고 [자동 고침 옵션 조절]을 선택하여 조정한다.

2 표의 구조적 참조 표현식

표로 변환된 데이터 목록에서 계산식을 작성하려면 표의 수식 구성 요소들을 알아야 한다. 엑셀 2007
과 엑셀 2010 모두 표를 참조하는 표현은 동일하고, 다만 현재 행에 대한 표현이 [#이 행]에서 @로 변
경되었다. 표에서 수식을 작성할 때 구조적 참조를 사용하려면 반드시 먼저 표 이름을 입력하고 '[' 기
호를 입력해야 표의 구성요소가 표시된다.

▲ 엑셀 2007   ▲ 엑셀 2010

 **POINT** [자동 합계]를 이용해 [합계]를 구한 상태에서 표의 머리글로 수식을 작성하여 평균을 구하기 위해 [F2]셀에 '평
균'이라고 입력한다. [F3]셀에 '=표1['이라고 입력하여 표시되는 항목 중에서 '합계'를 선택하고 Tab 키를 누
르면 셀에 '합계'가 입력된다. 뒷 부분에 ']/3'이라고 입력한 후 Enter 키를 누르면 나머지 셀까지 평균을 구할
수 있다.

반드시 알아야 할 단축키

엑셀에서 데이터 입력 및 조작에 대한 기능을 단축키로만 작업하는 사용자들도 있다. 일반 사용자가 단축키로 모든 엑셀 작업을 할 수는 없지만 몇몇 단축키를 알고 있으면 작업 시간과 노력을 절약할 수 있다.

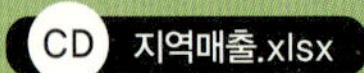

CD 지역매출.xlsx

① 저장하려면 Ctrl + S

새 문서 상태에서 저장하려면 [파일]-[저장] 메뉴를 이용해도 되지만, 단축키 Ctrl + S 를 눌러도 [다른 이름으로 저장] 대화상자를 실행하여 저장할 수 있다. 특히 파일이 한 번 저장된 다음 수시로 작업을 저장할 때 유용하다.

② 복사하려면 Ctrl + C 와 Ctrl + V

①복사하려는 데이터의 범위를 [B2:G8]로 지정하고 Ctrl + C 를 누르면 범위가 점선으로 표시되면서 복사 영역이 지정된다. ②붙여넣기하려는 위치의 셀인 [B10]을 선택하고 Ctrl + V 를 누르면 동일한 내용이 붙여넣기된다. ③이때 [붙여넣기 옵션] 단추가 표시되는 것을 알 수 있다. [붙여넣기 옵션] 단추의 메뉴를 이용하여 필요한 붙여넣기 작업을 수행할 수 있다.

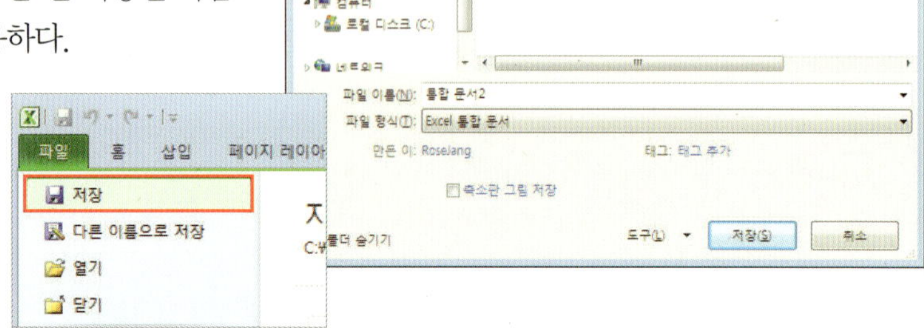

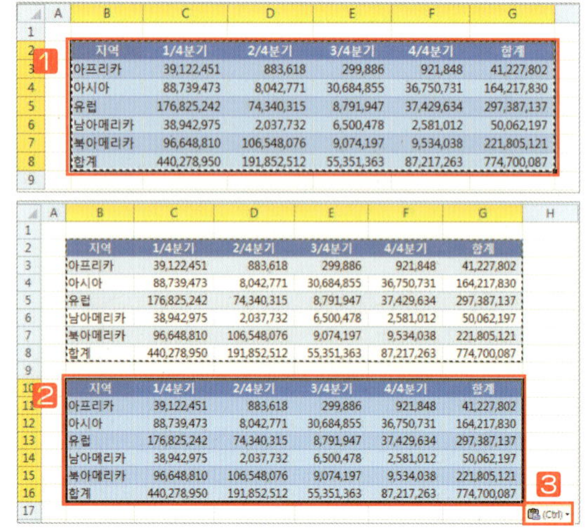

 복사 범위를 지정하는 점선은 Esc 키를 누르거나 복사 범위가 해제되는 작업을 하기 전까지 계속 표시되며, Ctrl + V 를 사용하여 여러 번 붙여넣기를 할 수 있다.

❸ 시트 간의 이동은 Ctrl + PageDown 과 Ctrl + PageUP

시트의 셀에서 데이터 작업을 하다가 다른 시트로 이동할 경우, 단축키를 이용하면 번거로운 과정을 생략할 수 있다. 현재 시트인 'Sheet1'에서 Ctrl + PageDown 을 누르면 다음 시트인 'Sheet2'로 이동한다. 반대로 'Sheet2' 시트에서 Ctrl + PageUp 을 누르면 'Sheet1' 시트로 이동한다.

9				
10	지역	1/4분기	2/4분기	3/4분기
11	아프리카	39,122,451	883,618	299,886
12	아시아	88,739,473	8,042,771	30,684,855
13	유럽	176,825,242	74,340,315	8,791,947
14	남아메리카	38,942,975	2,037,732	6,500,478
15	북아메리카	96,648,810	106,548,076	9,074,197
16	합계	440,278,950	191,852,512	55,351,363
17				

Sheet1 / Sheet2 / Sheet3
준비

Sheet1 / Sheet2 / Sheet3
준비

❹ 어느 위치에서든 [A1]셀로 이동은 Ctrl + Home

워크시트의 어디서 작업을 하든 [A1]셀로 이동할 필요가 있다면 Ctrl + Home 을 누른다. [A1]셀로 셀 포인터가 이동한다. ❷반대로 Ctrl + End 를 누르면 데이터가 입력된 마지막 셀로 이동한다.

	A	B	C	D
1				
2		지역	1/4분기	2/4분기
3		아프리카	39,122,451	883,618
4		아시아	88,739,473	8,042,771
5		유럽	176,825,242	74,340,315
6		남아메리카	38,942,975	2,037,732
7		북아메리카	96,648,810	106,548,076
8		합계	440,278,950	191,852,512
9				

D	E	F	G	H
2/4분기	3/4분기	4/4분기	합계	
883,618	299,886	921,848	41,227,802	
8,042,771	30,684,855	36,750,731	164,217,830	
74,340,315	8,791,947	37,429,634	297,387,137	
2,037,732	6,500,478	2,581,012	50,062,197	
106,548,076	9,074,197	9,534,038	221,805,121	
191,852,512	55,351,363	87,217,263	774,700,087	

POINT Ctrl + End 를 누르면 데이터가 입력된 마지막 셀로 이동을 하는데, 만약에 입력된 데이터를 삭제한 위치가 현재 데이터의 마지막 위치보다 더 다음 주소라면 그 곳으로 이동한다. 이러한 상황을 방지하려면 데이터를 삭제한 후에 저장하면 된다.

5 데이터가 입력된 범위 지정은 Ctrl + A

데이터가 입력된 범위가 매우 클 때 범위를 모두 지정하려면 번거로울 수 있는데, 이때 데이터가 입력된 범위 중 한 셀을 선택하고 Ctrl + A 를 누르면 입력 범위가 모두 선택된다. [B5]셀을 선택하고 Ctrl + A 를 누르면 [B5]셀을 중심으로 연속적으로 데이터가 입력된 범위가 전부 지정된다.

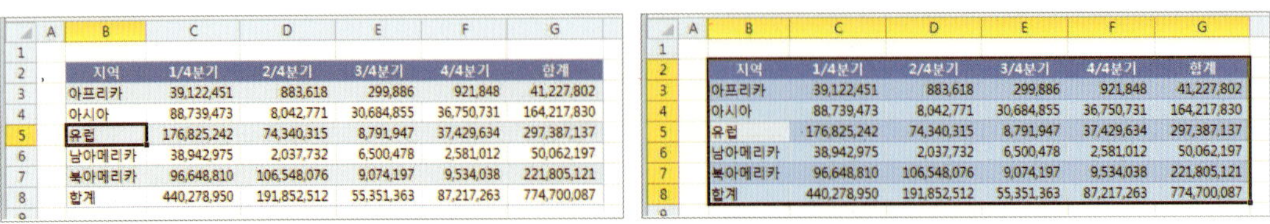

POINT Ctrl + A 를 사용할 때 주의할 점은 데이터가 모두 연속적으로 입력된 범위를 지정한다는 것이다. 만약 데이터의 중간에 완전히 빈 행이나 열이 있는 경우에 그 곳이 데이터의 경계가 되어 그 위치까지만 범위를 지정한다.

6 Ctrl + ˜ 로 수식 표시하기

엑셀에서는 수식 작업을 많이 하는데 수식이 작성된 셀을 일일이 클릭해서 수식을 확인하려면 번거로운 경우가 많다. 이런 경우, Ctrl + ˜ 를 누르면 워크시트가 수식을 표시하는 상태로 변경되어 워크시트에 작성된 수식을 볼 수 있다.

	A	B	C	D	E	F	G
1							
2		지역	1/4분기	2/4분기	3/4분기	4/4분기	합계
3		아프리카	39,122,451	883,618	299,886	921,848	41,227,802
4		아시아	88,739,473	8,042,771	30,684,855	36,750,731	164,217,830
5		유럽	176,825,242	74,340,315	8,791,947	37,429,634	297,387,137
6		남아메리카	38,942,975	2,037,732	6,500,478	2,581,012	50,062,197
7		북아메리카	96,648,810	106,548,076	9,074,197	9,534,038	221,805,121
8		합계	440,278,950	191,852,512	55,351,363	87,217,263	774,700,087

	A	B	C	D	E	F	G
1							
2		지역	1/4분기	2/4분기	3/4분기	4/4분기	합계
3		아프리카	39122450.62	883617.6	299886.03	921847.9	=SUM(C3:F3)
4		아시아	88739472.82	8042771.2	30684855.44	36750730.93	=SUM(C4:F4)
5		유럽	176825241.5	74340315.05	8791946.59	37429633.73	=SUM(C5:F5)
6		남아메리카	389942975.01	2037731.56	6500478.31	2581011.8	=SUM(C6:F6)
7		북아메리카	96648809.91	106548076.45	9074196.53	9534038.42	=SUM(C7:F7)
8		합계	=SUM(C3:C7)	=SUM(D3:D7)	=SUM(E3:E7)	=SUM(F3:F7)	=SUM(G3:G7)

014

중복된 항목 제거하기

중복된 항목 제거 기능은 데이터 입력 행이 중복되거나 여러 열 중에서 특정 열의 항목이 중복된 경우에 중복된 항목에서 한 항목씩만 추출할 때 유용하게 사용할 수 있다. 특히, 반복적으로 입력된 데이터에서 한 항목씩만 가져다 별도의 작업에 사용할 때 매우 유용하다.

CD 처리결과.xlsx

데이터 ┈▶ 중복된 항목 제거 단추

🔵 추출할 항목 열 복사하기

1 처리내역 데이터가 입력된 [F]열 머리글을 클릭해서 범위를 지정한 후에 `Ctrl`+`C`를 눌러 복사한다.

2 붙여 넣을 위치인 [I1]셀을 선택하고 `Ctrl`+`V`를 눌러 내용을 붙여넣기한다.

2️⃣ 중복된 항목 제거 명령 선택

1 [I3]셀을 선택하고 `Ctrl`+`A`를 눌러서 복사된 처리내역 데이터를 전부 범위로 지정한다. **2** [데이터] 탭-[데이터 도구] 그룹에서 [중복된 항목 제거]를 클릭한다.

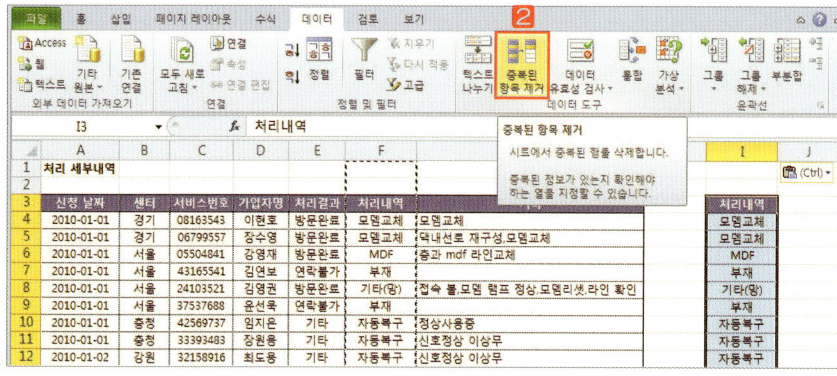

3 중복된 항목 제거하기

1[중복된 항목 제거] 대화상자에서 기본 설정을 유지하고 [확인] 단추를 클릭한다. **2**중복된 데이터를
제거했다는 메시지가 나타나면 [확인] 단추를 클릭한다.

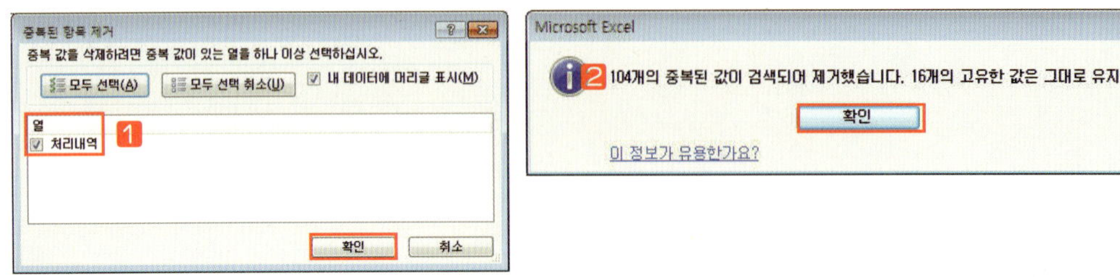

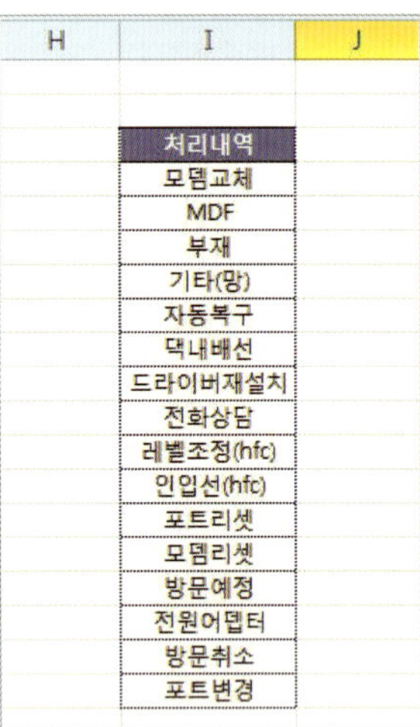

POINT 만약 지정된 범위의 데이터 첫 행이 열 머리글이 아니라 행부터 데이터가 입력되어 있다면 [중복된 항목 제거]
대화상자의 [내 데이터에 머리글 표시]를 체크 해제한다.

4 중복된 항목 제거된 데이터

전체 데이터 중에서 중복된 데이터를 제거하고 한 항목씩만 남는다. 이
항목은 처리내역의 종류를 나타내주는 데이터들이다.

H	I	J
	처리내역	
	모뎀교체	
	MDF	
	부재	
	기타(망)	
	자동복구	
	댁내배선	
	드라이버재설치	
	전화상담	
	레벨조정(hfc)	
	인입선(hfc)	
	포트리셋	
	모뎀리셋	
	방문예정	
	전원어댑터	
	방문취소	
	포트변경	

입력 데이터를 목록으로 표시하기

셀에 데이터를 입력할 때 목록을 이용하여 입력하면 작업이 편리할 뿐만 아니라 잘못된 데이터를 입력하는 오류도 방지할 수 있다. 의외로 데이터 입력 시 오류가 많아서 데이터를 입력하여 작업할 때 정확한 결과가 나오지 않는 경우도 많다.

CD 처리내역.xlsx

데이터 ┈┈▶ 데이터 유효성 검사 단추

1 범위에 이름 지정

데이터가 입력된 범위에 이름을 지정하면 작업하기 편리하다. 엑셀은 셀마다 열과 행으로 이루어진 고유의 주소를 가지고 있는 것처럼 특정 범위에 이름을 지정해서 작업에 사용할 수 있다. **1** [I3]셀을 선택하고 Ctrl+A를 눌러 데이터 범위를 지정한다. **2** [수식] 탭-[정의된 이름] 그룹에서 [선택 영역에서 만들기]를 클릭하고 **3** [선택 영역에서 이름 만들기] 대화상자에서 [첫 행]을 체크한 후 [확인] 단추를 클릭한다. **4** [I4:I19] 범위에 '처리내역' 이라고 이름이 지정된다.

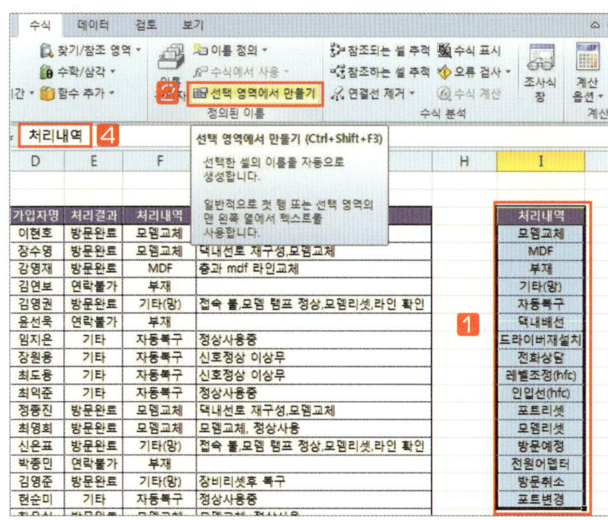

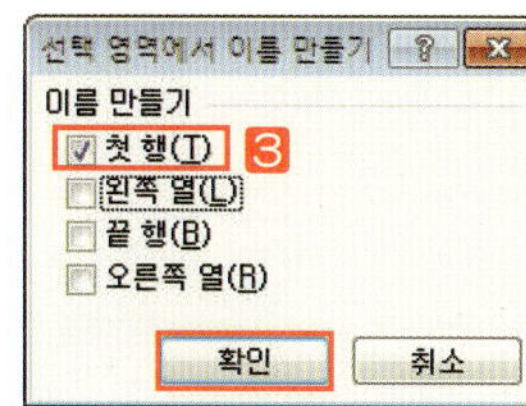

 **POINT** 범위의 이름은 텍스트로 시작해야 한다. [선택 영역에서 이름 만들기] 대화상자의 옵션은 지정된 범위의 데이터를 분석하여 텍스트가 입력된 행이나 열이 자동으로 체크된다. 여기서는 열이 하나이고 모두 텍스트이므로 이름으로 첫 행을 사용할 것이라고 추측한 경우이다.

틀 고정으로 데이터 표시

데이터 양이 많은 경우에 이동하면서 작업하기가 번거로우면 [틀 고정]을 사용한다. **1** 열 머리글의 바로 아래 행인 [A4]셀을 선택하고 **2** [보기] 탭-[창] 그룹에서 [틀 고정]-[틀 고정]을 선택한다. **3** 드래그하여 화면을 아래로 이동하면 틀이 고정된 [3]행까지는 그대로 유지되고 [4]행부터 나머지 행만 이동하는 것을 확인할 수 있다.

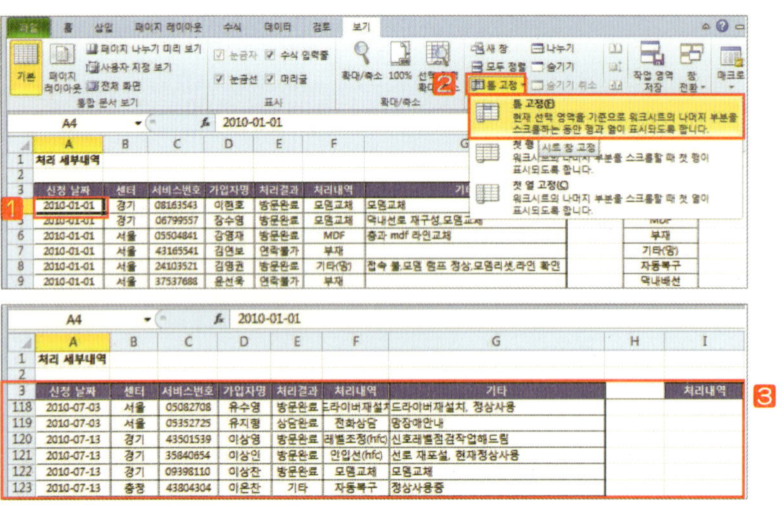

3 데이터 유효성으로 데이터 입력

1 목록으로 입력할 '처리내역'의 데이터 입력 범위를 [F124:F136]으로 지정하고 **2** [데이터] 탭-[데이터 도구] 그룹에서 [데이터 유효성 검사]의 드롭다운 단추를 클릭하여 [데이터 유효성 검사]를 선택한다. **3** [데이터 유효성] 대화상자에서 [제한 대상]을 '목록', [원본]을 '=처리내역'으로 설정하고 [확인] 단추를 클릭한다. **4** [F124]셀의 드롭다운 단추를 클릭하면 처리내역 범위에 있는 데이터 목록이 표시되고 목록 중 하나를 선택하면 입력할 수 있다.

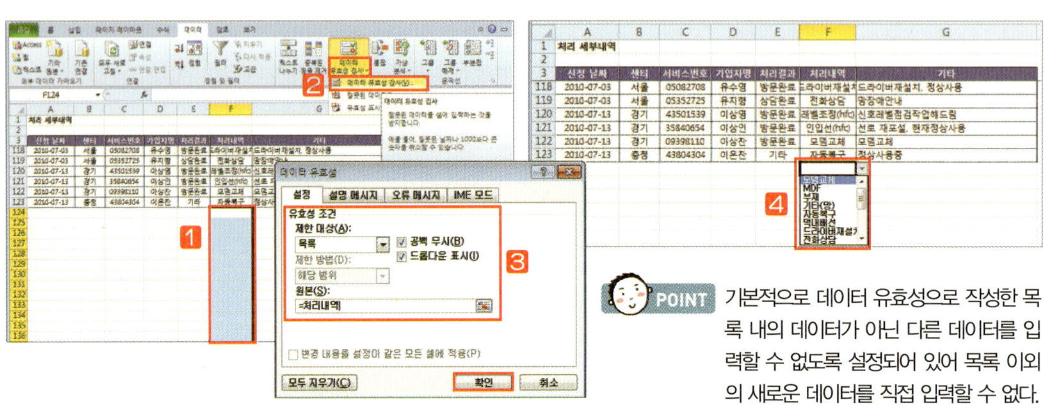

POINT 기본적으로 데이터 유효성으로 작성한 목록 내의 데이터가 아닌 다른 데이터를 입력할 수 없도록 설정되어 있어 목록 이외의 새로운 데이터를 직접 입력할 수 없다.

화면에 보이는 셀만 지정하기

부분합 기능을 실행한 후 소계가 계산된 항목만 표시하도록 설정하면 소계행 이외의 데이터 행은 숨겨진 상태로 나타난다. 이 상태를 복사하여 다른 시트에 붙여넣기하면 숨겨진 행의 데이터도 모두 복사되는데, [화면에 보이는 셀만]을 사용하면 화면에 표시된 데이터만 복사할 수 있다.

CD 센터별처리.xlsx

홈 ┈▶ 찾기 및 선택 단추

1 센터 별로 정렬하기

부분합 기능을 사용하여 센터별로 처리 건수를 집계하고, 정렬 기능으로 센터별로 구분하도록 하자. **1** 센터가 입력된 [B4]셀을 선택하고 **2** [데이터] 탭-[정렬 및 필터] 그룹에서 [텍스트 오름차순 정렬]을 클릭한다. **3** 센터명이 오름차순으로 정리되어 같은 데이터별로 정렬된다.

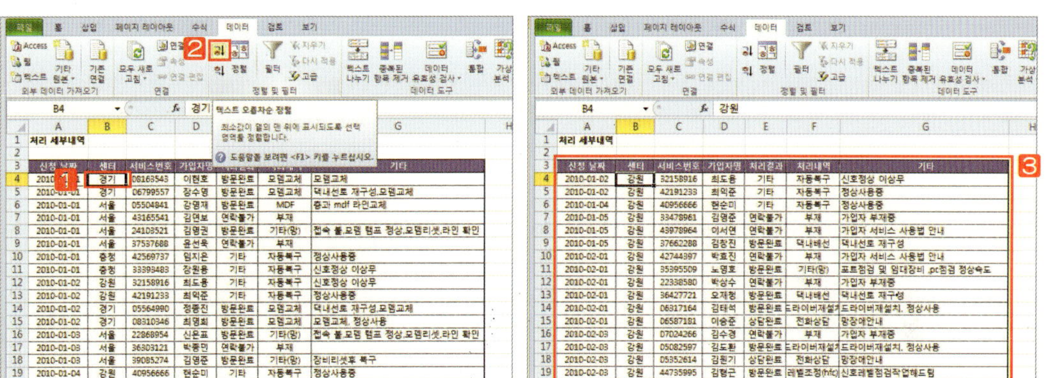

2 센터 별로 건수 집계하기

1 데이터 내의 임의의 셀을 선택하고 **2** [데이터] 탭-[윤곽선] 그룹에서 [부분합]을 클릭한다. **3** [부분합] 대화상자에서 [그룹화할 항목]은 '센터', [사용할 함수]는 '개수', [부분합 계산 항목]은 '서비스번호'로 설정하고 나머지 설정은 그대로 유지한 채 [확인] 단추를 클릭한다. **4** 부분합이 작성되면 센터별로 처리건수가 나타나도록 2 를 클릭한다.

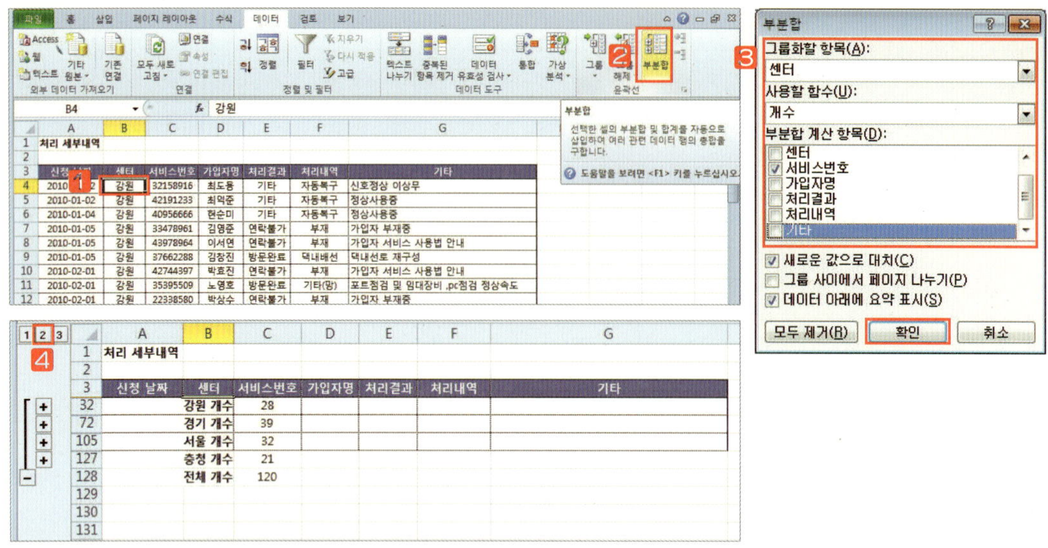

 [부분합] 대화상자의 [부분합 계산 항목]을 '서비스번호'로 설정하는 이유는 '서비스번호'의 데이터가 숫자 데이터이고 센터 바로 옆에 입력되어 있어 복사할 때 편리하기 때문이다.

3 이동 옵션 설정하기

1 부분합이 작성된 [B3:C128]을 범위로 지정하고 **2** [홈] 탭-[편집] 그룹에서 [찾기 및 선택]-[이동 옵션]을 선택한다. **3** [이동 옵션] 대화상자에서 [화면에 보이는 셀만]을 선택하고 [확인] 단추를 클릭한다.

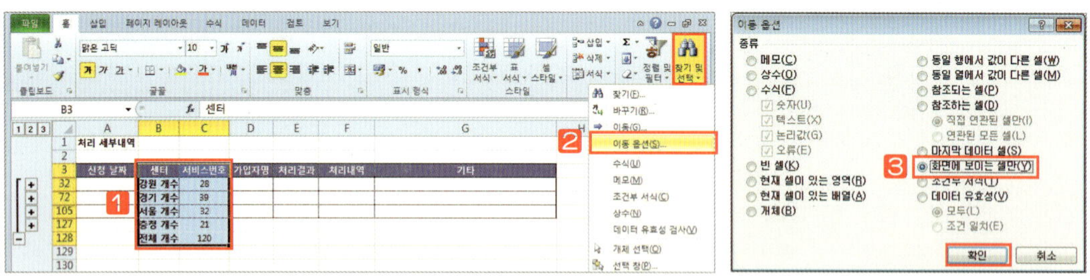

4 화면에 보이는 셀만 복사하기

1 Ctrl+C를 누르면 지정된 범위의 데이터가 복사되는데, 숨겨진 행이 존재하므로 복사를 나타내는 점선이 여러 개 나타난다. **2** 'Sheet2' 시트의 [A2] 셀을 선택하고 Ctrl+V를 누르면 부분합된 결과만 붙여넣기된다.

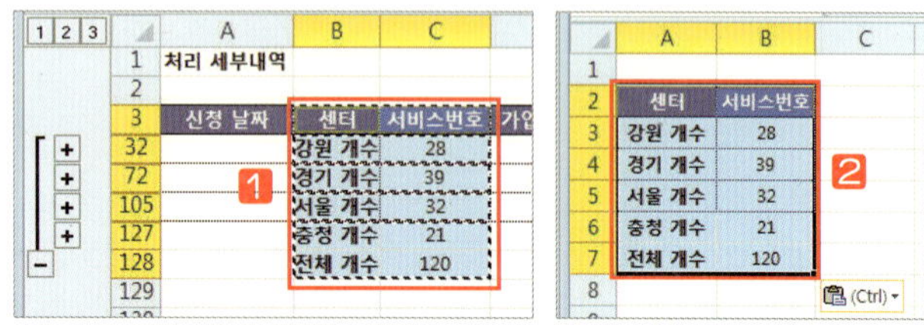

빠른 실행 도구 모음에 추가하기

자주 사용하는 기능이 있다면 편리하게 사용할 수 있도록 빠른 실행 도구 모음을 활용한다. 여기서는 자주 사용하는 기능으로 [화면에 보이는 셀 선택] 기능을 이용해보자.

❶ [빠른 실행 도구 모음]의 드롭다운 단추를 클릭하고 펼쳐지는 목록에서 [기타 명령]을 선택한다.

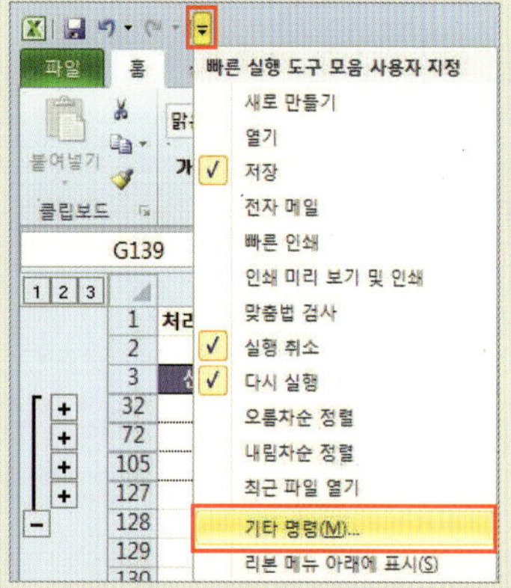

❷ [Excel 옵션] 대화상자의 [빠른 실행 도구 모음]에서 [다음에서 명령 선택]을 '모든 명령'으로 선택한다. 아래 항목 중에 '화면에 보이는 셀 선택'을 선택하고 [추가] 단추를 클릭하여 우측 [빠른 실행 도구 모음 사용자 지정]에 추가되면 [확인] 단추를 클릭한다.

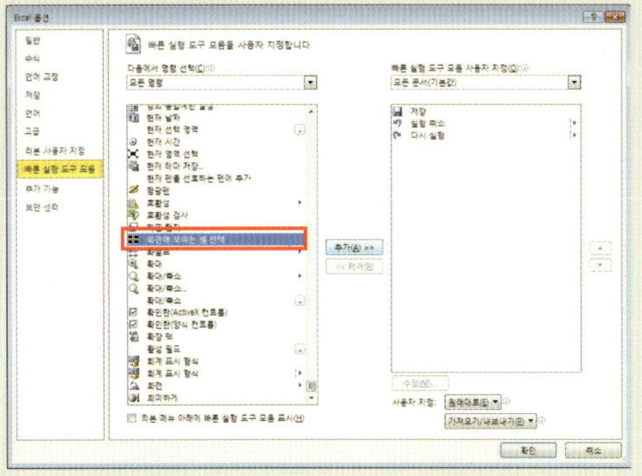 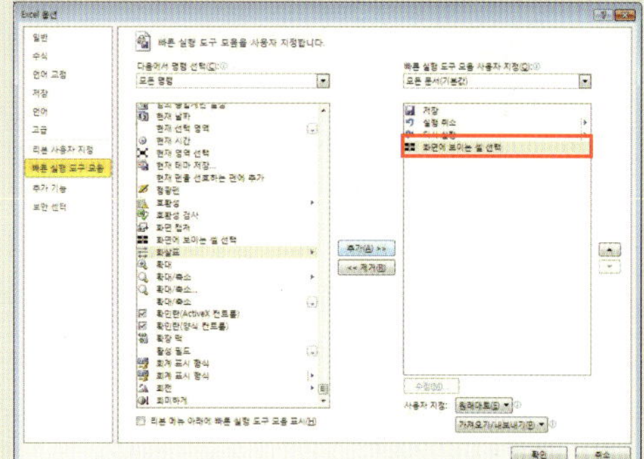

❸ 엑셀 창 상단의 [빠른 실행 도구 모음]에 방금 선택한 [화면에 보이는 셀 선택] 명령 단추가 표시된다.

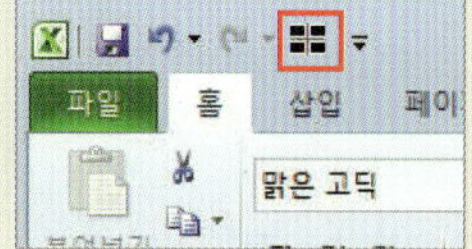

불필요한 공백 지우기

텍스트 데이터를 엑셀로 가져오거나 다른 프로그램에서 작성한 데이터를 엑셀로 가져올 경우, 데이터의 앞이나 뒤에 불필요한 공백이 함께 따라오는 경우가 있다. 이와 같은 경우 엑셀에서 데이터 처리 시 문제가 발생한다. 불필요한 공백을 쉽고 간단하게 제거하는 방법을 알아보자.

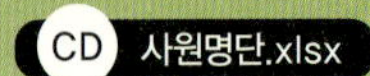 **CD** 사원명단.xlsx

홈 ···▶ 찾기 및 선택 단추 

① 함수로 부서별 인원수 구하기

부서별 인원수를 구하기 위해 COUNTIF 함수를 사용한다. **1** [J2]셀에 '=COUNTIF($E$2:$E$15,I2)'를 입력하고 Enter 키를 누르면 결과값으로 1이 구해지는데, 고객관리부 직원이 모두 4명이므로 결과가 잘못되었다는 것을 알 수 있다. **2** 일단 [J2]셀의 채우기 핸들을 [J4셀]까지 드래그하여 값을 구한다. 나머지 부서는 인원수가 정확하게 계산되는 것을 확인할 수 있다.

 **POINT** '=COUNTIF($E$2:$E$15,I2)'는 부서명이 있는 범위인 [E2:E15]에서 [I2]셀에 있는 값과 같은 값이 몇 개인지 계산한다. [$E$2:$E$15]에서 절대 주소를 사용한 이유는 [J3:J4]까지 수식을 복사해야 하는데 부서명이 있는 범위가 동일하기 때문이다.

② 데이터 일일이 확인하기

고객관리부만 계산이 잘못되었으므로 함수식의 문제라기보다는 데이터의 문제라고 판단된다. **1** '고객관리부'라고 입력된 첫 번째 셀인 [E2]셀을 선택하고 **2** 수식 입력줄의 입력된 데이터에서 조금 떨어진 부분을 클릭한 후 'c'를 입력해보면 '부'와 'c' 사이에 공백이 있는 것을 알 수 있다. **3** 같은 방법으로 [E4]셀을 선택하고 수식 입력줄에 'c'를 입력해보면 '부' 바로 뒤에 입력되는 것을 알 수 있다. 이렇게 몇 개의 셀을 확인해보면 눈에는 전부 '고객관리부'로 보이지만 실제로는 글자 뒤에 공백이 입력된 경우가 있음을 알 수 있다.

사원 ID	한글 이름	영문 이름	직책	부서명	사무실 번호	내선 번호
H102	공윤미	Kong Yun-mi	차	고객관리부 c	503	3413
S505	박신영	Park Shin-young	대리	레포츠부	315	6804
H101	박인구	Park In-gu	부장	고객관리부	501	3410
R221	박한영	Park Han-young	차장	외식부	101	7601
R234	백용만	Pack Yong-man	대리	외식부	167	7603
S606	신영미	Shin Young-mi	과장	레포츠부	320	6805
H104	윤정신	Yun Jeong-shin	대리	고객관리부	503	3412
S503	이기성	Lee Gi-seong	사원	레포츠부	314	6801

사원 ID	한글 이름	영문 이름	직책	부서명	사무실 번호	내선 번호
H102	공윤미	Kong Yun-mi	차장	고객관리부	503	3413
S505	박신영	Park Shin-young	대리	레포츠부	315	6804
H101	박인구	Park In-gu	부장	고객관리부c	501	3410
R221	박한영	Park Han-young	차장	외식부	101	7601
R234	백용만	Pack Yong-man	대리	외식부	167	7603
S606	신영미	Shin Young-mi	과장	레포츠부	320	6805
H104	윤정신	Yun Jeong-shin	대리	고객관리부	503	3412
S503	이기성	Lee Gi-seong	사원	레포츠부	314	6801

POINT 의외로 업무 데이터에 이와 같은 불필요한 공백이 입력된 경우가 많다. 셀을 일일이 확인하기 전에는 눈에 보이지 않으므로 일반적으로 데이터에는 문제가 없다고 간주하는데 함수식에서 문제가 발생한다.

3 한꺼번에 공백 지우기

1 부서명이 입력된 범위를 지정하고 **2** [홈] 탭-[편집] 그룹에서 [찾기 및 선택]-[바꾸기]를 선택한다. **3** [찾기 및 바꾸기] 대화상자의 [바꾸기] 탭에서 [찾을 내용]에 Spacebar 키를 한 번 눌러 공백을 입력한다. [바꿀 내용]에 아무런 내용도 입력하지 않고 [모두 바꾸기] 단추를 클릭한다. **4** 3개 항목이 바뀌었다는 메시지가 표시되면 [확인] 단추를 클릭한다.

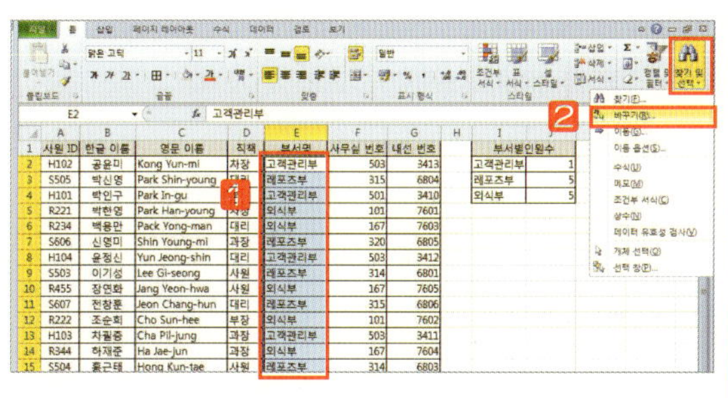

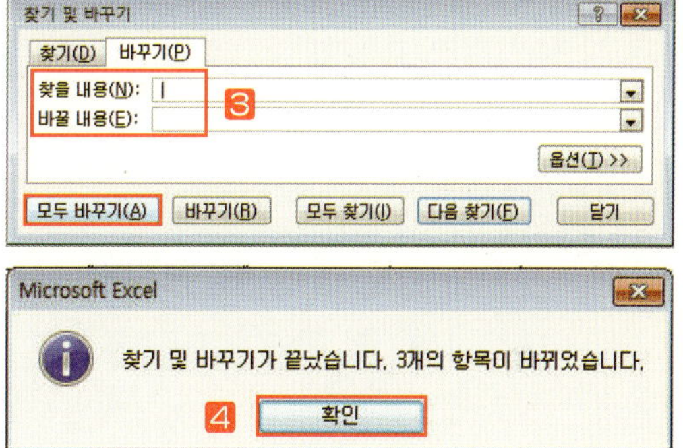

4 다시 계산되는 함수식

함수식에서 사용되는 범위의 데이터가 정확하게 변경된 후에 함수식의 결과값이 '4'라고 자동으로 계산된다. 일반적으로 함수식의 계산 결과가 틀린 경우에 함수식의 문제점만 찾기 쉬운데 이렇게 데이터의 문제도 고려해보아야 한다.

사원 ID	한글 이름	영문 이름	직책	부서명	사무실 번호	내선 번호		부서별인원수	
H102	공윤미	Kong Yun-mi	차장	고객관리부	503	3413		고객관리부	4
S505	박신영	Park Shin-young	대리	레포츠부	315	6804		레포츠부	5
H101	박인구	Park In-gu	부장	고객관리부	501	3410		외식부	5
R221	박한영	Park Han-young	차장	외식부	101	7601			
R234	백용만	Pack Yong-man	대리	외식부	167	7603			
S606	신영미	Shin Young-mi	과장	레포츠부	320	6805			
H104	윤정신	Yun Jeong-shin	대리	고객관리부	503	3412			
S503	이기성	Lee Gi-seong	사원	레포츠부	314	6801			
R455	장연화	Jang Yeon-hwa	사원	외식부	167	7605			
S607	전창훈	Jeon Chang-hun	대리	레포츠부	315	6806			
R222	조순희	Cho Sun-hee	부장	외식부	101	7602			
H103	차필정	Cha Pil-jung	과장	고객관리부	503	3411			
R344	하재준	Ha Jae-jun	과장	외식부	167	7604			
S504	홍근태	Hong Kun-tae	사원	레포츠부	314	6803			

POINT 고객관리부의 인원수가 4로 나타나지 않는다면 앞에서 공백을 체크하기 위해 '고객관리부'에 입력한 'C'를 지웠는지 확인해보자.

엑셀의 주소 형식

엑셀의 각 셀은 열(A, B, C, …)과 행(1, 2, 3, …) 머리글로 구성되는 셀 주소를 가지고 있다. 셀 주소는 수식이나 함수식에서 활용하는데, 수식을 복사하는 경우에 복사된 수식의 정확한 계산 결과를 나타내기 위해서는 수식에 사용되는 주소의 종류를 정확하게 사용해야 한다. 엑셀에서는 상대 주소, 절대 주소, 혼합 주소를 사용하며, 이러한 주소 종류는 수식을 복사하는 경우에만 의미가 있고 수식을 복사하지 않는 경우에는 일반적으로 상대 주소를 사용한다.

1 상대 주소

기본 주소로 일반적인 수식을 작성할 때 사용한다. 아래 표와 같이 [G3]셀에 수식을 작성한 다음 채우기 핸들을 이용하여 [G8]셀까지 복사한다. 복사한 후에 Ctrl+`를 눌러 워크시트에 수식이 나타나도록 한다.

◢	A	B	C	D	E	F	G	H
1								
2		지역	1/4분기	2/4분기	3/4분기	4/4분기	합계	
3		아프리카	39,122,451	883,618	299,886	921,848	=SUM(C3:F3)	
4		아시아	88,739,473	8,042,771	30,684,855	36,750,731	SUM(number1, [number2],	
5		유럽	176,825,242	74,340,315	8,791,947	37,429,634		
6		남아메리카	38,942,975	2,037,732	6,500,478	2,581,012		
7		북아메리카	96,648,810	106,548,076	9,074,197	9,534,038		
8		합계	440,278,950	191,852,512	55,351,363	87,217,263		
9								

복사된 수식을 살펴보면 해당 셀에 직접 작성한 수식과 정확하게 일치한다. [G3]셀의 채우기 핸들을 [G8]셀까지 드래그하면 [G4], [G5], [G6], [G7], [G8]셀로 복사되는데, 수식이 복사되는 과정을 보면 행이 하나씩 증가되어 [G3]셀에 입력된 수식을 구성하는 '=SUM(C3:F3)' 내의 행이 드래그하는 방향인 행 방향에 맞추어 행이 상대적으로 하나씩 증가해서 정확한 수식을 복사한 것을 확인할 수 있다. 바로 이렇게 하나의 셀에 작성된 수식을 변경하여 복사할 때 상대 주소를 사용하는 것이다.

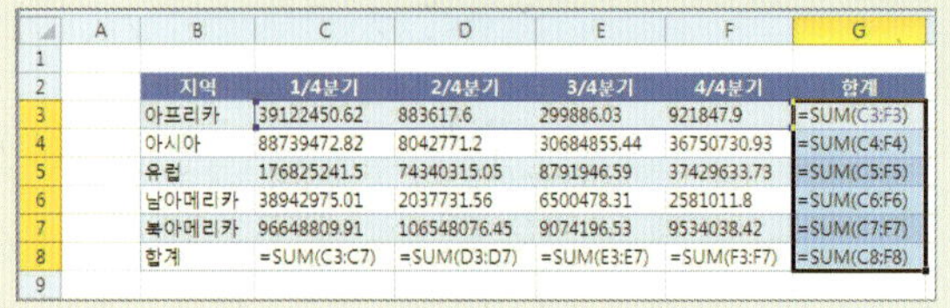

◢	A	B	C	D	E	F	G
1							
2		지역	1/4분기	2/4분기	3/4분기	4/4분기	합계
3		아프리카	39122450.62	883617.6	299886.03	921847.9	=SUM(C3:F3)
4		아시아	88739472.82	8042771.2	30684855.44	36750730.93	=SUM(C4:F4)
5		유럽	176825241.5	74340315.05	8791946.59	37429633.73	=SUM(C5:F5)
6		남아메리카	38942975.01	2037731.56	6500478.31	2581011.8	=SUM(C6:F6)
7		북아메리카	96648809.91	106548076.45	9074196.53	9534038.42	=SUM(C7:F7)
8		합계	=SUM(C3:C7)	=SUM(D3:D7)	=SUM(E3:E7)	=SUM(F3:F7)	=SUM(C8:F8)
9							

2 절대 주소

작성된 수식을 복사할 때 복사되는 수식 내의 셀 주소가 변경되면 안 되는 수식인 경우에 변경되면 안 되는 주소에 '$' 기호를 사용하여 복사해도 변경되지 않도록 한다. 이러한 주소를 절대 주소라 한다. 아래 표와 같이 [G8]셀에 합계의 총합계를 구한 내용이 있다. [H]열에는 총합계에 대해 지역별 합계가 차지하는 비율을 구하려고 한다. 이때 총합계에 해당하는 셀인 [G8]셀은 각 지역에 모두 공통적으로 사용되고 불변하는 주소이므로 '$' 기호를 붙여서 '=$G$8/G3'로 작성한다.

◢	A	B	C	D	E	F	G	H
1								
2		지역	1/4분기	2/4분기	3/4분기	4/4분기	합계	비고
3		아프리카	39,122,451	883,618	299,886	921,848	41,227,802	=$G$8/G3
4		아시아	88,739,473	8,042,771	30,684,855	36,750,731	164,217,830	
5		유럽	176,825,242	74,340,315	8,791,947	37,429,634	297,387,137	
6		남아메리카	38,942,975	2,037,732	6,500,478	2,581,012	50,062,197	
7		북아메리카	96,648,810	106,548,076	9,074,197	9,534,038	221,805,121	
8		합계	440,278,950	191,852,512	55,351,363	87,217,263	774,700,087	
9								

총합계에 대한 아프리카 지역의 비율을 구하
는 수식을 [H4], [H5], [H6], [H7], [H8]셀에
복사하면 '$' 기호가 있는 '$G$8'은 변경되
지 않는다. '$' 기호가 없는 [G3]셀은 드래그
하는 행의 방향에 맞추어 [G4], [G5], [G6],
[G7], [G8]로 변경된다.

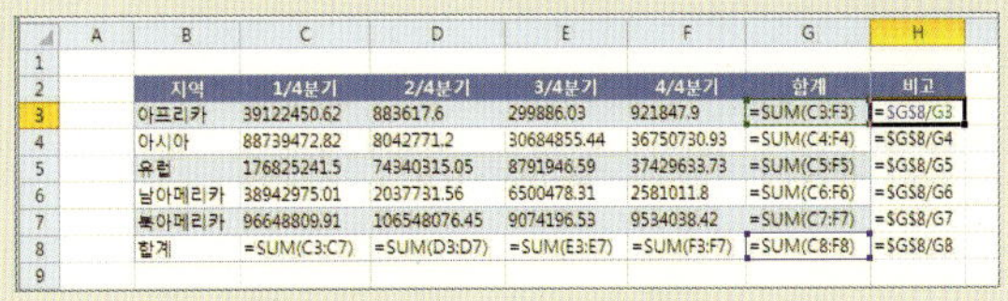

⊿	A	B	C	D	E	F	G	H
1								
2		지역	1/4분기	2/4분기	3/4분기	4/4분기	합계	비고
3		아프리카	39122450.62	883617.6	299886.03	921847.9	=SUM(C3:F3)	=$G$8/G3
4		아시아	88739472.82	8042771.2	30684855.44	36750730.93	=SUM(C4:F4)	=$G$8/G4
5		유럽	176825241.5	74340315.05	8791946.59	37429633.73	=SUM(C5:F5)	=$G$8/G5
6		남아메리카	38942975.01	2037731.56	6500478.31	2581011.8	=SUM(C6:F6)	=$G$8/G6
7		북아메리카	96648809.91	106548076.45	9074196.53	9534038.42	=SUM(C7:F7)	=$G$8/G7
8		합계	=SUM(C3:C7)	=SUM(D3:D7)	=SUM(E3:E7)	=SUM(F3:F7)	=SUM(C8:F8)	=$G$8/G8
9								

❸ 혼합 주소

상대 주소와 절대 주소의 중간 형태로 '$' 기호를 열 머리글이나 행 머리글 둘 중의 한 곳에만 붙이는 경우
이다. 위에서 사용한 총합계에 대한 비율도 논리적으로는 복사하기 위해 드래그하는 방향이 동일한 열에서
행만 변하는 경우이므로 행 번호 앞에만 '$' 기호를 붙여서 'G$8'로 작성해도 된다. 바로 이렇게 행이나 열
중에서 한 곳에만 '$' 기호가 있는 경우를 혼합 주소라고 한다.

❹ F4키를 이용하여 상대 주소, 절대 주소, 혼합 주소 변경하기

'$' 기호는 직접 수식을 작성할 때 입력해도 되지만, 키보드의 F4키를 사용하여 입력해도 된다. F4키는 누
르는 횟수에 의해 상대 주소, 절대 주소, 혼합 주소가 차례로 표시된다.

[B2]셀에 '=A2'라고 입력했을 때 Enter키를 누르기 전에 F4키를 한 번 누르면 절대 주소인 '=$A$2'로 변
경된다. 절대 주소 상태에서 F4키를 다시 한 번 더 누르면 혼합 주소로 변경된다.

$$=A2 \rightarrow =\$A\$2 \rightarrow =A\$2 \rightarrow =\$A2$$

지정된 순서로 정렬하기

일반적으로 데이터를 오름차순으로 정렬하면 한글은 'ㄱ, ㄴ, ㄷ, …' 순으로, 영어는 'a, b, c, …' 순으로, 숫자는 '1, 2, 3, …' 순으로 정렬된다. 그런데 이러한 규칙적인 순서와 무관하게 사용자의 필요에 따라 지정한 순서대로 데이터를 정렬할 수도 있다.

CD 부서정렬.xlsx

데이터 …▶ 정렬 단추

1 텍스트 오름차순으로 정렬하기

1 부서명을 정렬하기 위해 [E2]셀을 선택하고 **2** 마우스 오른쪽 단추를 클릭하여 [정렬]-[텍스트 오름차순 정렬]을 선택한다. **3** 부서명이 'ㄱ, ㄴ, ㄷ, …' 순서에 의해 '고객관리부, 레포츠부, 외식부'로 정렬된다.

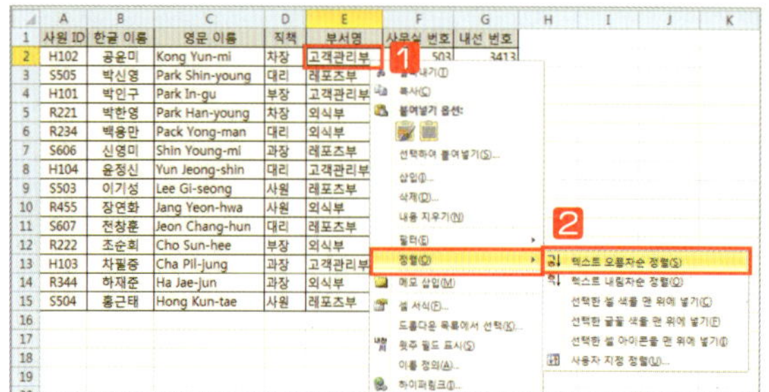

2 사용자가 정렬할 순서 작성하기

1 부서명을 '고객관리부, 외식부, 레포츠부'로 정렬하기 위해 [E2]셀을 선택하고 **2** 마우스 오른쪽 단추를 클릭하여 [정렬]-[사용자 지정 정렬]을 선택한다.

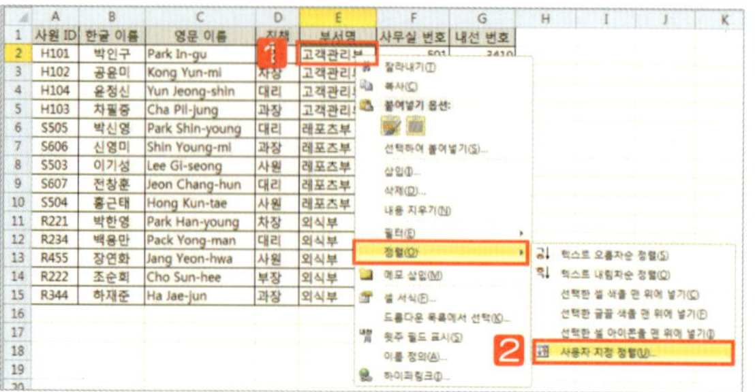

❸ 사용자 지정 목록 작성하기

1 [정렬] 대화상자에서 [열]은 '부서명' [정렬 기준]은 '값', [정렬]은 '사용자 지정 목록'을 선택한다.
2 [사용자 지정 목록] 대화상자의 [사용자 지정 목록]에서 '새 목록'을 선택하고, [목록 항목]에 '고객관리부, 외식부, 레포츠부'를 입력한 후 [추가] 단추를 클릭하면 [사용자 지정 목록]의 가장 아래쪽에 추가되는 것을 알 수 있다. [확인] 단추를 클릭한다.

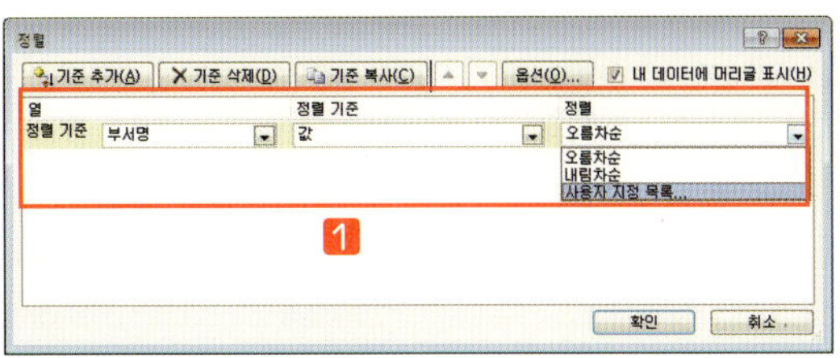

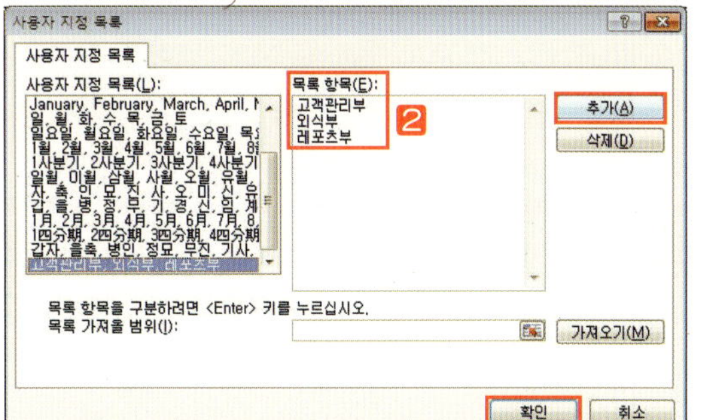

POINT [목록 항목]에 데이터를 입력할 때는 Enter 키를 이용하여 항목을 구분한다.

❹ 사용자 지정 목록으로 정렬하기

1 [정렬] 대화상자에서 [정렬]의 드롭다운 단추를 클릭하고 앞서 지정한 '고객관리부, 외식부, 레포츠부'를 선택한 후 [확인] 단추를 클릭한다. **2** 부서명이 사용자 지정 목록에서 설정한 대로 정렬되는 것을 확인할 수 있다.

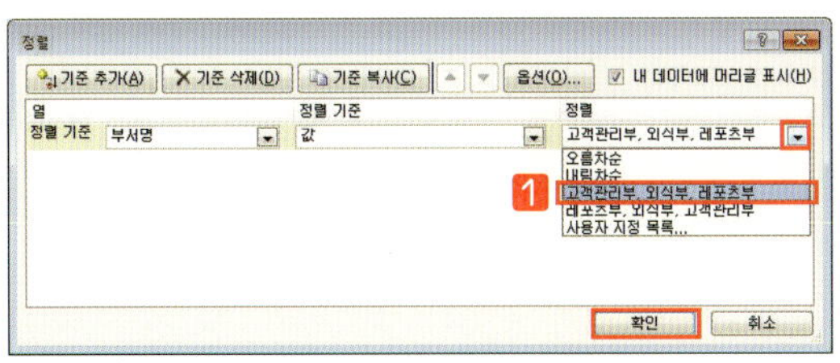

▲	A	B	C	D	E	F	G
1	사원 ID	한글 이름	영문 이름	직책	부서명	사무실 번호	내선 번호
2	H101	박인구	Park In-gu	부장	고객관리부	501	3410
3	H102	공윤미	Kong Yun-mi	차장	고객관리부	503	3413
4	H104	윤정신	Yun Jeong-shin	대리	고객관리부	503	3412
5	H103	차필중	Cha Pil-jung	과장	고객관리부	503	3411
6	R221	박한영	Park Han-young	차장	외식부	101	7601
7	R234	백용만	Pack Yong-man	대리	외식부	167	7603
8	R455	장연화	Jang Yeon-hwa	사원	외식부	167	7605
9	R222	조순희	Cho Sun-hee	부장	외식부	101	7602
10	R344	하재준	Ha Jae-jun	과장	외식부	167	7604
11	S505	박신영	Park Shin-young	대리	레포츠부	315	6804
12	S606	신영미	Shin Young-mi	과장	레포츠부	320	6805
13	S503	이기성	Lee Gi-seong	사원	레포츠부	314	6801
14	S607	전창훈	Jeon Chang-hun	대리	레포츠부	315	6806
15	S504	홍근태	Hong Kun-tae	사원	레포츠부	314	6803

POINT 사용자 지정 목록은 [정렬] 과정의 [사용자 지정 목록 편집] 대화상자가 아닌 [파일] 메뉴의 [옵션]을 이용하여 미리 지정하고 사용하는 것이 가능하다. [파일] 메뉴의 [옵션]을 선택하고 [Excel 옵션] 대화상자의 [고급]에서 [일반]–[사용자 지정 목록 편집] 단추를 클릭하면 [사용자 지정 목록] 대화상자를 실행할 수 있다.

한글/영문 오타 자동 전환 설정하기

데이터를 입력하다 보면 입력하는 사용자의 의도와 무관하게 한글을 입력했는데 영문으로, 영문으로 입력했는데 한글로 변경되는 경우가 발생한다. 잘못 입력한 경우에는 변경되는 것이 좋지만 제대로 입력했는데도 변경되는 경우가 있다. 이와 관련하여 한/영 자동고침 기능에 대해 알아보자.

옵션 메뉴   📄 옵션

1 잘못 입력된 영문을 한글로 자동 변경

1 셀에 '엑셀' 이라고 입력하는데 키보드가 영문으로 설정되어 있어 'dprtpf' 라고 입력되었다. **2** 이때 다시 입력하지 않아도 Enter 키를 누르면 엑셀에서 입력된 글자를 자동으로 확인하여 해당되는 영어 단어가 없으면 한글로 변환해보고 해당되는 한글 단어가 있으면 자동으로 변경해준다.

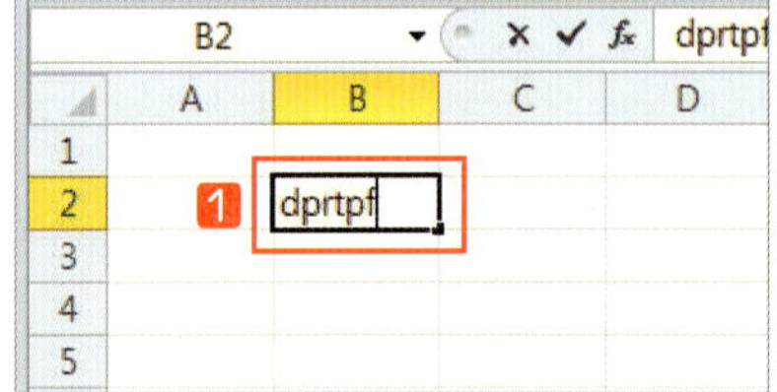 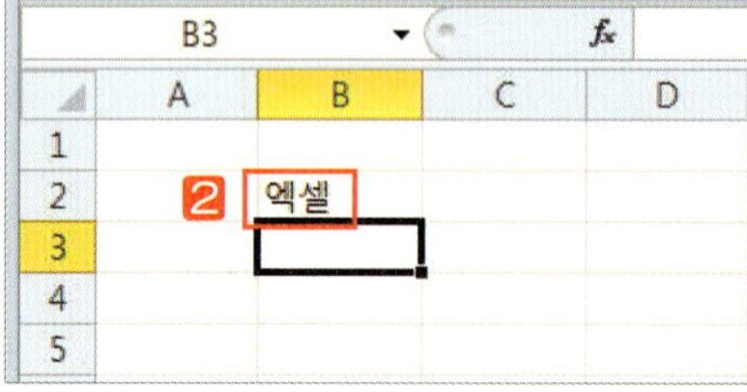

2 제대로 입력된 단어 자동 변경

1 영문으로 'Ctrl' 을 입력했는데 **2** Enter 키를 누르면 'Ct기' 라고 변경된다. 엑셀에 등록되어 있는 영어 단어를 검색했을 때 'Ctrl' 이란 단어가 없으므로 한글로 변경하면 의미 있는 단어가 되는 'rl' 을 '기' 로 변경한 것이다. 이런 경우는 자동 변경이 오히려 번거롭다.

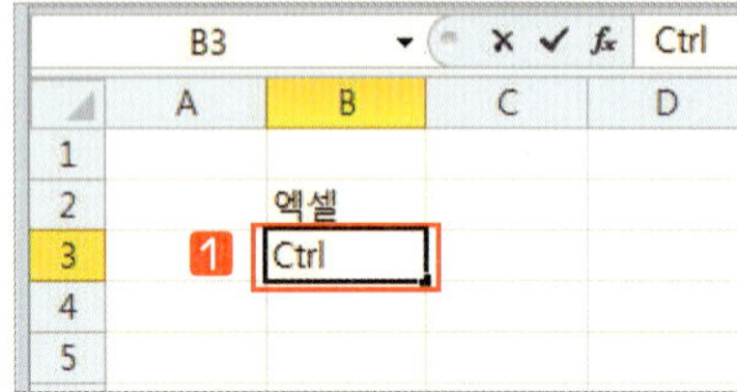 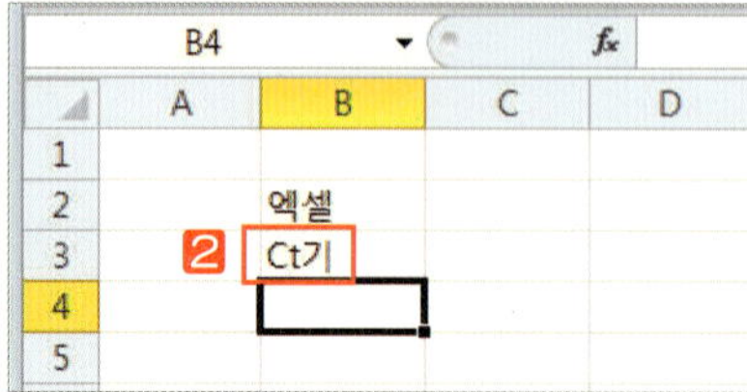

❸ 한/영 자동 전환 금지 설정

1 자동으로 한/영 전환되는 기능을 금지하기 위해 [파일]–[옵션] 메뉴를 선택한다. [Excel 옵션] 대화상자의 [언어 교정]에서 [자동 고침 옵션] 단추를 클릭한다. **2** [자동 고침] 대화상자의 [자동 고침] 탭에서 [한/영 자동 고침]을 체크 해제하고 [확인] 단추를 차례로 클릭한다.

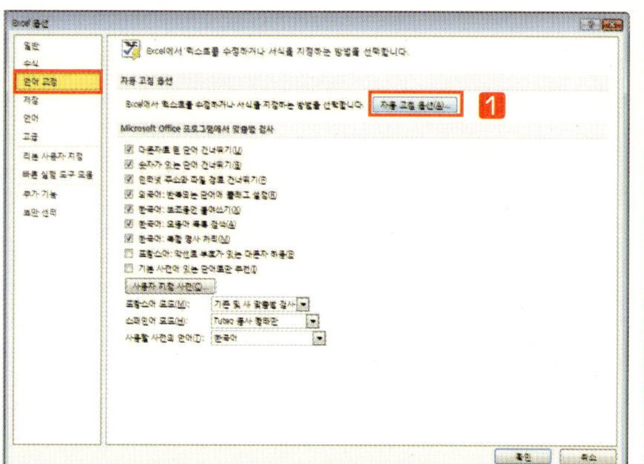

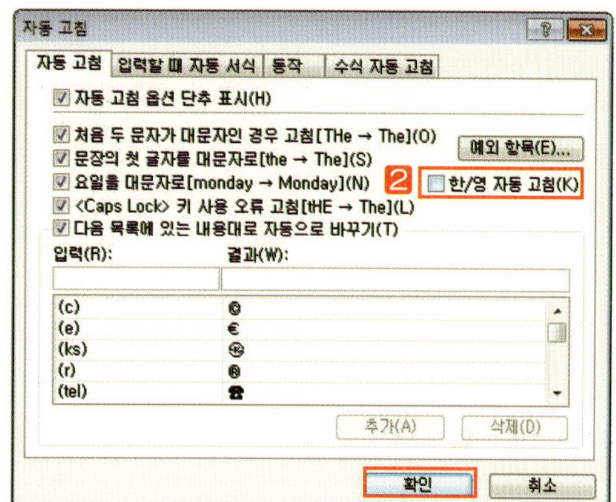

❹ 한/영 자동 전환 기능 해제

1 셀에 'Ctrl'을 입력하고 **2** Enter 키를 누르면 'rl'이 변경되지 않고 그대로 입력되는 것을 확인할 수 있다. 한/영 자동 고침 기능을 다시 사용하려면 [자동 고침] 대화상자에서 [한/영 자동 고침]을 체크하면 된다.

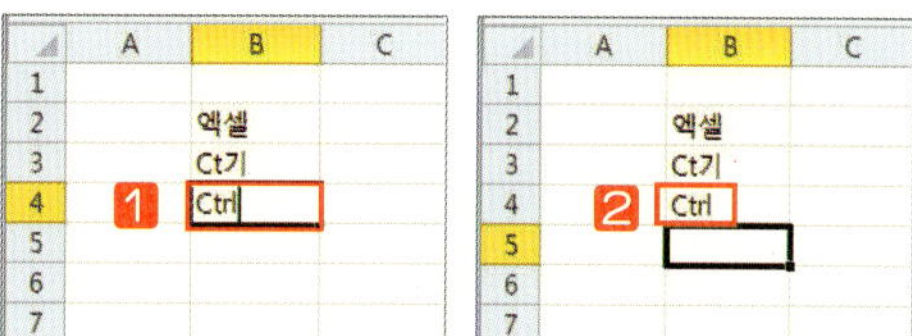

빠르고 쉽게 표 작성하기

엑셀 2010에서는 데이터를 입력한 후 서식을 적용하여 빠르고 간단하게 문서를 보기 좋게 만들 수 있다. 또한, 합계, 평균, 개수와 같은 기본적인 함수도 자동으로 적용할 수 있는 표를 작성할 경우에 표 삽입 기능을 사용하면 편리하다.

CD 국가별 실적.xlsx

삽입 ┅▶ 표 단추

1 표 삽입하기

1 데이터가 입력된 범위 내에 임의의 셀을 하나 지정하고 2 [삽입] 탭-[표] 그룹에서 [표]를 클릭한다. 3 [표 만들기] 대화상자가 나타나면 [표에 사용할 데이터를 지정하십시오]에 표를 작성하려는 데이터 범위를 확인하고 [확인] 단추를 클릭한다. 4 서식이 지정된 표가 작성된다.

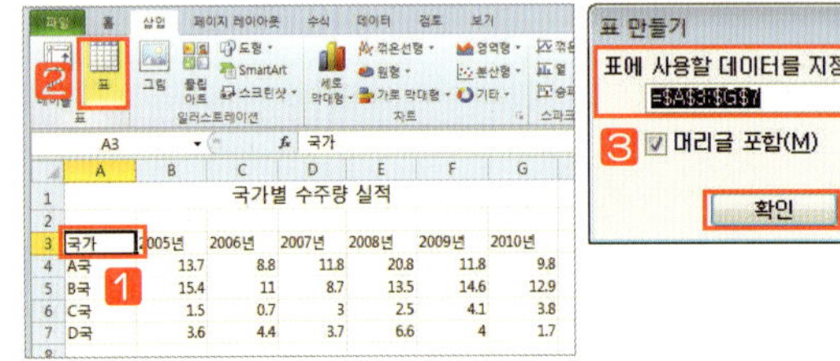
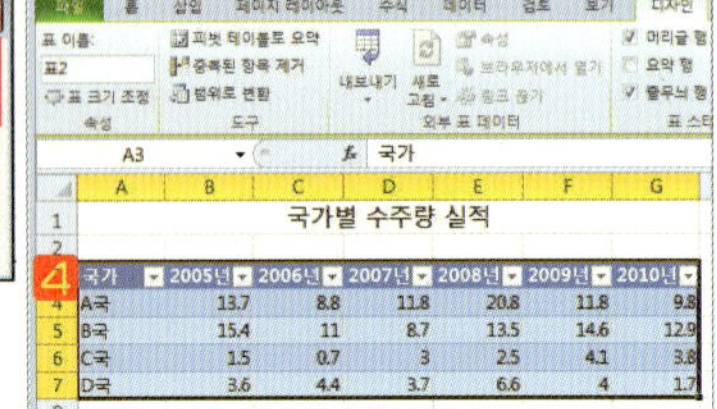

2 표에 디자인 적용하기

1 표가 작성되면 [표 도구]-[디자인] 탭이 추가로 표시된다. 2 [표 도구]-[디자인] 탭-[표 스타일 옵션] 그룹에서 [요약 행]을 체크한다. 3 표의 마지막 행 다음에 요약 행이 추가되면서 [G8]셀에 2010년의 A국, B국, C국, D국의 수주량 실적 합계가 자동으로 계산된다.

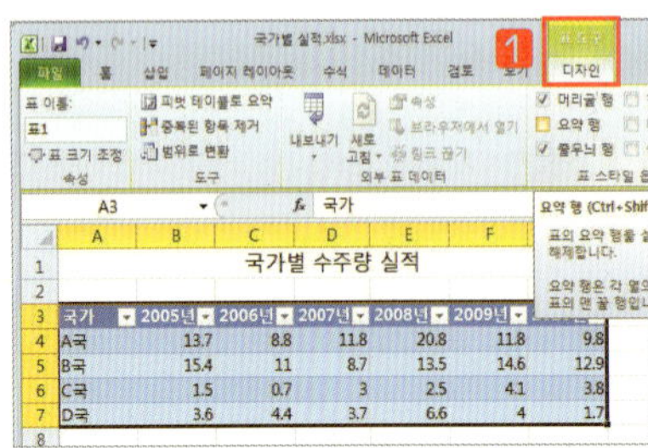
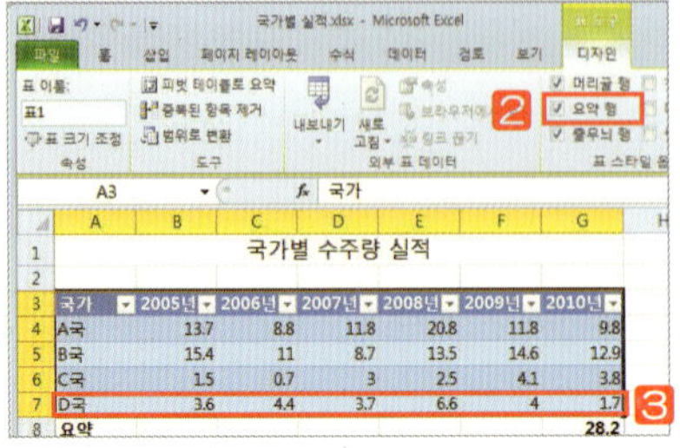

POINT [A8]셀의 '요약'은 다른 단어를 입력해서 변경하는 것이 가능하다. 또한, [G8]셀에 적용된 합계 함수도 다른 함수를 적용하거나 함수를 적용하지 않도록 변경하는 것이 가능하다.

③ 표 자동 확장 옵션

1[H3]셀에 '합계'라고 입력하고 [Enter]키를 누르면 작성한 표가 확장되면서 자동으로 서식이 지정된다. **2**[H4]셀에 위치한 셀 포인터 옆에 [자동 고침 옵션] 단추가 나타나는데, 단추를 클릭해보면 표 자동 확장 옵션이 표시된다. **3**표가 자동 확장된 상태에서 [H4]셀에 셀 포인터를 두고 [홈] 탭-[편집] 그룹에서 [자동 합계]를 클릭하면 셀에 수식이 '=SUM(표1[@[2005년]:[2010년]])'이라고 자동으로 표시된다. [Enter]키를 눌러 수식을 입력한다. **4**[H4]셀에 입력된 수식은 나머지 셀에 자동으로 복사된다.

POINT 자동으로 표의 서식이나 수식이 복사되지 않으면 [파일]-[옵션] 메뉴를 선택하고, [Excel 옵션] 대화상자의 [언어 교정]에서 [자동 고침 옵션] 단추를 클릭한 후 [자동 고침] 대화상자의 [입력할 때 자동 서식] 탭에서 '표에 수식을 채워 계산된 열 만들기'를 체크하면 된다.

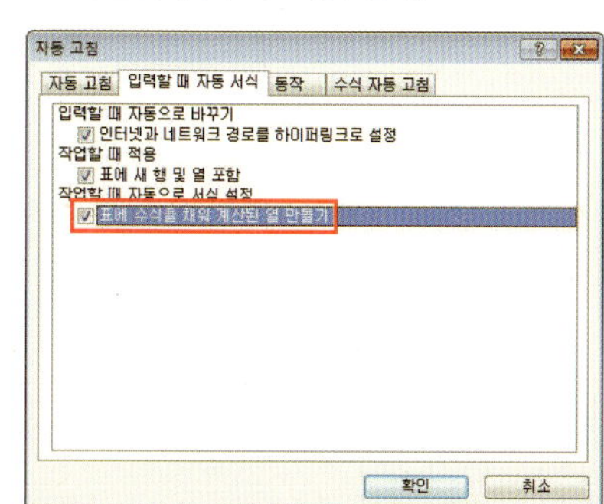

4 요약 함수 지정하기

1 수주량 실적 합계의 전체 합계를 구하기 위해 [H8]셀에 셀 포인트를 위치시키고 드롭다운 단추를 클릭하여 펼쳐진 목록에서 '합계'를 선택한다. **2** 합계가 계산되면 나머지 셀에도 같은 방법으로 드롭다운 단추를 클릭하고 '합계'를 선택하거나 채우기 핸들을 드래그하면 연도별로 수주량의 합계가 구해진다.

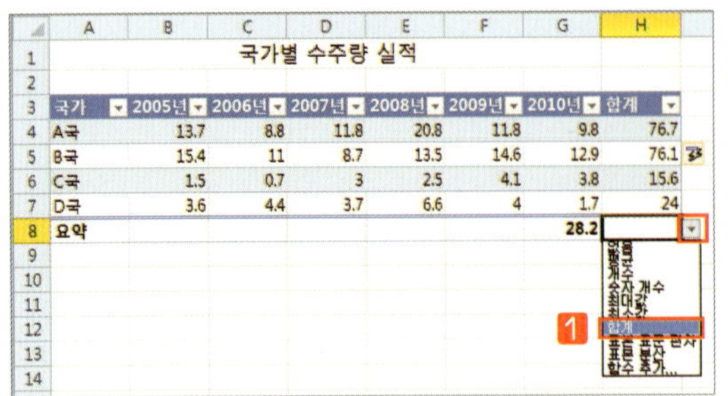
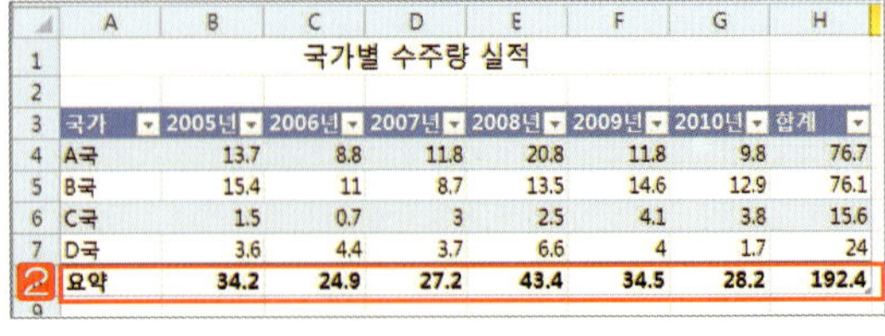

5 표를 범위로 변환

1 작성된 표 내의 임의의 셀을 선택하고 **2** [표 도구]-[디자인] 탭-[도구] 그룹에서 [범위로 변환]을 클릭한다. **3** '표를 정상 범위로 변환하시겠습니까?' 라는 메시지가 나타나면 [예] 단추를 클릭한다. **4** 표가 서식이 지정된 일반 데이터 목록으로 변환된다.

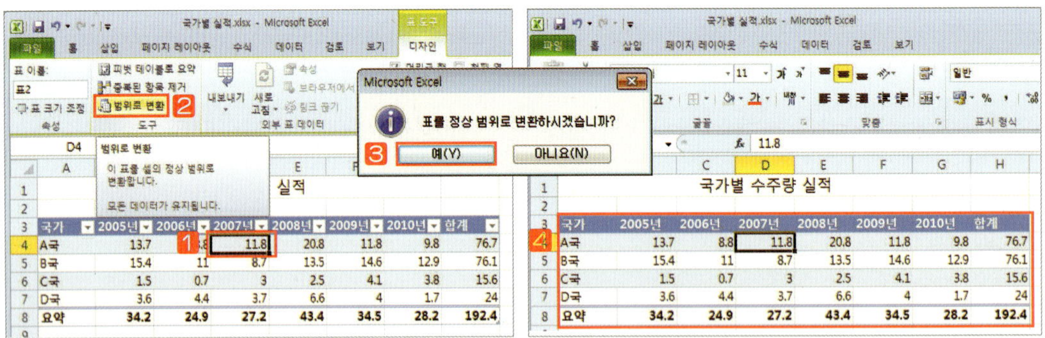

POINT 표로 작성된 데이터를 범위로 변환하면 표 내의 수식에 변화가 생긴다. 그러나 계산 결과에는 영향을 미치지 않으므로 무시해도 된다.

모든 데이터 한 페이지에 인쇄하기

워크시트에 작성된 데이터를 인쇄할 때, 데이터 양이 한 페이지를 조금 넘쳐서 기존 인쇄 설정으로는 두 페이지에 걸쳐서 인쇄가 되는 경우에 인쇄 설정을 변경하여서 한 페이지에 모두 인쇄되도록 할 수 있다.

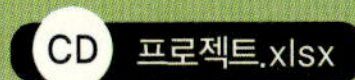

CD 프로젝트.xlsx

인쇄 메뉴 

❶ 인쇄 미리 보기

1 인쇄될 데이터의 형태를 미리 보기 위해 [파일]-[인쇄] 메뉴를 선택한다. **2** 인쇄될 워크시트의 상태를 오른쪽에서 미리 보여주는데, 두 페이지에 걸쳐서 인쇄가 되는 것을 알 수 있다.

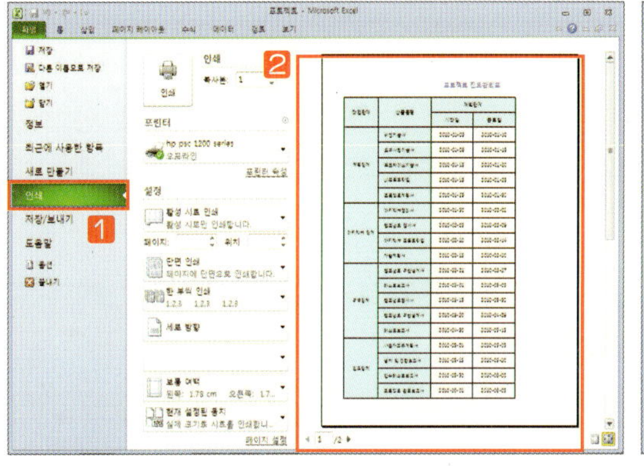

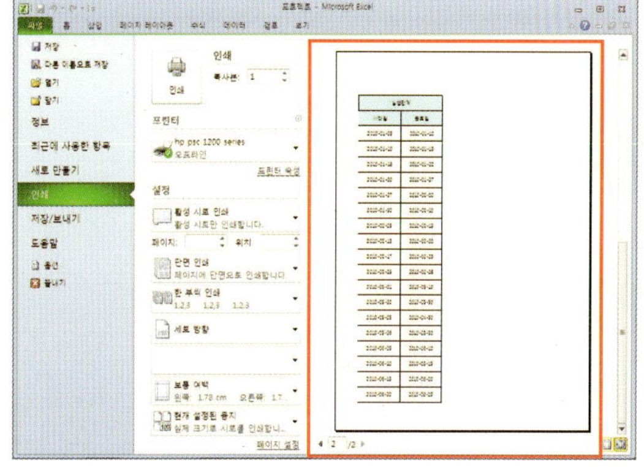

POINT 화면 하단에 [페이지 설정]을 클릭하면 이전 버전에서 제공되던 [페이지 설정] 대화상자가 나타나며, 보다 상세한 인쇄 내용을 설정할 수 있다.

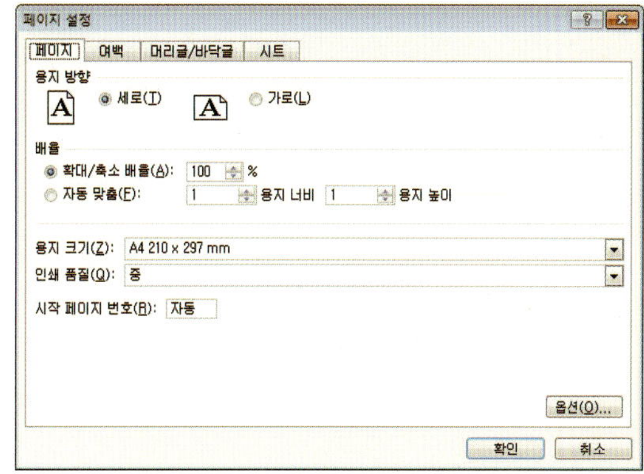

2 한 페이지에 시트 맞추기

1 인쇄할 데이터가 한 페이지를 조금 넘치고 두 페이지로 나누면 데이터를 보기 복잡하므로 한 페이지에 인쇄하기 위해 [배율]을 '한 페이지에 시트 맞추기'로 설정한다. **2** 미리보기 상태가 두 페이지에서 한 페이지로 변경된 것을 확인할 수 있다.

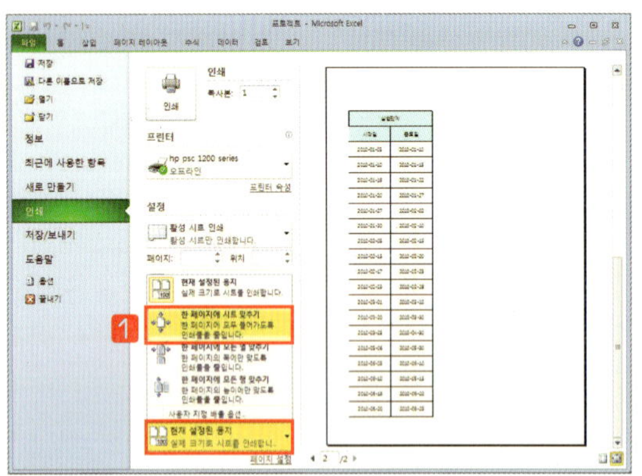

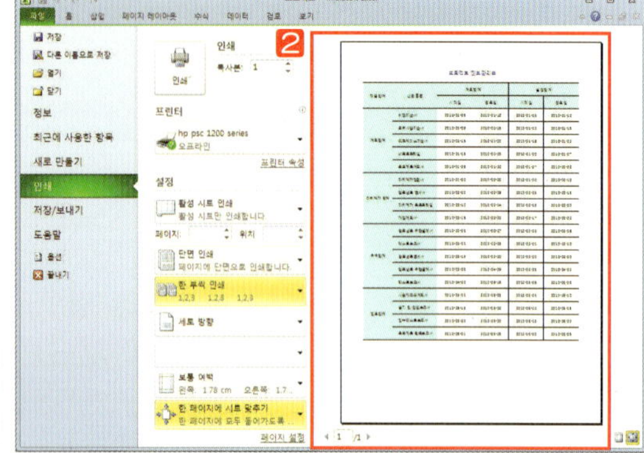

3 페이지에 가운데에 데이터 위치하기

1 인쇄할 데이터가 페이지의 위쪽 방향으로 치우쳐 있으므로 페이지의 가운데로 이동시키기 위해 [여백]의 '사용자 지정 여백'을 선택한다. **2** [페이지 설정] 대화상자의 [여백] 탭에서 [페이지 가운데 맞춤]의 [가로]와 [세로]를 모두 체크하고 [확인] 단추를 클릭한다. **3** 미리 보기에서 데이터가 페이지의 가운데로 이동한 것을 확인할 수 있다.

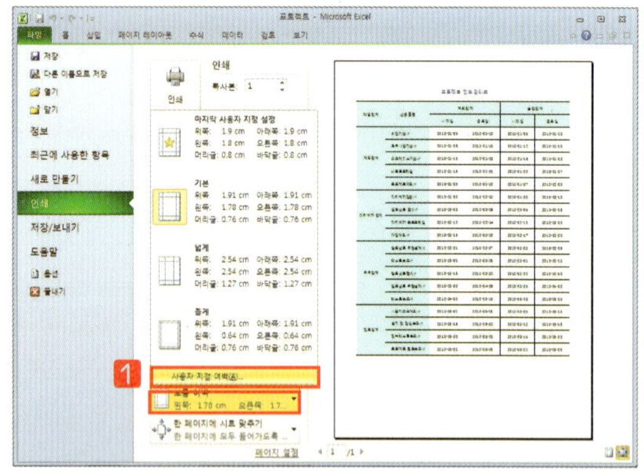

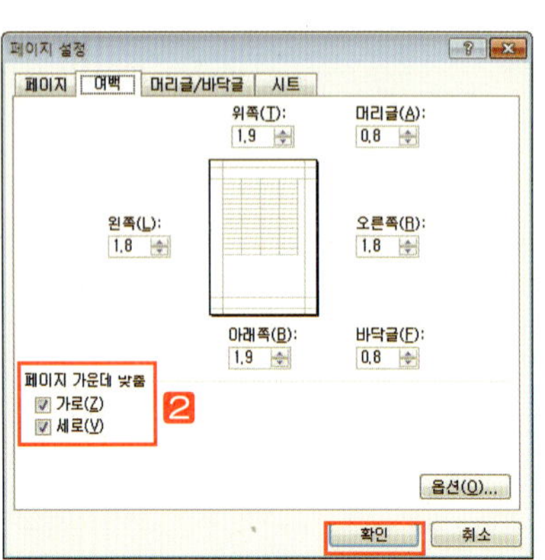

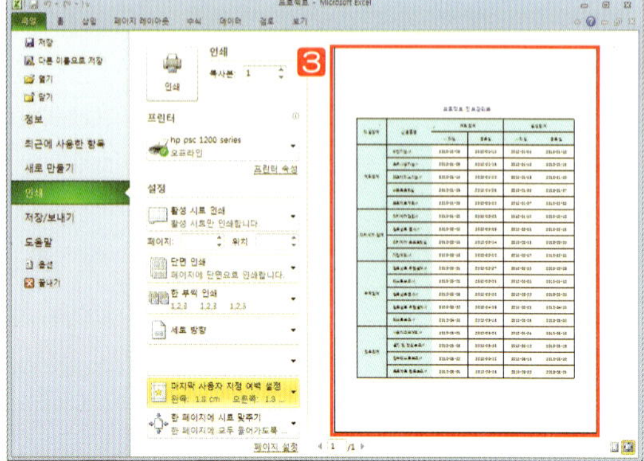

여러 시트 한 화면에서 보기

하나의 파일에서 여러 시트나 파일을 동시에 열어놓고 데이터 작업을 해야 할 경우에 작업하는 시트를 한 화면에 함께 나타내서 작업하면 편리하다. 이때 화면의 크기를 고려해서 한 화면에 나타낼 시트의 개수를 지정하는데 일반적으로 모니터가 하나일 경우에 한 화면에서 2개 시트를 보는 것이 적당하다.

CD 출장비.xlsx

보기 ┈▶ 새 창 단추

1 창 하나 더 나타내기

워크시트가 3개인 파일에서 한 화면에 2개의 시트를 나타내 작업하려고 한다. 이때 엑셀 창은 하나이므로 창을 하나 더 나타내기 위해 [보기] 탭-[창] 그룹에서 [새 창]을 클릭한다. 새로 나타난 창은 제목 표시줄에 표시된 파일 이름 뒤에 '2'가 붙어 나타난다.

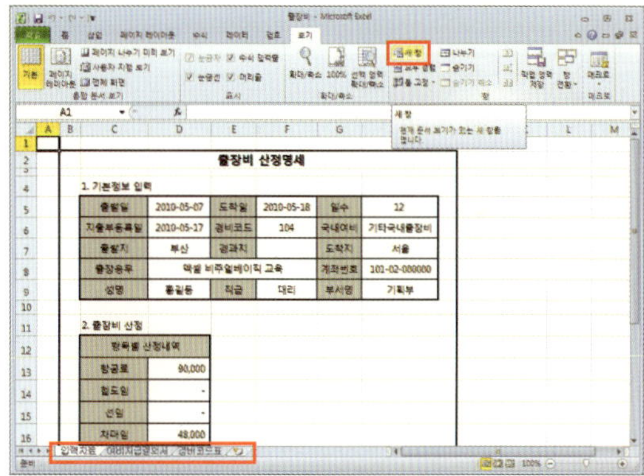

POINT 창은 2개지만 파일은 하나이므로 어느 창에서 작업을 해도 파일에 반영된다. 하나의 창을 닫아도 파일에는 영향이 없다.

2 2개의 창을 모두 나타내기

1 파일의 복사본 창이 하나 더 만들어져 있는 상태에서 [보기] 탭-[창] 그룹의 [모두 정렬]을 클릭한다.
2 [창 정렬] 대화상자에서 [바둑판식]을 선택하고 [확인] 단추를 클릭한다. **3** 엑셀 창 화면 내에 창이 2개 나타난다. 이때 왼쪽 창은 '입력자료' 시트를 클릭해서 나타나도록 하고, 오른쪽 창은 '여비지급결의서' 시트를 클릭해서 나타나도록 한다. 동시에 2개의 시트를 보면서 작업할 수 있다.

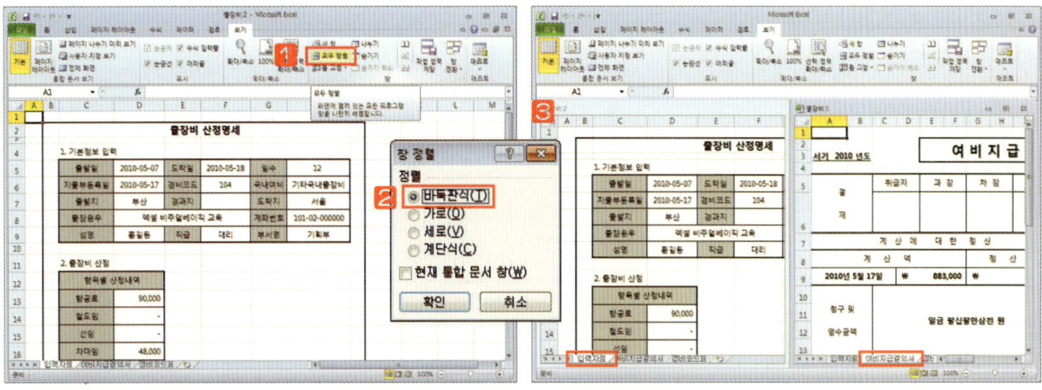

 EXCEL 2010

 OUTLOOK 2010

 POWERPOINT 2010

 WORD 2010

 ONENOTE 2010

 PUBLISHER 2010

 SHAREPOINT WORKSPACE 2010

 SHAREPOINT 2010

아웃룩 2010은 넘쳐나는 메일을 효율적으로 관리 및 활용할 수 있도록 도와줍니다. 같은 주제에 해당하는 전자 메일을 구분하고 범주, 추가 작업, 정리할 수 있으며, 전자 메일 대화 추적 및 관리를 통해 받은 편지함의 용량을 절약할 수 있습니다. 일정 공유를 통해 상대방의 일정을 파악하여 회의 혹은 모임의 효율적인 스케줄 관리가 가능합니다.

PART 02

OUTLOOK 2010

새롭게 변경된 인터페이스

아웃룩 2010에서는 전체적으로 리본 메뉴가 적용되어 사용자가 직관적으로 기능을 활용할 수 있게 되었다. 화면 하단에는 상태 표시줄이 추가되어 한 번의 클릭으로 화면 구성을 자유롭게 변경할 수 있을 뿐만 아니라 확대/축소 단추도 표시되어 확대/축소가 간편해졌다. 또, 빠른 실행 도구 모음에 자주 사용하는 아이콘을 등록하여 빠르게 기능을 실행할 수 있다.

1 리본 메뉴

아웃룩 2007에서는 부분적으로만 리본 메뉴를 이용했지만 2010에서는 전체적으로 리본 메뉴가 적용된다. 리본 메뉴는 시각적 판별력이 뛰어난 새로운 방식으로 명령이 배치되어 있으며, 관련 명령들이 일련의 탭으로 나뉘어 구성되어 있으므로 필요한 기능을 빠르게 찾을 수 있다.

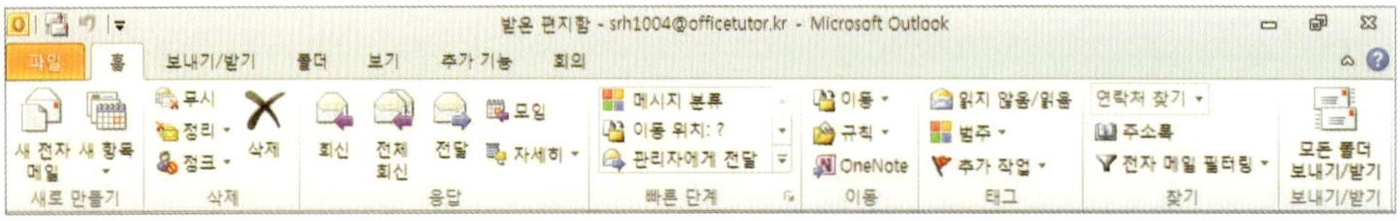

◀ 메일

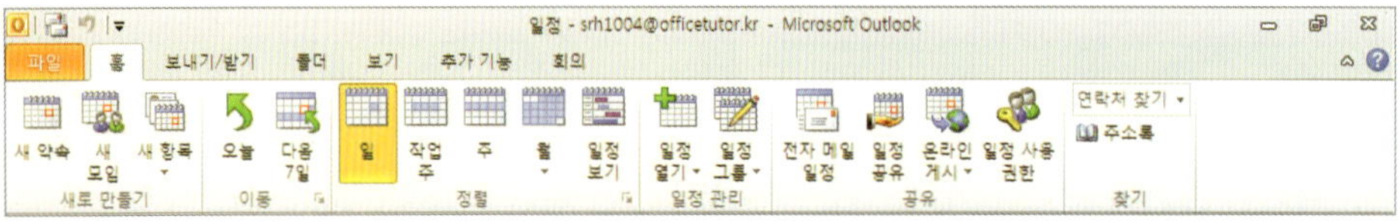

◀ 일정

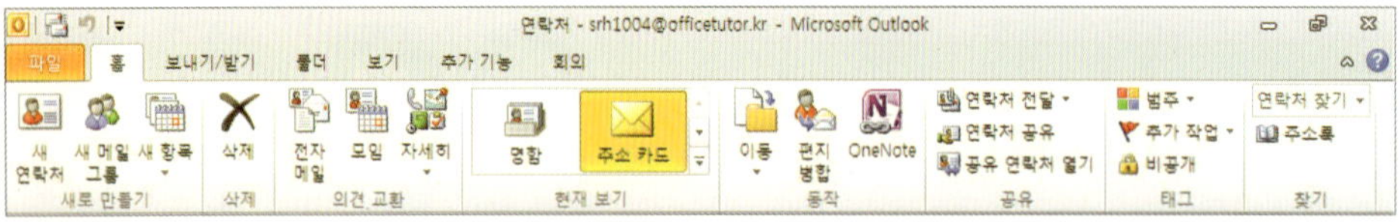

◀ 연락처

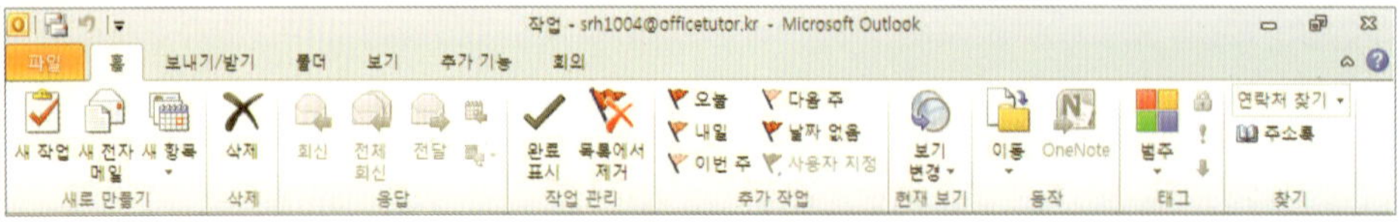

◀ 작업

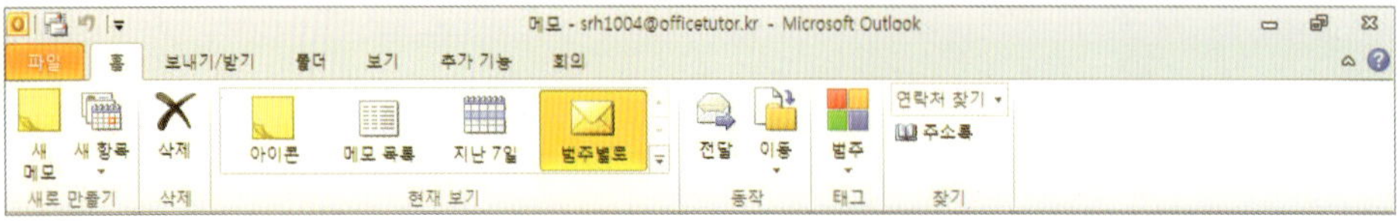

◀ 메모

2 상태 표시줄

아웃룩 2010의 모든 화면 우측 하단에는 상태 표시줄이 나타난다. 상태 표시줄에는 화면의 레이아웃을 자동으로 설정할 수 있는 단추와 확대/축소할 수 있는 단추가 있어 쉽게 적용할 수 있다. 또한, 메일과 작업인 경우는 [표준], [읽기], 일정인 경우는 [중간], [달력 및 작업], [달력만], [기본형], 연락처인 경우는 [중간], [카드만], [할 일 모음 없음]을 선택할 수 있다.

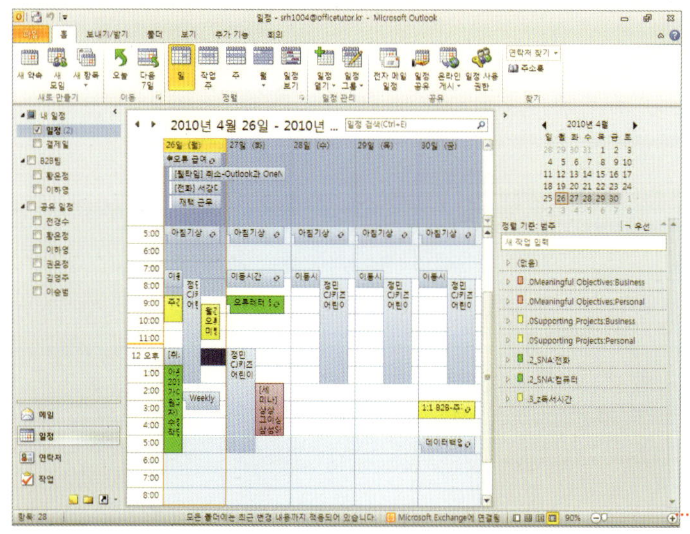

상태 표시줄

3 빠른 실행 도구 모음

리본 메뉴 위에 빠른 실행 도구 모음이 표시되어 자주 사용하는 아이콘을 등록하여 빠르게 기능을 실행할 수 있다는 장점이 있다. 빠른 실행 도구 모음은 리본 메뉴 위 또는 아래에 위치할 수 있으며, [빠른 실행 도구 모음 사용자 지정] 단추를 클릭하여 [기타 명령]을 선택하면 아이콘을 추가할 수도 있다.

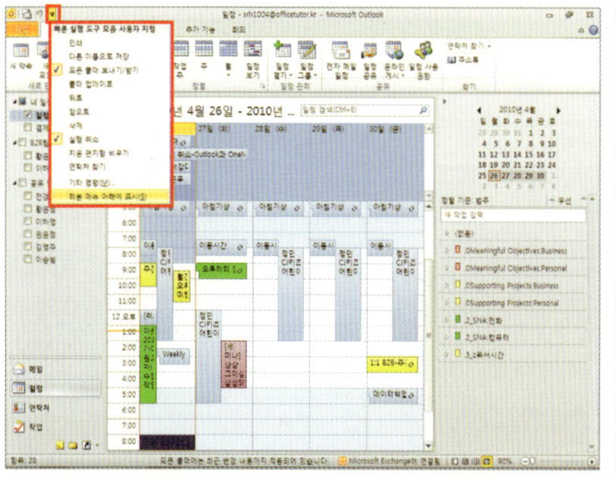

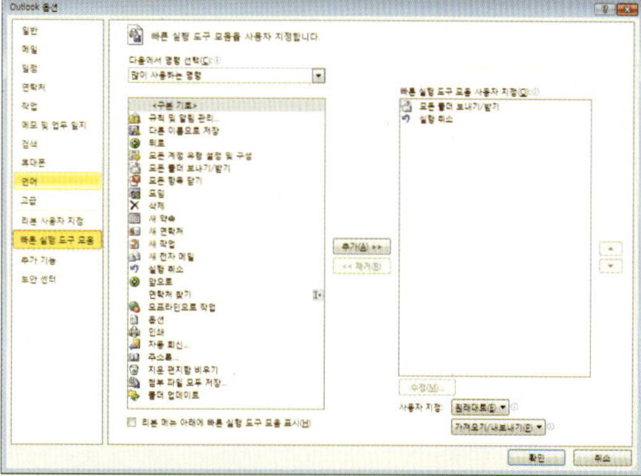

한 곳에서 여러 전자 메일 계정 관리

아웃룩 2010에서는 여러 사서함의 전자 메일 메시지를 손쉽게 관리할 수 있다. Hotmail, Gmail 등의 서비스와 기타 공급업체의 여러 유형의 전자 메일 계정을 아웃룩 2010에 동기화할 수 있으며, Microsoft® Exchange Server와의 연결이 개선되어 여러 Exchange Server 전자 메일 계정을 한 곳에서 사용 및 관리할 수 있다.

파일 ···▶ 계정 설정

1 계정 추가 명령 선택

1 아웃룩을 실행하고 [파일]-[정보] 메뉴를 선택한다. **2** [계정 정보]에서 [계정 추가] 단추를 클릭한다.

> **POINT** Exchange Server 설정인 경우와 POP3 계정인 경우 메뉴가 다르게 나타날 수 있다.

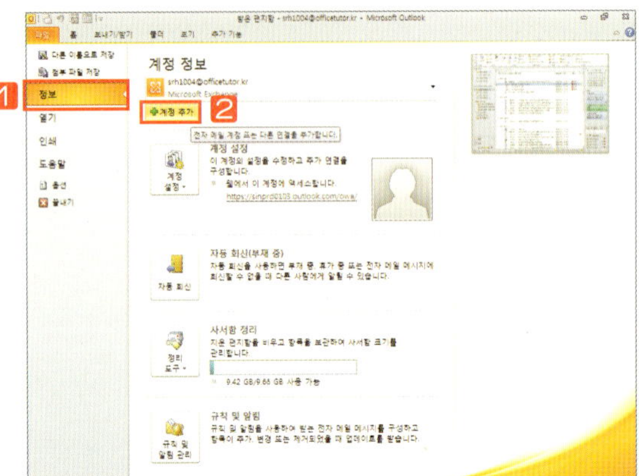

2 새 계정 추가

1 [새 계정 추가] 대화상자가 나타나면 [서비스 선택]에서 [전자 메일 계정] 옵션을 선택한 후 [다음] 단추를 클릭한다. **2** [자동 계정 설정]에서 전자 메일 계정 정보를 입력하고 [다음] 단추를 클릭한 후 **3** 전자 메일 서버 설정이 완료되면 [마침] 단추를 클릭한다.

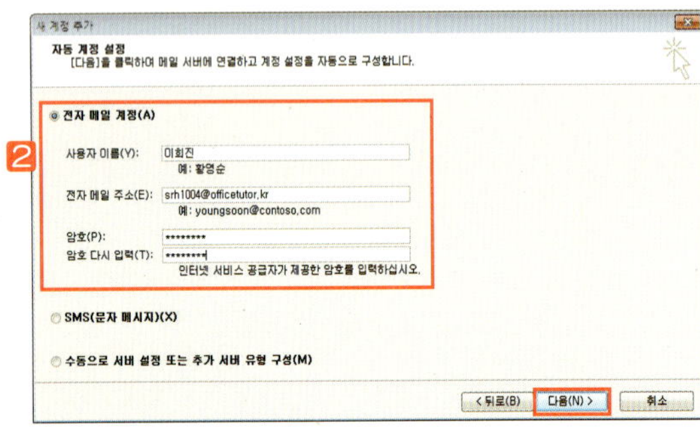

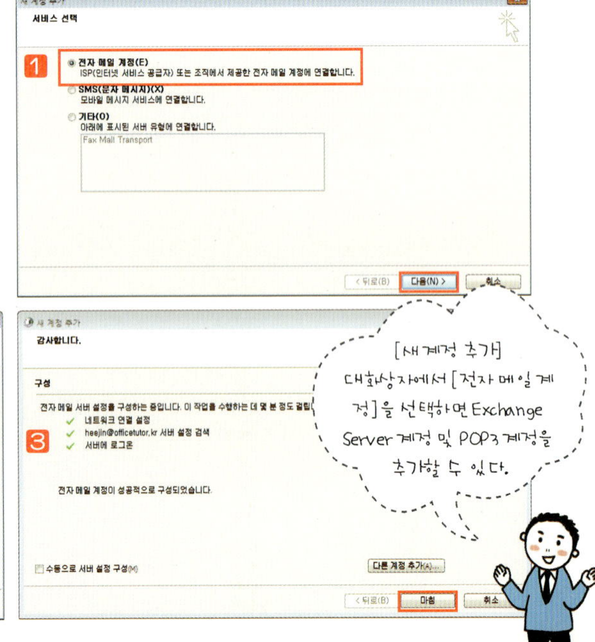

③ 계정 확인

1 [파일]–[정보] 메뉴에서 [계정 설정] 단추를 클릭하여 [계정 설정]을 선택하면 **2** [계정 설정] 대화상자가 나타나며 현재 설정된 계정 정보를 확인할 수 있다.

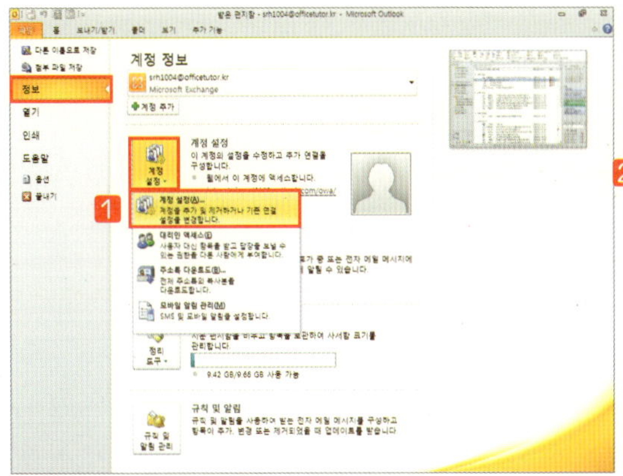 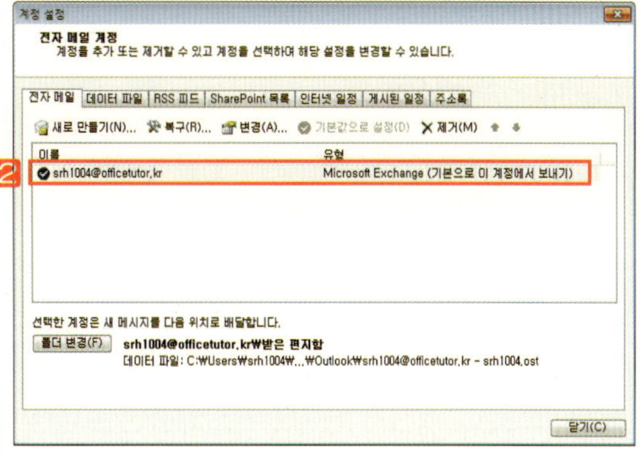

④ 데이터 파일 확인

1 [계정 설정] 대화상자에서 [데이터 파일] 탭을 선택한다. **2** 설정된 계정을 선택한 후 [파일 위치 열기] 단추를 클릭하면 데이터 파일의 위치를 확인할 수 있다.

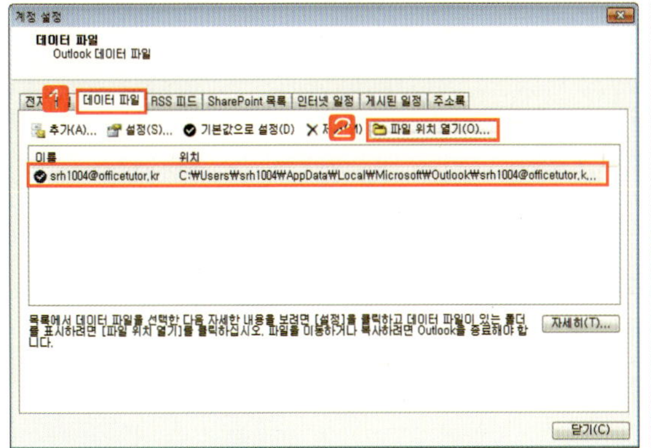 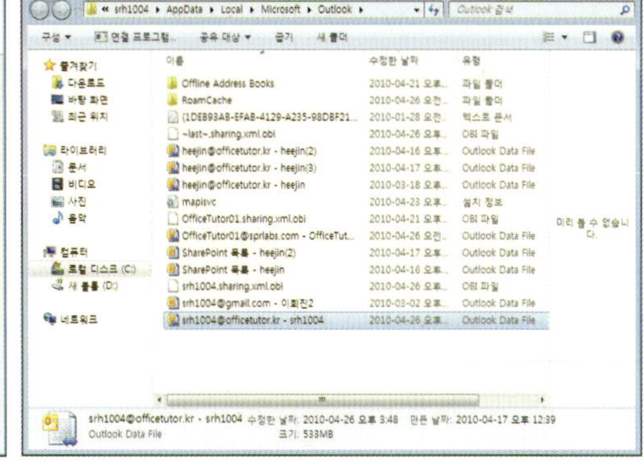

 POINT
- [제어판]의 [메일]에서 아웃룩 전자 메일 계정을 추가할 수 있다.
- 아웃룩 2010에서는 Exchange Server 계정이 2개인 경우 모두 한곳에 등록하여 사용할 수 있다. 이 경우에는 [제어판]의 [메일]–[프로필]에서 [프로필 보기] 단추를 클릭하여 설정한다.

효율적인 아웃룩 대화 관리

아웃룩 2010의 향상된 대화별 보기 기능을 통해 서로 관련된 전자 메일 메시지를 손쉽게 추적 및 관리하여 정보의 과부하를 줄일 수 있다. 받은 편지함 전체에 흩어져 있는 메시지를 일일이 찾는 대신 대화별 보기로 모든 관련 메시지를 단일 제목 아래에 모아 놓을 수 있다. 몇 번의 클릭만으로 전체 메시지를 압축, 분류 또는 무시할 수 있다.

보기　┈▶　대화로 표시　　☑ 대화로 표시

1 대화별 보기

1 [메일]의 [보기] 탭-[대화] 그룹에서 [대화로 표시]를 체크하고 **2** '다음 폴더에서 대화별로 정렬하여 메시지를 표시' 메시지가 나타나면 원하는 폴더를 선택한다. **3** 편지함의 메시지에 대화 스레드가 들어 있을 경우 선택한 메시지 좌측에 여러 개 봉투 모양의 🖂 아이콘이 표시된다. 대화 보기 좌측에 삼각형 모양의 ▷ 아이콘을 클릭하면 대화가 확장되고 해당 대화 스레드의 모든 메시지가 나타난다.

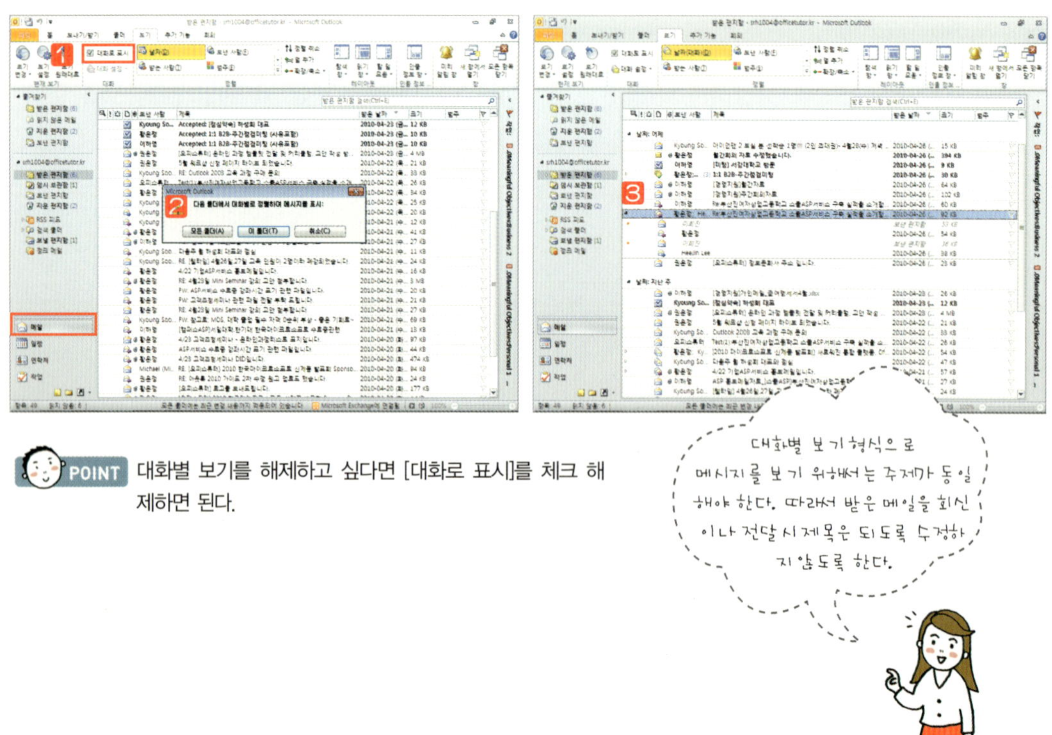

POINT　대화별 보기를 해제하고 싶다면 [대화로 표시]를 체크 해제하면 된다.

2 대화 관리

1 대화 목록을 정리하기 위해 대화별 보기로 설정된 메시지를 선택한 후 **2** [홈] 탭-[삭제] 그룹에서 [정리]- [대화 정리]를 선택한다. **3** [대화 정리] 대화상자에서 [정리] 단추를 클릭하면 전자 메일 스레드에서 중복되는 대화를 제거하여 메시지를 손쉽게 관리할 수 있다.

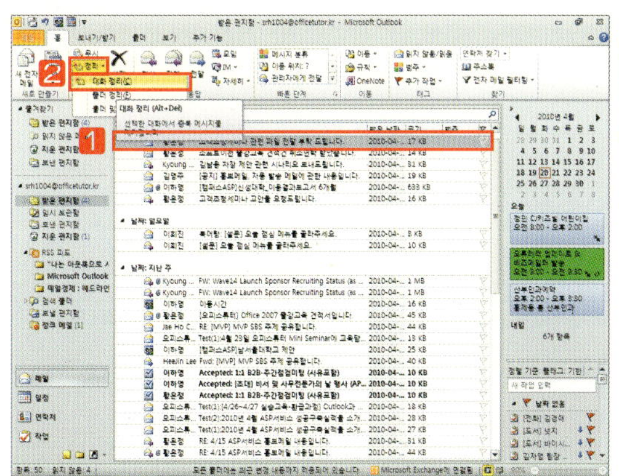

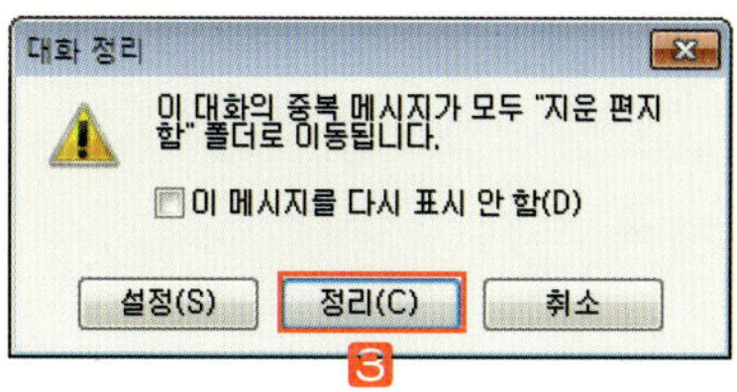

POINT
- **무시** : [홈] 탭-[삭제] 그룹의 [무시] 혹은 대화를 마우스 오른쪽 단추로 클릭하면 나타나는 [무시] 메뉴를 선택하면 현재 대화 및 이후의 모든 메시지가 지운 편지함 폴더로 이동된다.
- **메시지 분류** : 대화별 보기 상태에서 메시지를 마우스 오른쪽 단추로 클릭하고 [범주]를 혹은 [추가 작업]을 선택하여 업무를 분류할 수 있다.

3 아웃룩 보기 관리

[메일]의 [보기] 탭-[정렬] 그룹에서 [날짜(대화)]를 클릭하면 날짜, 대화별로 정렬된다. [메일]에서는 [보낸 사람], [받는 사람], [범주] 등의 필드로 메시지를 정렬할 수 있다.

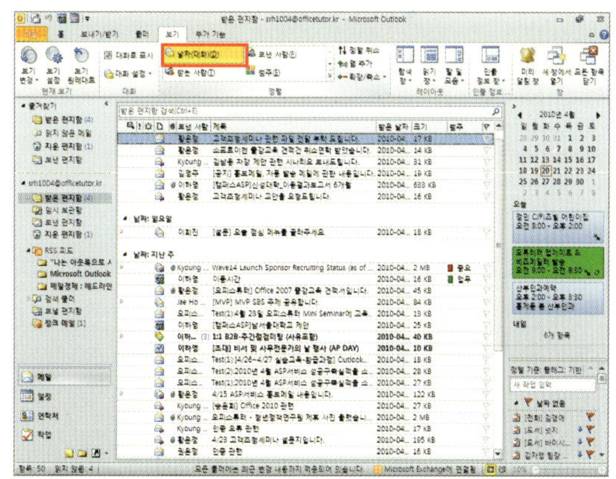

POINT [일정], [연락처], [작업]에서도 [보기] 탭-[정렬] 그룹에서 해당 필드로 정렬할 수 있다.

자주 사용하는 작업을 단일 클릭으로 사용자 지정

아웃룩 2010의 빠른 단계 기능을 사용하면 여러 단계에 거쳐 진행해야 하는 작업을 한 번의 클릭으로 실행할 수 있도록 정의하여 시간을 절약할 수 있다.

 홈 ┈▶ 빠른 단계 단추 

❶ 빠른 단계 설정

1 [메일]의 [홈] 탭-[빠른 단계] 그룹에서 [자세히] 단추를 클릭하여 [새 빠른 단계]-[사용자 지정]을 선택한다. **2** [빠른 단계 편집] 대화상자가 나타나면 [이름], [아이콘], [동작], [받는 사람]을 지정하여 빠른 단계를 만들 내용을 설정한 후 [마침] 단추를 클릭한다.

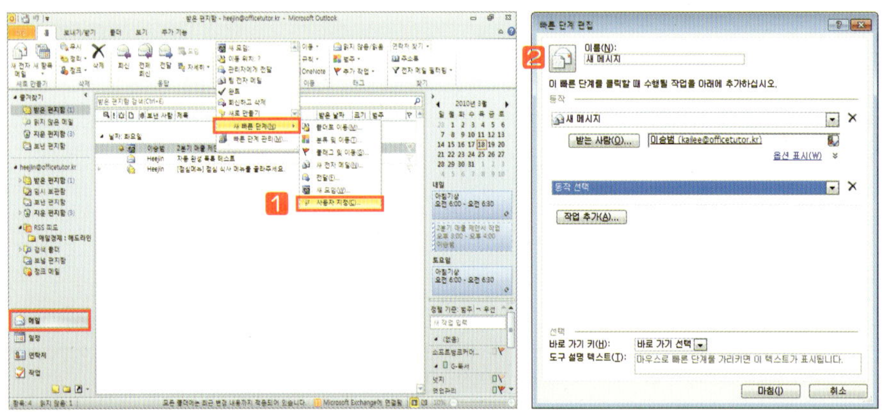

2 빠른 단계 실행

1 앞에서 추가한 [새 메시지]가 [홈] 탭−[빠른 단계] 그룹에 등록된 것을 확인할 수 있다. **2** 클릭하면 설정된 값으로 바로 실행할 수 있다.

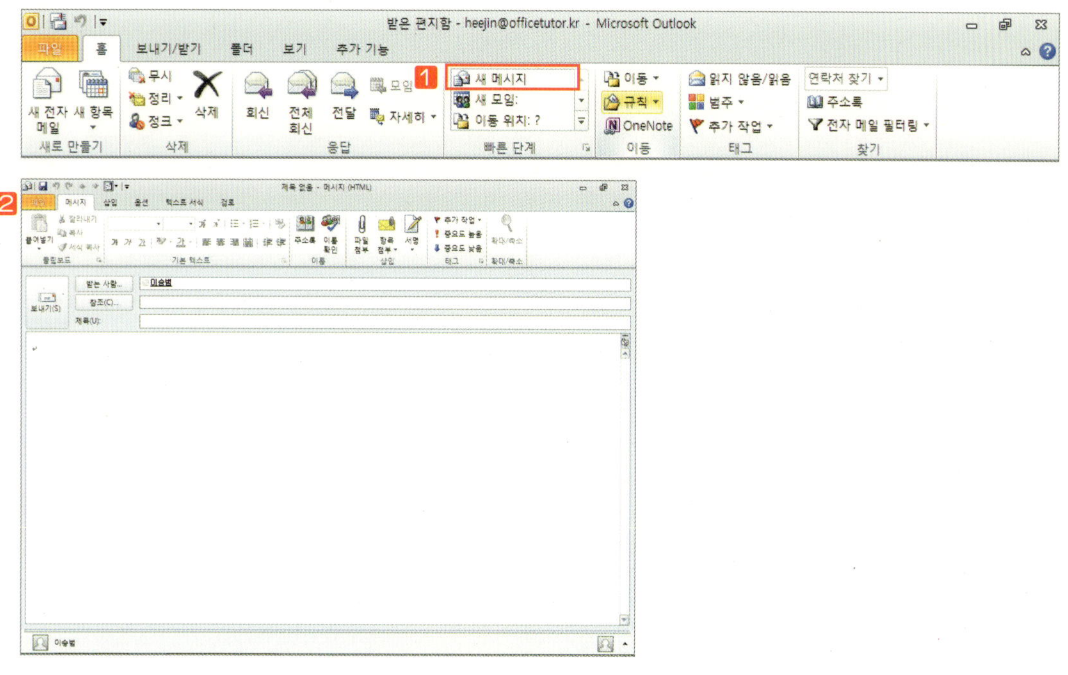

3 빠른 단계 관리

1 [홈] 탭−[빠른 단계] 그룹에서 [자세히] 단추를 클릭하고 [빠른 단계 관리]를 선택하면 **2** [빠른 단계 관리] 대화상자가 나타나며 기존에 설정된 빠른 단계 설정값을 편집할 수 있다.

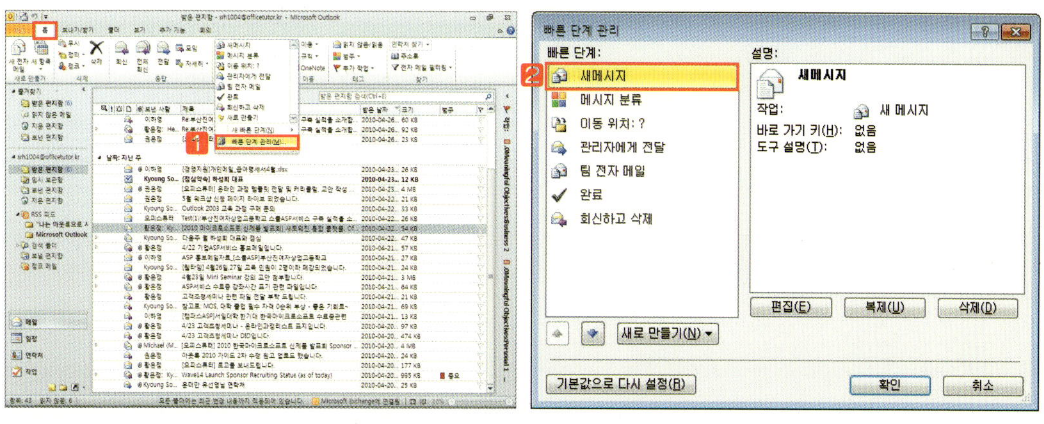

오피스 2010 테마 활용하기

아웃룩 2010에서 새 메시지를 작성 시 오피스 2010 테마를 활용할 수 있다. 테마는 서식 선택 사항의 집합으로, 여기에는 색 구성표(색 집합), 글꼴 구성표(제목 및 본문 텍스트 글꼴 집합) 및 효과 구성표(선 및 채우기 효과 집합)가 포함된다.

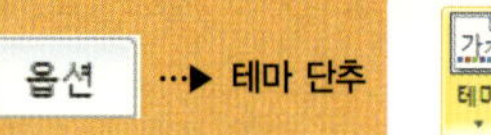

1 새 전자 메일 실행하기

새 전자 메일을 작성하기 위해 [메일]의 [홈] 탭-[새로 만들기] 그룹에서 [새 전자 메일]을 클릭한다.

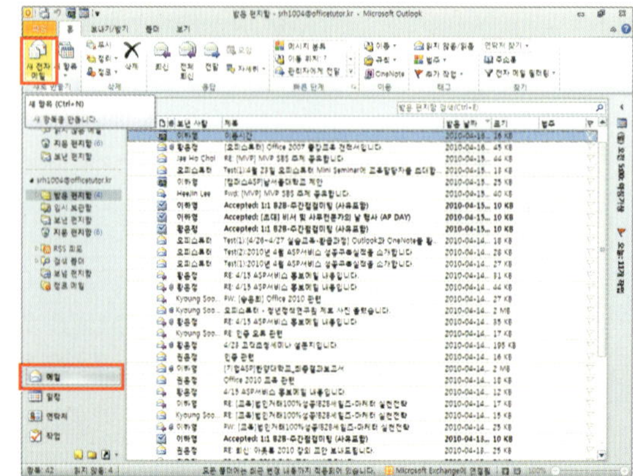

2 테마 설정하기

1 [메시지] 창이 나타나면 메시지를 작성하고 [옵션] 탭-[테마] 그룹에서 [테마]를 클릭한 후 **2** 테마를 선택한다. **3** 해당 테마가 자동으로 적용되어 메시지 내용의 색상 및 글꼴 등이 변경되어 나타난다.

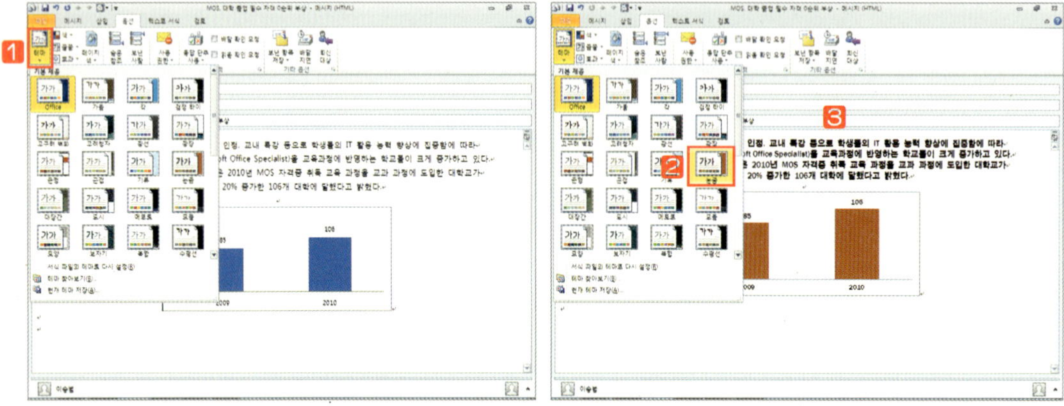

시선을 사로잡는 전자 메일 메시지 작성

동적 그래픽 및 그림 편집 도구는 워드와 파워포인트에만 있는 것이 아니다. 이제 아웃룩 2010에서도 미리 작성된 SmartArt 그래픽, 테마 및 스타일 등의 멋진 시각적 요소를 사용하여 읽는 사람의 시선을 사로잡을 수 있는 메시지를 작성할 수 있다. 또한, 아웃룩에서 스크린 샷을 삽입하고 서식을 지정하여 아이디어를 보다 손쉽게 전달할 수 있다.

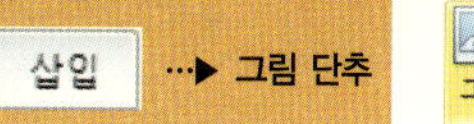

1 그림 삽입하기

1 [메일]의 [홈] 탭-[새로 만들기] 그룹에서 [새 전자 메일]을 클릭한다. **2** 새 전자 메일 창이 나타나면 메시지 창을 클릭한 후 [삽입] 탭-[일러스트레이션] 그룹에서 [그림]을 클릭한다.

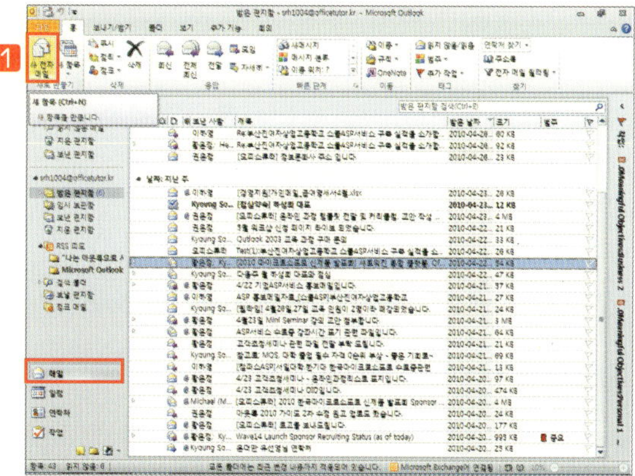
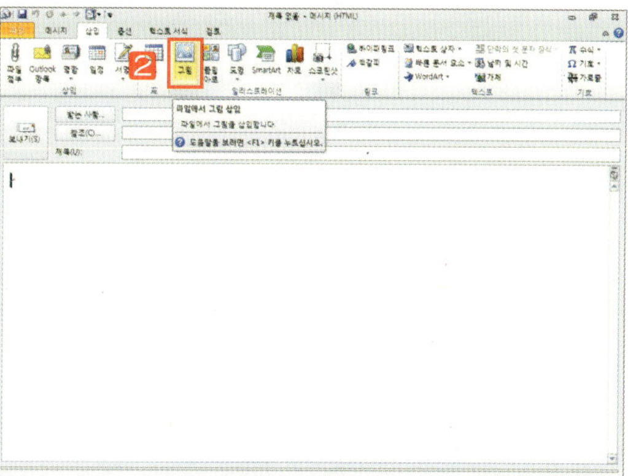

2 그림 조정하기

1 [그림 삽입] 대화상자에서 그림을 선택하고 [삽입] 단추를 클릭한다. **2** [그림 도구]-[서식] 탭이 추가되면 [조정] 그룹에서 [꾸밈 효과]-[밝은 화면]을 선택한다.

⓷ 그림 레이아웃

①[삽입] 탭에서 [그림]을 선택하여 그림을 삽입한다. [그림 도구]–[서식] 탭–[그림 스타일] 그룹에서 [그림 레이아웃]–[제목 있는 그림 블록형]을 선택한다. **②**[텍스트] 상자 위에 마우스를 클릭한 후 텍스트를 입력한다.

POINT 배경이 있는 그림을 삽입한 경우 배경을 제거하고 그림 스타일을 적용하고 싶다면, [그림 도구]–[서식] 탭–[조정] 그룹에서 [배경 제거]를 클릭한다. [배경 제거] 탭이 나타나면 [닫기] 그룹에서 [변경 내용 유지]를 클릭하여 배경을 삭제한다. 배경을 삭제한 후 [그림 도구]–[서식] 탭–[그림 스타일] 그룹에서 [그림 레이아웃]–[제목 있는 그림 블록형]을 선택하면 배경이 제거된 상태로 레이아웃이 적용된다.

 029

자동 완성 목록 확인 및 삭제하기

메일 발송 시 받는 사람 항목에 이름을 입력하면 자동으로 주소 목록이 나타난다. 자동 완성 목록 설정, 해제 방법에 대해 알아보자. 단, 메일 주소가 변경된 경우는 기존의 목록에 표시되는 메일 주소를 삭제해야 한다.

① 자동 완성 목록 설정하기

1[파일] 메뉴의 [옵션]을 선택한다. **2**[Outlook 옵션] 대화상자에서 [메일]을 선택하고 [메시지 보내기]에서 [받는 사람, 참조 및 숨은 참조란에 입력할 때 자동 완성 목록을 사용하여 이름 추천]을 체크한다. 기본값은 체크되어 있다.

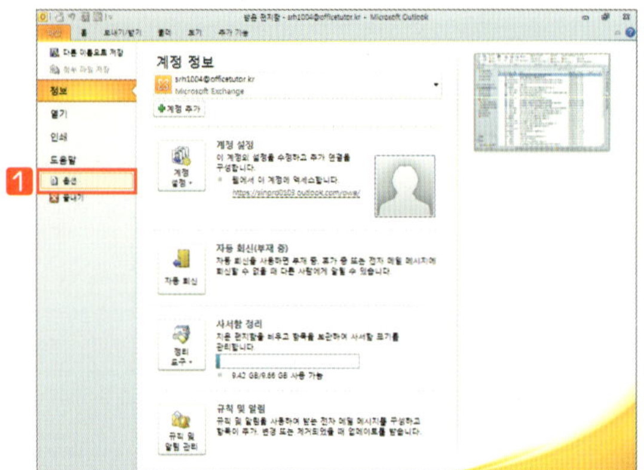

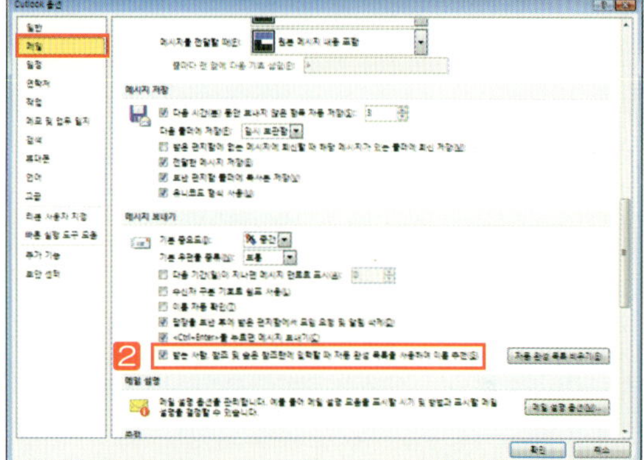

② 자동 완성 목록 사용하기

[메시지] 창에서 [받는 사람], [참조], [숨은 참조]에 첫 글자를 입력하면 자동 목록이 표시된다.

> **POINT** 목록에서 항목을 삭제하고 싶다면 ↓ 키를 눌러 주소를 선택한 후 Delete 키를 누르면 된다.

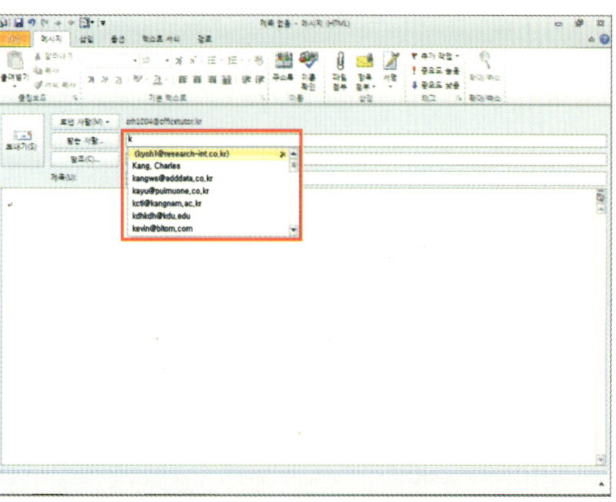

3 자동 완성 목록 비우기

1 [Outlook 옵션] 대화상자에서 [메일]을 선택하고 [메시지 보내기]에서 [받는 사람, 참조 및 숨은 참조 란에 입력할 때 자동 완성 목록을 사용하여 이름 추천]의 [자동 완성 목록 비우기] 단추를 클릭한다. **2** '자동 완성 목록을 비우시겠습니까?' 라는 메시지가 나타나면 [예] 단추를 클릭한다.

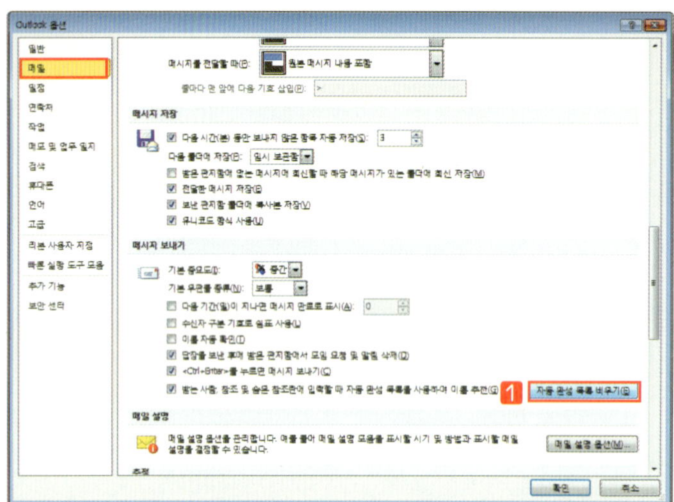

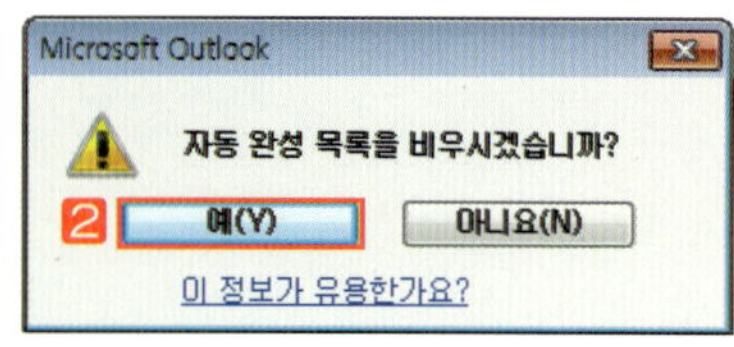

 030

메일 발송 예약하기

작성한 메일을 바로 보내지 않고, 사용자가 지정한 날짜로 예약하여 발송할 수 있다. 예약하여 발송하면 [보낼 편지함]에 보관되어 있다가 예약한 날짜에 메일이 발송된다.

옵션 ···▶ 배달 지연 단추 

1 배달 지연 명령 실행

1 [메일]의 [홈] 탭-[새로 만들기] 그룹에서 [새 전자 메일]을 클릭하여 [메시지] 창을 열고 메일을 작성한다. **2** [옵션] 탭-[기타 옵션] 그룹에서 [배달 지연]을 클릭한다.

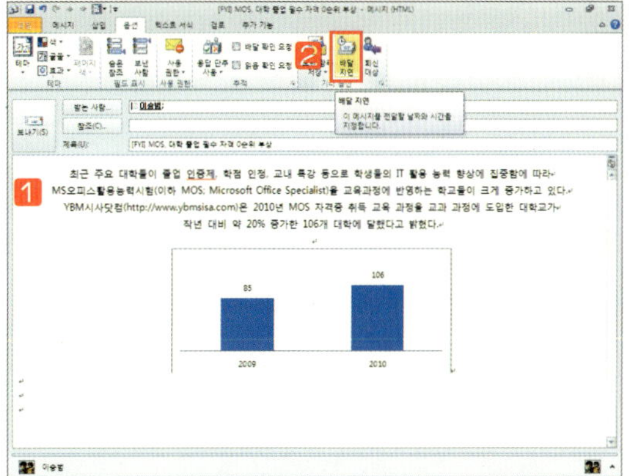

2 배달 옵션 설정

1 [속성] 대화상자가 나타나면 [배달 옵션]의 [다음 날짜 이후에 배달]을 체크하고 날짜를 설정한 후 [닫기] 단추를 클릭한다. **2** [메시지] 창에서 [보내기] 단추를 클릭하면 예약된 메일이 [보낼 편지함]에 보관되어 있음을 확인할 수 있다.

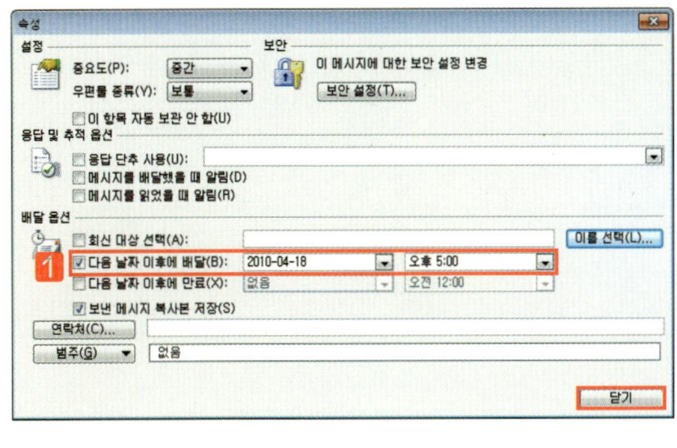

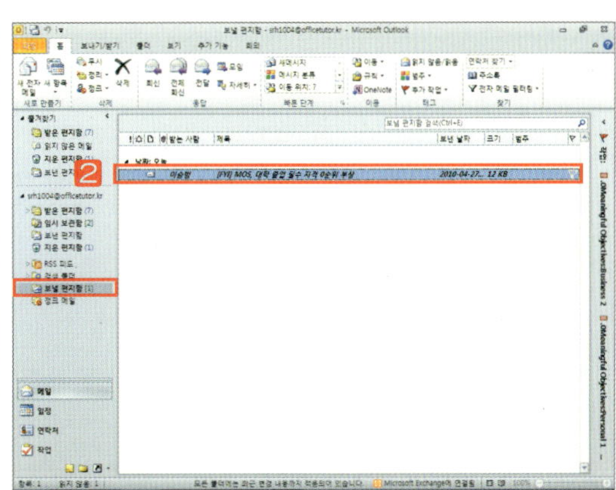

사내 설문을 위한 응답 단추 활용하기

사내에서 간단한 설문은 메일에 있는 응답 기능을 활용하면 쉽게 응답을 취합할 수 있다. 기본 설정되어 있는 '수락;거부', '예;아니오', '예;아니오;미정'을 이용하거나 구체적인 응답을 원하는 경우 사용자가 응답 내용을 작성하여 발송할 수 있다.

옵션 ···▶ 응답 단추 사용 단추

1 설문 발송하기

1 [메일]의 [메시지] 창을 열어 설문 내용을 작성하고 [받는 사람]을 지정한 후 **2** [옵션] 탭-[추적] 그룹에서 [응답 단추 사용]-[사용자 지정]을 선택한다. **3** [속성] 대화상자의 [응답 및 추적 옵션]에서 [응답 단추 사용]을 체크하고 세미콜론(;)으로 구분하여 목록을 입력한 후 [닫기] 단추를 클릭한다. **4** [메시지] 창에서 [보내기] 단추를 클릭하여 메일을 발송한다.

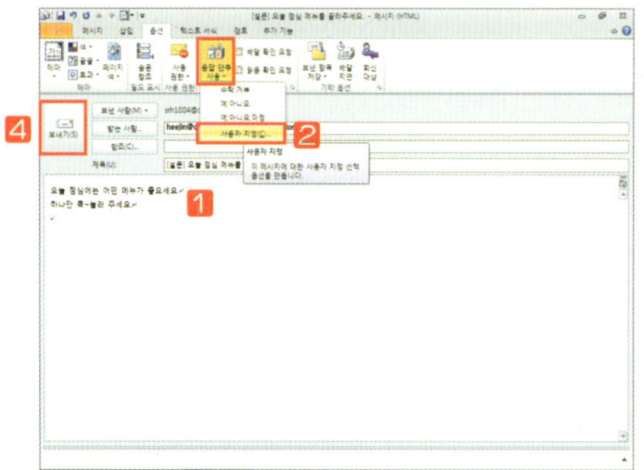

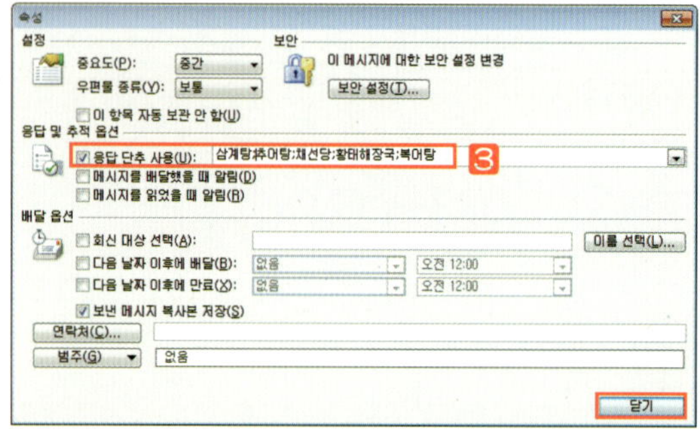

POINT [속성] 대화상자의 [응답 및 추적 옵션]에서 [메시지를 배달했을 때 알림]은 상대방에게 메일이 도착되었을 때 알림 메시지를 받기 위한 옵션이고, [메시지를 읽었을 때 알림]은 상대방에 보낸 메일을 열었을 때 자동으로 알림 메시지를 받기 위함이다. 추적 옵션 기능은 모든 메일 발송 시 적용하기 보다는 꼭 필요한 메일에만 적용하여 발송하는 것이 바람직하다.

 **설문 응답하기**

1 받는 사람이 설문 메일을 열면 [메시지] 탭-[응답] 그룹의 [응답]에 설문 항목이 표시된다. 목록에서 원하는 하나를 선택한다. **2** 선택하는 동시에 [답장 보내기] 대화상자가 나타나면 [지금 답장 보내기] 옵션을 선택한 후 [확인] 단추를 클릭한다.

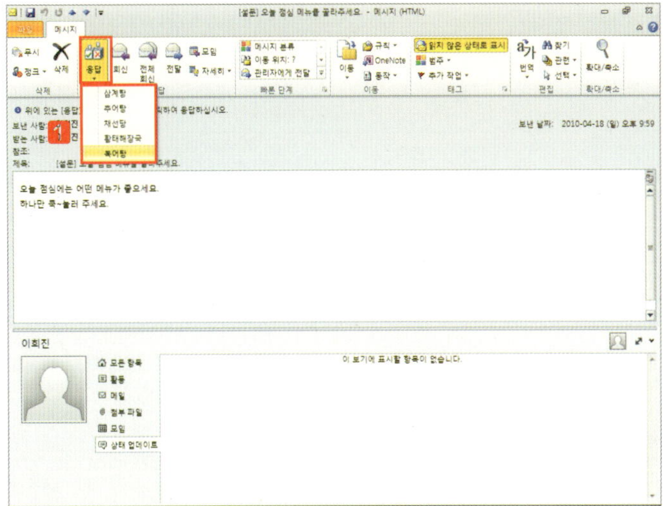

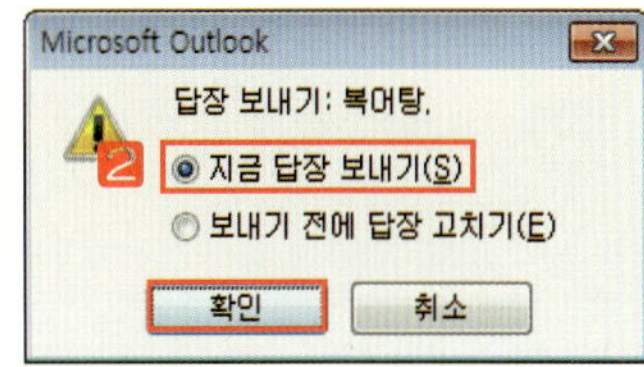

3 **설문 취합하기**

[받은 편지함]에 설문 응답 메일이 들어오면 메시지 제목으로 설문 의견을 취합할 수 있다.

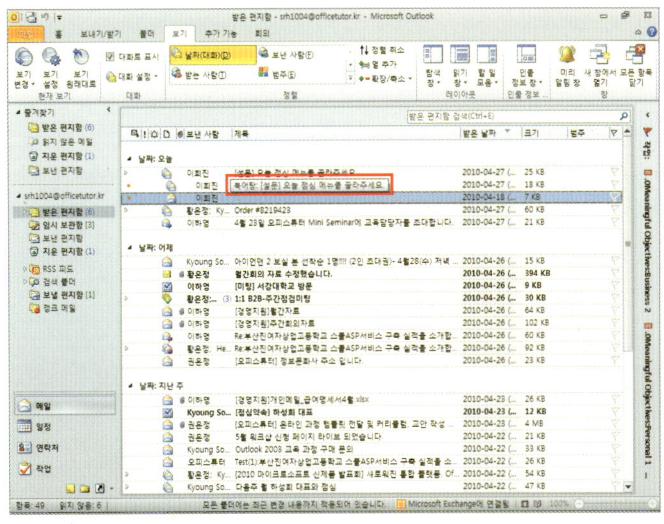

받은 편지함으로 음성 메일 및 팩스 수신

아웃룩 2010과 Exchange Server 2010의 새로운 기술을 통해 받은 편지함으로 음성 메일과 팩스를 직접 수신하고, 컴퓨터, Outlook Mobile 또는 Outlook Web Application을 사용하여 어디에서나 액세스할 수 있다.

파일 ···▶ 계정 추가 단추 ➕계정 추가

1 팩스 메일 설정하기

1[파일]-[정보] 메뉴에서 **2**[계정 추가] 단추를 클릭하고 **3**[새 계정 추가] 대화상자가 나타나면 [기타] 옵션을 선택한 후 [다음] 단추를 클릭합니다.

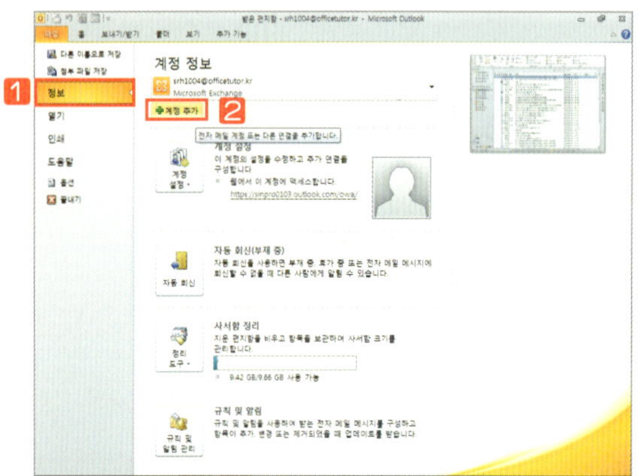

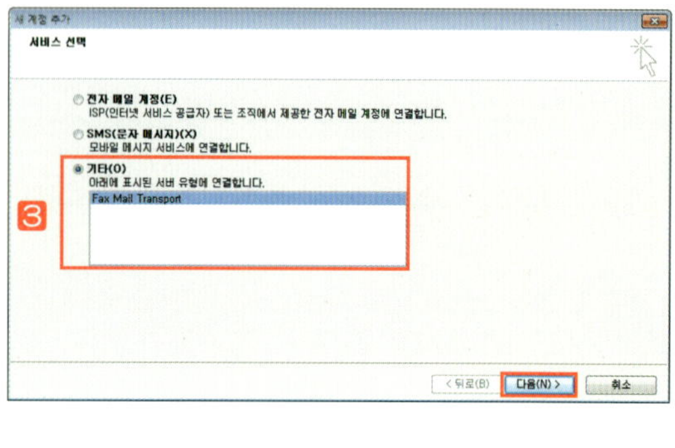

2 변경 사항 적용하기

1 '변경 사항을 적용하려면 Outlook을 다시 시작해야 합니다.' 라는 메시지가 나타나면 [확인] 단추를 클릭한다. **2**[새 계정 추가] 대화상자가 나타나면 [마침] 단추를 클릭하고 아웃룩을 종료한 후 다시 실행한다.

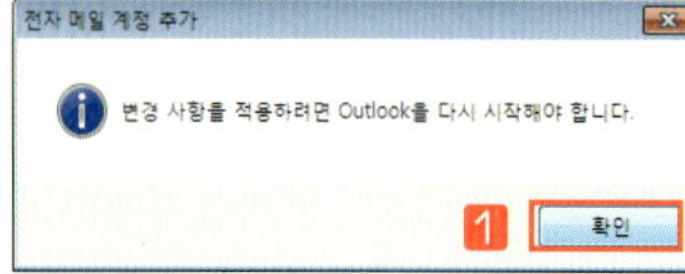

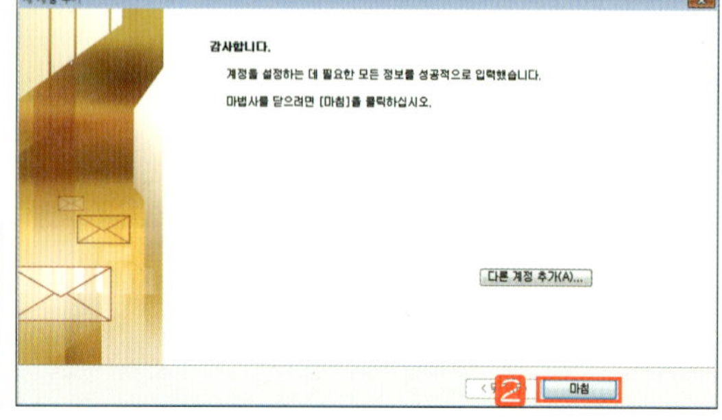

POINT 음성 메일 및 팩스 수신을 설정하려면 Exchange Server 2010이 필요하다.

③ 팩스 메일 설정 변경하기

1 팩스 메일 설정이 완료된 후 설정을 변경하려면 [파일]-[정보] 메뉴의 [계정 설정]-[계정 설정]을 선택한다. **2** [계정 설정] 대화상자가 나타나면 'Fax Mail Transport'를 선택하고 [변경] 단추를 클릭한다. **3** [팩스 메일 전송] 대화상자에서 [팩스 프린터], [표지], [기본 메시지 글꼴]을 설정한 다음 [확인] 단추를 클릭한다.

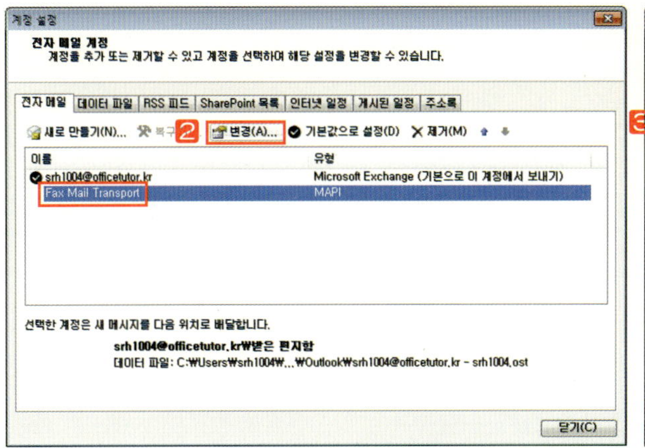
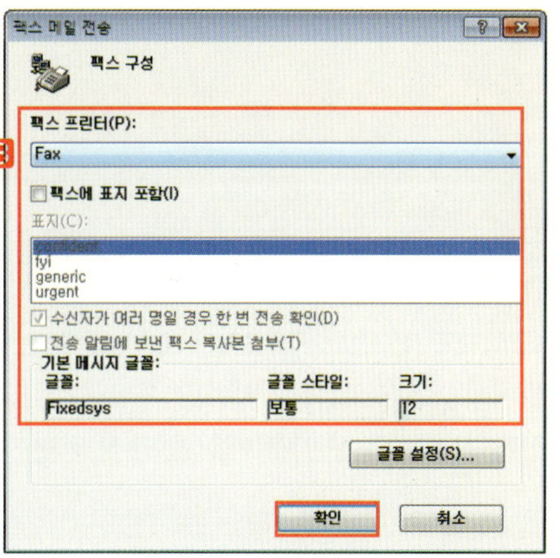

부재 중일 때 자동 회신하기

장기간 해외 출장을 가거나 교육, 휴가 중일 때 부재 중 알림 기능을 설정할 수 있다. 부재 중 알림 기능을 설정해 놓으면 자동으로 Exchange Server에서 미리 입력해 놓은 내용을 설정된 기간 동안 자동 회신해준다.

파일 ┈▶ 자동 회신 단추

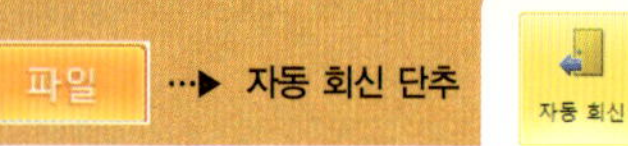

1 자동 회신 설정하기

1[파일]–[정보] 메뉴를 선택하고 **2**[자동 회신] 단추를 클릭한다. **3**[자동 회신] 대화상자에서 [자동 회신 보내기]를 선택하고 [이 시간 범위 동안에만 보내기]를 체크한 후 시간을 설정한다. **4**[내 조직 내부] 탭에서 메시지 내용을 입력한 후 [내 조직 외부(설정)] 탭을 클릭하여 동일한 내용을 복사하거나 새롭게 입력한다. 설정된 이후 메일을 받게 되면 상대방에게 자동 회신된다.

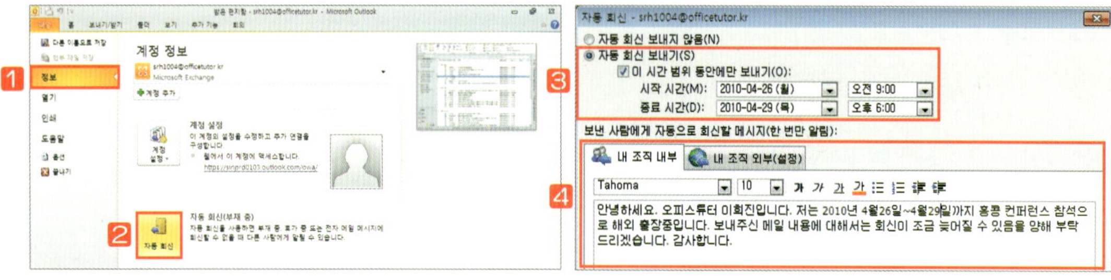

2 자동 회신 해제하기

1[파일]–[정보] 메뉴를 선택하고 [자동 회신]에 나타난 [해제] 단추를 클릭하여 해제하거나 **2**[홈] 탭을 클릭하여 [자동 회신]에 대한 설명이 나타나면 [해제] 단추를 클릭해도 된다.

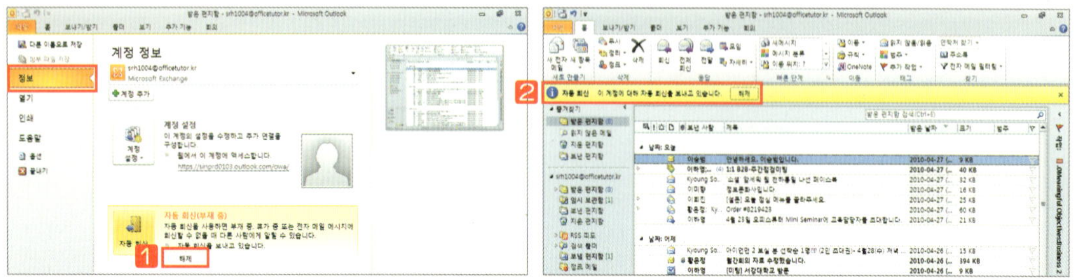

POINT
- 자동 회신이 설정되면 아웃룩 2010 화면 하단 상태 표시줄에도 [자동 회신] 표시가 나타난다. [자동 회신]을 클릭하여 [자동 회신 보내지 않음]을 선택하면 해제할 수 있다.
- Exchange Server 사용 시만 자동 회신 기능을 사용할 수 있다.

표준 시간대 정의하기

일정화면 우측에 나타나는 표준 시간대 간격을 변경하거나 추가 표준 시간대를 추가할 수 있다. 다른 국가의 추가 표준 시간대를 추가하면 시차를 한 눈에 파악할 수 있고, 해외 출장 시에도 일정 관리가 더욱 수월하다.

보기 ┈▶ 날짜 표시줄 단추    날짜 표시줄 ▾

1 표준 시간대 간격 설정하기

1 [일정]의 [보기] 탭-[정렬] 그룹에서 [날짜 표시줄] 단추를 클릭하고 시간 간격을 '30분'으로 선택한다. **2** 표준 시간 간격이 60분에서 30분으로 변경된다.

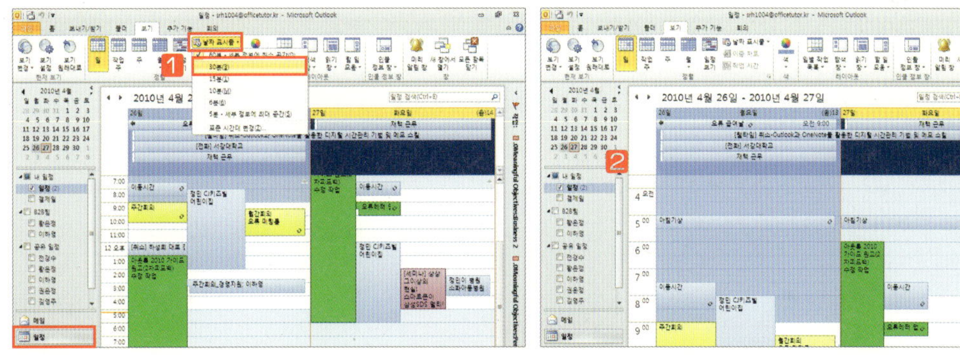

2 표준 시간대 변경하기

1 [보기] 탭-[정렬] 그룹에서 [날짜 표시줄]-[표준 시간대 변경]을 선택한다. **2** [Outlook 옵션] 대화상자의 [일정]에서 [표준 시간대]의 [추가 표준 시간대 표시]를 체크하고 [레이블]을 '홍콩 08:00', [표준 시간대]를 'UTC+08:00'로 설정한다. **3** 추가 표준 시간대가 추가되었음을 확인할 수 있다.

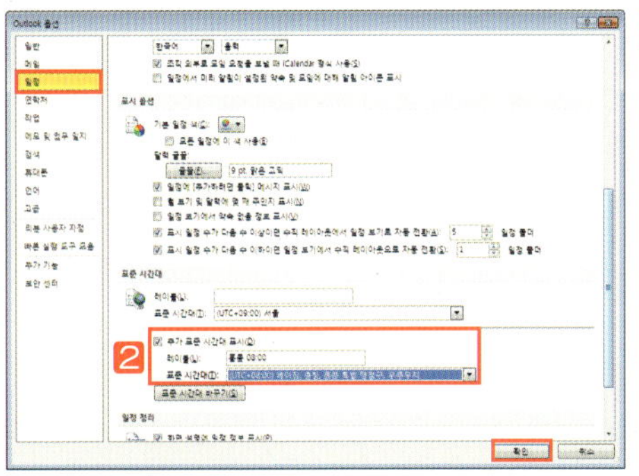
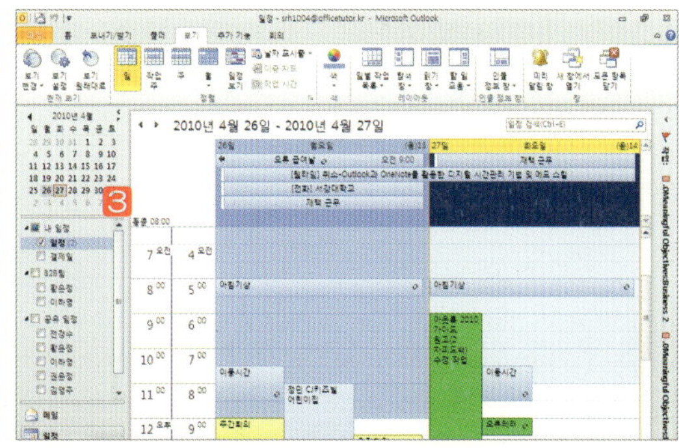

할 일 모음 창 활용하기

할 일 모음 창에서는 달력, 약속, 작업 목록을 한 눈에 파악할 수 있는 장점이 있다. 아웃룩 사용 시 어떤 화면에서든 할 일 모음 창이 표시되도록 설정할 수 있다.

보기 ···▶ 할 일 모음 단추

1 할 일 모음 보기

[일정]의 [보기] 탭-[레이아웃] 그룹에서 [할 일 모음]을 클릭한다. 할 일 모음 보기는 [기본], [최소화], [표시 안 함] 중 하나를 선택할 수 있다. [할 일 모음] 창이 나타나지 않은 상태라면 [기본] 또는 [최소화] 중 하나를 선택하면 된다.

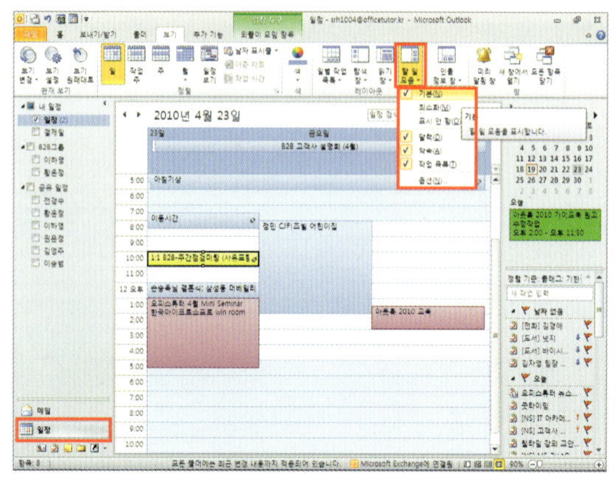

 **POINT** 아웃룩 2010과 Office Communicator를 통합적으로 사용하면 아웃룩 2010 할일 모음 창 하단에 빠른 연락처가 나타나 빠르게 상대방과 커뮤니케이션할 수 있다.

2 할 일 모음 옵션 설정하기

[할 일 모음]-[옵션]을 선택하면 [할 일 모음 옵션] 대화상자에서 [달력 표시], [약속 표시], [작업 목록 표시]에 대한 옵션을 설정할 수 있다. 아웃룩 2010에서는 [약속 표시]를 [하루 종일 항목 표시]와 [개인 항목 정보 표시]로 구분하여 설정할 수 있다. [일정]의 [할 일 모음] 창에 하루 종일 행사와 비공개 설정된 개인 항목 정보도 함께 표시된다.

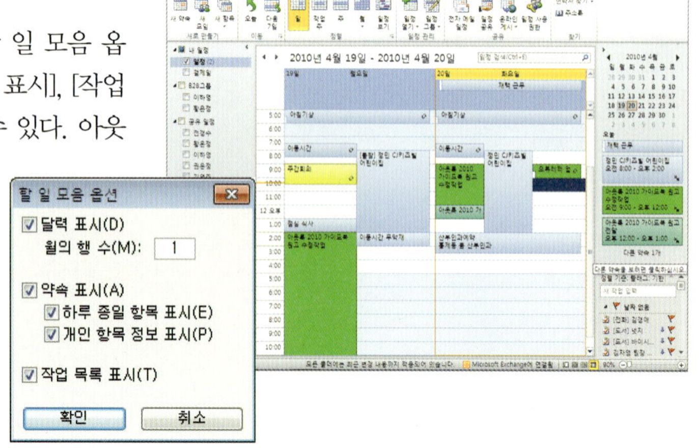

POINT [비공개] 설정은 일정을 열어서 [약속] 탭-[태그] 그룹에서 [비공개]를 클릭하여 설정하면 된다. 비공개로 설정하면 일정 화면에서 열쇠 모양이 나타난다.

공휴일 추가하거나 삭제하기

아웃룩 일정에 공휴일을 추가하거나 삭제할 수 있다. 대한민국 공휴일은 기본적으로 설치되어 있고, 다른 국가인 경우는 추가로 설치해야 한다. 다른 국가의 공휴일은 해외로 출장을 가는 경우 유용하게 활용할 수 있다.

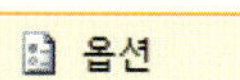

1 공휴일 추가하기

1 [파일] 메뉴에서 [옵션]을 선택하고 [Outlook 옵션] 대화상자에서 [일정]을 선택한다. **2** [일정 옵션]에서 [일정에 공휴일 추가]의 [공휴일 추가] 단추를 클릭한다. **3** [일정에 공휴일 추가] 대화상자가 나타나면 공휴일의 국가를 선택하고 [확인] 단추를 클릭한다. **4** '일정에 공휴일이 추가되었습니다.' 라는 메시지가 나타나면 [확인] 단추를 클릭한다.

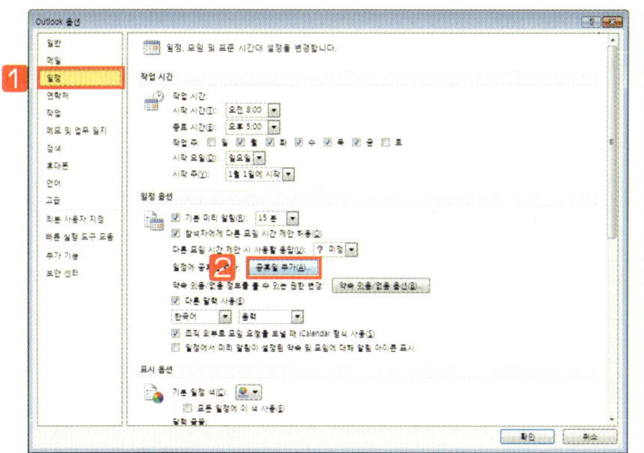

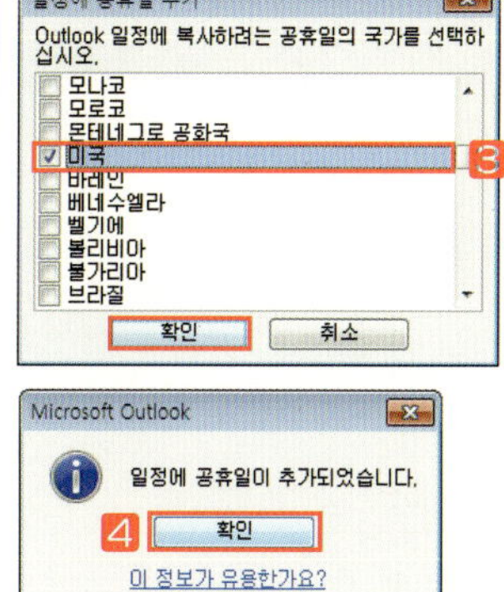

2 공휴일 확인하기

[일정]을 선택하면 미국 공휴일 날짜가 하루 종일 행사로 등록된 것을 확인할 수 있다.

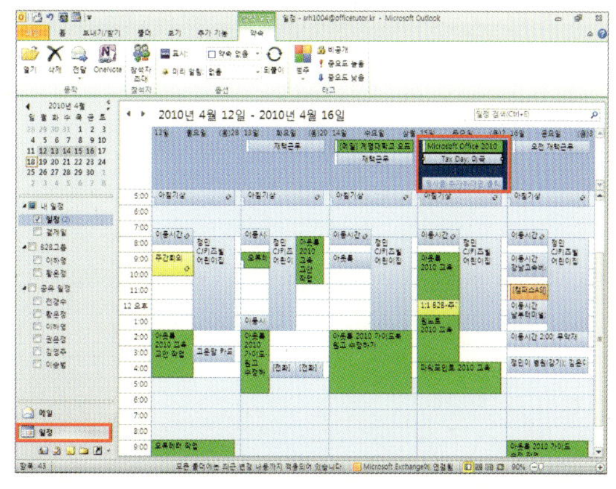

공휴일을 삭제하고 싶다면 먼저 해당 공휴일을 검색해야 한다. [검색] 입력란을 클릭하거나 Ctrl + E 를 눌러 [검색] 입력란에 '공휴일' 이라고 입력한다. 예를 들어, 미국 공휴일을 검색하고 싶다면 '공휴일 미국' 이라 입력하면 된다.

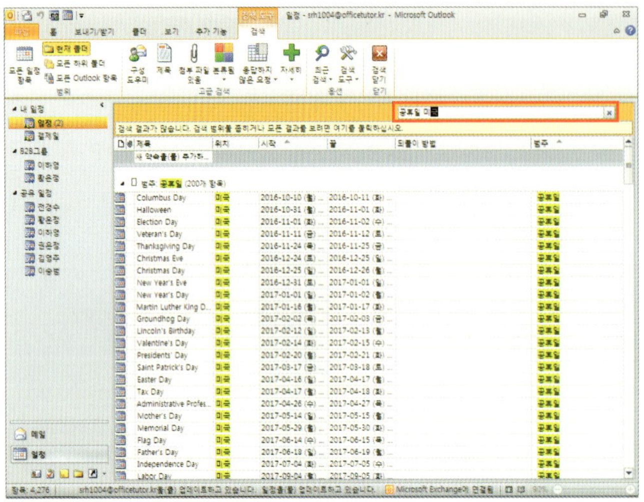

삭제할 공휴일이 검색되면 첫 번째 공휴일을 선택하고 Ctrl + A 를 눌러 전체를 선택한 후 Shift + Delete 를 눌러 '선택한 항목을 영구히 삭제하시겠습니까?' 메시지가 나타나면 [예] 단추를 클릭한다.

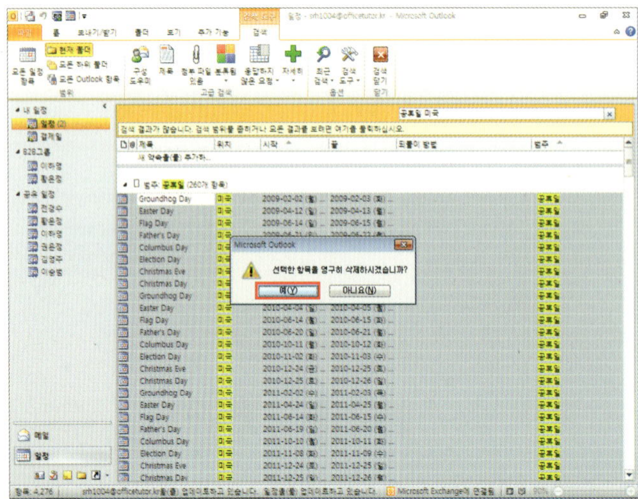

일정 화면에 음력을 보이지 않게 설정하기

일정 화면 일/주/월 보기에는 기본적으로 양력과 음력이 함께 표시된다. 일정 화면을 볼 때 양력과 음력이 혼동된다면 음력 일자를 보이지 않게 설정할 수 있다.

홈 ┈▶ 주 단추 

1 양력/음력 보기

1 [일정]의 [홈] 탭-[정렬] 그룹에서 [주]를 클릭한다. **2** 날짜 표시에 양력과 음력이 같이 표시된다.

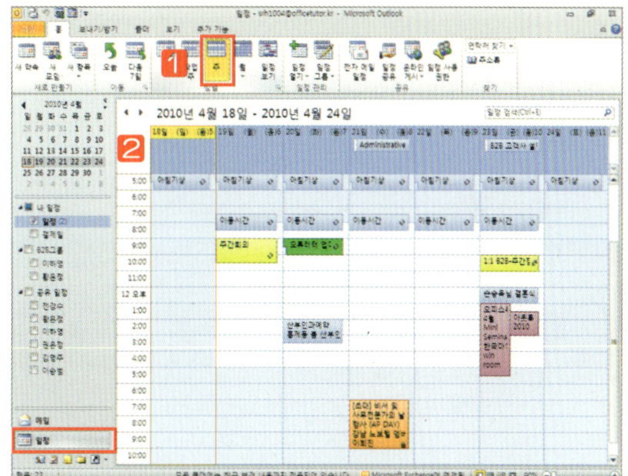

2 음력 해제하기

1 [파일] 메뉴에서 [옵션]을 선택하여 [Outlook 옵션] 대화상자가 나타나면 [일정]을 선택한다. **2** [일정 옵션]에서 [다른 달력 사용]을 체크 해제한 후 [확인] 단추를 클릭한다. **3** 일정 화면을 확인해보면 음력 일자가 표시되지 않음을 알 수 있다.

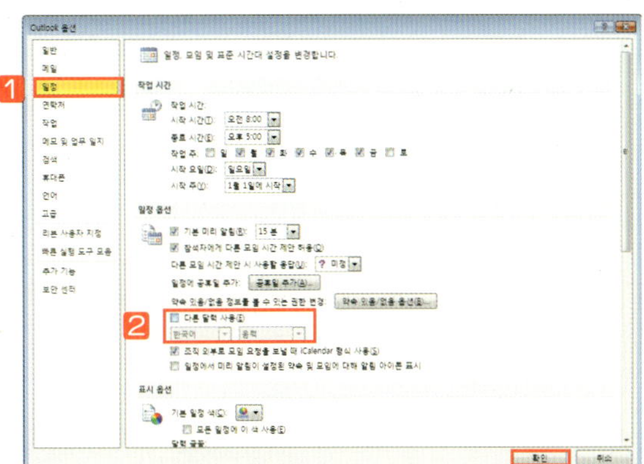
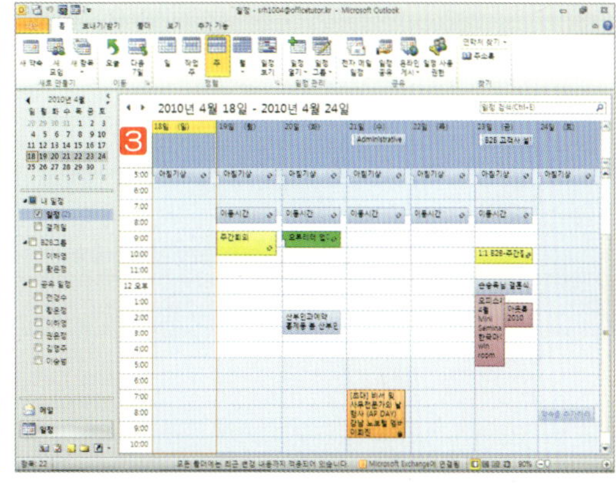

손쉬운 그룹 모임 예약

여러 사람이 참석하는 모임을 예약하기란 매우 까다로운 일이다. 하지만 아웃룩 2010에서 제공하는 편리한 새 기능을 이용하여 프로세스를 개선할 수 있다. 일정 보기 기능으로 팀원의 개인 일정을 확인하고, 전자 메일 일정 기능으로 다른 사람에게 자신의 일정을 보내 필요한 정보를 간편하게 알릴 수 있다. 약속 유무는 물론 모든 모임의 자세한 정보까지 전송할 수 있다.

홈 ⋯▶ 일정 그룹 단추 

1 새 일정 그룹 만들기

1 [일정]의 [홈] 탭–[일정 관리] 그룹에서 [일정 그룹]–[새 일정 그룹 만들기]를 선택한다. **2** [새 일정 그룹 만들기] 대화상자에서 'B2B그룹'이라고 입력한 후 [확인] 단추를 클릭한다.

POINT 그룹 일정을 등록하기 위해서는 구성원 모두가 Exchange Server 계정을 사용해야만 한다.

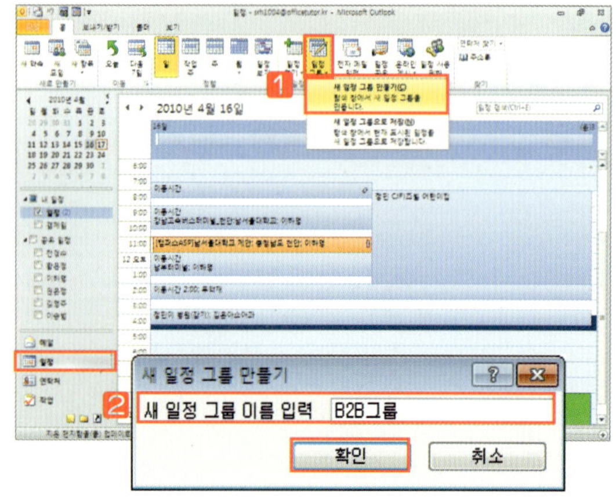

2 그룹 구성원 지정하기

1 [이름 선택] 대화상자에서 구성원을 선택한 후 [그룹 구성원] 단추를 클릭하여 추가한다. **2** [확인] 단추를 클릭하면 [일정] 탐색 창에 [B2B그룹]이 나타나고 구성원 일정이 나란히 보여지게 된다.

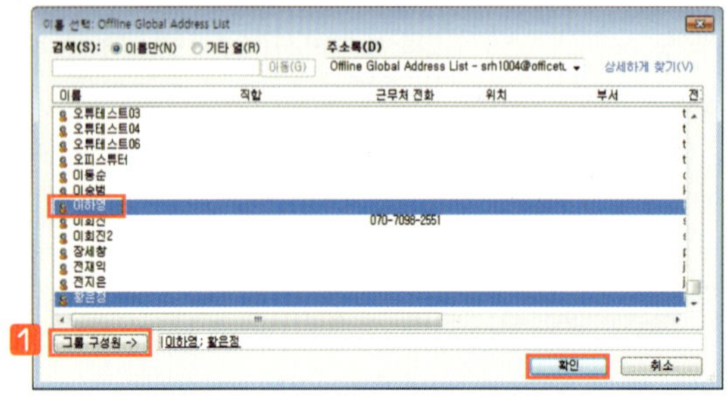

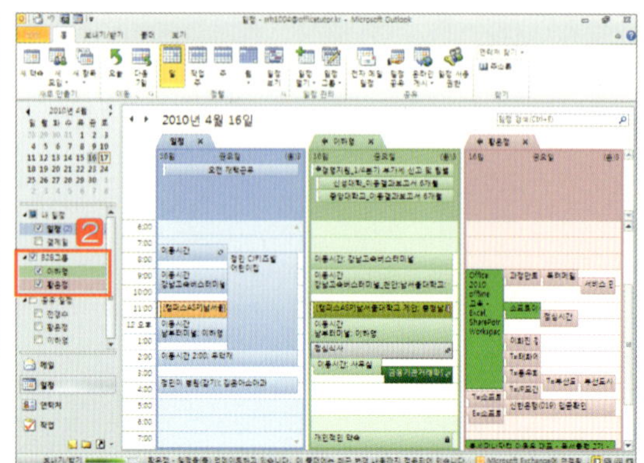

▲ [홈] 탭–[정렬] 그룹의 [일]이 선택된 상태

❸ 그룹 일정 보기

❶[일정] 탐색 창에서 [B2B그룹]의 일정 2개 항목만 체크한 후 ❷[보기] 탭-[정렬] 그룹에서 [이중 차트]를 클릭한다. ❸일정 보기가 [겹침 모드] 상태로 보여진다.

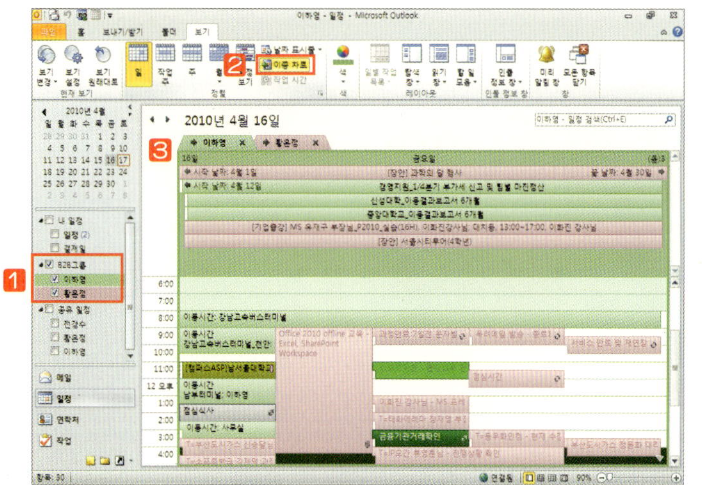

❹ 전자 메일로 일정 전송

❶[내 일정]-[일정]만 체크한 후 ❷[홈] 탭-[공유] 그룹에서 [전자 메일 일정]을 클릭한다. ❸[전자 메일로 일정 보내기] 대화상자에서 전송할 [일정], [날짜 범위], [세부 정보]를 설정한 후 [확인] 단추를 클릭한다. ❹[받는 사람]에 메일 주소를 입력한 후 [보내기] 단추를 클릭하여 일정을 발송한다.

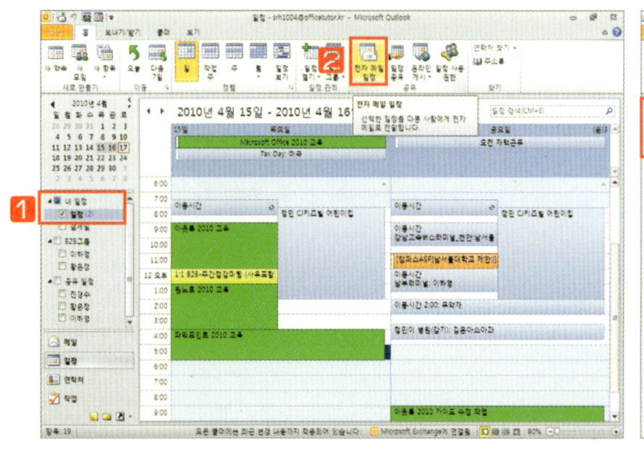

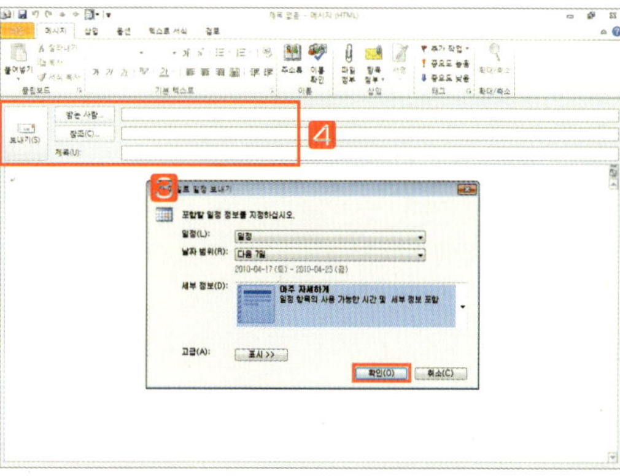

미팅 시 모임 요청하고 의견 취합하기

일정이 공유되어 있는 경우, 모임 요청 시 상대방의 일정을 확인한 후 빈 시간을 찾아 모임을 요청할 수 있다. 모임을 요청한 사람은 응답 추적을 통해 의견을 취합할 수 있다.

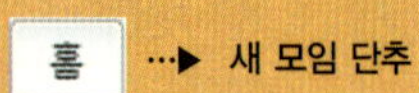 홈 ···▶ 새 모임 단추 

1 모임 요청할 사람 지정하기

1 [일정]의 [홈] 탭-[새로 만들기] 그룹에서 [새 모임]을 클릭한다. **2** [모임] 창이 나타나면 [받는 사람] 단추를 클릭하여 모임에 초대할 사람을 선택하고 **3** 메일을 작성한다.

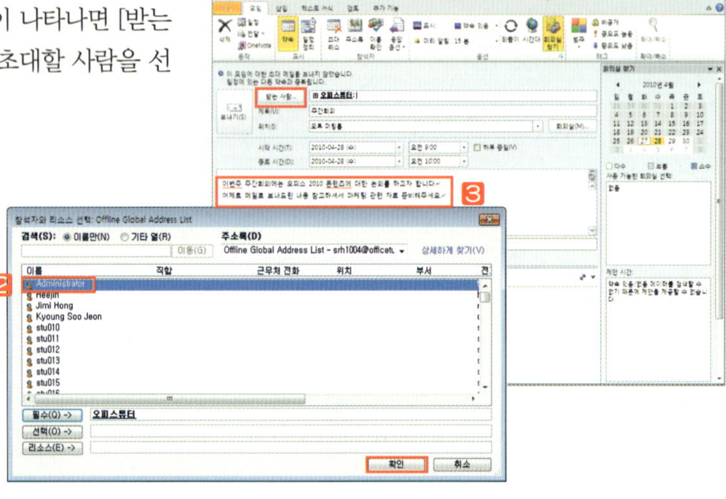

2 모임 요청하기

1 제목과 위치, 시간을 설정한 후 [모임] 탭-[표시] 그룹에서 [일정 정리]를 클릭하면 구성원들의 세부 일정을 확인할 수 있다. **2** [보내기] 단추를 클릭하여 모임 요청 메일을 발송한다.

 모임 요청 시 [일정 정리] 화면에 구성원들의 세부 일정을 확인하기 위해서는 일정이 공유되어 있어야 하고, 일정 공유를 위해서는 Exchange Server를 사용해야 한다.

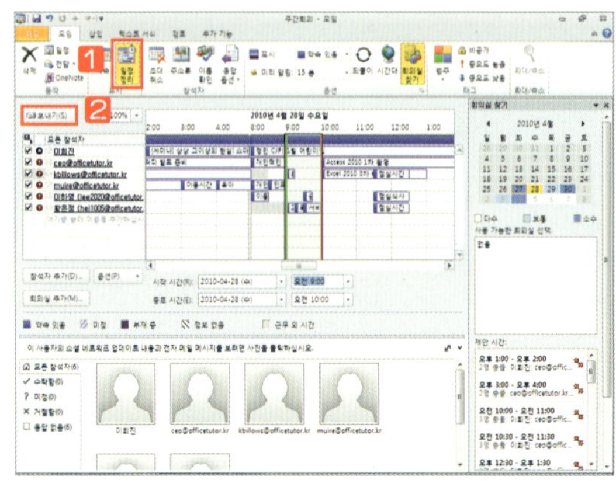

 **모임 응답하기**

모임 요청 메일을 받으면 [모임] 탭-[응답] 그룹에서 [수락], [미정], [거절], [다른 시간 제안] 중 하나를 선택하여 모임 요청에 응답한다.

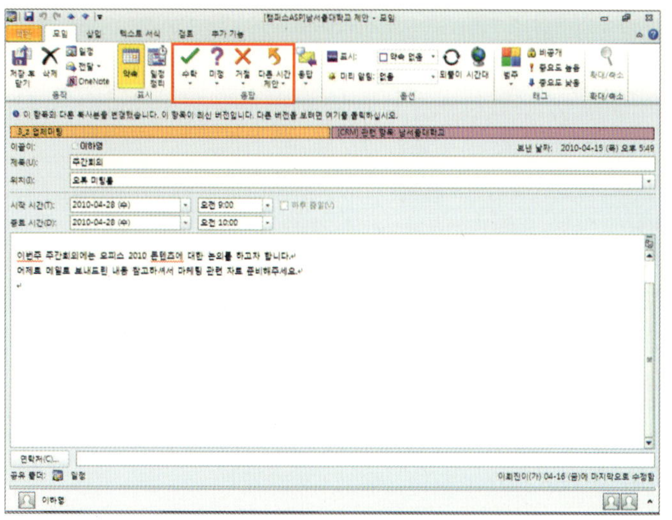

4 모임 취합하기

모임을 주도한 사람은 등록된 모임 일정 정보를 더블클릭해서 열어 [모임] 탭-[표시] 그룹의 [응답 추적]이 표시된 것을 확인할 수 있다. [응답 추적]의 드롭다운 단추를 클릭하고 [추적 상태 보기]를 선택하면 모임 요청을 받은 사람들이 어떤 응답을 했는지 한 눈에 파악하여 의견을 취합할 수 있다.

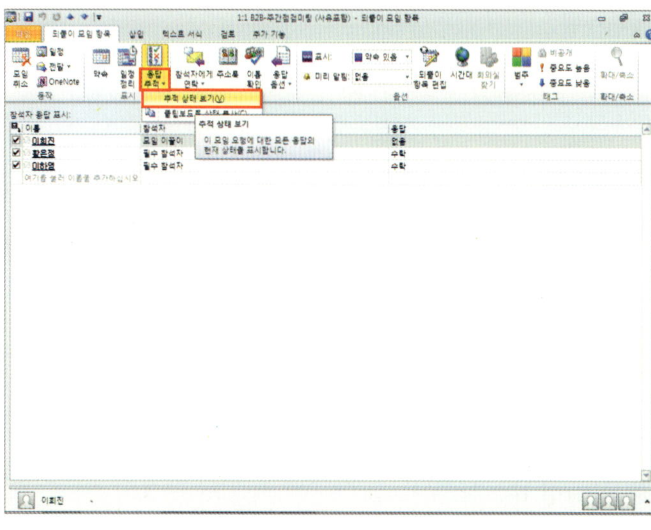

빠르고 손쉬운 연락처 찾기

아웃룩 2010은 Microsoft Office Communicator 2007 R2와 통합되어 연락처 카드 및 빠른 연락처라는 탁월한 새 연락처 기능을 제공한다. 이 간편한 기능을 통해 인스턴트 메시징, 전자 메일 또는 전화 통화로 동료들과 손쉽게 교류할 수 있다.

홈 ┈▶ 새 전자 메일 단추

1 받는 사람 지정

[메일]의 [홈] 탭-[새로 만들기] 그룹에서 [새 전자 메일]을 클릭한다. [받는 사람] 단추를 클릭하여 주소를 선택한 후 [확인] 단추를 클릭한다.

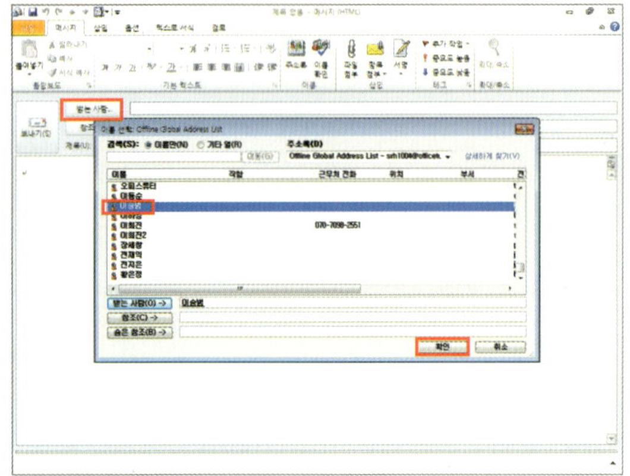

2 연락처 카드 표시

1 [받는 사람]의 메일 주소에 마우스 커서를 위치시켜 [연락처 카드]를 표시하고 [확장] 단추를 클릭한다. **2** [연락처 카드]에서는 해당 연락처의 세부 정보를 확인할 수 있다. [전자 메일 메시지] 아이콘을 클릭하면 새 전자 메일을, [말풍선] 아이콘을 클릭하면 인스턴트 메시징 세션을 실행한다. 또, [전화] 아이콘을 클릭하면 전화를 걸 수 있다.

POINT 인스턴트 메시징 및 현재 상태 기능을 사용하려면 Microsoft Office Communications Server 2007 R2 및 Microsoft Office communicator R2 또는 IMessenger를 지원하는 기타 인스턴트 메시징 응용 프로그램이 있어야 한다. 또한, 음성 통화를 사용하려면 Office Communications Server 2007 R2 및 Office Communicator 2007 R2 또는 IMessengerAdvance를 지원하는 인스턴트 메시징 응용 프로그램이 있어야 한다. 스피커 아이콘을 통해 인명 발음 기능을 사용하려면 Exchange Server 2007 이상이 필요하며 인명 발음 오디오 파일이 있어야 한다.

041

인물 정보 창 보기 방법

아웃룩 2010에 새롭게 추가된 기능으로 메일 발송, 모임 요청, 연락처 하단에 인물 정보 창이 추가되었다. 인물 정보 창을 통해 관련 연락처에 대한 활동, 메일, 첨부 파일, 모임 등에 대한 정보를 자세히 파악할 수 있고 즉시 연락을 취할 수 있다.

보기 ···▶ 인물 정보 창 단추

1 인물 정보 창 표준 보기

1[연락처]의 [보기] 탭-[인물 정보 창] 그룹에서 [인물 정보 창]을 클릭하면 [표준], [최소화], [해제] 중 하나를 선택할 수 있다. 기본값은 [표준]으로 선택되어 있다. **2**해당 연락처를 더블클릭하여 열어보면 인물 정보 창이 확장되어 나타나는 것을 볼 수 있다.

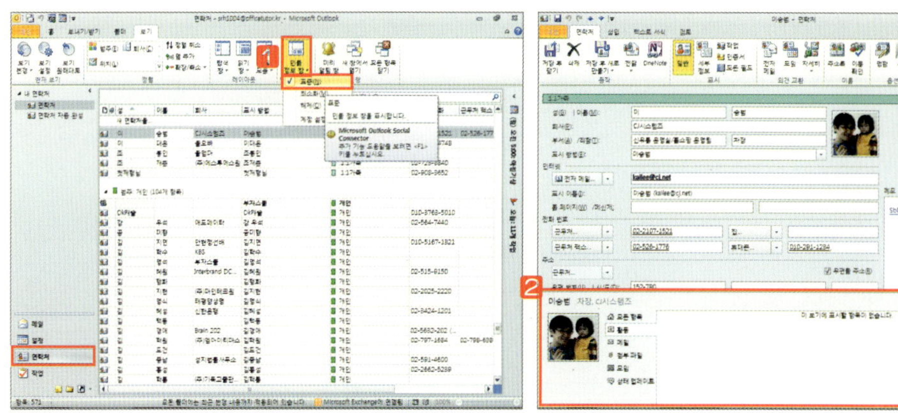

2 인물 정보 창 최소화 보기

[보기] 탭-[인물 정보 창] 그룹의 [인물 정보 창]에서 [최소화]를 체크하면 인물 정보 창이 축소되어 나타난다. 또, [해제]를 체크하면 [연락처] 창에서 사라진다.

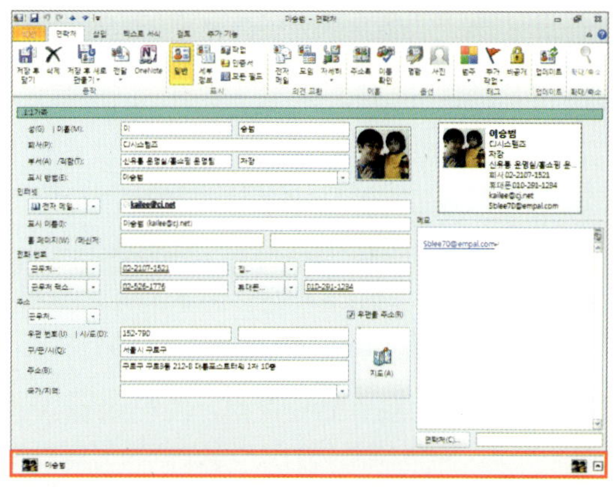

해당 연락처의 지도 보기

아웃룩 2010에서는 연락처의 [지도] 단추가 [주소] 항목 옆으로 이동하여 지도 보기가 수월해졌다. 주소를 입력해 놓고 인터넷이 연결된 경우 [지도] 단추를 클릭하면 해당 위치를 한 눈에 파악할 수 있다.

연락처 ┈┈▶ 지도 단추 

1 지도 찾기

[연락처]에서 주소의 위치를 알고 싶은 해당 연락처를 더블클릭하여 열기한다. [연락처] 창이 나타나면 [주소]의 [지도] 단추를 클릭한다.

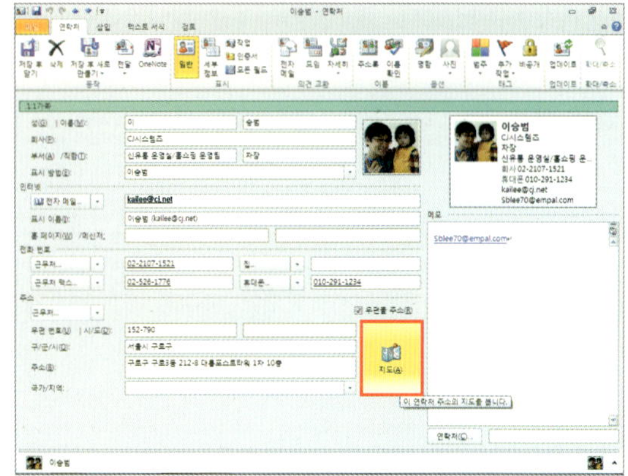

2 인터넷 지도 나타내기

인터넷이 실행되면서 해당 주소의 인터넷 지도가 나타나는 것을 확인할 수 있다.

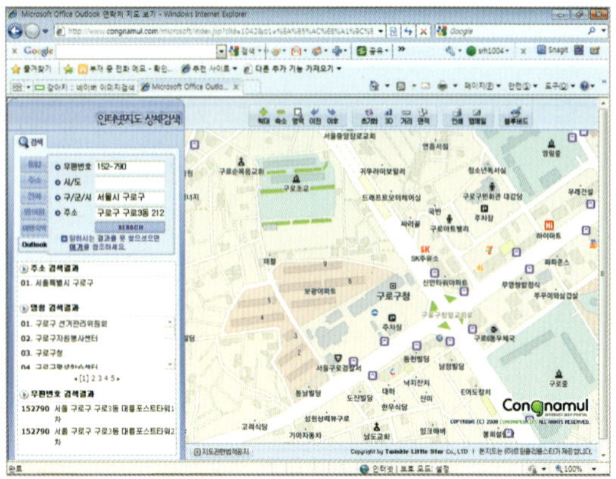

모든 양식에 연락처 연결하기

일정 및 작업을 입력할 때 관련 주소록도 함께 입력할 수 있다. 입력 창에 연락처 필드가 표시되어야 입력할 수 있으며, 연락처 필드 연결은 기본적으로 설정되어 있지 않다.

1 연락처 연결 확인하기

연락처 연결 표시가 설정되어 있는지 확인하기 위해 [일정]의 [홈] 탭-[새로 만들기] 그룹에서 [새 약속]을 클릭하여 [약속] 창을 나타낸다. 다음과 같이 하단에 연락처 필드가 보이지 않는다.

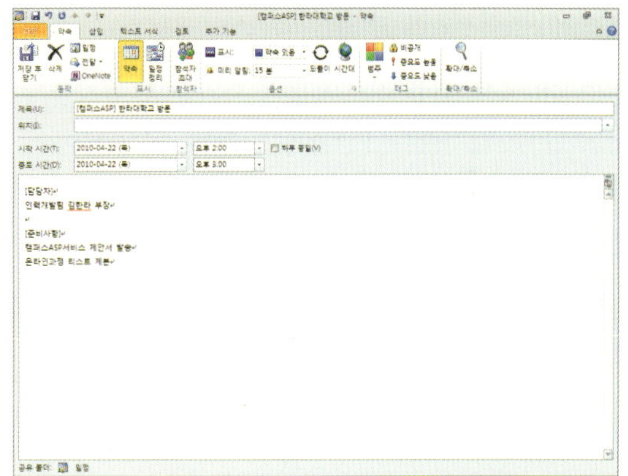

2 연락처 연결 설정하기

❶[파일] 메뉴에서 [옵션]을 선택하고 [Outlook 옵션] 대화상자에서 [연락처]를 선택한다. ❷[연결]에서 [현재 항목과 연결된 연락처 표시]를 체크하고 [확인] 단추를 클릭한다. 옵션이 변경되어 ❸일정 및 작업 입력 시 하단에 [연락처] 연결 항목이 표시되는 것을 확인할 수 있다.

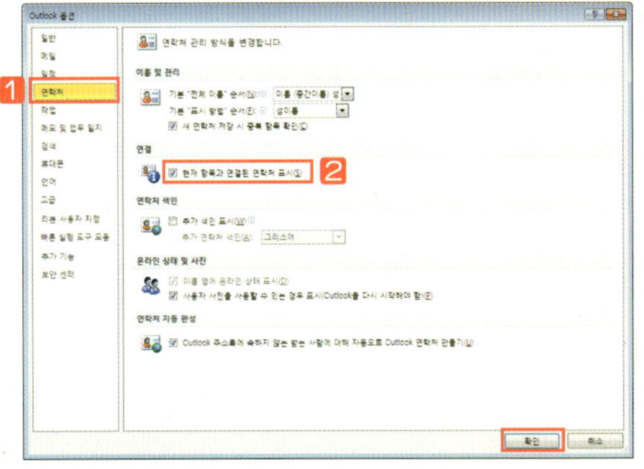

소셜 네트워크 설정하기

아웃룩 2010을 비즈니스 및 개인 소셜 네트워크에 연결할 수 있다. 조직 네트워크의 연락처인지 인터넷 소셜 네트워킹 사이트의 연락처인지 관계없이 아웃룩 내에서 최신 상태로 유지할 수 있다. 소셜 네트워크 사이트의 상태 업데이트, 의견, 메시지 및 알림을 아웃룩의 단일 위치에서 모두 확인할 수 있고, 주고받은 전자 메일 메시지, 첨부 파일, 모임 등 공유하는 모든 아웃룩 항목도 볼 수 있다.

연락처 ┈▶ 추가 단추 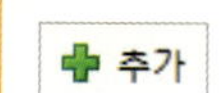 추가

1 연락처에 소셜 네트워크 추가하기

[연락처]에서 소셜 네트워크에 추가할 연락처를 선택한 후 열기한다. [인물 정보 창]을 확장한 후 좌측 사진 하단에 있는 [추가] 단추를 클릭한다.

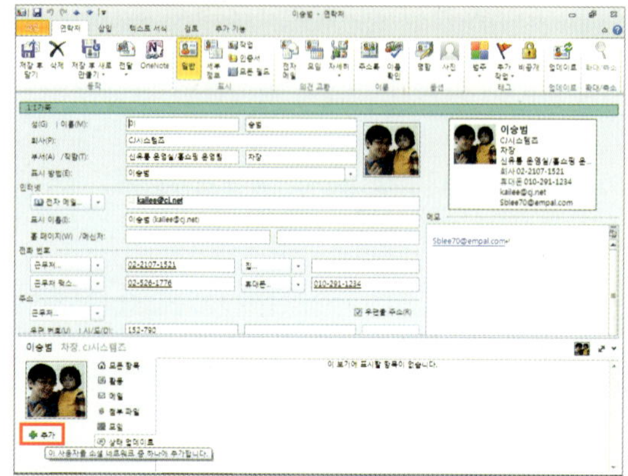

2 소셜 네트워크 공급자 보기

1[Microsoft Outlook] 대화상자가 나타나면 [다음] 단추를 클릭한다. **2**[소셜 네트워크 계정]에서 [온라인으로 사용할 수 있는 소셜 네트워크 공급자 보기]를 클릭하여 **3**설정할 수 있는 소셜 네트워크 사이트를 확인한 후 회원가입을 한다.

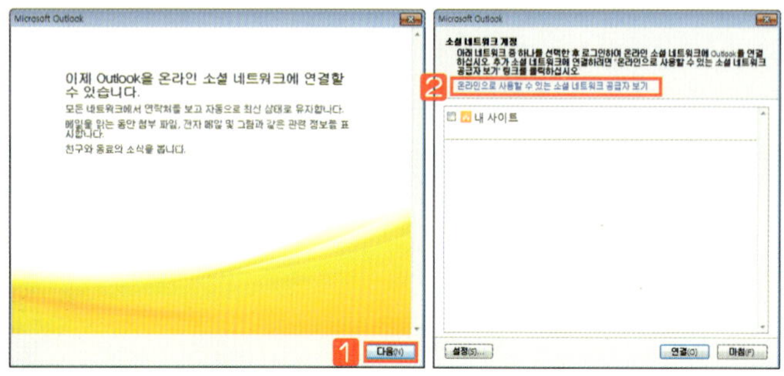

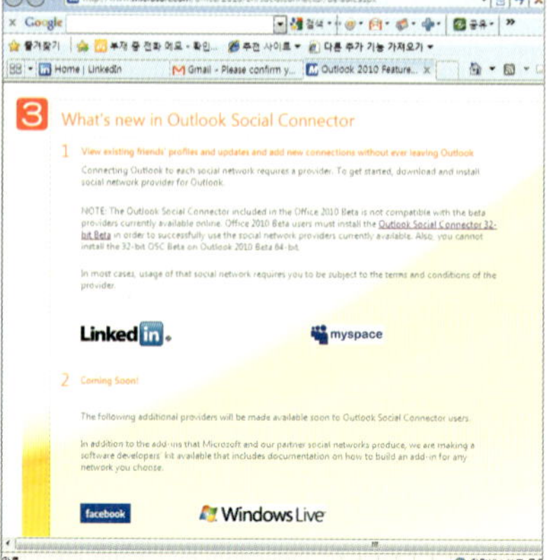

③ 소셜 네트워크에 연결하기

1 [소셜 네트워크 계정]에서 정보를 입력한 후 [연결] 단추를 클릭한다. **2** 성공적으로 연결되면 [닫기] 단추를 클릭한다.

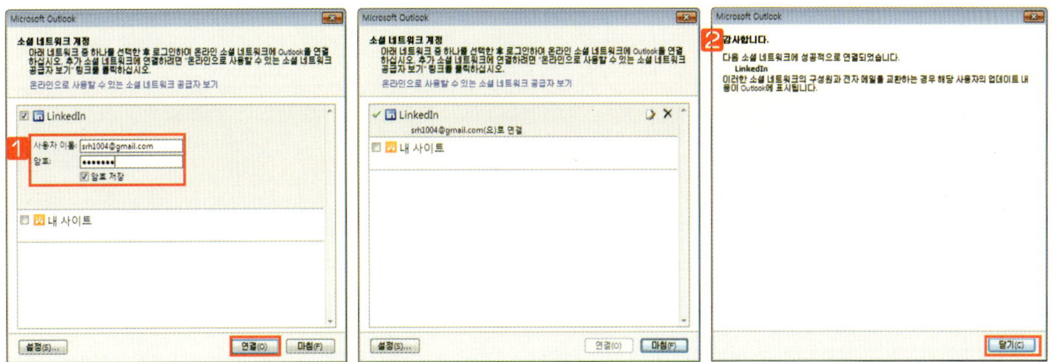

POINT [설정] 단추를 클릭하면 소셜 네트워크 정보를 연락처에 업데이트하는 방법 및 작업 피드에 관한 정보를 설정할 수 있다.

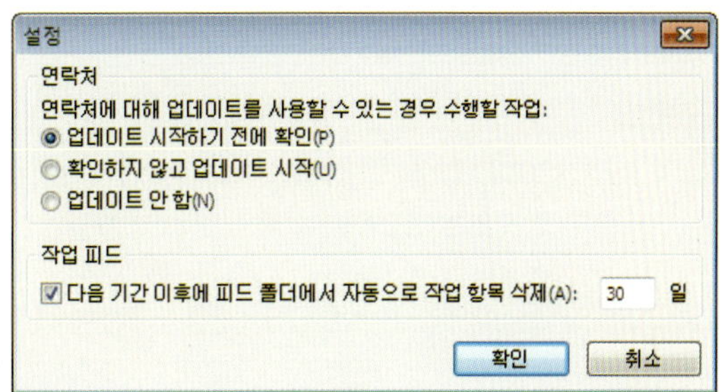

온라인 명함 활용하기

서명은 연락처를 활용하여 명함 형식으로 등록하거나 직접 텍스트를 입력하여 구성할 수 있다. 서명을 미리 작성하여 등록해 두면 메일 발송 시 [메시지] 창에 자동으로 나타난다. 서명은 개인적인 정보와 업무적인 정보로 구분하여 등록해 놓고, 메일 발송 시 선택하여 보내도록 한다.

파일 ···▶ 서명 단추　　서명(N)...

1 텍스트 서명 작성하기

1[파일] 메뉴에서 [옵션]을 선택하고 **2**[Outlook 옵션] 대화상자의 [메일]에서 [서명] 단추를 클릭한다. **3**[서명 및 편지지] 대화상자에서 [새로 만들기] 단추를 클릭한다. **4**[새 서명] 대화상자에서 '업무용' 이라 입력한 후 [확인] 단추를 클릭한다. **5**[서명 편집] 항목에 내용을 입력한 후 차례로 [확인] 단추를 클릭한다.

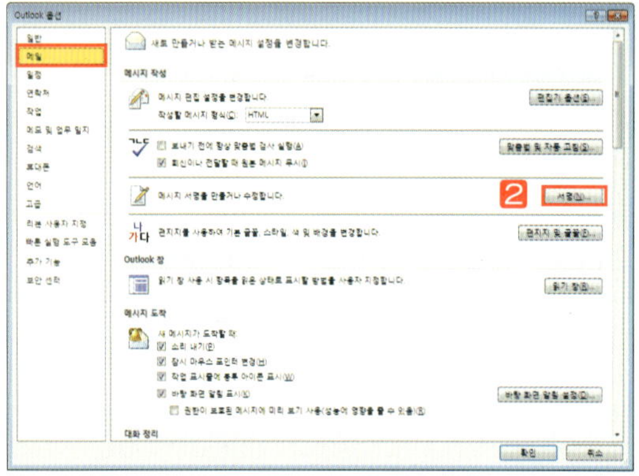
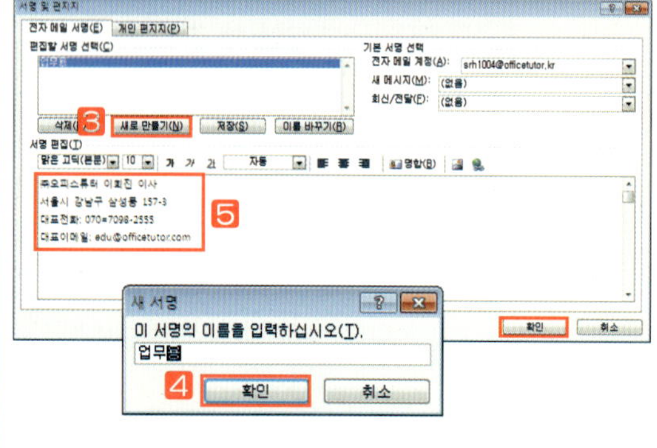

POINT [메시지] 창의 [메시지] 탭-[삽입] 그룹에서 [서명]-[서명]을 선택해도 같은 작업을 실행할 수 있다.

2 서명 확인하기

[메일]의 [홈] 탭-[새로 만들기] 그룹에서 [새 전자 메일] 단추를 클릭하여 [메시지] 창을 실행하면 자동으로 [서명]이 나타난다.

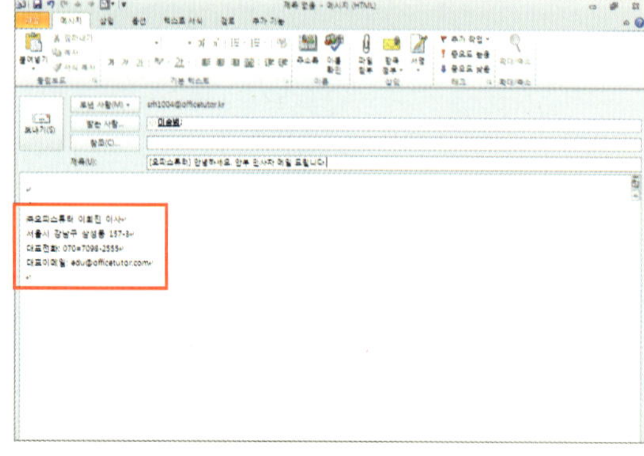

POINT 연락처 명함으로 서명을 작성하려면 [서명 및 편지지] 대화상자의 [서명 편집]에서 [명함] 단추를 클릭하고 [명함 삽입] 대화상자에서 자신의 연락처를 선택한 후 차례로 [확인] 단추를 클릭한다.

046

작업 화면 월 단위 보기로 정의하기

작업 화면을 사용자가 정의하여 일정처럼 월 단위 보기로 정의할 수 있다. 월 단위 보기뿐만 아니라 보기 정의를 이용하면 사용자가 여러 가지 방식으로 보기 화면을 추가하여 확인할 수 있다.

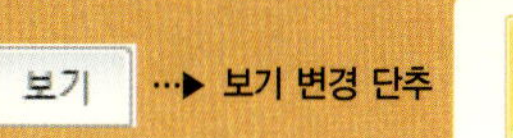

1 보기 관리 명령 선택

1 [작업]의 탐색 창 상단에서 [내 작업]–[작업]을 선택한다. [보기] 탭–[현재 보기] 그룹에서 [보기 변경]–[보기 관리]를 선택한다. **2** [모든 보기 관리] 대화상자에서 [새로 만들기] 단추를 클릭한다.

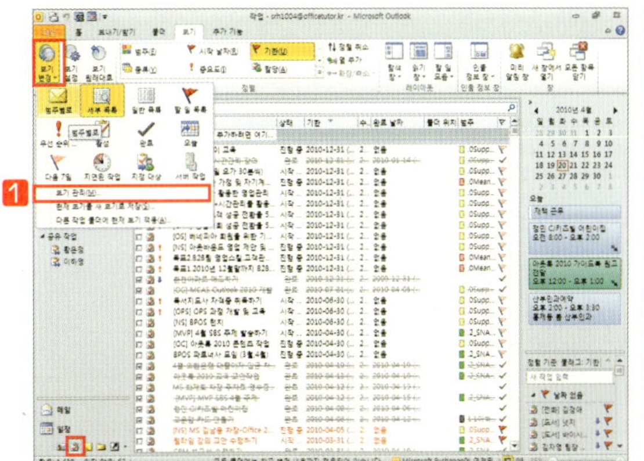
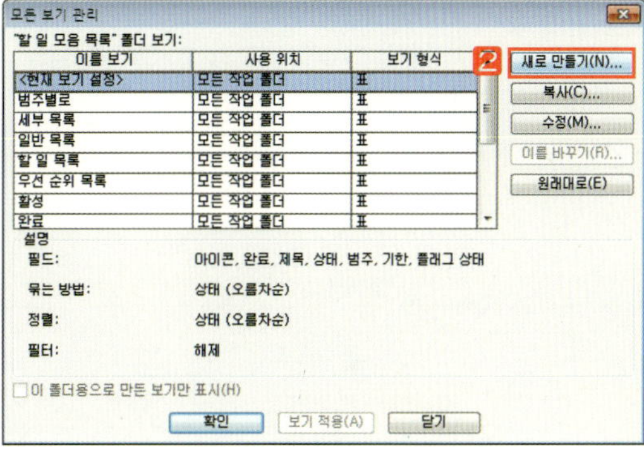

2 새 보기 만들기

1 [새 보기 만들기] 대화상자에서 [새 보기의 이름]을 '작업월보기' 라 입력하고, [보기 형식]의 '일/주/월' 을 선택한 후 [확인] 단추를 클릭한다. **2** [고급 보기 설정] 대화상자에서 기본값을 유지하고 [확인] 단추를 클릭한다.

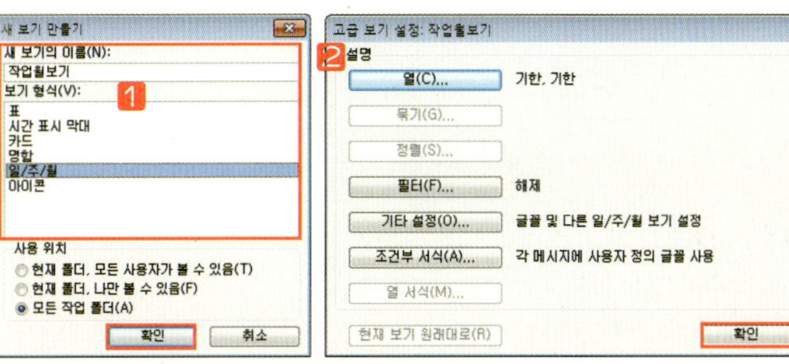

 **3** 새 보기 적용하기

[모든 보기 관리] 대화상자의 ["작업" 폴더 보기] 목록에 등록이 완료되면 [보기 적용] 단추를 클릭한다.

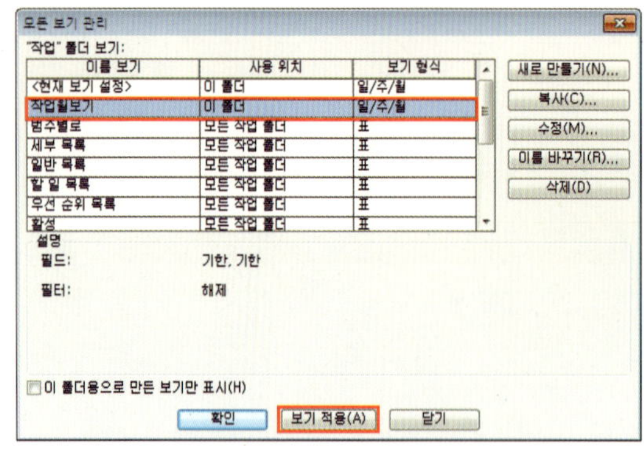

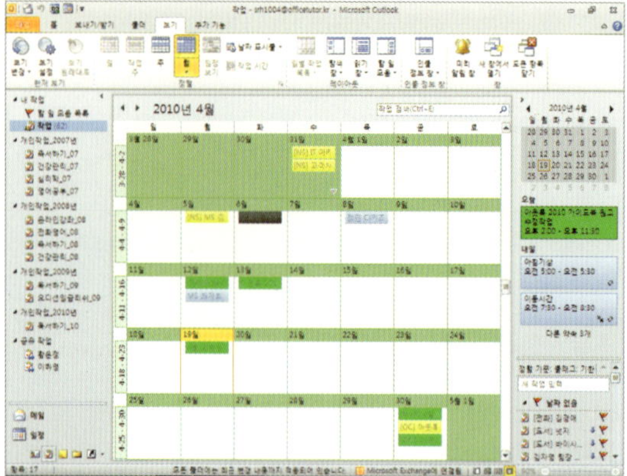

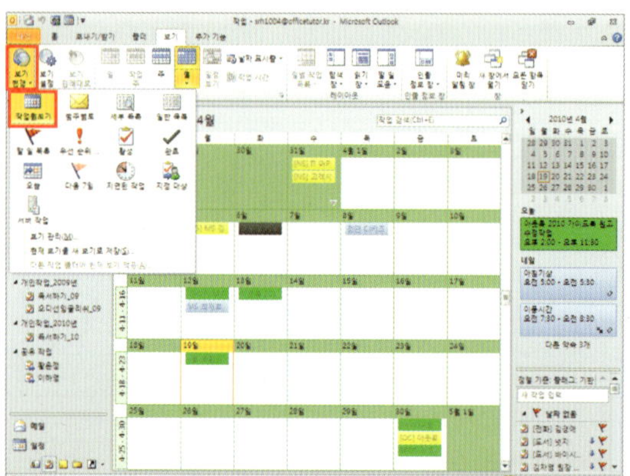

POINT 새 보기를 적용하는 다른 방법은 [보기] 탭-[현재 보기] 그룹에서 [보기 변경]을 클릭하여 해당 보기 방법을 선택하는 것이다.

047

작업 화면에서 사용자 정의 필드 생성 및 활용하기

작업 화면의 열 머리글에 표시되는 필드는 언제든지 자유롭게 추가, 제거, 이동이 가능하다. 또한, 아웃룩에서 기본적으로 제공하는 필드 외에 사용자가 필드를 새롭게 만들어 추가할 수 있다. 단, 사용자가 정의한 필드는 양식에 나타나지 않기 때문에 목록에서 직접 입력해야 한다.

필드 선택　　필드 선택(C)

1　필드 선택하기

1 [작업] 탐색 창에서 [작업]을 선택하고 **2** 열 머리글 위에서 마우스 오른쪽 단추를 클릭하여 [필드 선택]을 선택한다.

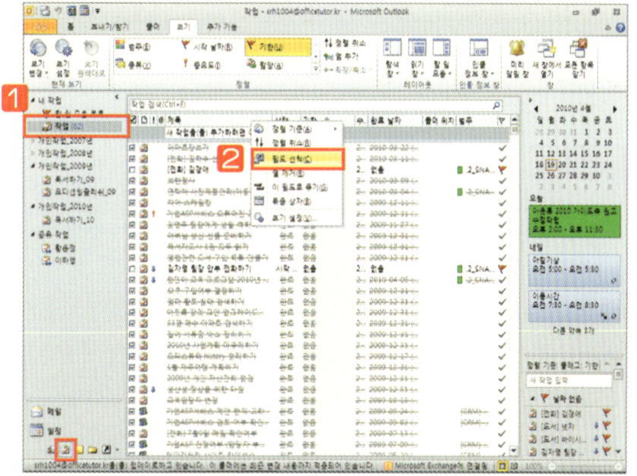

POINT　작업을 새로 만들려면 탐색 창의 [작업] 위에서 마우스 오른쪽 단추를 클릭하여 [새 폴더]를 선택한다. 또, 여러 개의 폴더를 하나의 그룹으로 묶기 위해 새 그룹을 만들려면 [내 작업] 위에서 마우스 오른쪽 단추를 클릭하여 [새 폴더 그룹]을 선택한다.

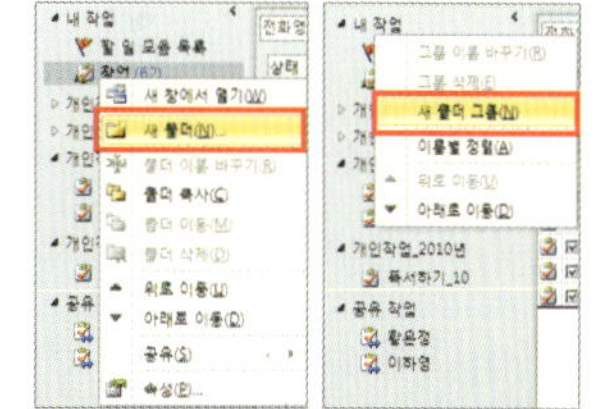

2　필드 새로 만들기

1 [필드 선택] 대화상자가 나타나면 [새로 만들기] 단추를 클릭한다. **2** [새 열] 대화상자가 나타나면 열 [이름], [종류], [서식]을 설정한 후 [확인] 단추를 클릭한다.

 사용자 정의 필드 등록하기

1[필드 선택] 대화상자의 [폴더의 사용자 정의 필드]에 등록되면 해당 필드를 작업 열 머리글 위로 드래그하여 이동한다. **2**이동한 후 마우스 포인터에서 손을 떼면 열 머리글에 사용자 정의 필드가 등록된다. [폴더의 사용자 정의 필드]에 있는 데이터를 입력하는 경우 목록에서 바로 드래그하면 된다.

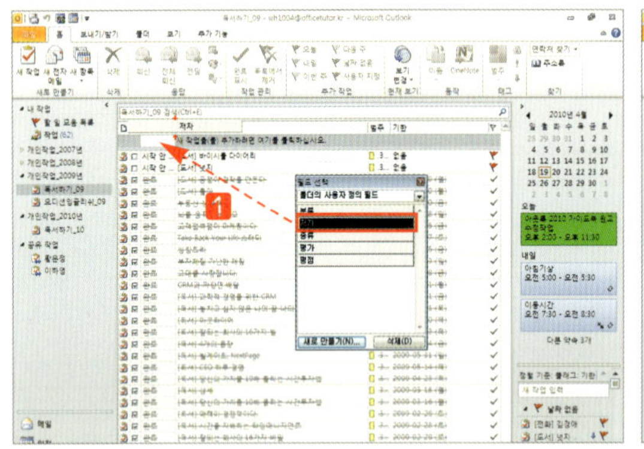 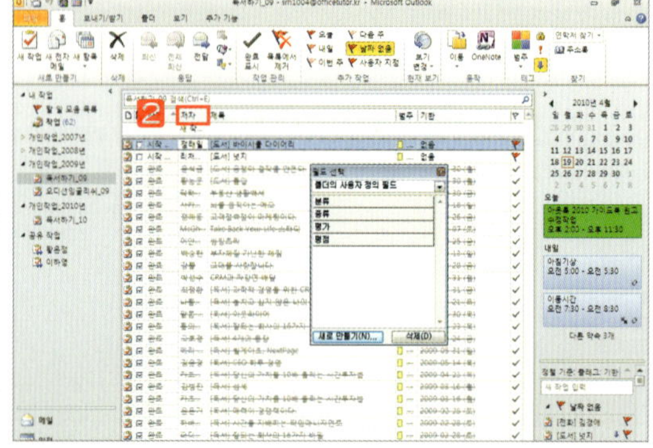

4 **필드 이동하기**

열 머리글 위에서 이동하고자 하는 필드를 선택하고 해당 필드를 드래그하여 원하는 위치로 이동할 수 있다.

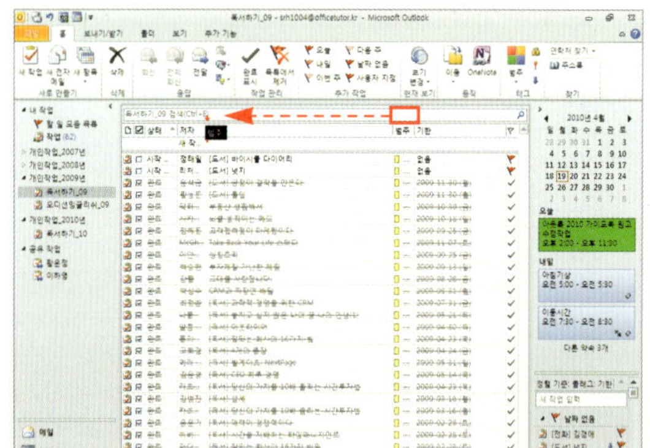

5 **필드 제거하기**

열 머리글 위에서 삭제하고자 하는 필드를 선택하고 열 머리글 밖으로 드래그하면 필드를 제거할 수 있다.

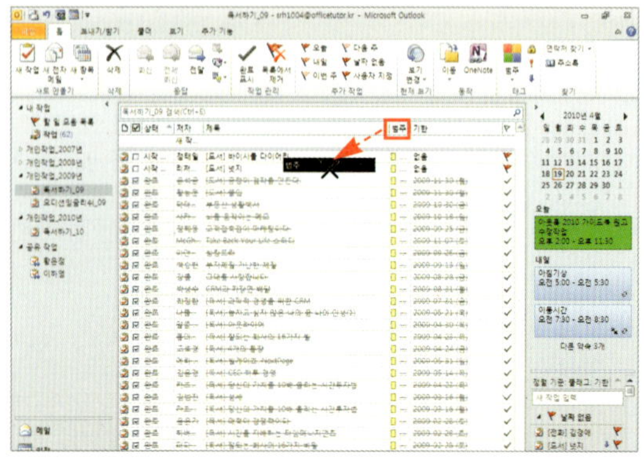

더욱 쉬워진 검색 기능

아웃룩 2010에서는 대량의 데이터를 손쉽게 정리할 수 있다. 향상된 검색 도구를 사용하여 대량의 전자 메일, 일정 항목 및 연락처 파일을 손쉽게 검색 및 관리할 수 있다. 검색 입력란을 클릭하면 자동으로 [검색 도구]-[검색] 탭이 나타나고, 해당 필드로 빠르게 검색할 수 있다.

검색 ┈▶ 검색 도구 단추 

1 받은 편지함 검색하기

■1 [메일]의 [검색 도구]-[검색] 탭-[고급 검색] 그룹에서 [보낸 사람]을 클릭한다. ■2 검색 입력란에 '(보낸 사람 이름)' 이 선택되면 검색하고자 하는 보낸 사람 이름을 입력한다. 원하는 내용을 선택하면 해당 내용을 볼 수 있다.

 검색 입력란을 클릭하거나 Ctrl+E 를 누르면 자동으로 [검색 도구]-[검색] 탭이 나타난다.

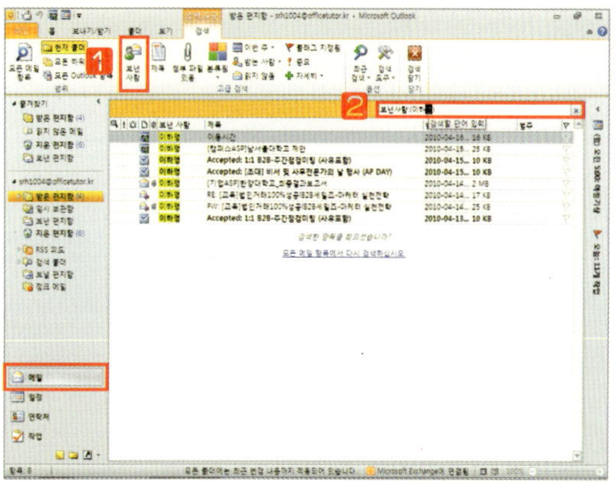

2 검색 옵션 설정하기

■1 검색 옵션을 설정하기 위해서는 [검색 도구]-[검색] 탭-[옵션] 그룹에서 [검색 도구]-[검색 옵션]을 선택하면 된다. ■2 [Outlook 옵션] 대화상자의 [검색] 메뉴에서 검색 원본 및 결과에 대한 설정을 변경할 수 있다.

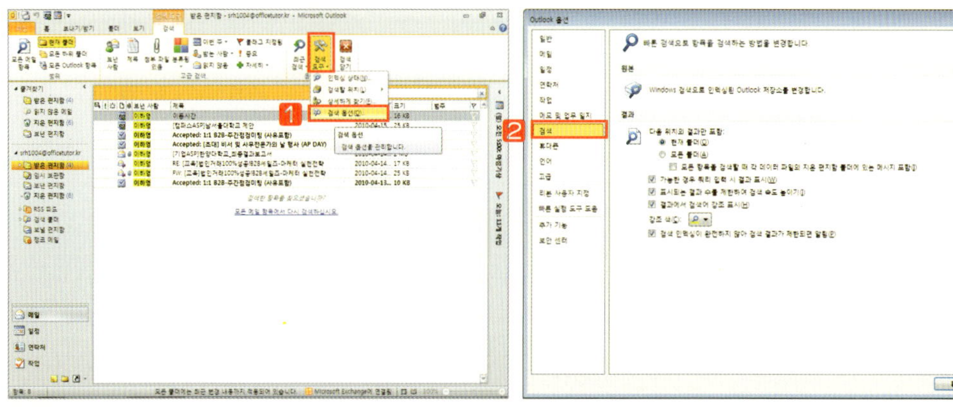

인덱싱 확인하고 재설정하기

빠른 검색 이용 시 인덱싱이 완료되었는데 일부 데이터만 검색되어 원하는 데이터를 찾지 못하는 경우가 발생한다. 이런 경우 인덱싱 상태가 완료되었는지 확인하고, 완료된 상태라면 다시 색인을 진행해야 한다.

파일 ···▶ 옵션   옵션

1 인덱싱 위치 확인

1 [파일] 메뉴의 [옵션]을 선택하고 [Outlook 옵션] 대화상자의 [검색]에서 [원본]의 [인덱싱 옵션] 단추를 클릭한다. **2** [색인 옵션] 대화상자에서 [수정] 단추를 클릭하고 **3** [색인한 위치] 대화상자에서 인덱싱 위치를 변경한다.

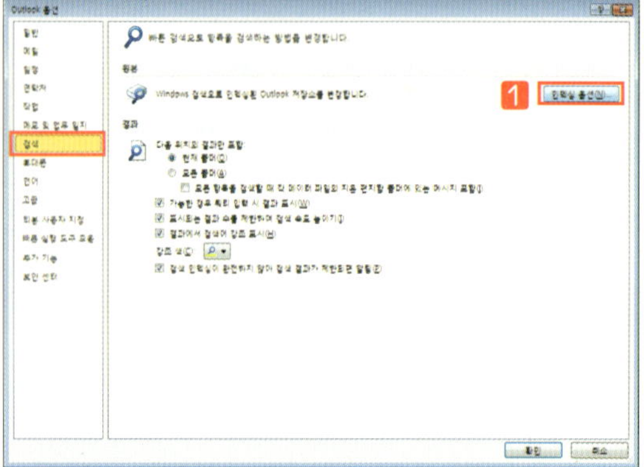

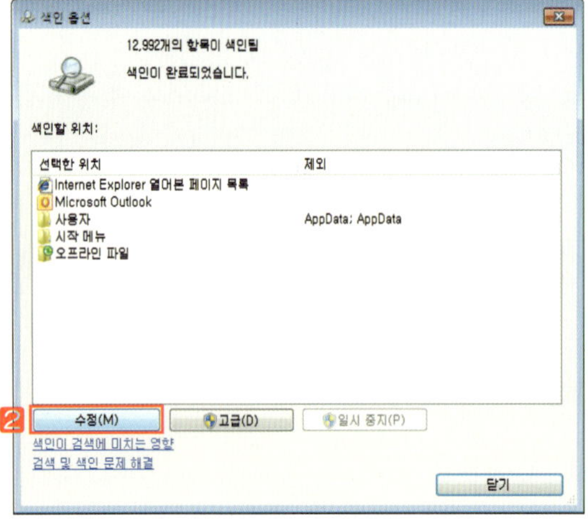

② 인덱싱을 다시 하는 방법

1 인덱싱이 완료되었는데도 부분만 검색된다면 [Outlook 옵션] 대화상자의 [검색]에서 다시 [원본]의 [인덱싱 옵션] 단추를 클릭한다. **2** [색인 옵션] 대화상자에서 [고급] 단추를 클릭하고 **3** [고급 옵션] 대화상자에서 [다시 색인] 단추를 클릭한다. **4** [색인 다시 작성] 대화상자가 나타나면 [확인] 단추를 클릭한다.

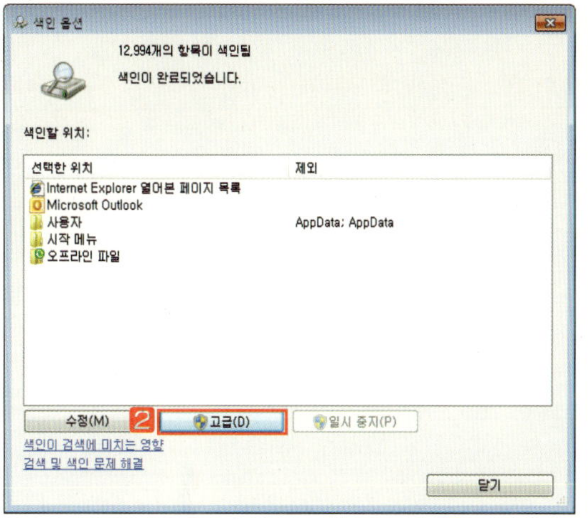

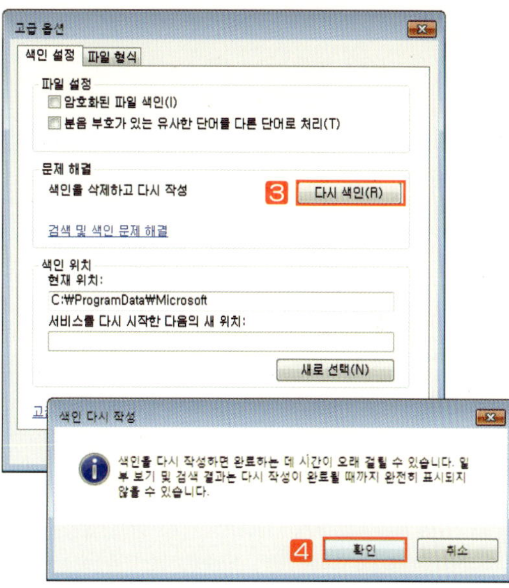

POINT [제어판]에서 [색인 옵션]을 클릭하면 [인덱싱 옵션] 단추를 클릭한 것과 동일하게 [색인 옵션] 대화상자를 실행할 수 있다. [고급] 단추를 클릭하여 [고급 옵션] 대화상자에서 [다시 색인] 단추를 클릭하면 색인을 다시 설정할 수 있다.

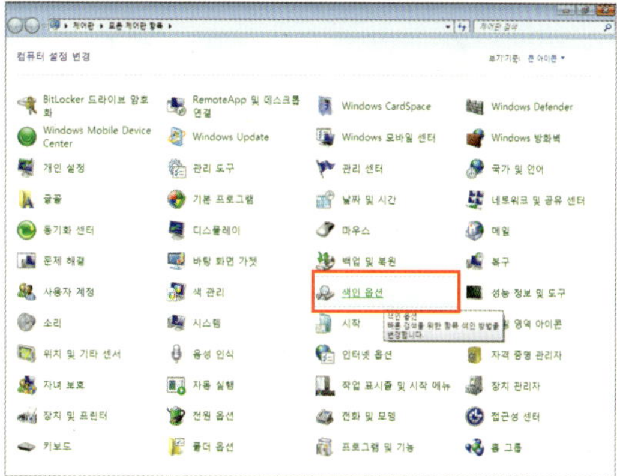

RSS 피드로 원하는 정보 구독하기

RSS 피드를 이용하면 관심 분야를 아웃룩에 등록한 후 그에 해당하는 최신 정보를 한 번에 확인할 수 있다. 매번 여러 웹 사이트를 방문하지 않아도 되기 때문에 시간을 많이 절약할 수 있다.

RSS 피드

1 RSS 주소 복사하기

RSS를 지원하는 웹사이트 또는 블로그에 접속한다. **1** 원하는 사이트의 [주소복사]를 클릭하여 RSS 주소를 복사하거나 **2** [RSS Feed] 이미지에서 마우스 오른쪽 단추를 눌러 단축 메뉴에서 [바로 가기 복사]를 선택한다.

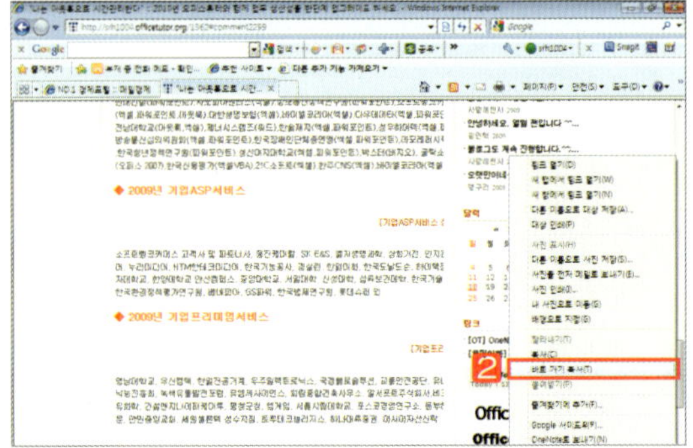

POINT RSS 피드를 지원하는 일반 사이트인 경우, 인터넷 익스플로러에서 [RSS] 또는 [RSS Feed]를 클릭하면 된다.

2 RSS 피드 위치 설정하기

1 [메일] 탐색 창의 [RSS 피드]를 마우스 오른쪽 단추로 클릭한 후 [새 RSS 피드 추가]를 선택한다. **2** [새 RSS 피드] 대화상자에서 [Outlook에 추가할 RSS 피드 위치 입력]에 Ctrl+V를 눌러 주소를 붙여넣기한 후 [추가] 단추를 클릭한다.

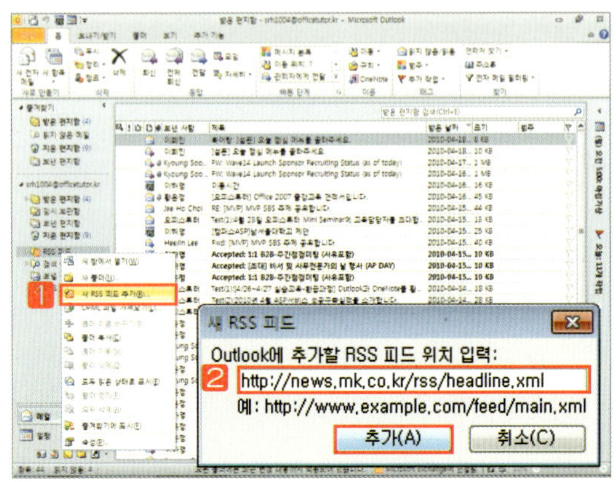

③ 새 RSS 피드 추가하기

1 '이 RSS 피드를 Outlook에 추가하시겠습니까?' 라는 메시지가 나타나면 [예] 단추를 클릭한다. **2** RSS 피드에 추가되면 업데이트된 내용을 확인할 수 있다.

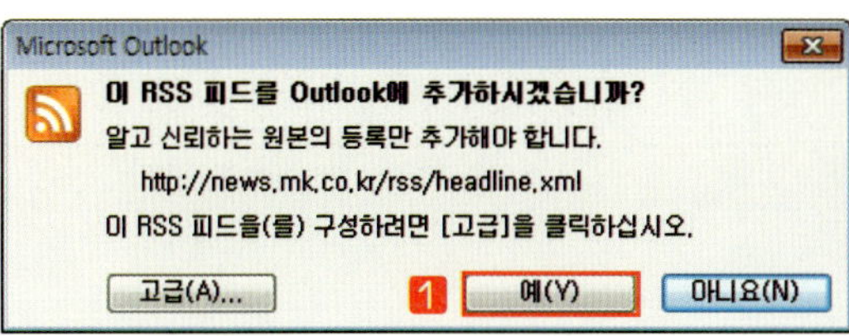

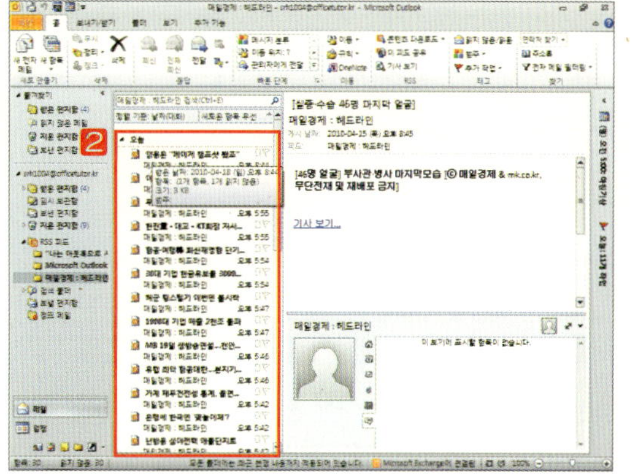

④ RSS 피드 삭제하기

1 RSS 피드에 추가된 내용을 삭제하려면 추가된 폴더 위에서 마우스 오른쪽 단추를 클릭하여 [폴더 삭제]를 선택하면 된다. **2** 'RSS 피드를 제거하시겠습니까?' 라는 메시지가 나타나면 [예] 단추를 클릭한다.

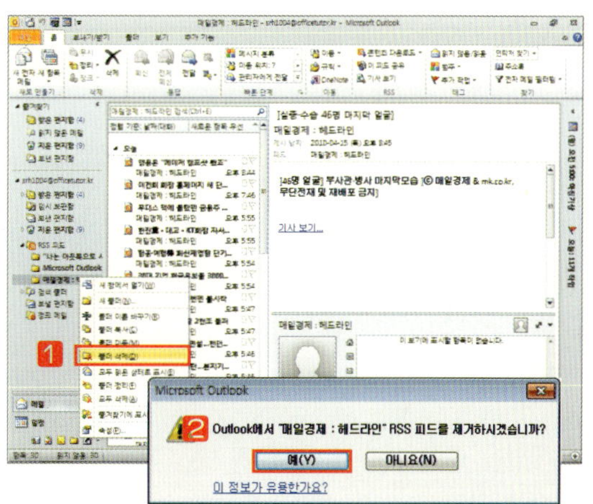

POINT RSS를 통해 콘텐츠 게시자는 표준화된 형식으로 편리하게 정보를 배포할 수 있다. 표준화된 XML 파일 형식은 게시된 정보를 아웃룩과 같은 다양한 프로그램으로 볼 수 있도록 지원한다. RSS 콘텐츠의 일반적인 예로 자주 업데이트되는 뉴스 헤드라인과 같은 정보 소스를 바로 받아볼 수 있다. RSS의 장점은 여러 웹 사이트를 일일이 방문하지 않아도 관심 분야에 관한 최신 정보를 한 곳에 모을 수 있다는 것이다. RSS를 이용하면 메일 등을 통해 전달받은 요약 콘텐츠에서 읽고 싶은 기사를 선택하여 링크를 클릭하기만 하면 된다.

더욱 다양해진 전자 메일 액세스 방법

이제 새로워진 아웃룩 환경으로 언제 어디서나 업무 및 개인적 연락을 유지할 수 있다. Windows Mobile 기반 스마트 폰 또는 웹에서 Outlook Web Application 화면을 사용하여 아웃룩 2010의 새로운 기능과 혜택을 누릴 수 있다.

❶ OWA 화면으로 보기

회사 내에 설정된 OWA 화면(예:http:// www. outlook.com)에서 계정 아이디와 비밀번호를 입력하면 OWA 화면으로 접속된다. 아웃룩과 동일한 환경으로 아웃룩 정보를 확인할 수 있다.

POINT OWA를 설정하려면 Exchange Server 2010이 필요하다.

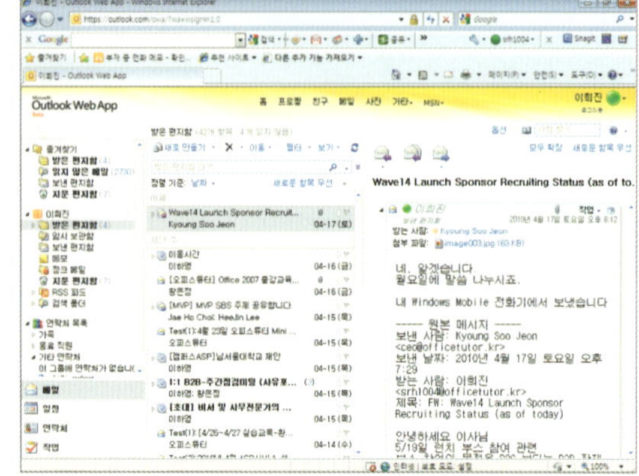

❷ 스마트폰으로 아웃룩 정보 확인하기

스마트폰에 아웃룩 메일 계정을 등록해 놓으면 이메일을 확인할 수 있다. 일정 및 작업, 연락처 도 동기화해 놓으면 스마트폰에서 언제든 최신 정보를 확인할 수 있다.

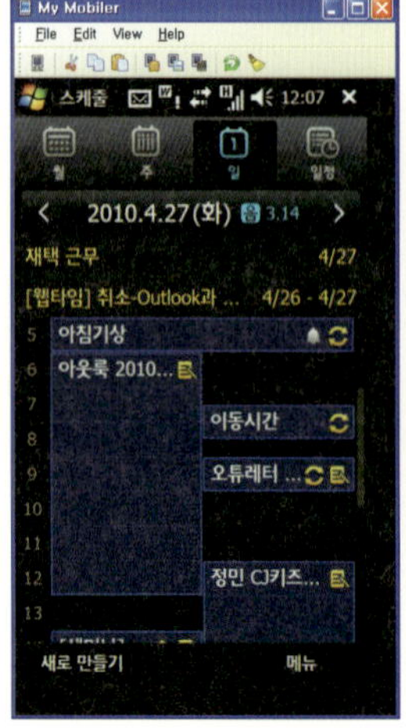

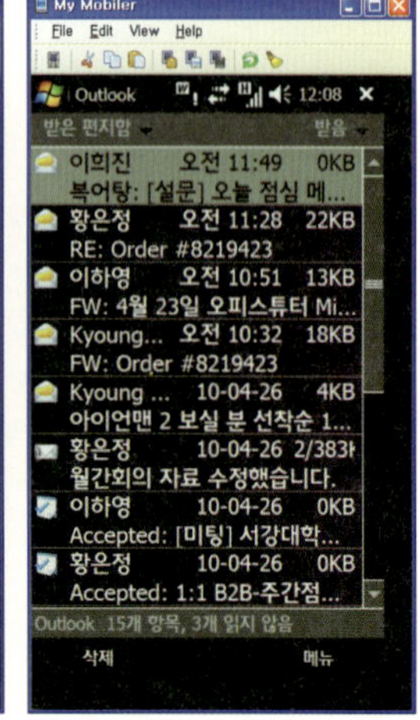

원노트와 연계하기

아웃룩 정보를 원노트와 연계하여 보관하고 관리할 수 있다. 아웃룩 2010에서 원노트로 보내는 경우 저장할 위치를 선택하여 내보낼 수 있다. 원노트로 내보내기 전에 미리 원노트를 실행해 놓는다.

약속 ···▶ OneNote 단추 

연결된 회의 노트

1 일정 정보를 원노트로 연결하는 경우 [일정]의 [약속] 창에서 [약속] 탭-[동작] 그룹의 [OneNote]를 클릭한다. 2 [OneNote에서 위치 선택] 대화상자가 나타나면 위치를 선택한 후 [확인] 단추를 클릭한다. 3 OneNote가 실행되고, 지정한 위치에 삽입된 것을 확인할 수 있다.

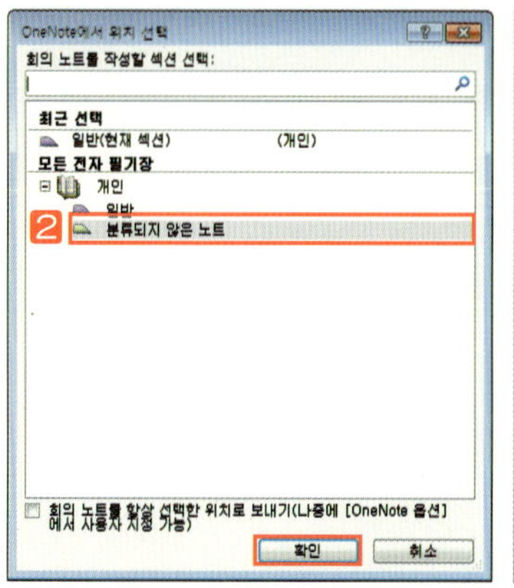

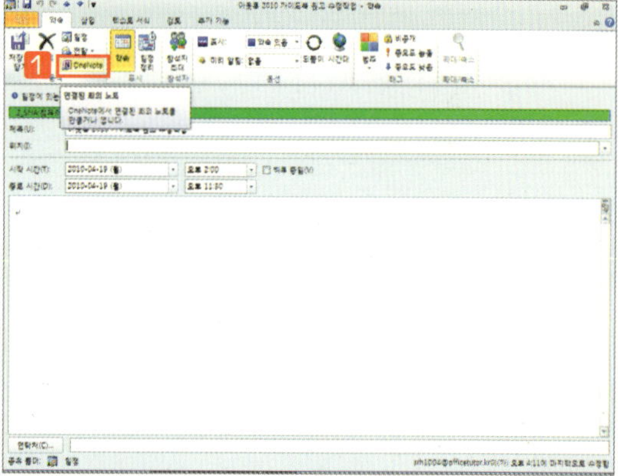

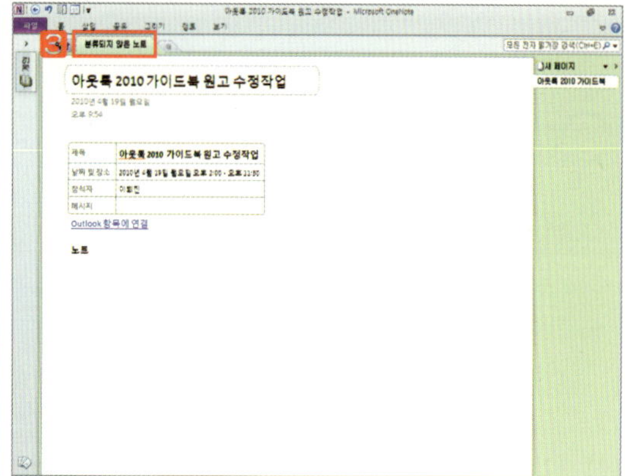

2 워노트로 보내기

[메일], [연락처], [작업]의 경우에도 마찬가지로 해당 화면을 열고 [이동], [동작] 그룹에서 [OneNote]를 클릭한다.

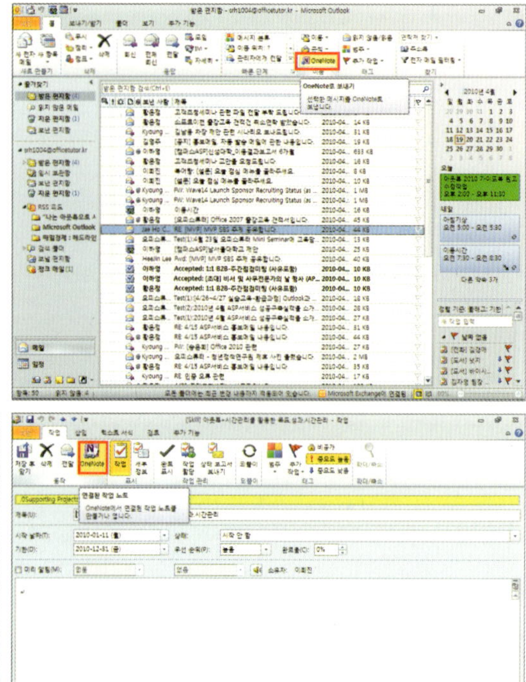

메일 ▶

▲ 연락처

▲ 작업

POINT 'OneNote(으)로 보내기'를 실행할 때 위치 기본값을 변경할 수 있다. 원노트의 [OneNote 옵션] 대화상자-[OneNote(으)로 보내기]의 [Outlook 항목]에서 '보낼 위치 항상 묻기'로 설정하면 실행할 때 마다 [OneNote에서 위치 선택] 대화상자가 나타나고, 해당 섹션이 설정되어 있으면 바로 해당 섹션으로 내보내기 된다.

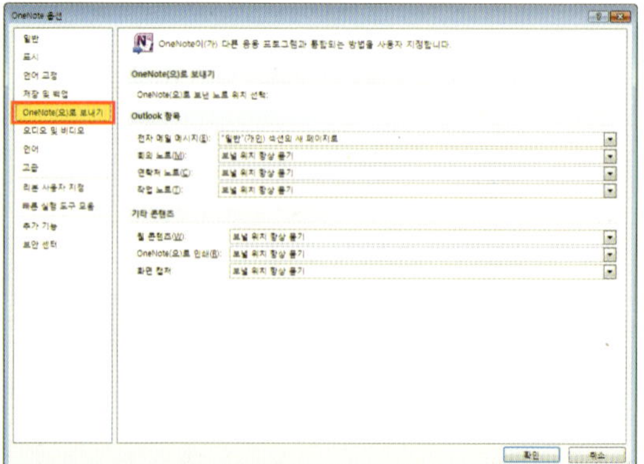

워드 문서와 연계한 편지 병합

아웃룩에 등록된 연락처를 활용하여 편지 병합 기능을 사용할 수 있다. 편지 병합 기능을 사용해 DM 발송을 위한 우편
레이블 작성, 전자 메일 발송, 안내장 및 초대장 등을 받는 사람별로 손쉽게 만들 수 있다.

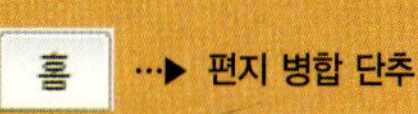 

1 편지 병합 구성하기

1 [연락처]의 [보기] 탭–[현재 보기] 그룹에서
[보기 변경]–[주소 카드]를 선택한다. **2** 편지 병
합으로 활용할 연락처를 선택한 후 [홈] 탭–[동
작] 그룹에서 [편지 병합]을 클릭한다. **3** [연락처
편지 병합] 대화상자가 나타나면 다음과 같이 설
정한 후 [확인] 단추를 클릭한다.

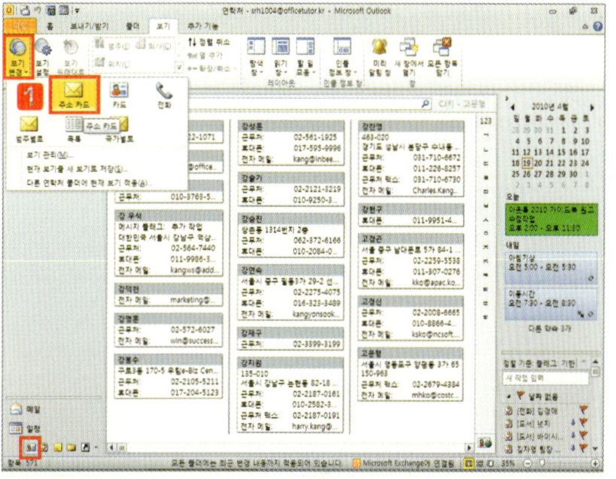

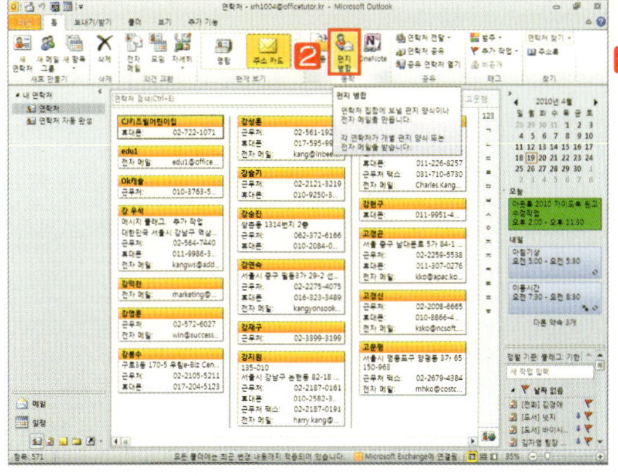

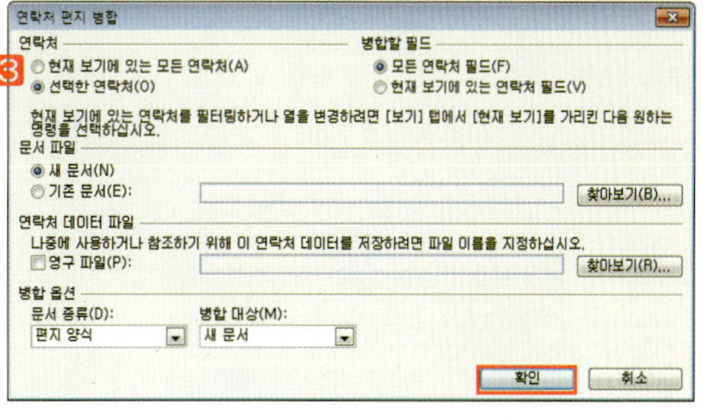

② 편지 병합 작성하기

① 워드 2010이 실행되고 [편지] 탭이 표시되면, 초대장 문구를 작성한다. ② [편지] 탭–[필드 쓰기 및 삽입] 그룹에서 [병합 필드 삽입]의 드롭다운 단추를 클릭하여 본문에 병합하고자 하는 필드를 선택한다.

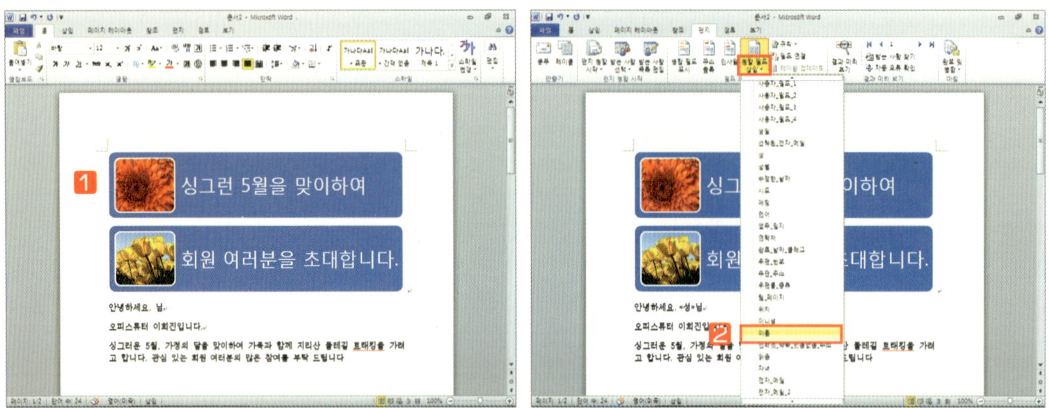

POINT 편지 병합 시 [병합 필드 삽입] 단추를 클릭했을 때 나타나는 연락처 필드를 사용하려면 해당 필드에 정보가 입력되어 있어야 한다.

③ 결과 미리 보기

① [편지] 탭–[결과 미리 보기] 그룹에서 [결과 미리 보기]를 클릭하면 결과값을 미리 볼 수 있다. ② [마침] 그룹에서 [완료 및 병합]–[개별 문서 편집]을 선택하고 ③ [새 문서로 병합] 대화상자에서 레코드 병합을 진행한다.

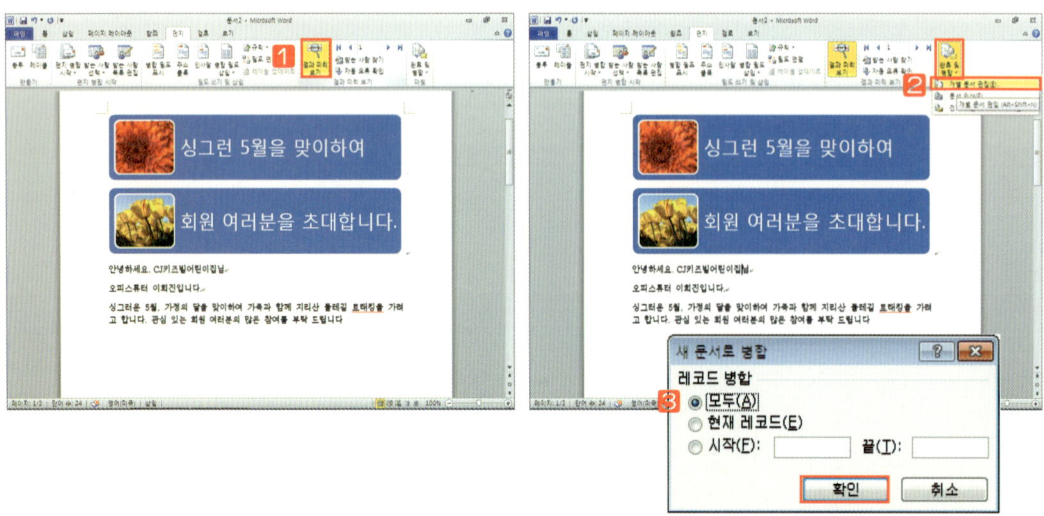

④ 병합된 내용 전체 화면으로 확인하기

[보기] 탭-[문서 보기] 그룹의 [전체 화면 읽기] 모드를 이용하면 병합된 내용을 한 눈에 파악할 수 있다.

안녕하세요. CJ키즈빌어린이집님

오피스튜터 이희진입니다.

싱그러운 5월, 가정의 달을 맞이하여 가족과 함께 지리산 둘레길 트래킹을 가려고 합니다. 관심 있는 회원 여러분의 많은 참여를 부탁 드립니다

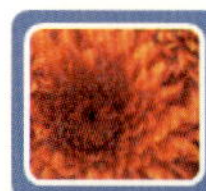

안녕하세요. edu1님

오피스튜터 이희진입니다.

싱그러운 5월, 가정의 달을 맞이하여 가족과 함께 지리산 둘레길 트래킹을 가려고 합니다. 관심 있는 회원 여러분의 많은 참여를 부탁 드립니다.

 EXCEL 2010

 OUTLOOK 2010

 POWERPOINT 2010

 WORD 2010

 ONENOTE 2010

 PUBLISHER 2010

 SHAREPOINT WORKSPACE 2010

 SHAREPOINT 2010

파워포인트 2010에서 동영상 편집 기능이 강화되었을 뿐만 아니라 다양한 템플릿을 구현할 수 있도록 다양한 기능을 제공해 더욱 설득력 있는 프레젠테이션을 가능하게 합니다. 뿐만 아니라 스마트폰이나 웹을 통해 청중과 공유할 수 있어 아이디어를 더욱 효과적으로 전달할 수 있습니다.

PART 03

POWERPOINT 2010

논리적 구역으로 슬라이드 구성하기

프레젠테이션을 논리적 구역으로 분할하여 큰 프레젠테이션을 나누고 정리할 수 있다. 또한 다른 사람과 작업할 때 특정 작성자에게 슬라이드 할당을 통해 슬라이드를 쉽게 구성하고 탐색할 수 있다.

CD **구역.pptx**

홈 ···▶ 구역 단추 　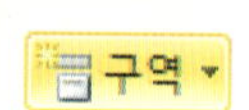 구역 ▾

1 구역 보기

[보기] 탭–[프레젠테이션 보기] 그룹에서 **1**[기본 보기]나 **2**[여러 슬라이드 보기]를 선택하여 구역을 볼 수 있다. 정의한 논리적 범주를 통해 슬라이드를 구성하고 정렬할 때에는 [여러 슬라이드 보기]가 유용하다.

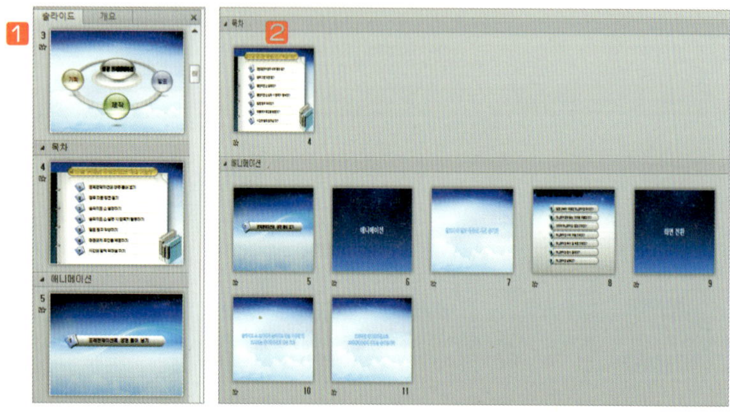

2 구역 추가하기

[기본 보기]에서 구역을 추가할 두 슬라이드 사이를 마우스 오른쪽 단추로 클릭한 후 [구역 추가]를 클릭한다.

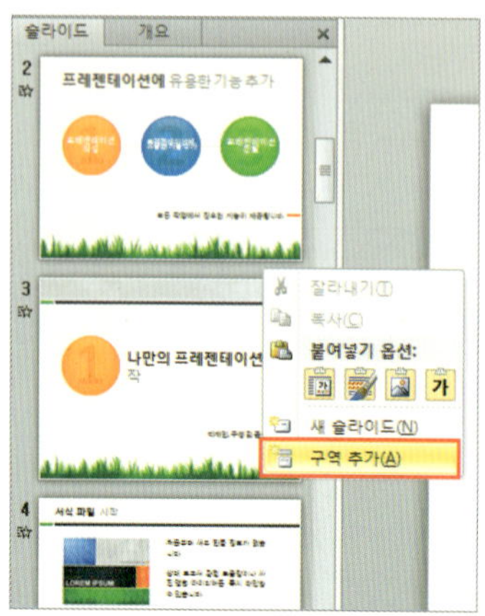

3 구역 이름 바꾸기

기존 구역의 이름을 바꾸려면 다음과 같이 구역 이름을 마우스 오른쪽 단추로 클릭하고 1 [구역 이름 바꾸기]를 클릭한다. [구역 이름 바꾸기] 대화상자가 나타나면 2 [구역 이름]에 원하는 구역 이름을 입력하고 3 [이름 바꾸기] 단추를 클릭한다. 4 구역 이름이 바뀐 것을 확인할 수 있다.

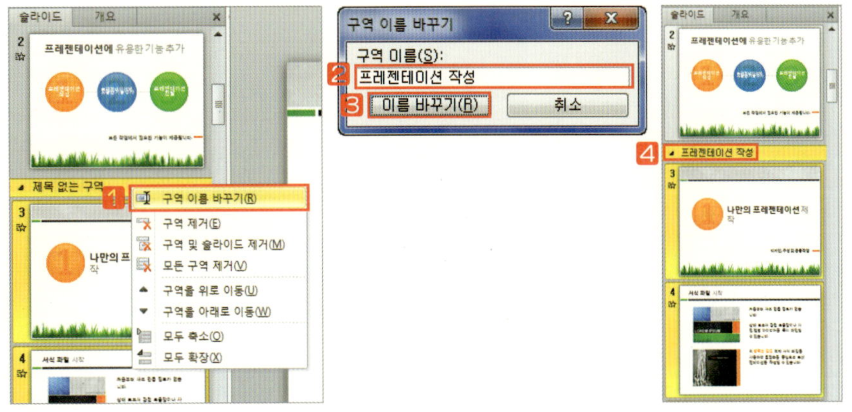

4 구역 제거하기

제거할 구역을 마우스 오른쪽 단추로 클릭한 다음 1 [구역 제거]를 클릭한다. 2 선택한 구역이 제거된 것을 확인할 수 있다.

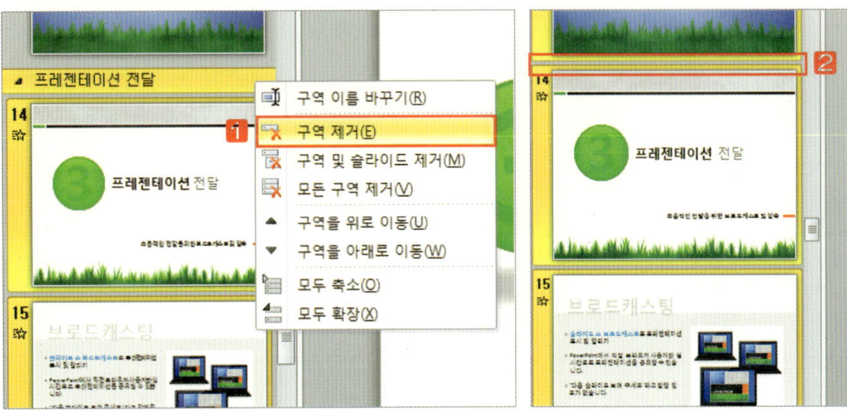

5 구역 이동하기

[보기] 탭–[프레젠테이션 보기] 그룹–[여러 슬라이드]를 클릭한다. 이동할 구역인 [프레젠테이션에 유용한 기능 추가]를 마우스 오른쪽 단추로 클릭하여 **1** [구역을 위로 이동]을 클릭한다. **2** 구역 전체가 위로 이동된 것을 확인할 수 있다.

6 구역 모두 축소 또는 확장하기

구역 위에서 마우스 오른쪽 단추로 클릭한 다음 **1** [모두 축소]를 선택하면 **2** 구역이 축소되고, 축소된 상태에서 다시 마우스 오른쪽 단추로 클릭하여 **3** [모두 확장]을 클릭하면 축소됐던 영역이 **4** 확장된다.

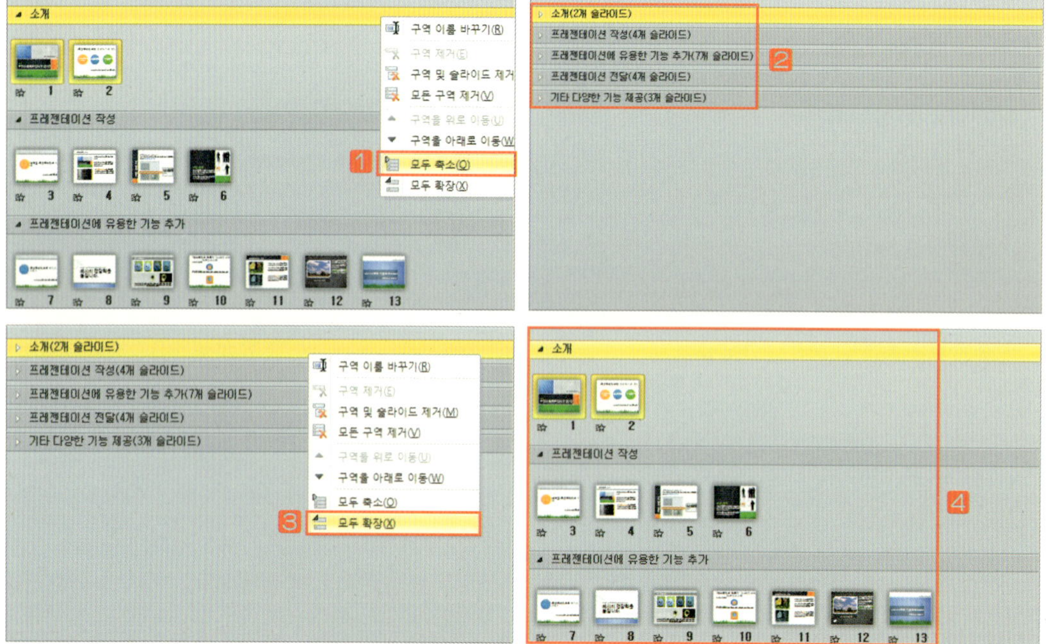

결합 055

내 맘대로 도형 결합하기

일러스트레이터와 같은 그래픽 프로그램 없이도 파워포인트 2010만으로 200개 이상 그린 도형을 선택한 후, 도형 간의 병합, 결합, 교차, 빼기하여 원하는 도형을 빠르고 손쉽게 그릴 수 있다. 이때 결과물의 도형 서식은 먼저 그린 도형의 서식을 따른다.

CD 도형 결합.pptx

파일 ┈▶ 옵션 단추　　　📄 옵션

1　도형 결합 명령 빠른 실행 도구 모음에 추가

1[파일] 탭의 [옵션]을 클릭한다. [PowerPoint 옵션] 대화상자에서 **2**[빠른 실행 도구 모음]을 클릭한 후 **3**[다음에서 명령 선택]–[리본 메뉴에 없는 명령]을 클릭한다. **4**[셰이프 결합], [셰이프 교차], [셰이프 병합], [셰이프 빼기]를 각각 선택하고 **5**[추가] 단추를 눌러 [빠른 실행 도구 모음 사용자 지정]에 추가한다. **6**[확인] 단추를 눌러 변경 사항을 저장한다.

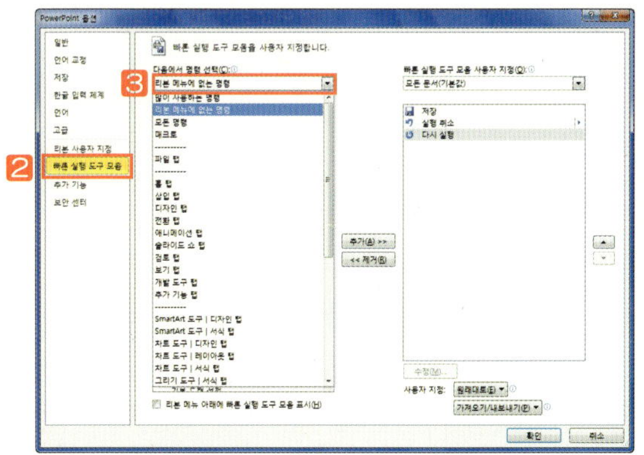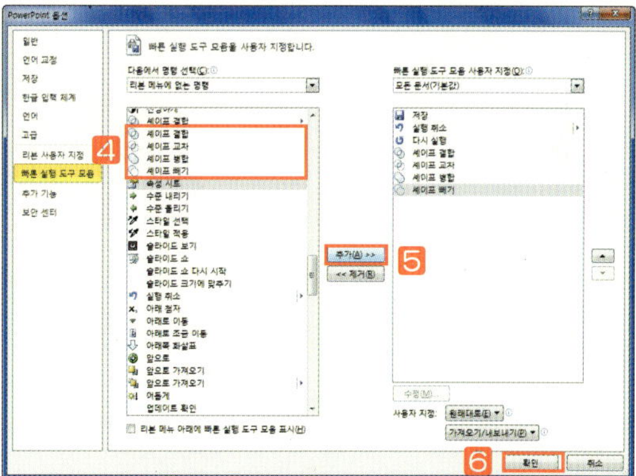

2　도형 결합

1슬라이드1에서 두 개의 도형을 Ctrl 키를 누른 채 클릭하여 선택한다. **2**[빠른 실행 도구 모음 사용자 지정]에서 [셰이프 결합]을 클릭한다. **3**도형 서식은 먼저 그린 도형의 서식대로 변경되면서 서로 교차되는 부분이 사라진다.

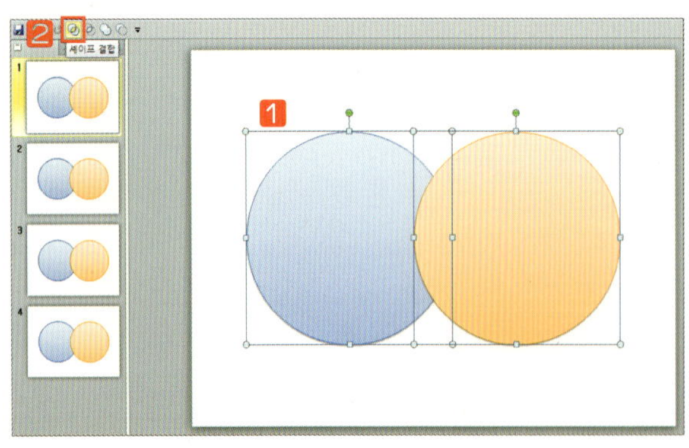 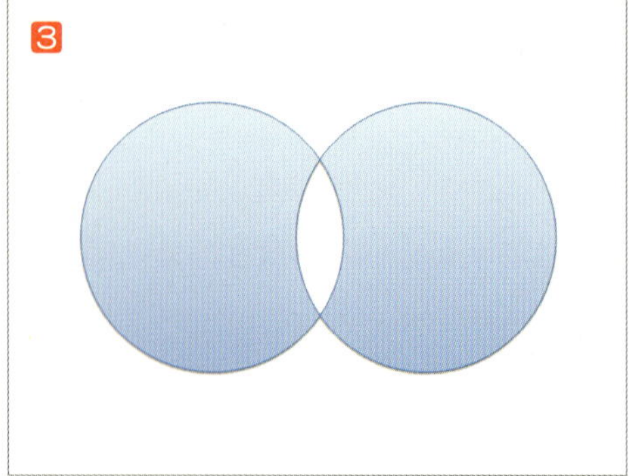

3 도형 교차

1 슬라이드2에서 두 개의 도형을 Ctrl 키를 누른 채 클릭하여 선택한다. 2 [빠른 실행 도구 모음 사용자 지정]에서 [셰이프 교차]를 클릭한다. 3 두 개의 도형 중 먼저 그린 도형의 서식으로 변경되면서 교차되는 부분만 남는다.

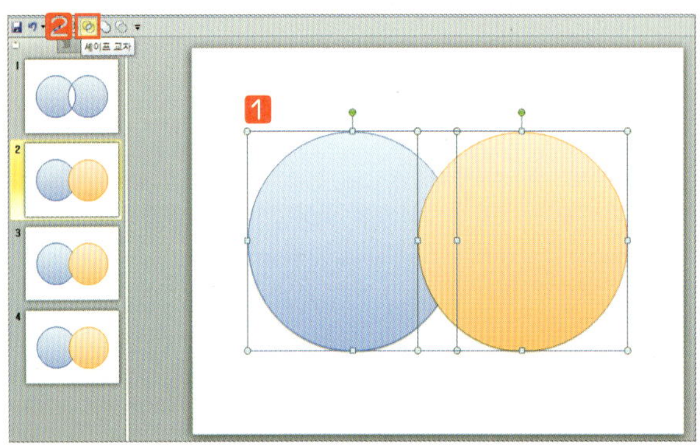 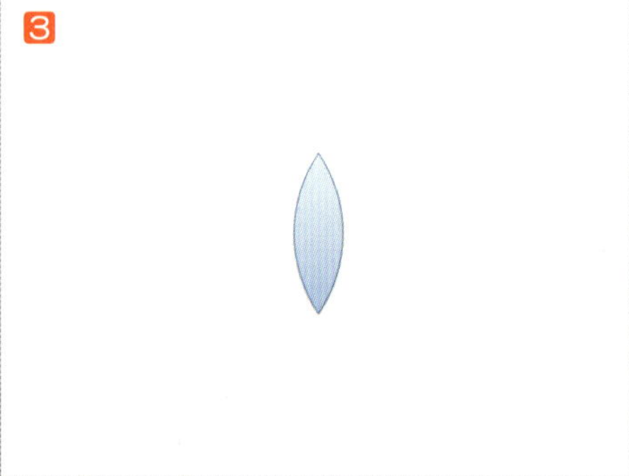

4 도형 병합

1 슬라이드3에서 두 개의 도형을 Ctrl 키를 누른 채 클릭하여 선택한다. **2** [빠른 실행 도구 모음 사용자 지정]–[셰이프 병합]을 클릭한다. **3** 먼저 그린 도형 서식으로 변경되면서 두 개의 도형이 하나로 만들어진다.

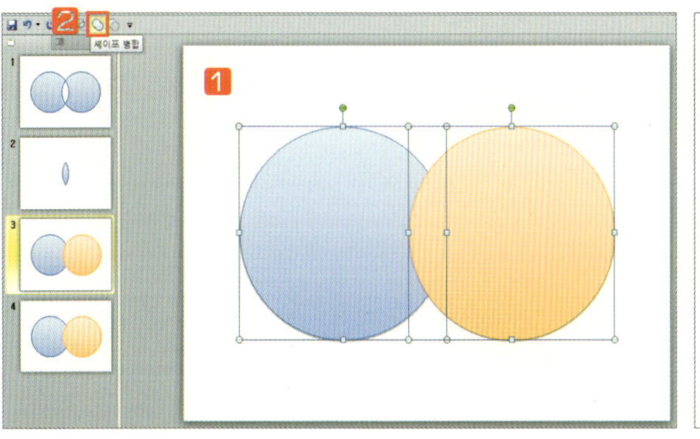
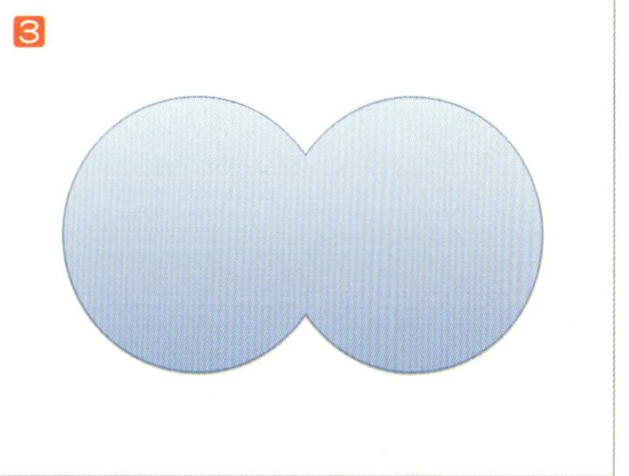

5 도형 빼기

1 슬라이드4에서 두 개의 도형을 Ctrl 키를 누른 채 클릭하여 선택한다. **2** [빠른 실행 도구 모음 사용자 지정]–[셰이프 빼기]를 클릭한다. **3** 먼저 그린 도형에서 나중에 그린 도형 부분이 빼지면서 두 개의 도형 중 먼저 그린 도형 서식으로 변경된다.

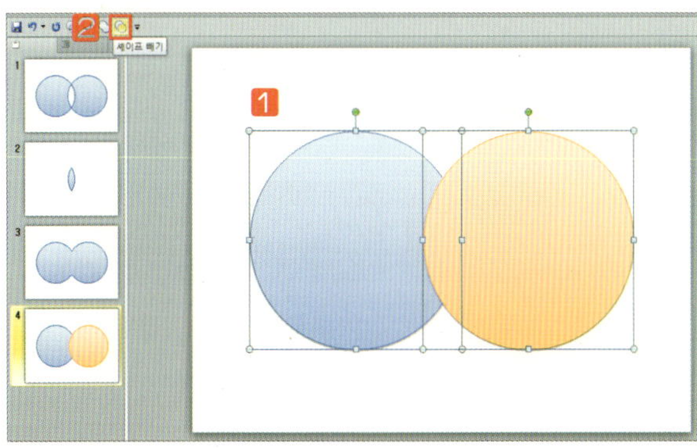

업그레이드된 SmartArt 그래픽 활용하기

기존의 SmartArt 그래픽에서 슬라이드의 그림을 SmartArt 그래픽으로 변환할 수 있는 그림 레이아웃이 추가되어 그림으로 이야기를 진행할 수 있다. 또한 만들어놓은 SmartArt 그래픽을 텍스트나 도형으로 변환하여 다양하게 활용할 수 있다.

CD SmartArt 그래픽.pptx

삽입 ···▶ SmartArt 단추

1 SmartArt 그래픽 그림 레이아웃 삽입

슬라이드1에서 **1**[삽입] 탭-[일러스트레이션] 그룹-[SmartArt]를 클릭한다. [SmartArt 그래픽 선택] 대화상자에서 **2**[그림]-[그림 설명 목록형]을 선택하고 **3**[확인] 단추를 클릭한다. **4**슬라이드에 선택한 SmartArt 그래픽 그림 레이아웃이 삽입되는 것을 확인할 수 있다. **5**그림과 텍스트를 넣어 슬라이드를 완성한다.

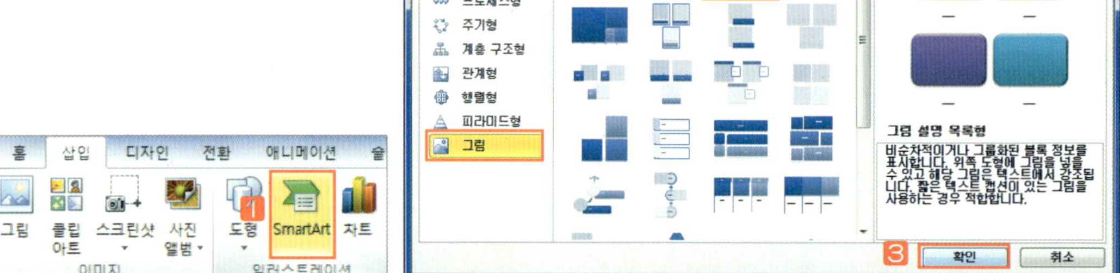

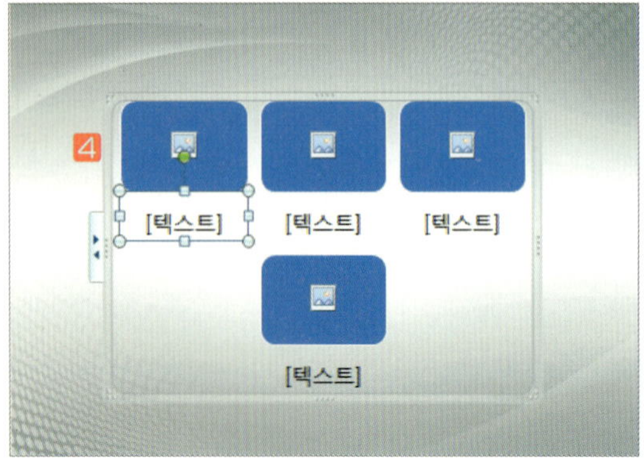

2 슬라이드 그림을 SmartArt 그래픽
그림 레이아웃으로 변환

슬라이드2에서 **1**SmartArt 그래픽으로 변환할
그림 4개를 선택한다. **2**[그림 도구]−[서식] 탭−
[그림 스타일] 그룹−[그림 레이아웃]−[세로 그림
목록형]을 클릭한다. **3**그림이 SmartArt 그래픽
으로 변환되었음을 확인할 수 있다.

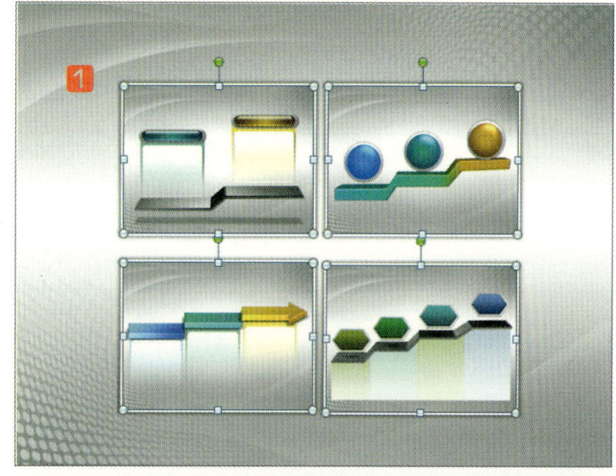

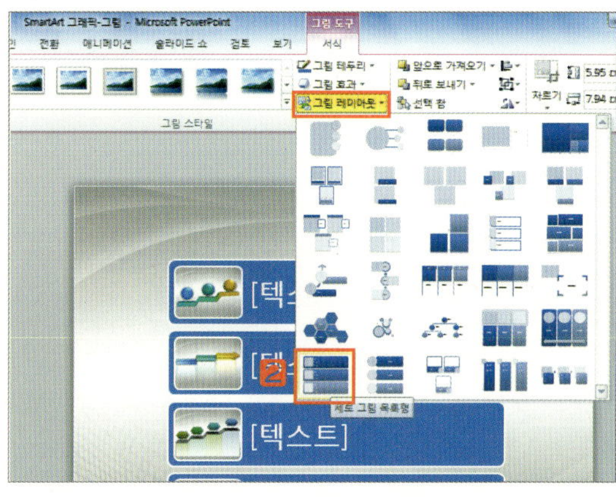

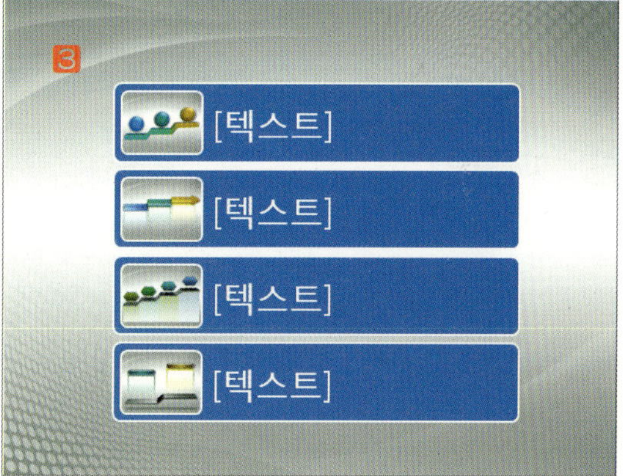

3 SmartArt 그래픽 텍스트로 변환

슬라이드3에서 텍스트로 변환할 조직도 **1**SmartArt 그래픽을 선택한다. **2**[SmartArt 도구]−[디자인]
탭−[원래대로] 그룹−[변환]−[텍스트로 변환]을 클릭한다. **3**SmartArt 그래픽이 텍스트로 변환됨을 확
인할 수 있다.

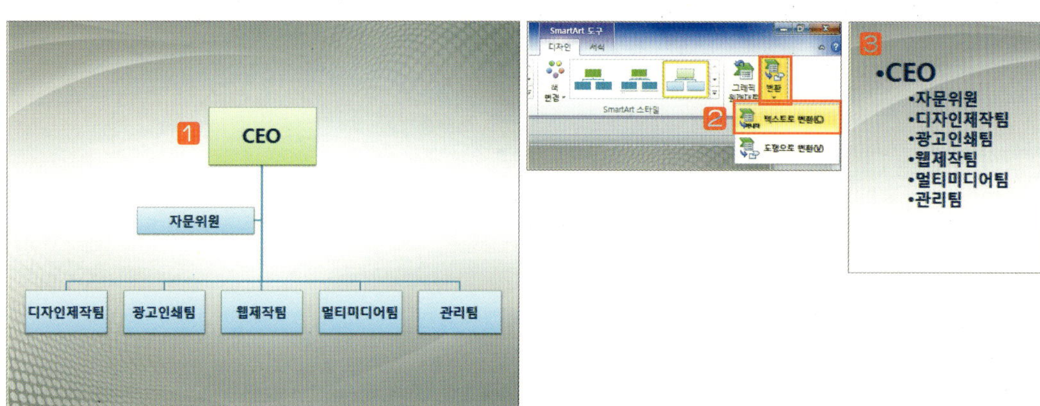

4 SmartArt 그래픽 도형으로 변환

슬라이드4에서 도형으로 변환할 SmartArt 그래픽을 선택한다. **1**[SmartArt 도구]-[디자인] 탭-[원래
대로] 그룹-[변환]-[도형으로 변환]을 클릭한다. **2**도형을 개별적으로 편집하기 위해 [그리기 도구]-
[서식] 탭-[정렬] 그룹-[그룹]-[그룹 해제]를 클릭한다. **3**도형을 개체별로 편집할 수 있다.

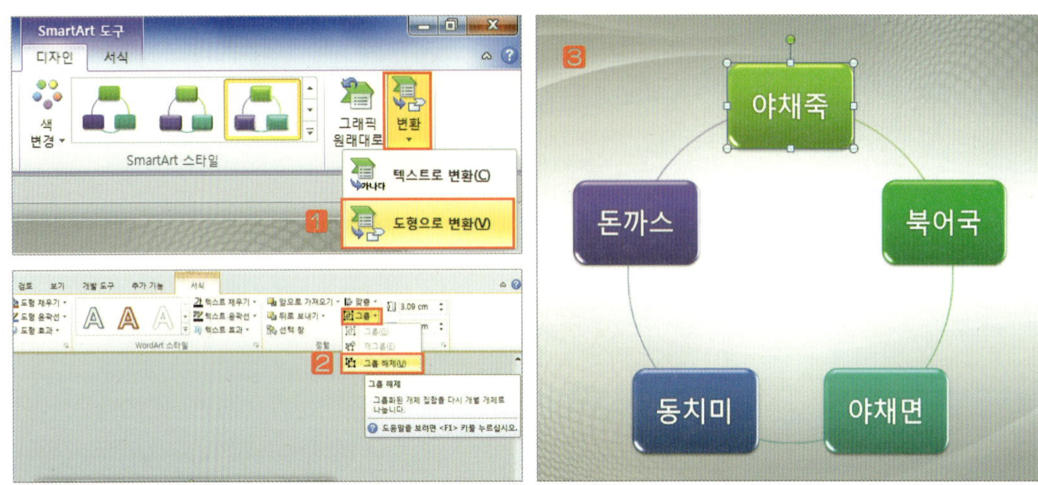

POINT SmartArt 그래픽의 레이아웃을 선택할 때는 전달하려는 내용과 정보를 표시하고자 하는 특정한 방식을 고려해
야 한다. 빠르고 쉽게 레이아웃을 전환할 수 있으므로 자신의 메시지를 가장 잘 표현하는 레이아웃을 찾을 때까
지 여러 형식의 레이아웃을 시도해보는 것이 좋다. 다음은 레이아웃 선택 시 참고할 만한 내용이다.

레이아웃 형식	슬라이드 내용
목록형	비순차적인 정보
프로세스형	프로세스 또는 시간 표시 막대에 단계
주기형	연속적인 프로세스
계층 구조형	조직도 또는 의사결정 트리
관계형	연결 관계
행렬형	부분과 전체의 관계
피라미드형	가장 큰 구성 요소를 맨 위 또는 맨 아래에 두는 상대적인 관계
그림형	그림을 사용하여 콘텐츠 표현 또는 강조

그림에서 필요 없는 부분 제거하기

파워포인트 2010에서는 펜 툴 없이도 손쉽게 자신이 원하는 그림의 일부분을 따낼 수 있다. 그림에서 배경을 제거하거나 필요 없는 부분을 제거하면 그림의 주제를 강조할 수 있는 효과를 만들 수 있다. 단, 배경을 제거하고자 할 때는 추출하고자 하는 그림과 배경의 색 구분이 확연하게 차이가 나야 좋다.

CD 그림-1.pptx

서식 ⋯▶ 배경 제거 단추

1 배경 제거하기

슬라이드에서 배경을 제거할 그림을 클릭하여 선택한다. 1[그림 도구]–[서식] 탭–[조정] 그룹–[배경 제거]를 클릭한다. 2개체 틀 테두리의 크기 조정 핸들을 이동하여 3그림에서 제거할 영역을 선택한다.

2 미세하게 배경 제거 및 표시하기

자동으로 표시된 부분 외에 제거할 그림 부분인 **1** 하늘 부분을 제거하기 위해 영역을 선택했으면 **2** [그림 도구]-[배경 제거] 탭-[고급 검색] 그룹-[제거할 영역 표시]를 클릭한다. **3** 제거할 부분을 드래그 하여 제거할 영역을 표시한다.

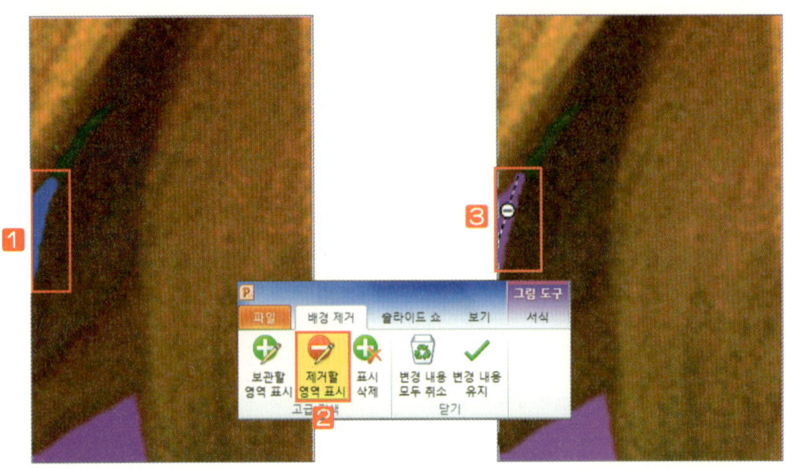

3 변경 내용 유지하기

1 [그림 도구]-[배경 제거] 탭-[닫기] 그룹-[변경 내용 모두 취소]를 클릭하면 **2** 자동 배경 제거가 취소 되고, **3** [그림 도구]-[배경 제거] 탭-[닫기] 그룹-[변경 내용 유지]를 클릭하면 **4** 배경을 제거한 이미지 를 닫고 변경 내용을 유지할 수 있다.

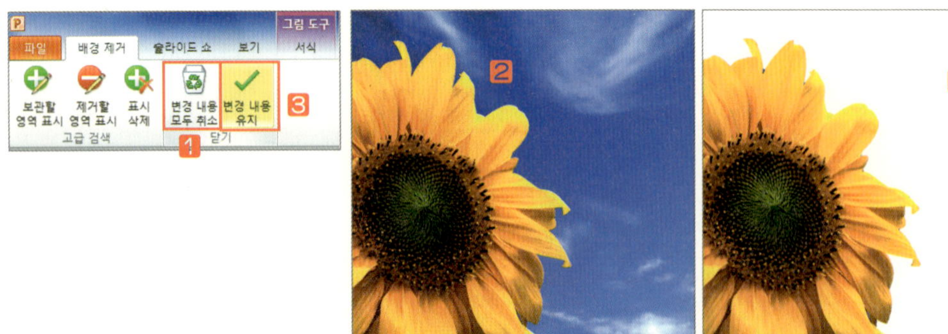

다양한 방법으로 그림 자르기

자르기 기능은 그림의 특정 영역을 강조하거나 불필요한 부분을 제거하기 위해 그림의 일부를 숨기거나 잘라내는 데 사용한다. 특정 도형의 모양으로 자르기, 도형에 맞춰 자르기, 채우기 또는 일반 그림의 가로 세로 비율을 유지하여 자를 수 있도록 그 기능이 향상되었다.

CD 그림-2.pptx

서식 ┈▶ 자르기 단추

❶ 그림 자르기

슬라이드에서 ❶자를 그림을 클릭하여 선택하고, ❷[그림 도구]-[서식] 탭-[크기] 그룹-[자르기]-[자르기]를 클릭한다. ❸자르기 핸들을 이동시키면서 자를 영역을 설정한 뒤 [Esc] 키를 누른다. ❹자르기된 이미지를 확인한다.

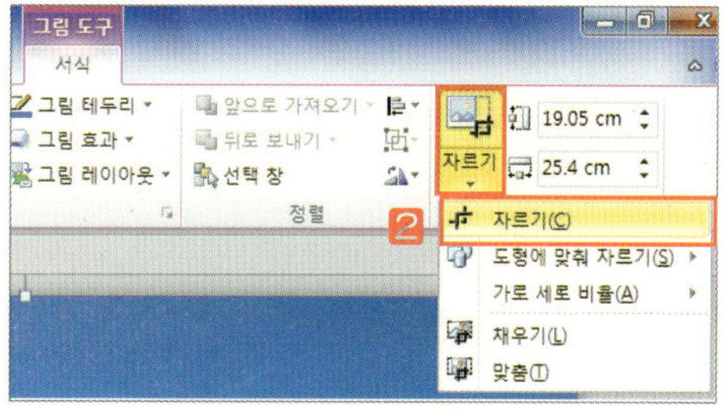

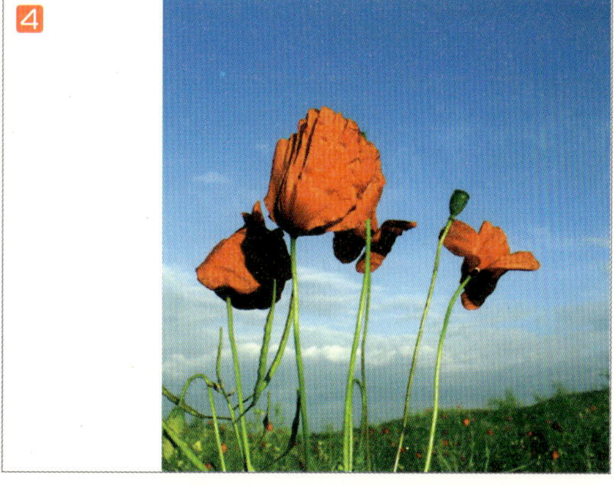

POINT ❶ [Ctrl] 키를 누른 채 자르기 핸들을 조절하면 그림의 가로 세로 비율을 같게 자를 수 있다.
❷ 이후의 과정을 시작할 때는 변경 내용을 저장하지 말고 예제 파일을 닫은 후 다시 한 번 열고 과정을 따라 한다.

② 그림 특정 도형으로 자르기

1 특정 도형으로 자를 그림을 클릭하여 선택한다. **2** [그림 도구]-[서식] 탭-[크기] 그룹-[자르기]-[도형에 맞춰 자르기]-[기본 도형]-[타원]을 클릭한다. **3** 그림이 선택한 모양으로 잘리는 것을 확인할 수 있다.

③ 비율 맞춰 자르기

1 가로 세로 비율을 맞춰 자를 그림을 클릭하여 선택한다. **2** [그림 도구]-[서식] 탭-[크기] 그룹-[자르기]-[가로 세로 비율]-[가로]-[16:9]를 클릭한 후 Esc 키를 누른다. **3** 설정한 비율로 자르기된 이미지를 확인한다.

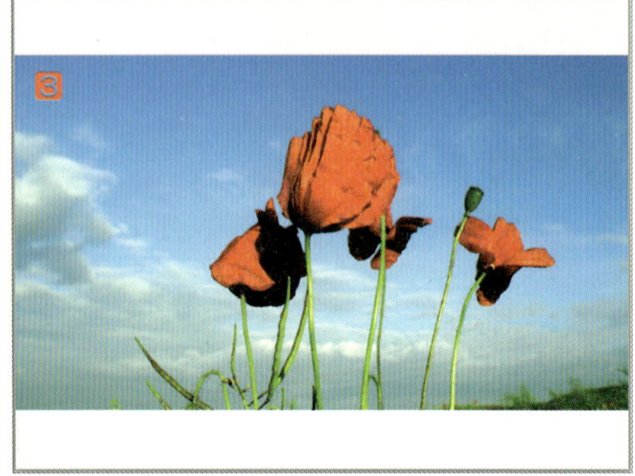

4 도형에 맞게 채우거나 자르기

1 도형에 맞게 채우거나 자를 그림을 클릭하여 선택한다. 2 [그림 도구]-[서식] 탭-[크기] 그룹-[자르기]-[채우기]를 클릭한 후 Esc 키를 누른다. 3 그림이 채워진 후 4 잘라진 이미지를 확인한다.

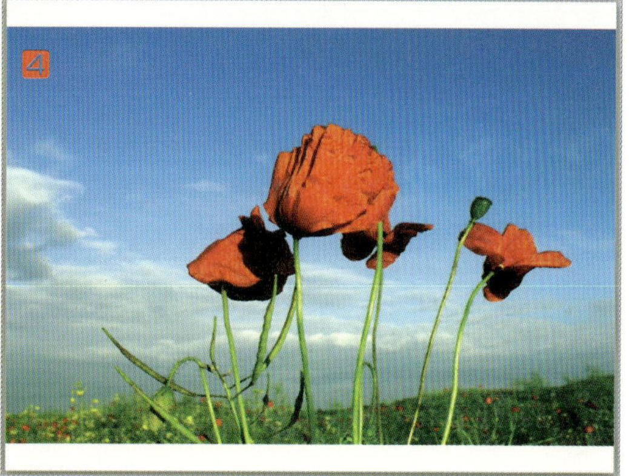

POINT [채우기]는 도형을 그림으로 채우려는 경우 사용한다. 그림의 일부 가장자리가 표시되지 않을 수 있지만 원본 그림의 가로 세로 비율은 유지된다. [맞춤]은 그림을 모두 도형에 맞게 만들려는 경우 사용하고 원본 그림의 가로 세로 비율은 유지된다.

5 잘려진 그림 영역 삭제

삭제할 영역이 있는 그림을 클릭하여 선택한 후, 1 [그림 도구]-[서식] 탭-[조정] 그룹-[그림 압축]을 클릭한다. [그림 압축] 대화상자가 나타나면 2 [압축 옵션]을 다음과 같이 설정한 후 3 [확인] 단추를 누르면 잘려진 그림 영역이 삭제되는 것을 확인할 수 있다.

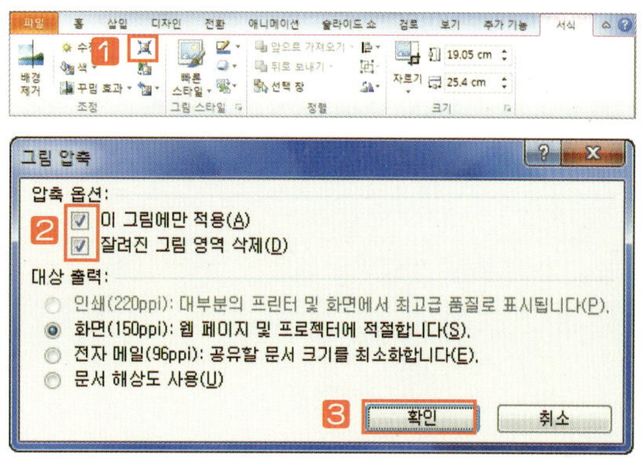

자유롭게 오디오 편집하기

오디오 클립의 처음과 끝을 사용자가 원하는 대로 트리밍할 수 있고, 책갈피를 추가하여 원하는 시점을 표시할 수도 있다. 책갈피로 애니메이션의 시작을 설정할 수 있을 뿐만 아니라 오디오 클립에 원하는 시간만큼 페이드 인과 페이드 아웃 효과를 설정할 수 있다.

CD 오디오.pptx

삽입 ···▶ 오디오 단추 

1 오디오 트리밍

1 슬라이드의 오디오를 선택한다. **2** [오디오 도구]–[재생] 탭–[편집] 그룹–[오디오 트리밍]을 클릭한다. [오디오 맞추기] 대화상자가 나타나면 원하는 트리밍 작업을 실행한다. 클립의 처음을 트리밍할 때는, **3** 시작 지점(녹색 표식)을 드래그하여 오디오 클립 시작 위치로 옮겨놓거나 **4** 시작 시간에 직접 입력하여 조절한다. **5** 클립의 끝을 트리밍할 때는 종료 지점(빨간색 표식)을 드래그하여 원하는 오디오 클립 종료 위치로 옮겨놓거나 **6** 종료 시간에 직접 입력하여 조절한 후 **7** [확인] 단추를 클릭한다.

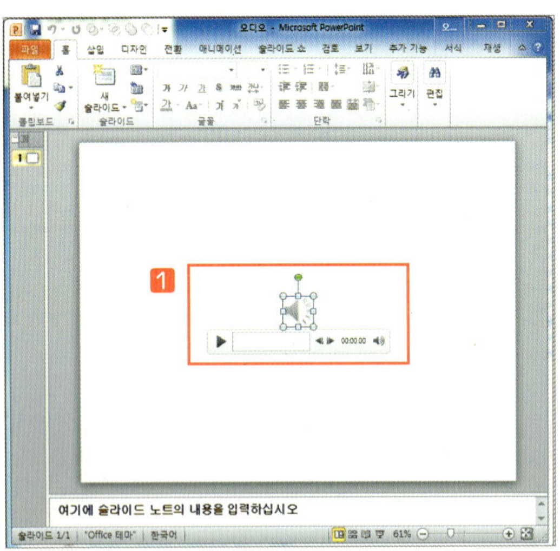

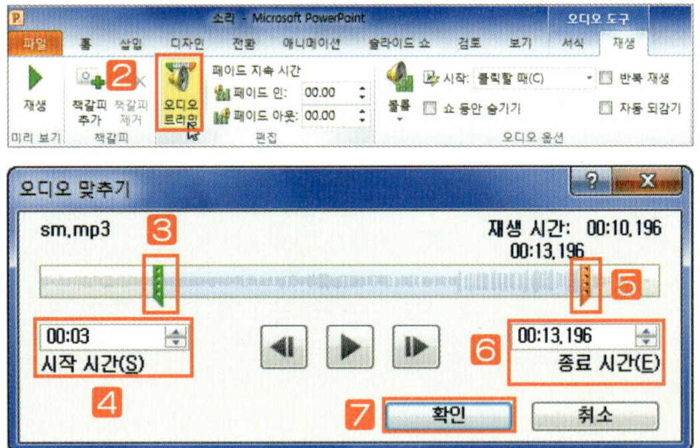

② 책갈피 추가

오디오 클립 아래의 오디오 컨트롤에서 ① 재생 단추를 누른다.
② 원하는 지점에서 [오디오 도구]–[재생] 탭–[책갈피] 그룹–[책
갈피 추가]를 클릭한다. 책갈피가 추가된 것을 확인할 수 있다.

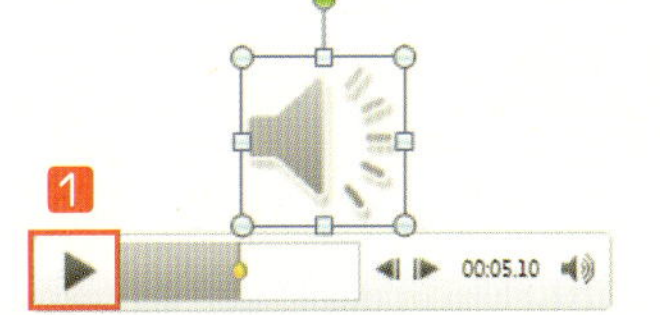

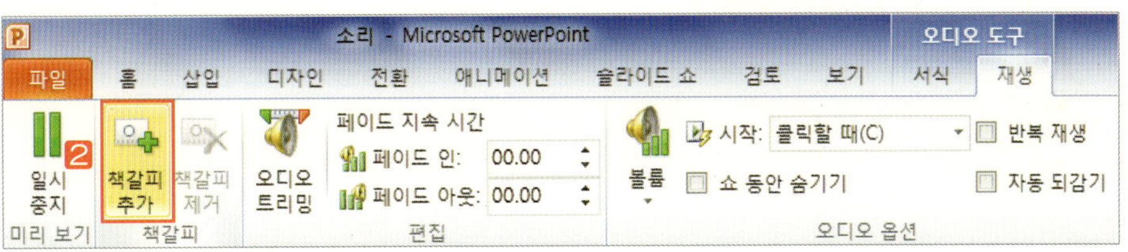

③ 책갈피 제거

시간 표시 막대에서 ① 제거할 책갈피를 찾아 클릭한다. ② [오디
오 도구]–[재생] 탭–[책갈피] 그룹–[책갈피 제거]를 클릭한다.
③ 책갈피가 제거된 것을 확인할 수 있다.

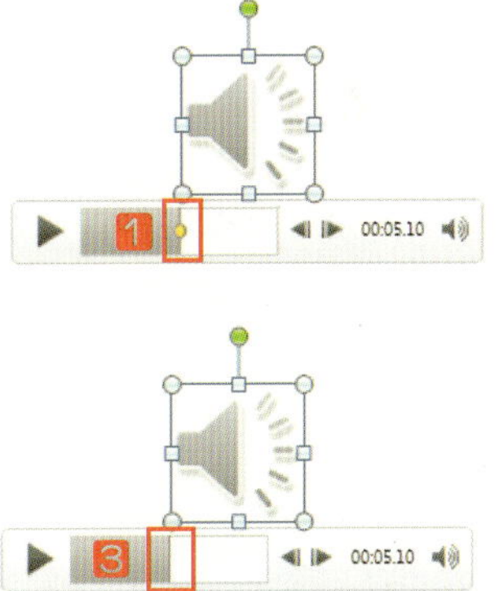

④ 페이드 지속 시간 설정

페이드 지속 시간을 설정할 오디오 클립을 클릭한다. [오디오 도구]–[재생] 탭–[편집] 그룹에서 [페이드
인]과 [페이드 아웃] 설정 창에 원하는 페이드 지속 시간을 설정할 수 있다.

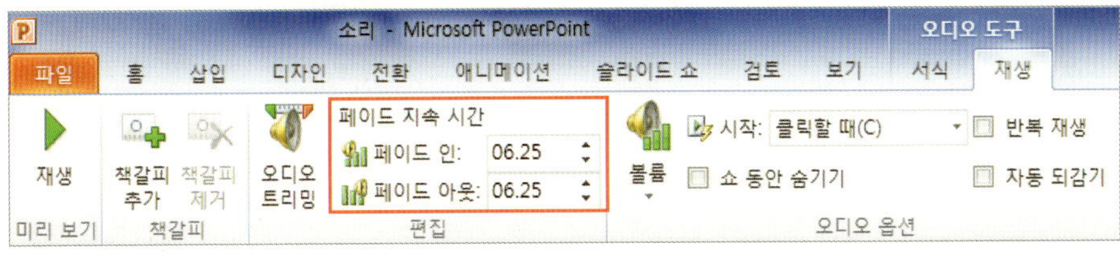

060

자유롭게 비디오 편집하기

사용자가 원하는 대로 비디오 클립의 처음과 끝을 트리밍할 수 있다. 책갈피를 추가하여 애니메이션을 시작하거나 비디오 클립의 특정 위치로 이동할 수도 있다. 또한 비디오 클립의 밝기 및 대비, 색, 모양, 테두리, 효과 등 서식을 다양하게 변경할 수 있다.

CD 비디오.pptx, 야생.wmv

삽입 ┄┄▶ 비디오 단추

① 프레젠테이션에 비디오 포함

슬라이드1을 선택하고 ①[삽입] 탭-[미디어] 그룹-[비디오]-[비디오 파일]을 클릭한다. [비디오 삽입] 대화상자에서 ②예제 파일을 선택한 후 ③[삽입] 단추를 클릭한다. ④[비디오 도구]-[재생] 탭-[미리 보기] 그룹-[재생]을 클릭하면 포함된 비디오를 재생할 수 있다.

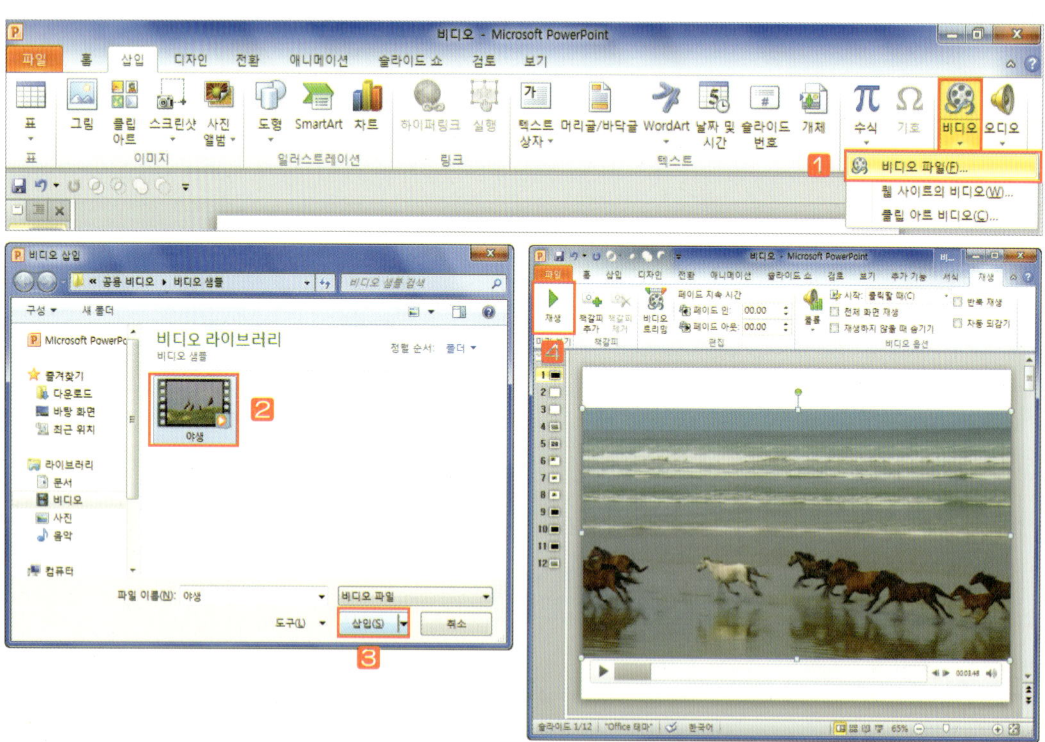

2 프레젠테이션에서 비디오 파일에 연결

슬라이드2에서 **1**[삽입] 탭–[미디어] 그룹–[비디오]–[비디오 파일]을 클릭한다. [비디오 삽입] 대화상자에서 **2**포함할 비디오를 선택한 후 **3**[삽입]의 드롭다운 단추를 클릭한 다음 **4**[파일에 연결]을 클릭한다. **5**[비디오 도구]–[재생] 탭–[미리 보기] 그룹–[재생]을 클릭하면 포함된 비디오를 재생할 수 있다.

POINT 비디오를 포함하는 경우, 모든 파일이 프레젠테이션에 포함돼 있으므로 프레젠테이션을 할 때 파일이 손실될 염려가 없다. 비디오 연결을 이용하면 프레젠테이션에서 외부 비디오 또는 동영상 파일에 연결할 수 있다. 프레젠테이션 파일의 크기를 줄이려면 비디오 연결을 선택하는 편이 좋다.

3 웹 사이트의 비디오 파일에 연결

브라우저에서 연결할 비디오가 포함된 웹사이트로 이동한다. **1**웹 사이트에서 비디오를 찾은 다음 Embed 또는 소스 코드를 찾아 복사한다. 파워포인트 2010을 실행하고 **2**[삽입] 탭–[미디어] 그룹–[비디오]–[웹 사이트의 비디오]를 클릭한다. [웹 사이트에서 가져온 비디오 삽입] 대화상자에서 **3**복사한 Embed 또는 소스 코드를 붙여 넣은 다음 **4**[삽입] 단추를 클릭한다. **5**슬라이드 쇼를 실행하여 비디오 파일이 연결됨을 확인한다.

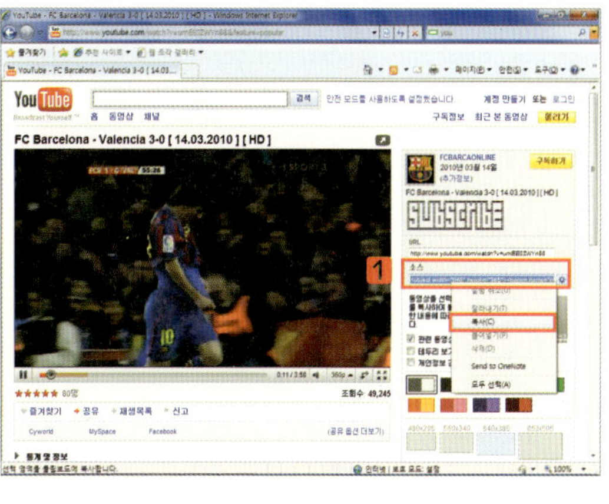

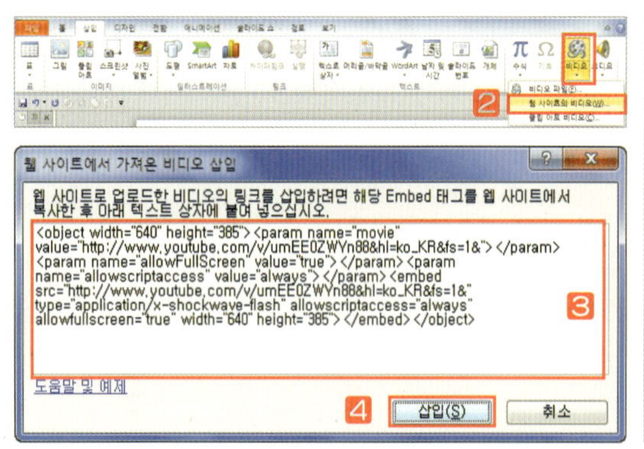

4 비디오 밝기 및 대비 변경

■1 슬라이드4의 비디오를 선택한다. ■2 [비디오 도구]-[서식] 탭-[조정] 그룹-[수정]-[밝기:-20% 대비: +20%]를 클릭한다. ■3 설정 값이 비디오에 적용됨을 알 수 있다. 미세하게 조정하려면 ■4 [비디오 수정 옵션]을 클릭하여 ■5 [비디오 형식 지정] 대화상자에서 옵션을 설정한다.

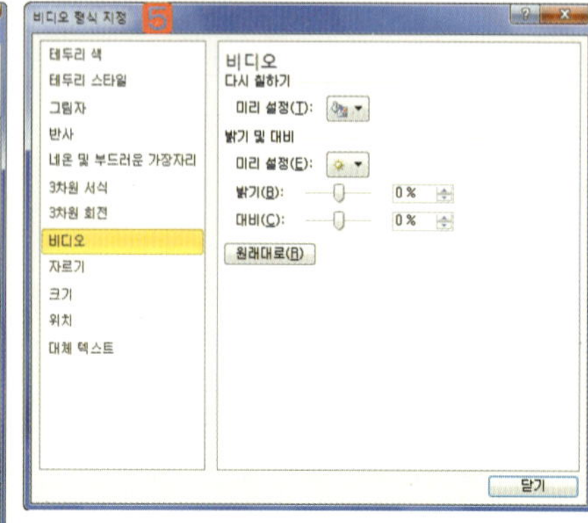

5 비디오 색 변경

1 슬라이드5의 비디오를 선택한다. **2** [비디오 도구]–[서식] 탭–[조정] 그룹–[색]–[황록색, 어두운 강조색 3]을 클릭하면 비디오 색이 변경된다. 미세하게 조정하려면 **3** [기타 변형]을 클릭하여 원하는 색을 선택하면 된다.

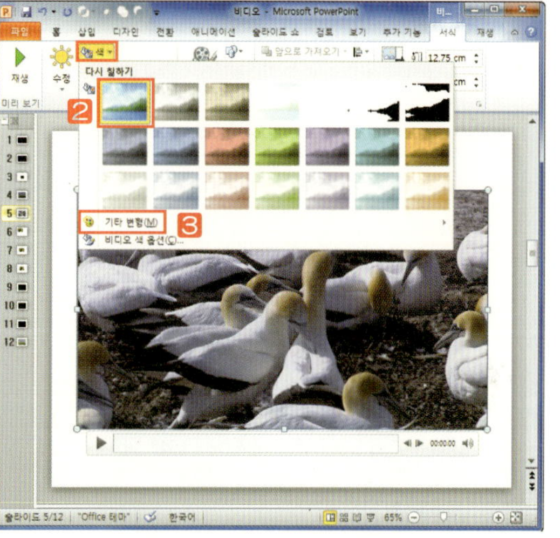

6 비디오에 포스터 틀 이미지 추가

슬라이드6에서 포스터 틀로 사용할 프레임이 표시될 때까지 비디오를 재생한다. **1** [비디오 도구]–[서식] 탭–[조정] 그룹–[포스터 틀]을 클릭하고, **2** [현재 틀]이나 [파일 이미지]를 클릭하여 포스터 틀을 추가할 수 있다.

7 비디오 스타일 변경

1 슬라이드7에서 비디오를 클릭하여 선택한다.
2 [비디오 도구]–[서식] 탭–[비디오 스타일] 그룹–[비디오 스타일]–[일반 프레임, 검정]을 클릭하여 스타일을 변경한다. **3** 비디오 스타일이 변경된 것을 알 수 있다.

8 비디오 디자인 및 크기 다시 설정

1 슬라이드8에서 비디오를 클릭하여 선택한다. **2** [비디오 도구]–[서식] 탭–[조정] 그룹–[디자인 다시 설정]–[디자인 및 크기 다시 설정]을 클릭하면 선택한 비디오에 설정한 모든 서식을 취소하여 **3** 비디오 디자인 및 크기를 다시 설정할 수 있다.

9 비디오 트리밍

슬라이드9에서 비디오를 선택한다. **1**[비디오 도구]–[재생] 탭–[편집] 그룹–[비디오 트리밍]을 클릭한다. [비디오 맞추기] 대화상자에서 원하는 트리밍 작업을 실행한다. 클립의 처음을 트리밍할 때는, **2**시작 지점(녹색 표식)을 드래그하여 원하는 오디오 클립 시작 위치로 옮겨놓거나 **3**시작 시간을 조절하고 클립의 끝을 트리밍할 때는 **4**종료 지점(빨간색 표식)을 드래그하여 원하는 오디오 클립 종료 위치로 옮겨놓거나 **5**종료 시간을 조절한 후 **6**[확인] 단추를 클릭한다.

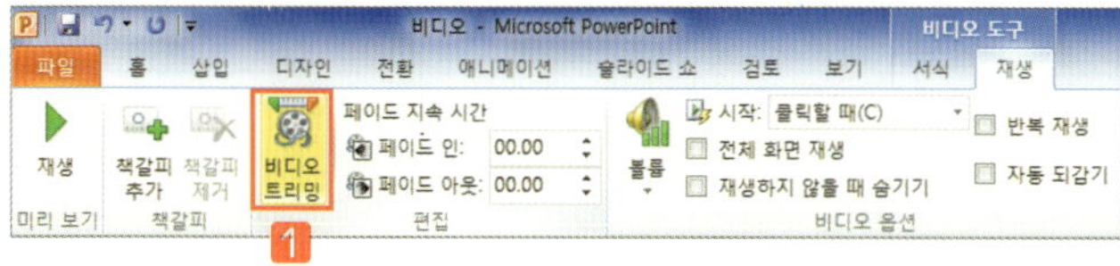

10 책갈피 추가

슬라이드10에서 비디오 클립 아래의 **1** 비디오 컨트롤에서 재생을 누른다. **2** 원하는 지점에서 [비디오 도구]-[재생] 탭-[책갈피] 그룹-[책갈피 추가]를 클릭한다. **3** 책갈피가 추가된 것을 확인할 수 있다.

> **POINT** 책갈피 제거는 시간 표시 막대에서 제거할 책갈피를 찾아 클릭한 후, [비디오 도구]-[재생] 탭-[책갈피] 그룹-[책갈피 제거]를 클릭하면 제거할 수 있다.

11 페이드 지속 시간 설정

1 슬라이드12에서 비디오를 선택한다. **2** [비디오 도구]-[재생] 탭-[편집] 그룹에서 원하는 페이드 지속 시간을 [페이드 인]과 [페이드 아웃] 설정 창에 페이드 지속 시간을 설정한다.

> **POINT** 미디어 파일을 압축할 때는 [파일] 탭-[정보] 메뉴-[미디어 압축]을 클릭하여 원하는 비디오 품질을 선택하면 된다.

061

개체 간 애니메이션 복사하기

파워포인트 2010의 새로운 기능으로 애니메이션 복사 기능이 추가되었다. 이로 인해 반복되는 애니메이션을 빠르고 효과적으로 설정할 수 있다. 애니메이션 복사를 사용하면 한 개체 또는 슬라이드에서 애니메이션을 복사하여 다른 개체나 슬라이드, 프레젠테이션 내의 여러 슬라이드 또는 모든 슬라이드에 영향을 주는 슬라이드 마스터에 붙여 넣을 수 있으며, 여러 프레젠테이션에 애니메이션을 복사할 수도 있다.

CD 애니메이션 복사.pptx

애니메이션 ┈▶ 애니메이션 복사 단추 ★ 애니메이션 복사

① 애니메이션 복사하기

1 복사할 애니메이션이 있는 개체를 다음과 같이 선택한다. **2** [그리기 도구]–[애니메이션] 탭–[고급 애니메이션] 그룹–[애니메이션 복사]를 클릭하면 애니메이션이 복사된다.

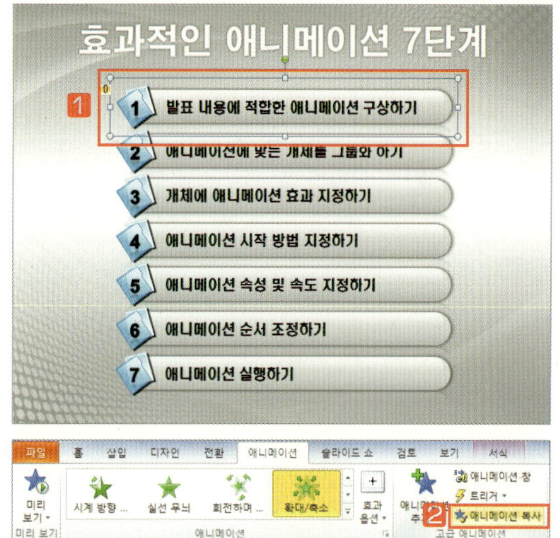

② 애니메이션 붙여넣기

애니메이션을 복사한 상태에서 복사해 넣을 개체를 클릭하면 애니메이션이 복사된다.

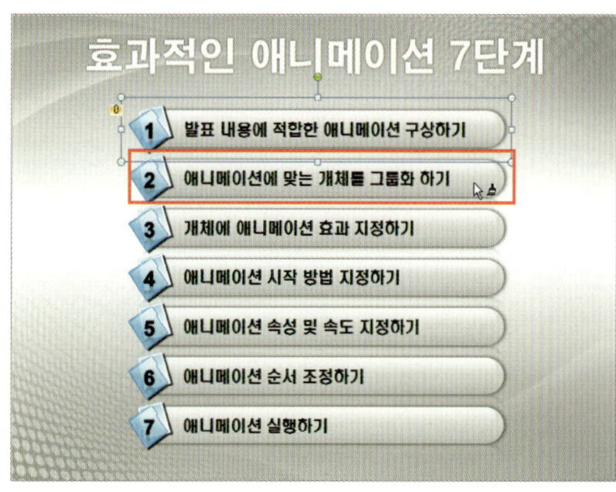

키노트처럼 화면 전환하기

파워포인트 2010을 사용하면 키노트에서 구현 가능했던 다양한 화면 전환 효과를 클릭 한 번으로 쉽게 적용할 수 있다.
또한 효과 옵션을 통해 방향, 색 등 전환 효과의 속성을 변경할 수 있다.

CD 화면 전환.pptx

전환 ···▶ 닦아내기 단추

1 화면 전환 효과 추가하기

1 화면 전환 효과를 적용할 슬라이드2를 선택한다. **2** [전환] 탭-[슬라이드 화면 전환] 그룹에서 자세히
단추를 클릭하고 **3** [동적 콘텐츠: 회전]을 클릭한다. 화면 전환 효과가 적용된 것을 확인한다.

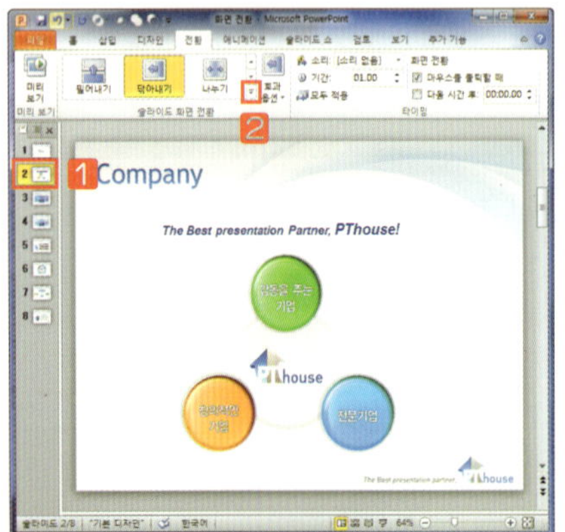
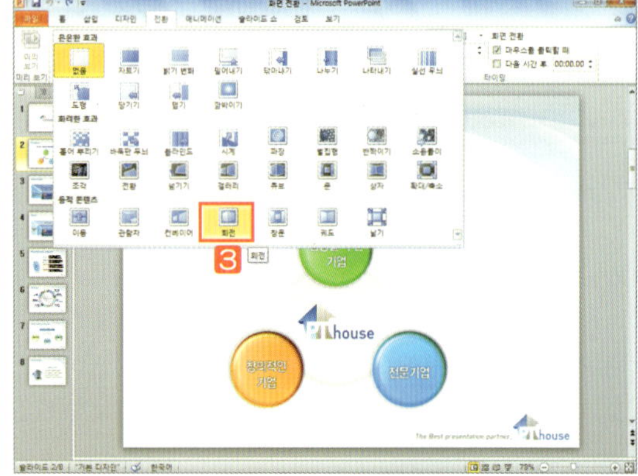

2 화면 전환 효과 옵션 설정하기

1 화면 전환 효과가 적용된 슬라이드2를 선택한다. **2** [전환] 탭-[슬라이드 화면 전환] 그룹-[효과 옵
션]-[아래에서]를 클릭한다. 슬라이드가 아래에서 위로 화면 전환되는 것을 확인할 수 있다.

⑶ 화면 전환 효과 타이밍 설정하기

1 화면 전환 효과가 적용된 슬라이드2를 선택한다. **2** [전환] 탭-[타이밍] 그룹-[기간]의 설정 창이나
3 [화면 전환]에서 원하는 화면 전환 속도를 입력하거나 선택하여 설정할 수 있다.

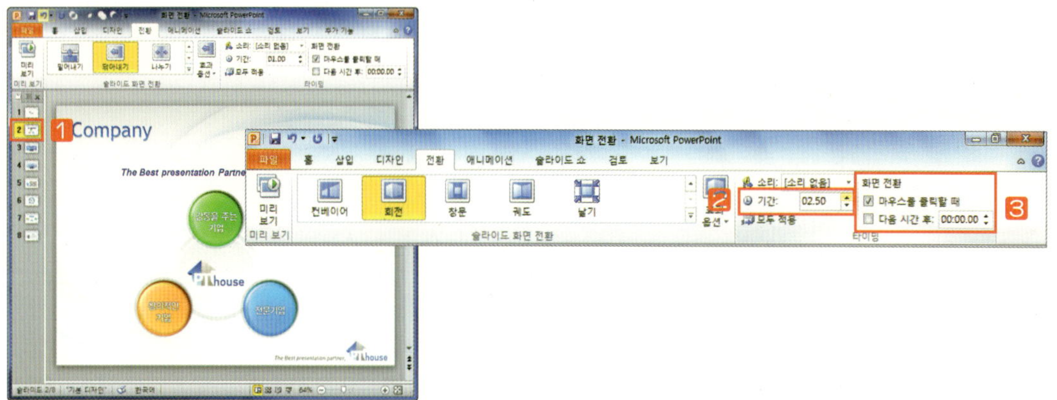

POINT [화면 전환]에서 화면 전환 속도를 다음의 옵션을 통해 설정할 수 있다.
❶ [마우스를 클릭할 때]: 마우스를 클릭할 때 슬라이드가 넘어가도록 한다.
❷ [다음 시간 후]: 설정한 시간이 지난 후에 슬라이드가 넘어가도록 한다.

4 화면 전환 효과 제거하기

1 화면 전환 효과가 적용된 슬라이드2를 선택한다. **2** [전환] 탭-[슬라이드 화면 전환] 그룹-[없음]을
클릭한다. 화면 전환 효과가 제거된 것을 확인할 수 있다.

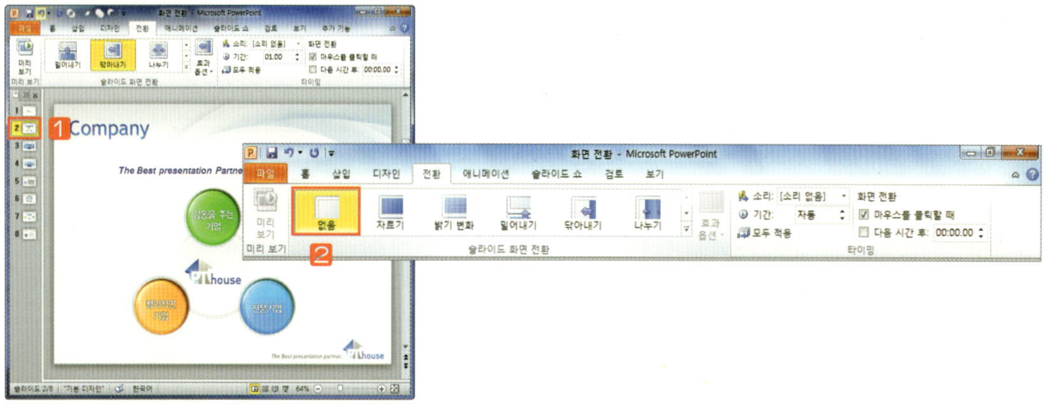

마우스 포인터를 레이저 포인터로 전환하기

파워포인트 2010에서는 발표자가 따로 포인터를 준비하지 못했어도 슬라이드의 요소를 강조하기 위해 마우스 포인터를 레이저 포인터로 변환할 수 있다. 이때 레이저 포인터의 색상도 설정할 수 있다.

CD 레이저 포인터.pptx

슬라이드 쇼 ┈┈▶ 슬라이드 쇼 설정 단추 

1 마우스 포인터를 레이저 포인터로 변환하기

예제 파일을 열고 1 [슬라이드 쇼] 탭-[슬라이드 쇼 시작] 그룹-[처음부터]를 클릭하여 프레젠테이션 슬라이드 쇼를 진행한다. [슬라이드 쇼] 보기에서 Ctrl 키를 누른 채 마우스 왼쪽 단추를 클릭하면 2 마우스가 레이저 포인터로 바뀐다.

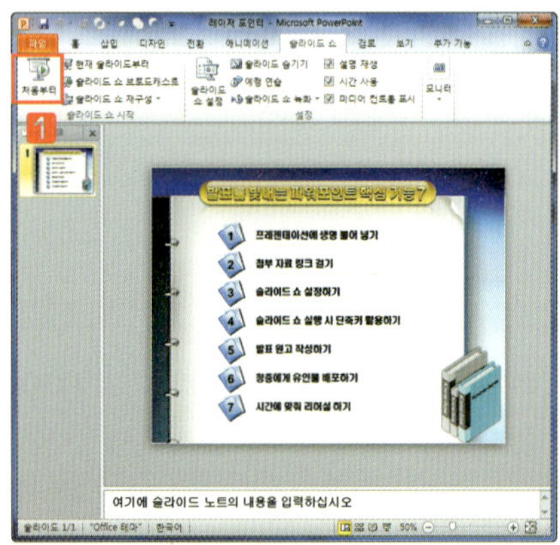
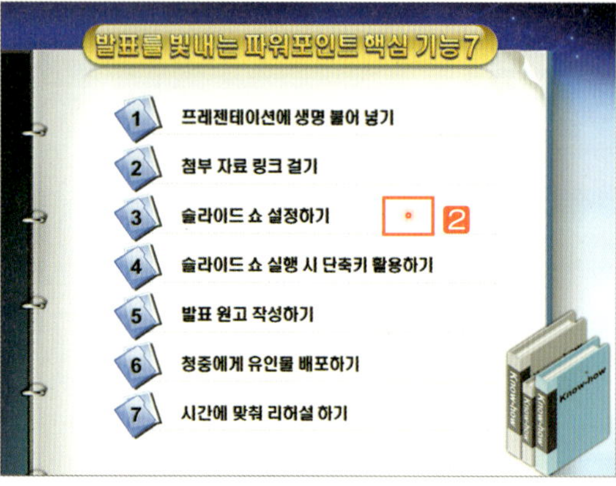

2 레이저 포인터 색 설정

1 [슬라이드 쇼] 탭-[설정] 그룹-[슬라이드 쇼 설정]을 클릭한다. [쇼 설정] 대화상자에서 2 [레이저 포인터 색]을 설정하면 마우스 포인터를 원하는 색상으로 변경할 수 있다.

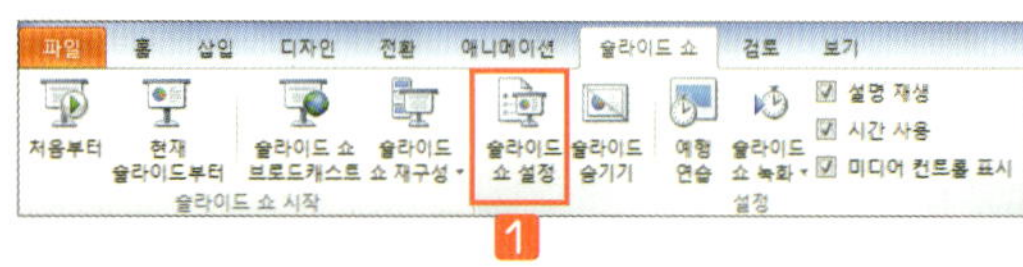
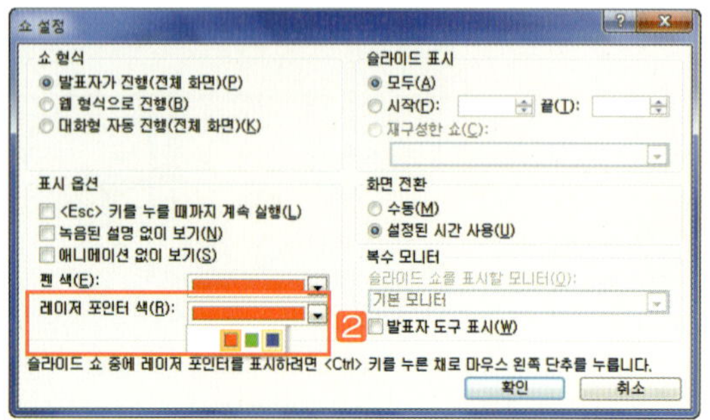

프레젠테이션을 비디오로 만들기

전자 메일에 첨부하거나, 웹에 게시, 또는 CD/DVD에 구워 동료나 고객에게 보내는 경우 프레젠테이션을 비디오로 재생하도록 저장할 수 있다. 프레젠테이션을 비디오 파일로 저장하면 배포도 쉽고 받는 사람도 쉽게 볼 수 있다.

CD 프레젠테이션 비디오 만들기.pptx

파일 ┈▶ 비디오 만들기 단추

❶ 음성 설명과 포인터 이동 기록 및 시간 설정

1[슬라이드 쇼] 탭-[설정] 그룹-[슬라이드 쇼 녹화]를 클릭한다. [슬라이드 쇼 녹화] 대화상자에서 **2** [녹화 시작] 단추를 클릭하면 슬라이드 쇼가 진행되는 동안 **3**오디오 설명, 레이저 포인터 동작, 슬라이드 및 애니메이션 시간이 레코딩된다. 슬라이드 쇼가 끝나면 **4**레코딩한 오디오 파일이 슬라이드마다 추가된 것을 확인할 수 있다.

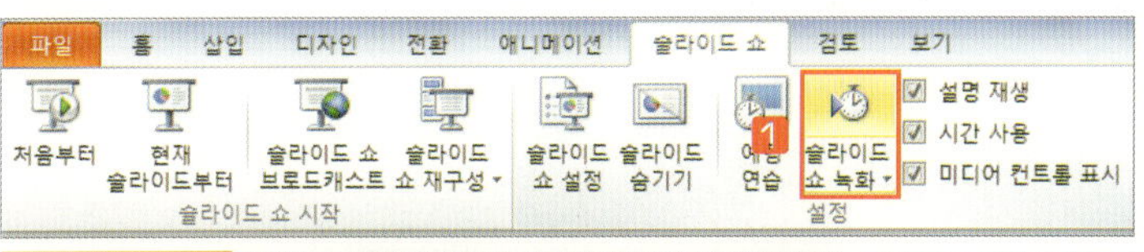

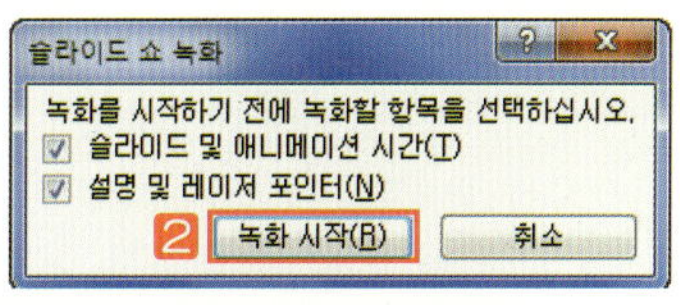

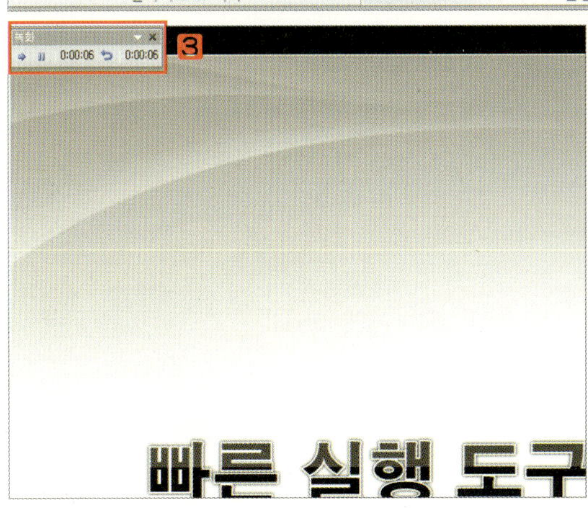

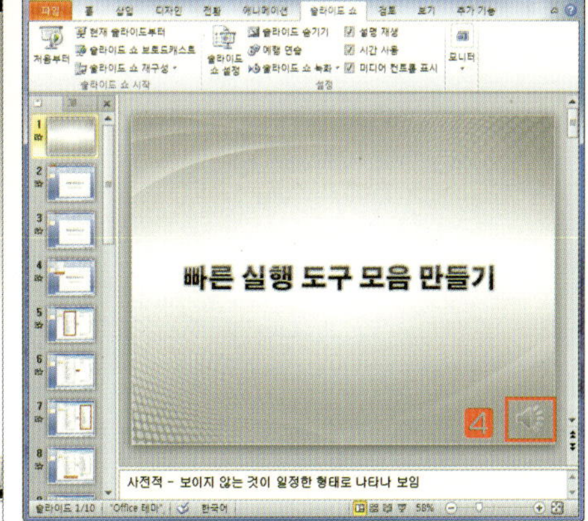

❷ 프레젠테이션을 비디오로 저장

[파일] 탭-[저장/보내기] 메뉴-[비디오 만들기]를 클릭한다. [컴퓨터 및 HD 디스플레이]에서 원하는 비디오 품질과 [기록된 시간 및 설명 사용] 기록된 시간 및 설명 사용을 설정한 후, [비디오 만들기] 단추를 클릭하면 프레젠테이션을 비디오로 저장할 수 있다.

프레젠테이션 파일 다중 실행하기

단일 모니터에서 전체 애니메이션 효과나 전체 미디어 지원을 사용하여 두 개 이상의 프레젠테이션을 실행할 수 있다. 이렇게 하면 프레젠테이션이 주 창 또는 상위 창에서 더 이상 바인딩되지 않으므로 한 프레젠테이션에서 작업하면서 다른 프레젠테이션의 내용을 참조할 수 있다.

CD 다중실행-1.pptx, 다중실행-2.pptx, 다중실행-3.pptx

보기 ···▶ 읽기용 보기 단추

1 여러 프레젠테이션 열기

파워포인트 2010에서 예제 파일 **1** '다중실행-1.pptx', **2** '다중실행-2.pptx', **3** '다중실행-3.pptx' 를 차례대로 연다.

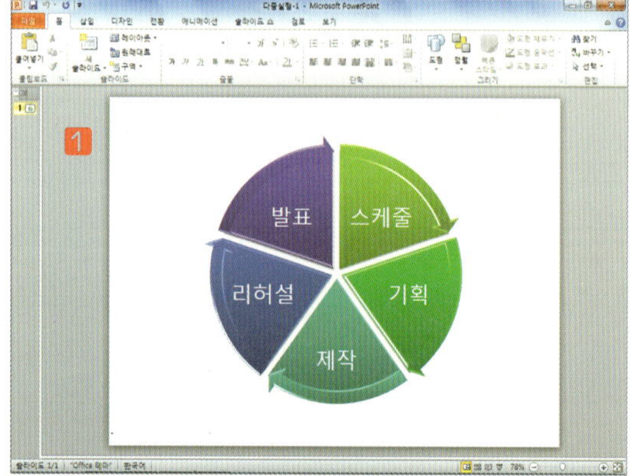

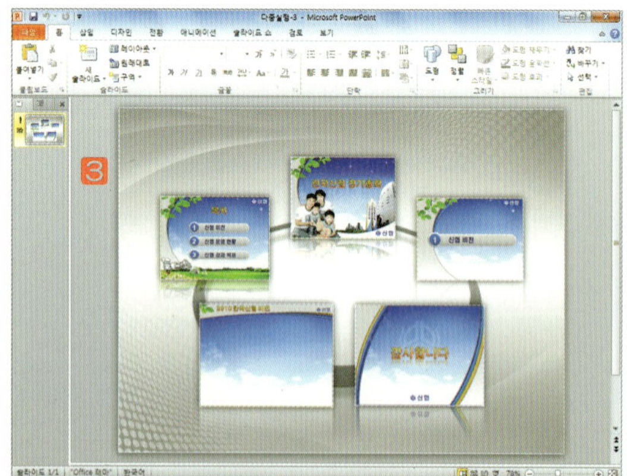

2 읽기용 보기로 프레젠테이션 보기

1 '다중실행-1.pptx' 가 기본 보기로 열려 있는 상태에서 **2** '다중실행-2.pptx' 는 [보기] 탭-[프레젠테이션 보기] 그룹-[읽기용 보기]를 클릭하여 **3** 슬라이드 쇼로 본다. 화면에 비디오 파일을 실행한 후, '다중실행-3.pptx' 도 [보기] 탭-[프레젠테이션 보기] 그룹-[읽기용 보기]를 클릭하여 **4** 슬라이드 쇼로 본다. 별도의 창을 열어 프레젠테이션을 슬라이드 쇼 형식으로 동시에 볼 수 있다.

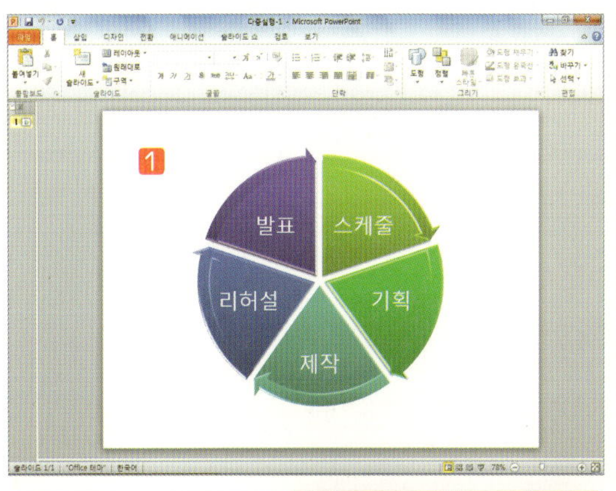

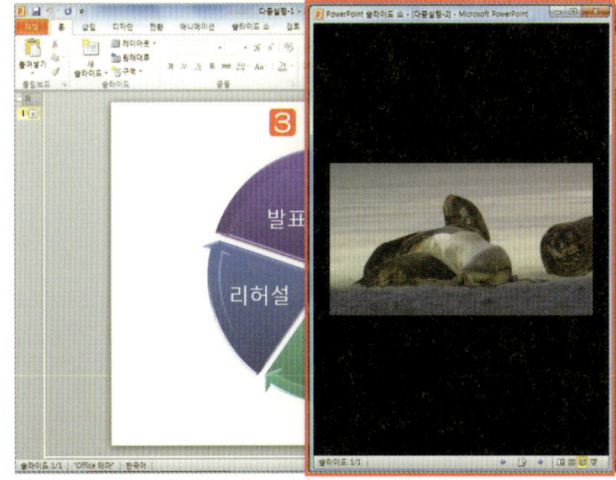

슬라이드 쇼 브로드캐스트하기

파워포인트 2010에 새롭게 추가된 기능으로 원격의 청중(고객)에게 웹상에서 프레젠테이션을 실시간으로 보여줄 수 있게 됐다. 원격의 청중(고객)에게 슬라이드 쇼를 진행할 링크(URL)를 보내면 초대된 모든 사람이 자신의 브라우저에서 동기화된 슬라이드 쇼를 볼 수 있다. 사용 방법은 간단하지만 활용도는 매우 높은 기능이다.

슬라이드 쇼 ···▶ 슬라이드 쇼 브로드캐스트 단추

1 Windows Live ID를 신청

http://login.live.com에 접속해서 절차에 따라 Windows Live ID을 발급받고, 로그인한다.

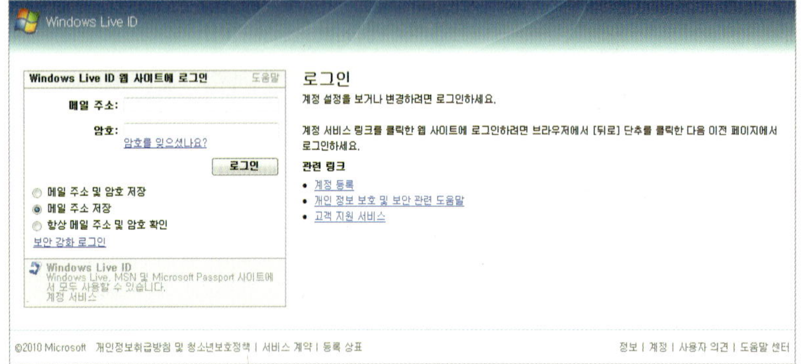

2 브로드캐스트를 위한 링크(URL) 주소 생성

1[슬라이드 쇼] 탭–[슬라이드 쇼 시작] 그룹–[슬라이드 쇼 브로드캐스트]를 클릭하여 [슬라이드 쇼 브로드캐스트] 대화상자가 나타나면 **2**[브로드캐스트 시작] 단추를 클릭한다. **3**계정을 입력하고 로그인한 후, **4**브로드캐스트를 위한 고유한 링크(URL) 주소를 생성한다.

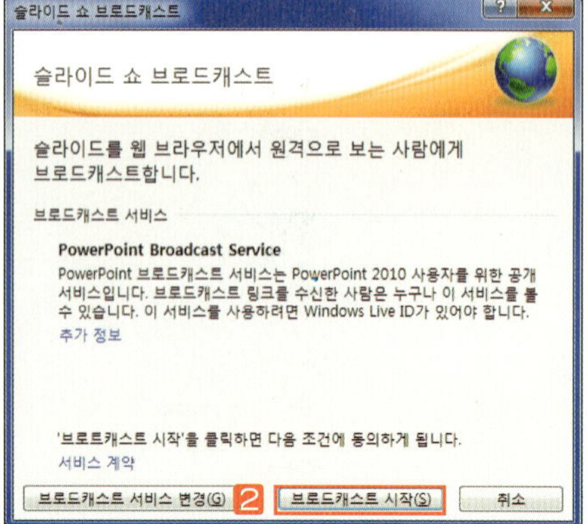

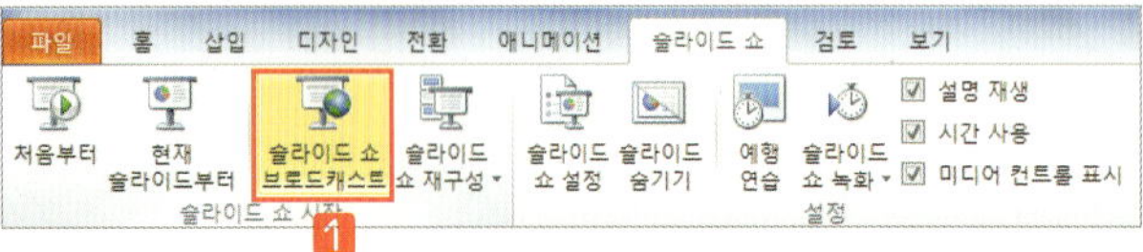

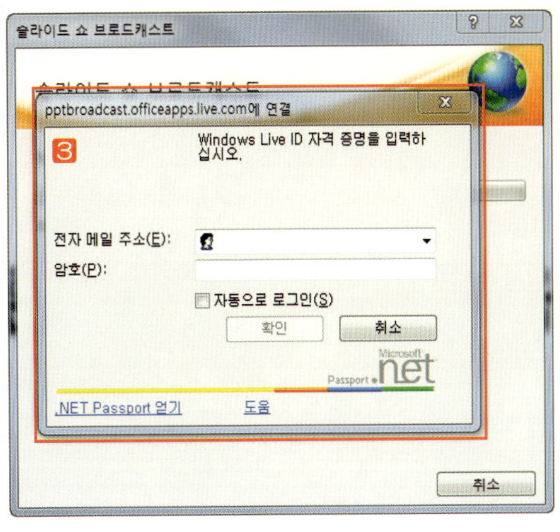
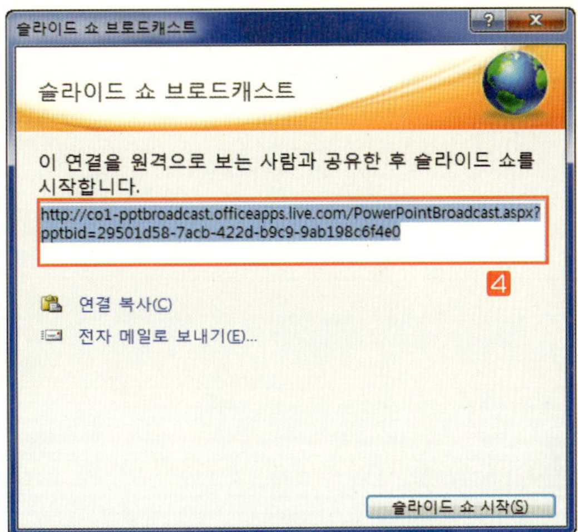

3 슬라이드 쇼 브로드캐스트

생성된 링크(URL)를 원격 청중(고객)에게 알려주거나, 이메일로 초대해 슬라이드 쇼를 진행할 수 있다. 원격 청중이 링크에 접속하게 되면 **1** 자신의 실행하고 있는 프레젠테이션 슬라이드 쇼를 **2** 청중이 실시간으로 확인할 수 있다.

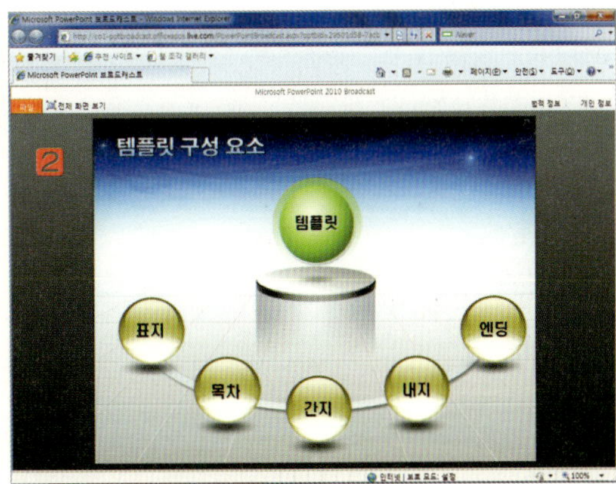

4 브로드캐스트 종료

프레젠테이션을 마친 후 브로드캐스트를 종료하려면, ESC 키를 눌러 슬라이드 쇼를 마치고 [브로드캐스트 종료] 단추를 클릭한다.

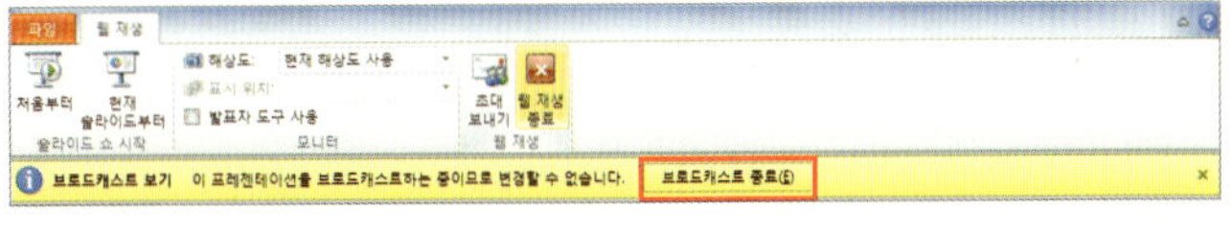

사용자 설정 슬라이드 레이아웃 만들기

파워포인트 2010에서는 11개의 형태가 다른 슬라이드 레이아웃이 있다. 그러나 사용자의 필요에 맞게 개체 틀의 수, 크기 및 위치, 배경, 콘텐츠 등을 설정하여 다양하게 레이아웃을 만들 수 있다.

CD 사용자 지정 레이아웃.pptx

슬라이드 마스터 ┈▶ 레이아웃 삽입 단추

1 기본으로 제공되는 슬라이드 레이아웃

1 [홈] 탭-[슬라이드] 그룹-[새 슬라이드]의 드롭다운 단추를 클릭한다. **2** 갤러리에 보이는 11개의 레이아웃이 파워포인트 2010에서 제공하는 기본 레이아웃이다.

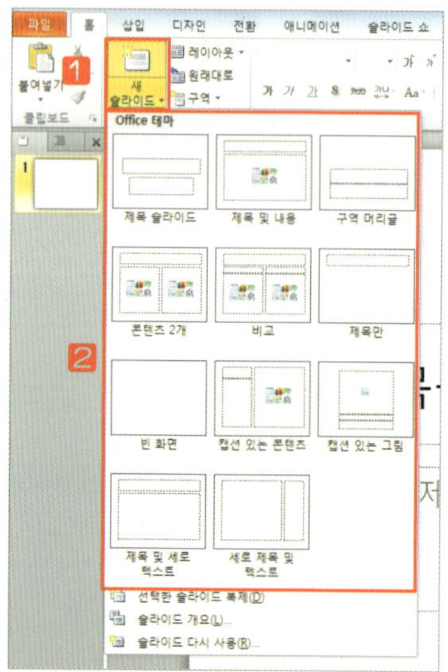

2 슬라이드 마스터 보기

1 [보기] 탭-[마스터 보기] 그룹-[슬라이드 마스터]를 클릭하여 사용자 설정 레이아웃을 만들기 위한 슬라이드 마스터 보기로 화면을 바꾼다. [슬라이드] 탭을 살펴보면 **2** 최상위 슬라이드 마스터와 **3** 형태가 다른 11개의 슬라이드 레이아웃으로 구성되어 있다.

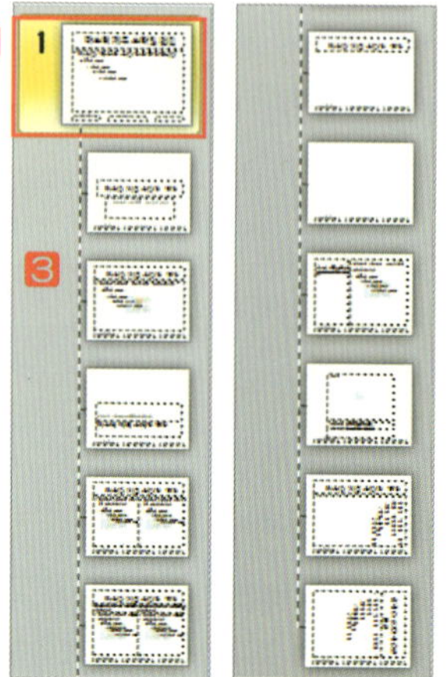

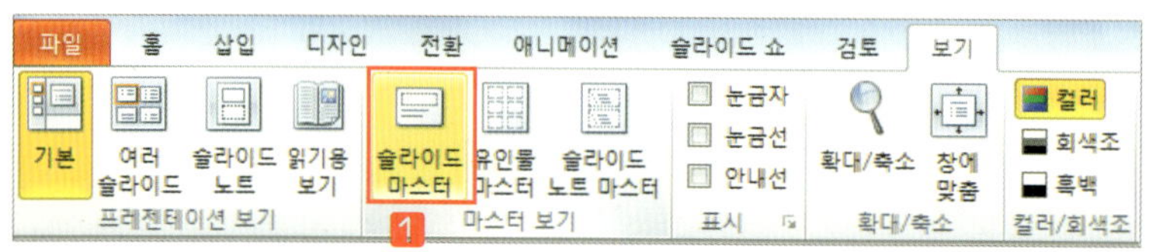

3 사용자 설정 레이아웃 추가

1 [슬라이드 마스터] 탭–[마스터 편집] 그룹–[레이아웃 삽입]을 클릭한다. **2** 최상위 슬라이드 마스터와
같은 형태의 레이아웃이 추가되는 것을 확인할 수 있다.

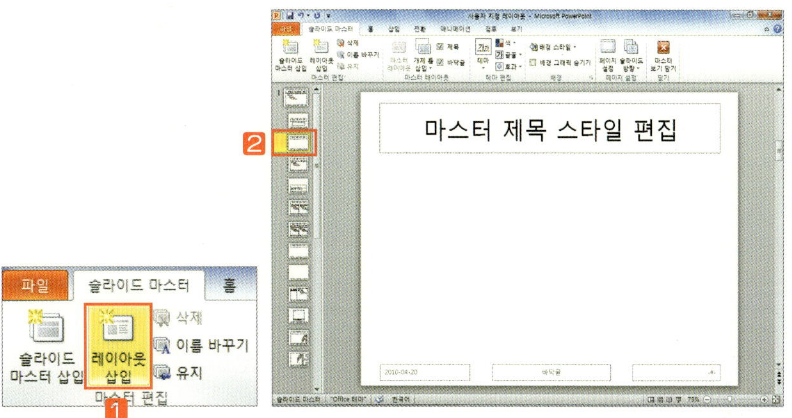

4 개체 틀 삽입

1 [슬라이드 마스터] 탭–[마스터 레이아웃] 그룹–[개체 틀 삽입]을 클릭하면 **2** 텍스트 및 개체 기반의
다양한 개체 틀 종류를 확인할 수 있다. 원하는 개체 틀을 선택하여 삽입할 수 있다.

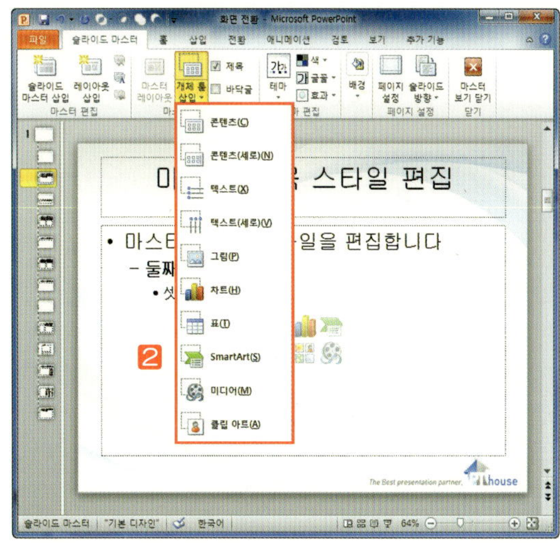

5 사용자 설정 레이아웃 만들기

추가된 슬라이드 레이아웃의 왼쪽 영역에 **1**[슬라이드 마스터] 탭–[마스터 레이아웃] 그룹–[개체 틀 삽입]–[그림]을 클릭하고 **2**드래그하여 그림 영역을 만든다. 또 슬라이드 오른쪽 영역에는 **3**[슬라이드 마스터] 탭–[마스터 레이아웃] 그룹–[개체 틀 삽입]–[텍스트]를 클릭하고 **4**드래그하여 텍스트 영역을 만들어준다. 레이아웃의 이름을 바꾸기 위해 **5**[슬라이드 마스터] 탭 –[마스터 편집] 그룹–[이름 바꾸기]를 클릭한다. [레이아웃 이름 바꾸기] 대화상자가 나타나면 **6**이름을 '포트폴리오'로 설정하고 **7**[이름 바꾸기] 단추를 클릭한다. 슬라이드 탭에서 해당 슬라이드에 마우스를 대면 **8**레이아웃의 이름이 바뀐 것을 확인할 수 있다.

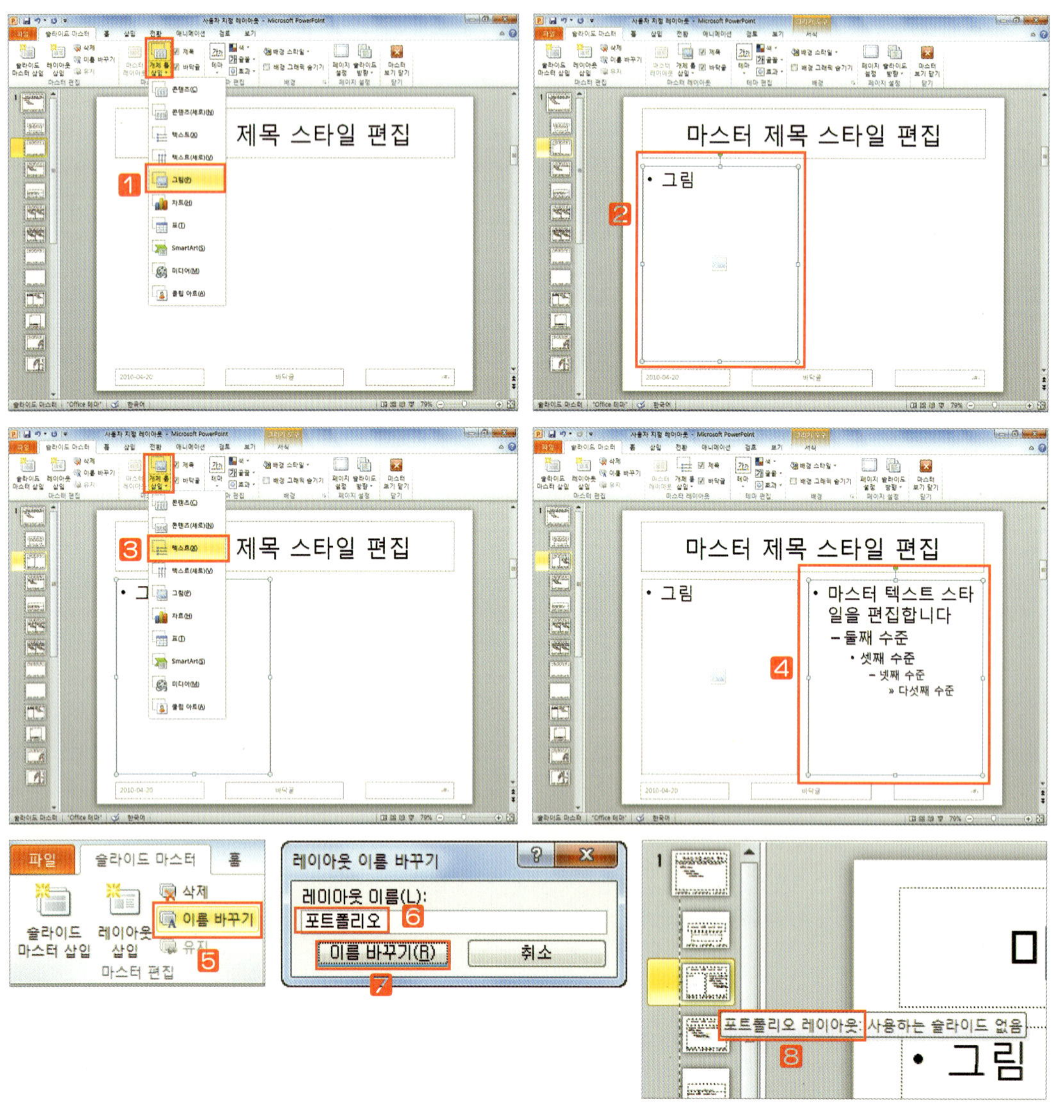

6 사용자 지정 슬라이드 레이아웃 추가하기

완성된 슬라이드 레이아웃에 내용을 적용하기 위해 **1**[슬라이드 마스터] 탭-[닫기] 그룹-[마스터 보기 닫기]를 클릭한다. 사용자 설정한 슬라이드 레이아웃을 추가하기 위해 **2**[홈] 탭-[슬라이드] 그룹-[새 슬라이드]-[포트폴리오]를 클릭한다. **3**추가된 슬라이드의 개체 틀에 **4**내용을 적용하여 완성한다.

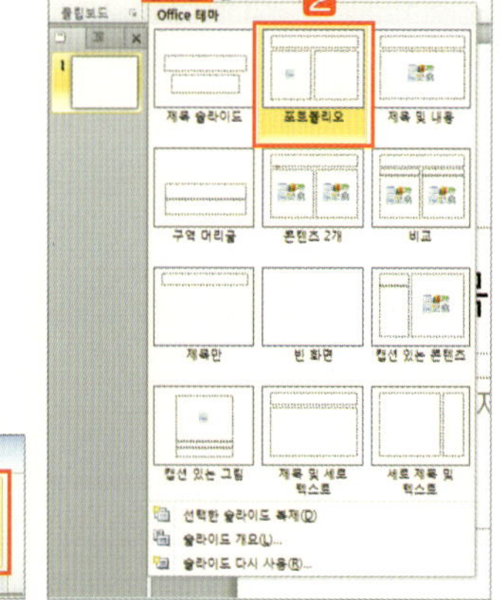

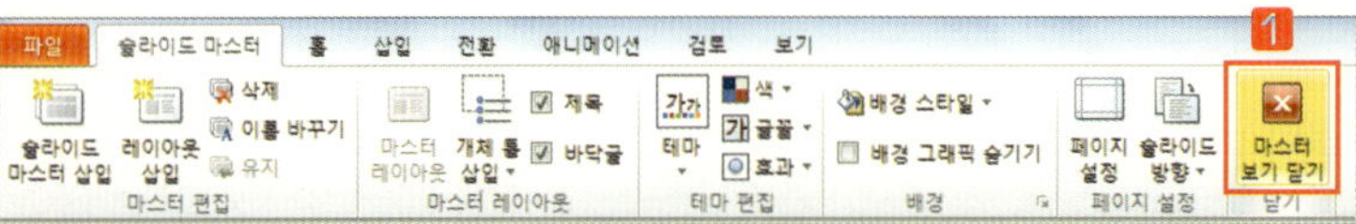

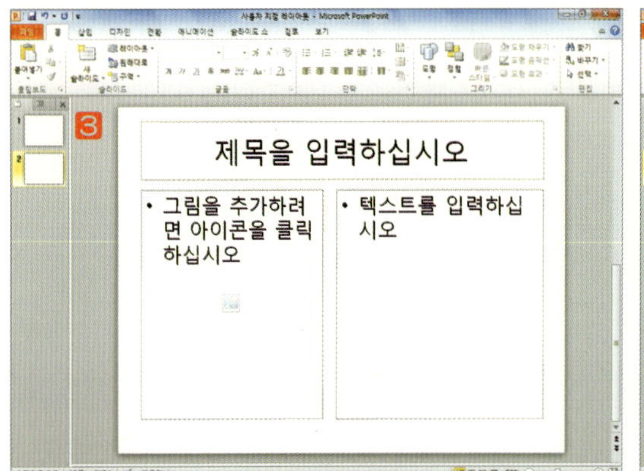

자유롭게 도형 모양 편집하기

슬라이드에 그린 도형의 모양을 변경하거나 파워포인트 2010에서 기본적으로 제공되는 도형 이외에 사용자가 원하는 대로 도형 모양을 편집할 수 있다. 도형 모양을 자유롭게 편집하기 위해서는 점 편집 명령을 사용한다. 이때 점을 추가하거나 삭제할 수 있고, 곡선형으로 늘이거나 줄일 수도 있다.

CD 도형 모양 편집.pptx

서식 ┈▶ 도형 편집 단추 

1 도형 모양 변경

1 모양을 바꾸고자 하는 상단 도형을 선택한다.
2 [그리기 도구]-[서식] 탭-[도형 삽입] 그룹-[도형 편집]-[도형 모양 변경]-[모서리가 둥근 직사각형]을 클릭한다. **3** 서식은 그대로 유지하면서 도형의 모양만 변형되는 것을 확인할 수 있다.

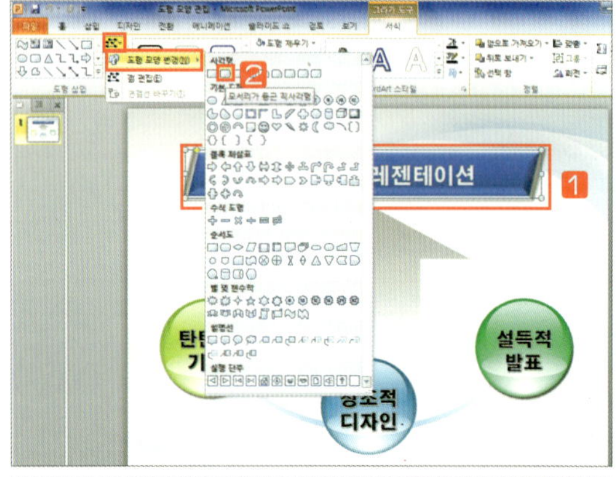

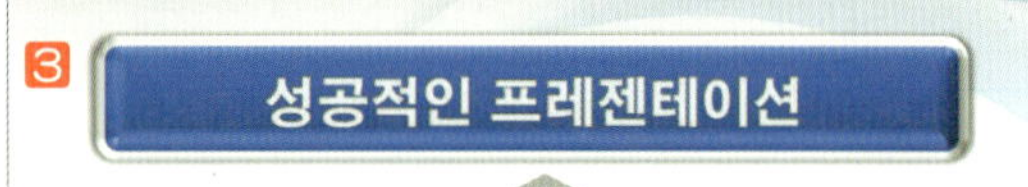

2 도형 점 편집

[점 편집]을 사용하여 도형의 모양을 자유롭게 편집할 수 있다. **1** 편집할 도형을 선택한 후, **2** [그리기 도구]-[서식] 탭-[도형 삽입] 그룹-[도형 편집]-[점 편집]을 클릭한다. **3** 도형 꼭지점의 핸들이 검정 사각형으로 바뀌면 검정 사각형 점을 이동하여 **4** 자유롭게 도형의 모양을 변경할 수 있다.

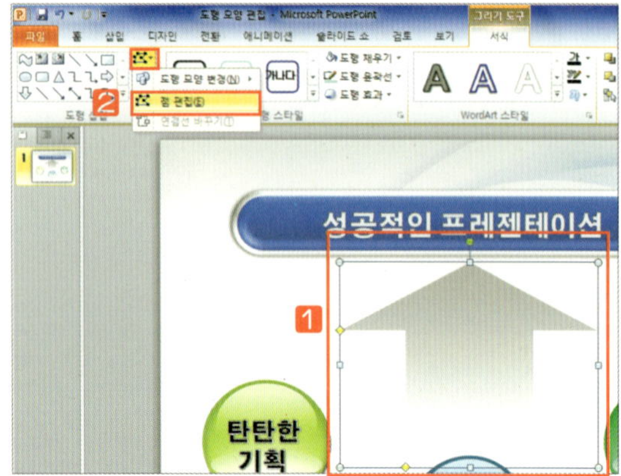

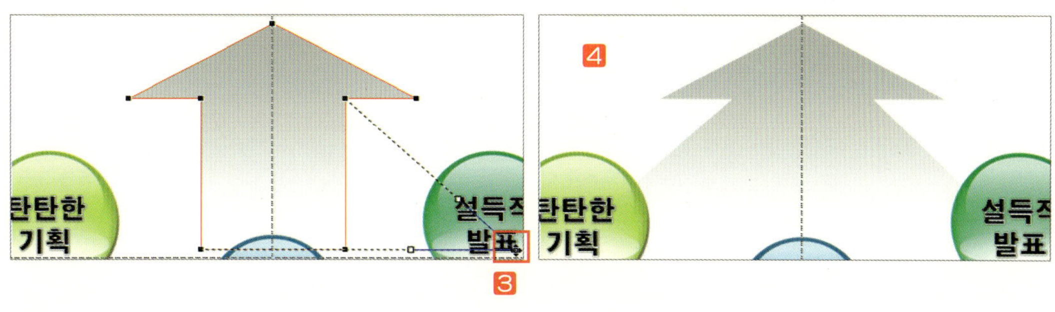

③ 곡선 만들기

[점 편집]을 이용하여 곡선을 그릴 수도 있다. 도형의 검정 사각형을 선택하면 양방향으로 베지어 곡선이 나타난다. ❶베지어 곡선 끝의 흰 사각형을 드래그하면 ❷곡선을 만들 수 있다.

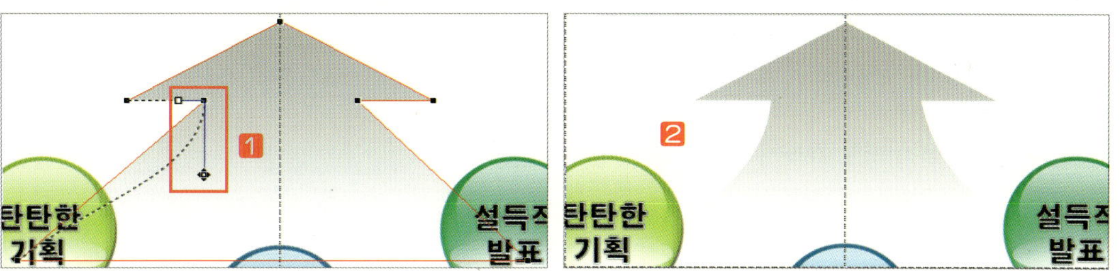

그라데이션 중지점 이해하기

그라데이션은 둘 이상의 색상이 점차적으로 혼합되는 것을 말한다. 도형, 텍스트, 슬라이드 배경 등 다양하게 그라데이션을 활용할 수 있다. 종류로는 밝기를 변형하는 단순 그라데이션과 기본 제공되는 그라데이션, 그리고 사용자가 직접 만들 수 있는 그라데이션이 있다.

CD 그라데이션.pptx

서식 ···▶ 도형 채우기 단추   

1 단순 그라데이션

1 슬라이드1에서 그라데이션을 적용할 직사각형 도형을 선택한다. **2** [그리기 도구]-[서식] 탭-[도형 스타일] 그룹-[도형 채우기]-[그라데이션]-[밝은 그라데이션]-[가운데에서]를 클릭한다. **3** 단순 그라데이션 효과가 적용된 도형을 확인한다.

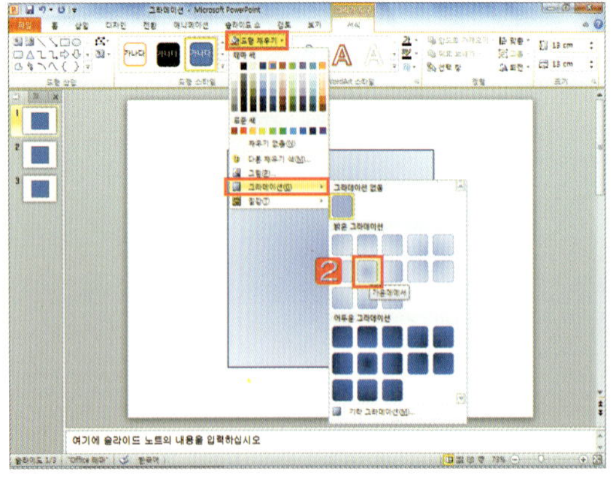

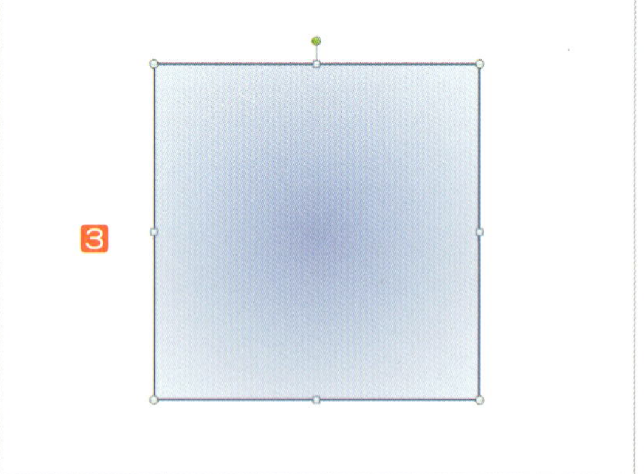

2 기본 제공 그라데이션

슬라이드2에서 **1** 그라데이션을 적용할 직사각형 도형을 선택한다. **2** [그리기 도구]-[서식] 탭-[도형 스타일] 그룹-[도형 채우기]-[그라데이션]-[기타 그라데이션]을 클릭한다. 이때 나타나는 [도형 서식] 대화상자에서 **3** [채우기]-[그라데이션 채우기]를 선택하고 **4** [기본 설정 색]은 [해양]으로 선택한다. **5** [닫기] 단추를 클릭한 후 **6** 그라데이션 효과가 적용된 도형을 확인한다.

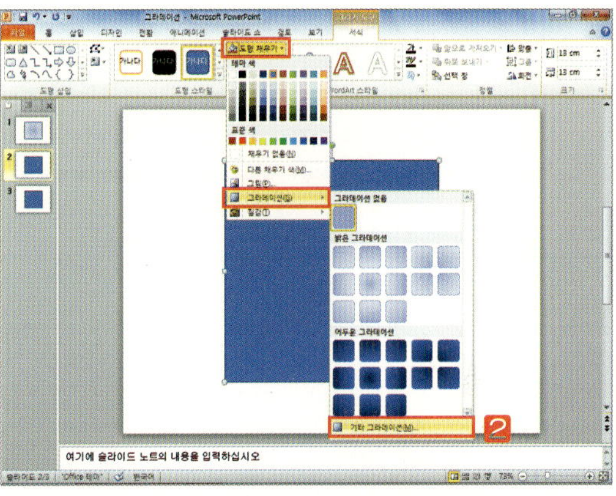

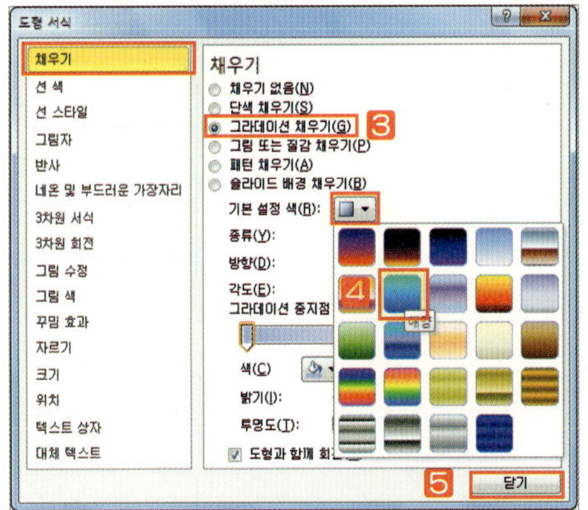

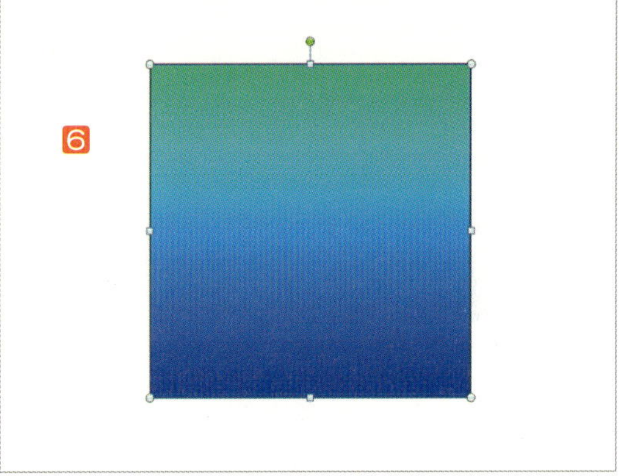

3 사용자 설정 그라데이션

슬라이드3에서 그라데이션을 적용할 직사각형 도형을 선택한다. **1** [그리기 도구]-[서식] 탭-[도형 스타일] 그룹-[도형 채우기]-[그라데이션]-[기타 그라데이션]을 클릭한다. [도형 서식] 대화상자에서 **2** [채우기]-[그라데이션 채우기]를 선택한다. **3** [종류]는 '선형', **4** [방향]은 [선형 왼쪽]을 클릭한다. **5** [중지점1]을 선택한 후 **6** [색]은 [주황]을 선택한다. 같은 방법으로 **7** [중지점2]의 [색]은 [연한 녹색], **8** [중지점3]의 [색]은 [연한 파랑]을 선택한다. **9** [닫기] 단추를 클릭한 후 **10** 완성된 그라데이션 효과를 확인한다.

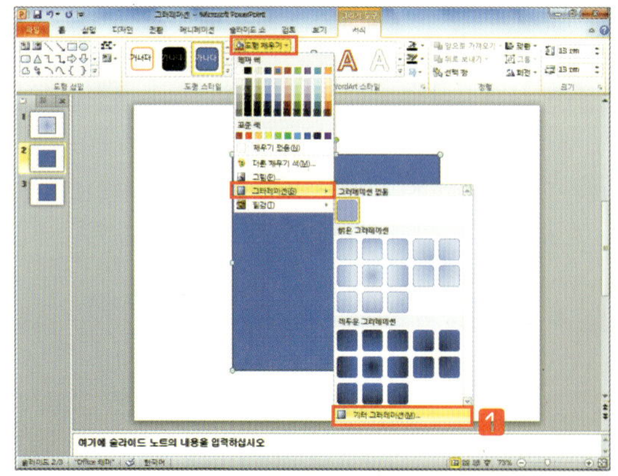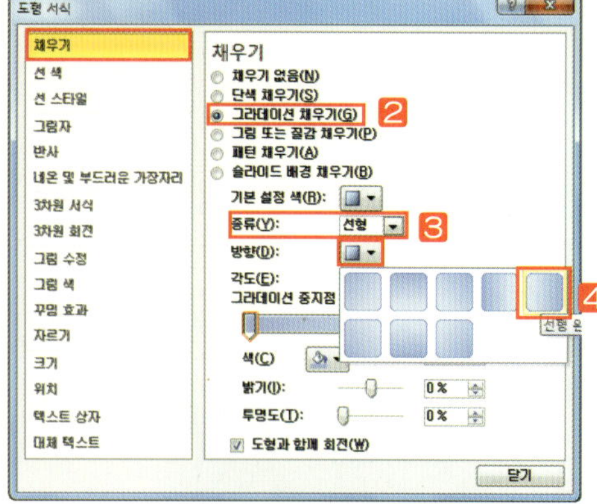

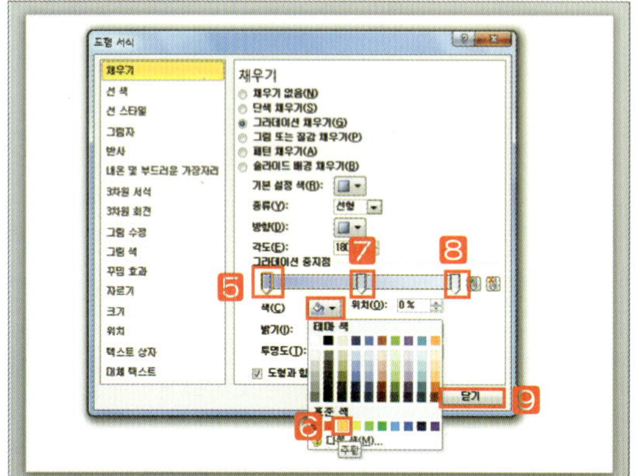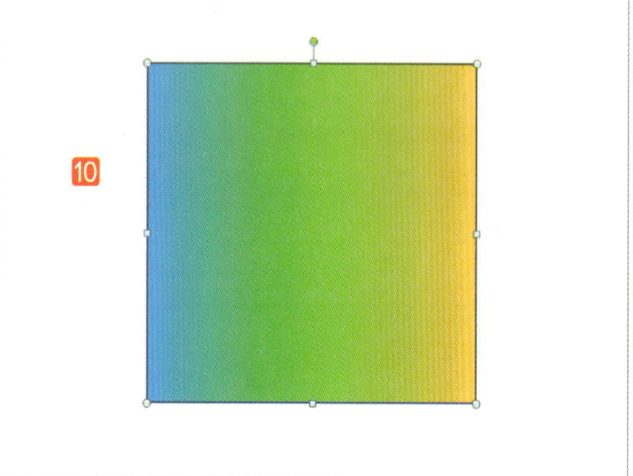

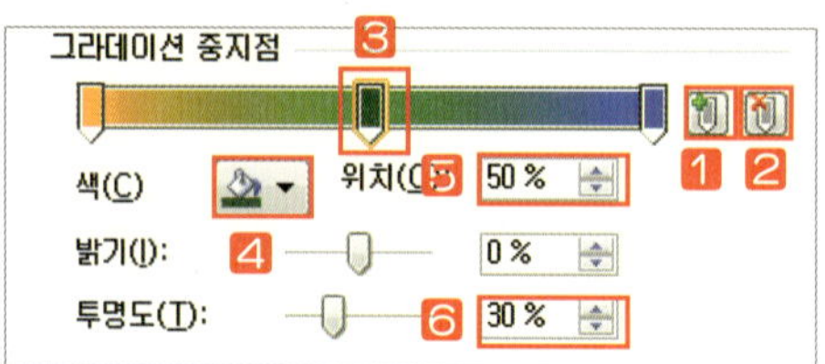

POINT 그라데이션 중지점이란, 그라데이션을 적용할 때 색의 시작점을 말한다. 파워포인트 2010에서는 중지점을 10 개까지 만들 수 있다. 중지점을 추가하려면 [도형 서식] 대화상자에서 **1** [그라데이션 중지점 추가] 단추를 클릭 하고 중지점을 삭제하려면 **2** [그라데이션 중지점 제거]를 클릭한다. 색을 변경하기 위해서는 **3** 중지점을 선택 하고 **4** [색] 단추를 클릭한 후 원하는 색을 선택한다. 위치를 이동하기 위해서는 중지점 슬라이더를 이동하거 나 **5** 위치 상자에 원하는 위치 값을 입력한다. 위치가 50%로 설정되면 개체의 중간 지점이다. 밝기와 투명도 는 중지점 슬라이더를 먼저 선택한 후 각각 해당되는 슬라이더를 이동하거나 상자에 값을 입력한다. **6** 투명도 는 100%에 가깝게 설정할수록 더 투명해진다. **7** 아래의 설정이 적용된 그라데이션을 확인한다.

SmartArt 그래픽으로 도해 만들기

몇 번의 클릭만으로도 전문가 수준의 도해를 만들 수 있는 것이 바로 SmartArt 그래픽을 활용한 도해 표현이다. SmartArt 그래픽은 정보와 아이디어를 시각적으로 표현하는 것으로, 다양한 레이아웃을 통해 메시지를 빠르고 효과적으로 전달할 수 있다. 파워포인트 2010에서는 SmartArt 그래픽 도형을 도형으로 변형할 수 있어서 더욱 다양하게 활용할 수 있다.

삽입 ···▶ SmartArt 단추 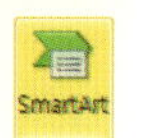

❶ SmartArt 그래픽 삽입

[삽입] 탭-[일러스트레이션] 그룹-[SmartArt]를 클릭한다. ❶[SmartArt 그래픽 선택] 대화상자에서 [주기형]-[세그먼트 주기형]을 선택한 후 ❷[확인] 단추를 클릭한다. ❸다음과 같이 텍스트 내용을 입력한다.

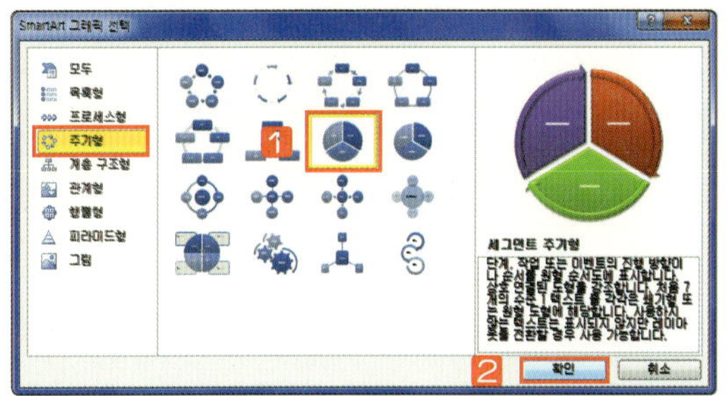
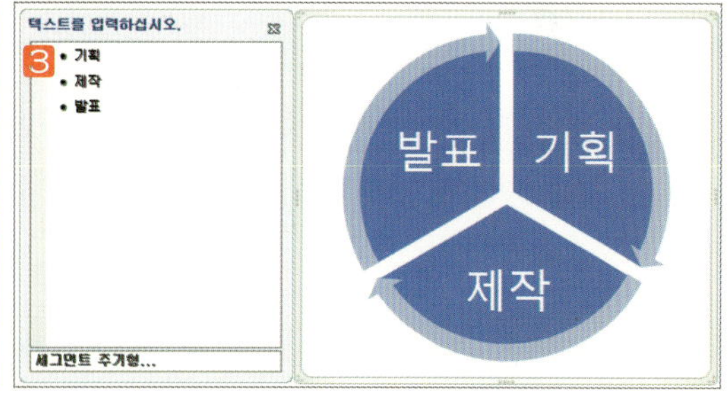

❷ 도형 추가

도형을 추가하려면 ❶[SmartArt 도구]-[디자인] 탭-[그래픽 만들기] 그룹-[도형 추가]를 클릭한다. 두 번 클릭하면 ❷다음과 같이 도형이 추가된 것을 알 수 있다.

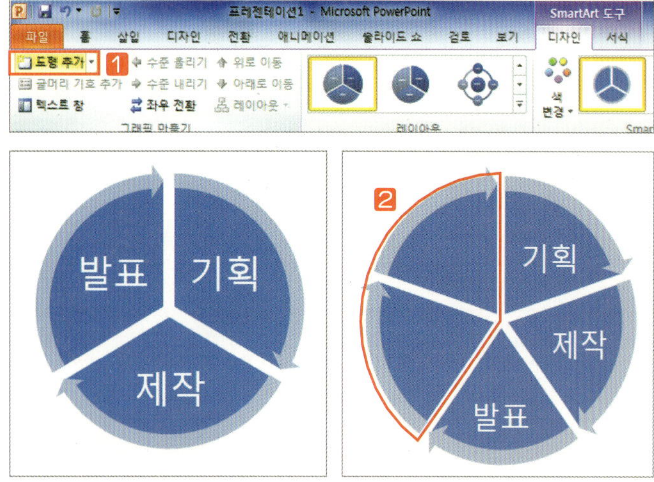

스타일을 적용하기 위해 **1** [SmartArt 도구]–[디자인] 탭–
[SmartArt 스타일] 그룹의 [자세히] 단추를 클릭하여 **2**[3차원]–
[광택 처리]를 클릭한다. 그런 다음 **3**[SmartArt 도구]–[디자인]
탭–[SmartArt 스타일] 그룹–[색 변경]–[색상형]–[색상형 범위 강
조색 3 또는 4]를 클릭하여 **4**색상을 변경한다.

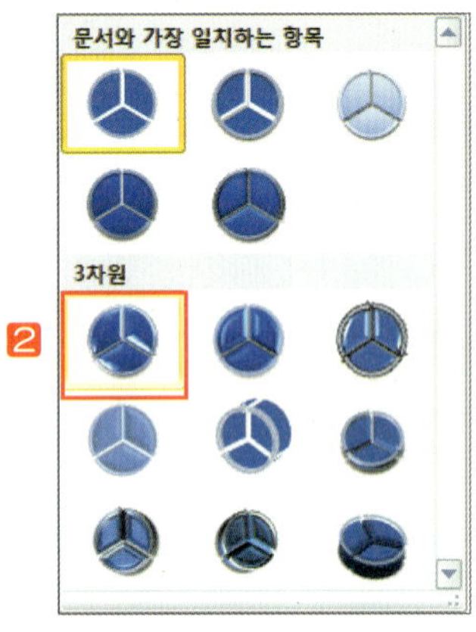

4 레이아웃 변경

슬라이드에서 SmartArt 그래픽을 선택한 후 **1**[SmartArt 도구]–[디자인] 탭–[레이아웃] 그룹의 [자세
히] 단추를 클릭하여 **2**[기본 주기형]을 클릭한다. **3**SmartArt 그래픽의 레이아웃이 변경된 것을 확인
할 수 있다.

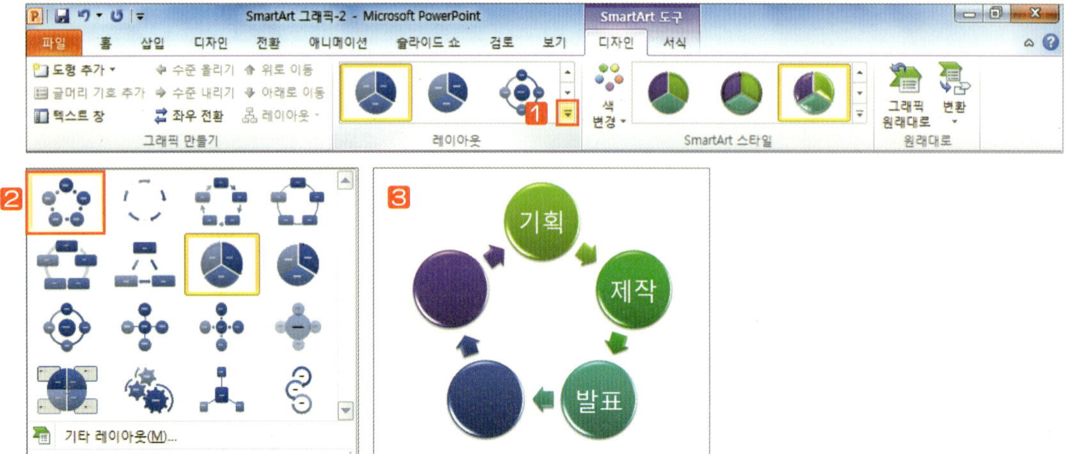

원 클릭으로 빠르게 스타일 적용하기

파워포인트 2010에서는 빠른 스타일 적용으로 도형, 텍스트, 표, 차트, 그림에 빠르게 스타일을 적용할 수 있다. 빠른 스타일 적용 전에 실시간 미리 보기가 가능하고 클릭 한 번으로 스타일을 적용할 수 있기 때문에 작업 시간을 단축시켜 준다.

CD **빠른 스타일.pptx**

서식 ···▶ 도형 스타일 단추 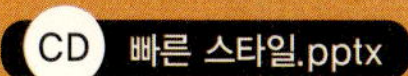

도형 빠른 스타일

슬라이드1에서 **1** 빠른 스타일을 적용할 도형 개체를 선택한다. **2** [그리기 도구]–[서식] 탭–[도형 스타일] 그룹에서 [자세히] 단추를 클릭하고 **3** [강한 효과–황록색, 강조 3]을 클릭한다. **4** 도형에 빠른 스타일이 적용되었음을 알 수 있다.

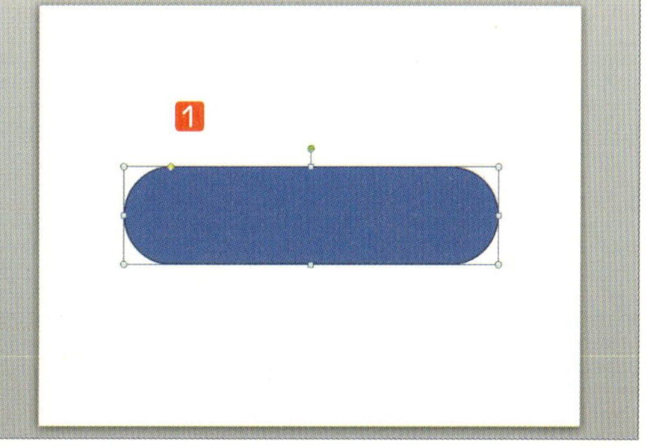

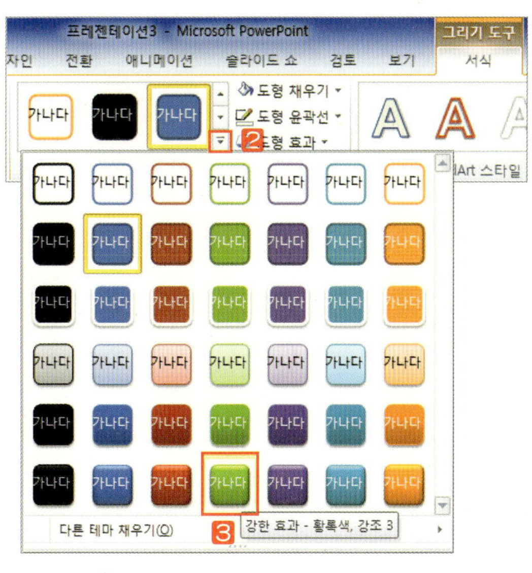

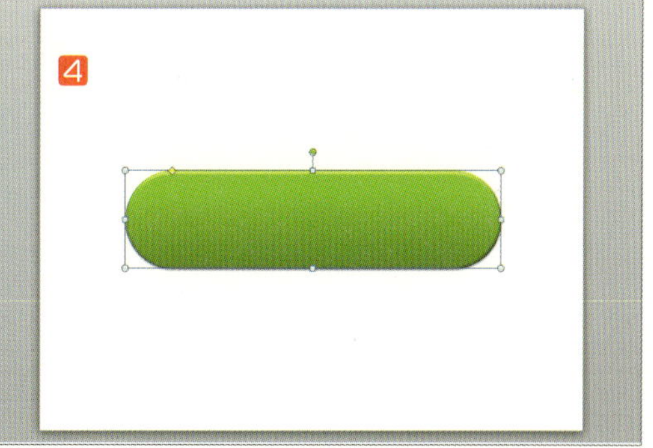

② 텍스트 빠른 스타일

슬라이드2에서 **1**빠른 스타일을 적용할 텍스트 개체를 선택한다. [그리기 도구]–[서식] 탭–[WordArt 스타일]에서 [자세히] 단추를 클릭하고 **2**[선택한 텍스트에 적용]–[그라데이션 채우기-파랑, 강조 1, 윤곽선-흰색]을 클릭한다. **3**텍스트에 빠른 스타일이 적용된 것을 확인할 수 있다.

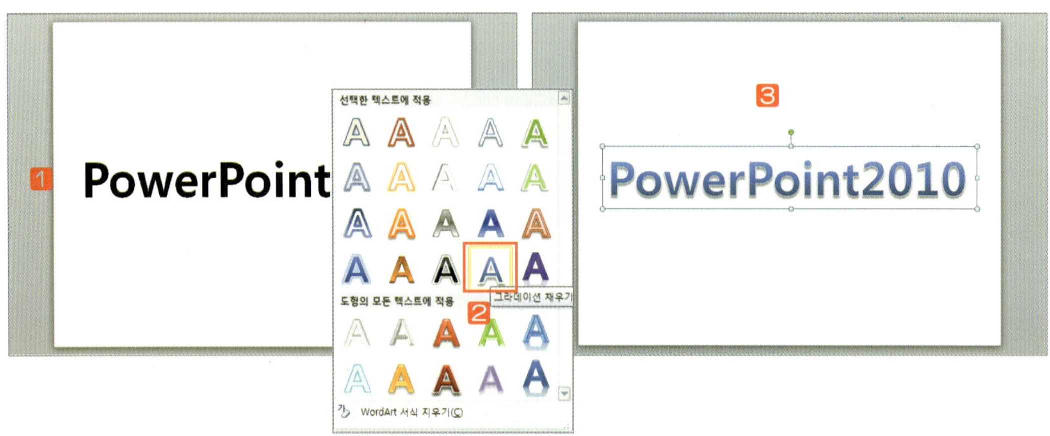

③ 표 빠른 스타일

슬라이드3에서 **1**빠른 스타일을 적용할 표를 선택한다. [표 도구]–[디자인] 탭–[표 스타일] 그룹에서 [자세히] 단추를 클릭하고 **2**[문서와 가장 일치하는 항목]–[테마 스타일 2-강조 1]을 클릭한다. **3**표에 빠른 스타일이 적용된 것을 확인할 수 있다.

4 차트 빠른 스타일

슬라이드4에서 **1**빠른 스타일을 적용할 차트를 선택한다. **2**[차트 도구]–[디자인] 탭–[차트 스타일] 그룹에서 [자세히] 단추를 클릭하고 [스타일 27]을 클릭한다. **3**차트에 빠른 스타일이 적용된 것을 확인할 수 있다.

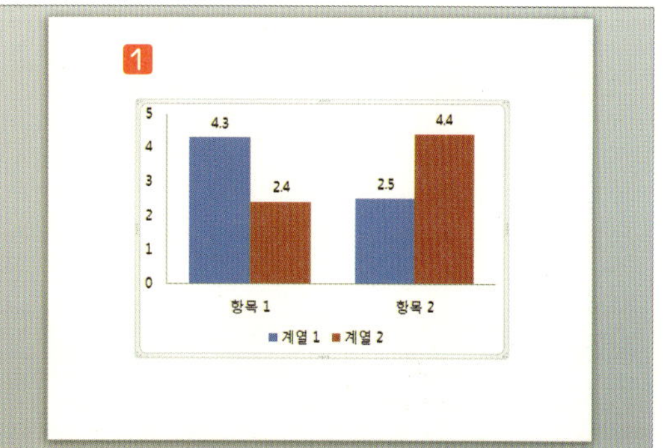

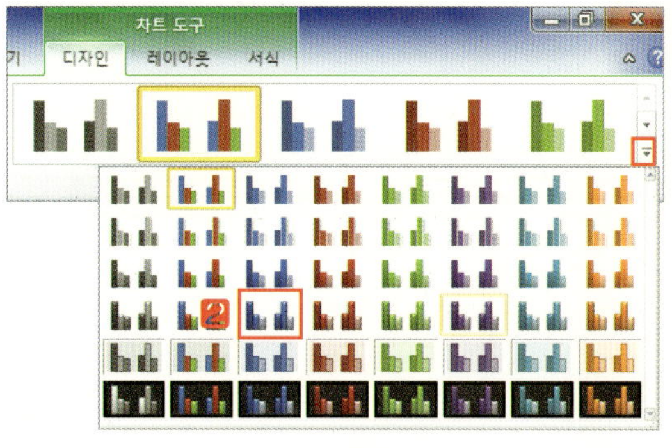

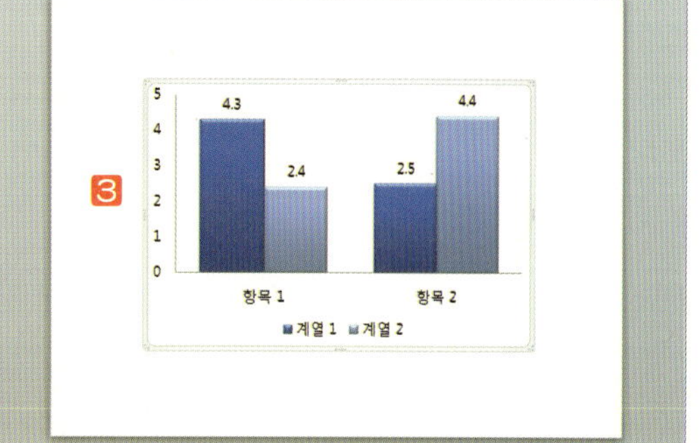

5 그림 빠른 스타일

슬라이드 5에서 **1**빠른 스타일을 적용할 그림 개체를 선택한다. [그림 도구]–[서식] 탭–[그림 스타일] 그룹에서 [자세히] 단추를 클릭하고 **2**[둥근 대각선 모서리, 흰색]을 클릭한다. **3**그림에 빠른 스타일이 적용된 것을 확인할 수 있다.

전문가 수준으로 개체에 효과주기

파워포인트 2010만 있으면 포토샵이나 3D 그래픽 없이도 개체에 네온, 반사, 3차원 효과 등 전문가 수준의 디자인 효과를 쉽게 만들 수 있다. 각각의 효과에 대한 세부 옵션을 적용하여 값을 미세하게 조정할 수 있어 개체의 완성도도 높다.

CD 전문가 스타일.pptx

서식 ···▶ 도형 효과 단추 · 도형 효과 ▾

① 도형 효과 적용

슬라이드1에서 효과를 적용할 ①왼쪽 아래 정사각형 도형을 선택한다. ②[그리기 도구]-[서식] 탭-[도형 스타일] 그룹-[도형 서식] 단추를 클릭한다. [도형 서식] 대화상자에서 ③[3차원 서식]을 선택한 후 ④[입체 효과] 항목에서 [위쪽]-[너비]는 '6pt', [높이] '6pt', [깊이] '120pt', [재질]은 [부드러운 무광택], [조명]은 [균형있게]를 적용한다. 그런 다음 ⑤[3차원 회전]을 선택한 후 ⑥[미리 설정]-[원근감(왼쪽)]을 선택하고 ⑦[Y]를 '15°'로 설정한다. ⑧[닫기] 단추를 클릭하여 ⑨도형에 적용된 효과를 확인한 후, ⑩나머지 2개의 정사각형에도 같은 효과를 적용하여 완성한다.

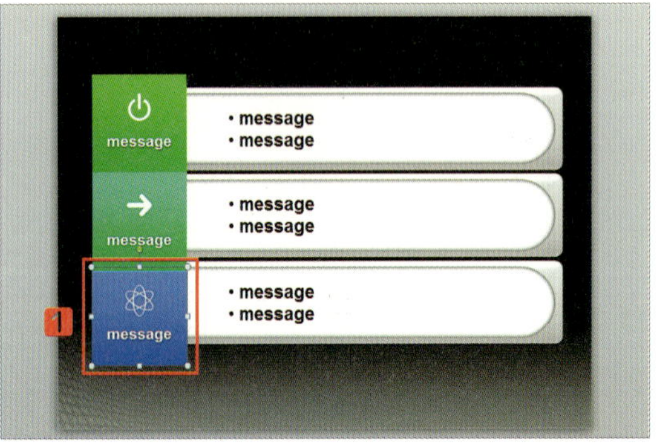

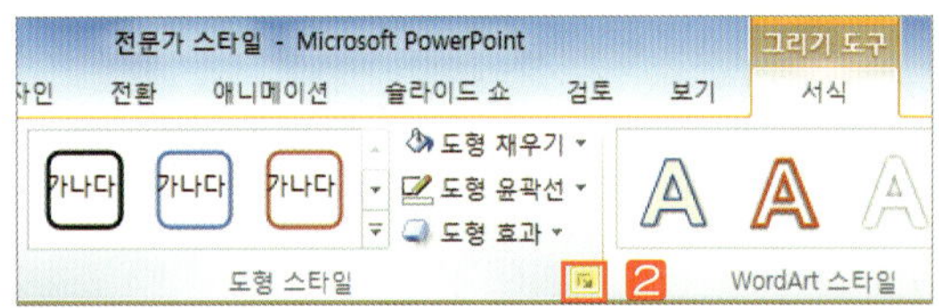

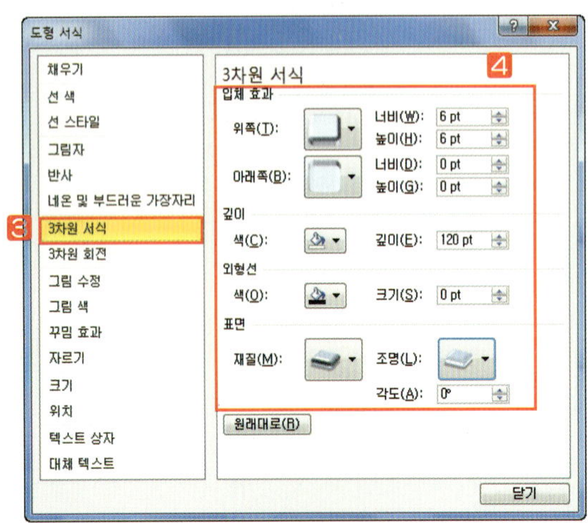

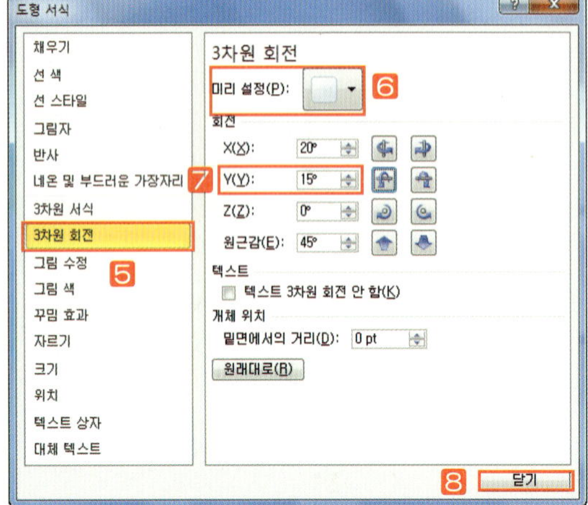

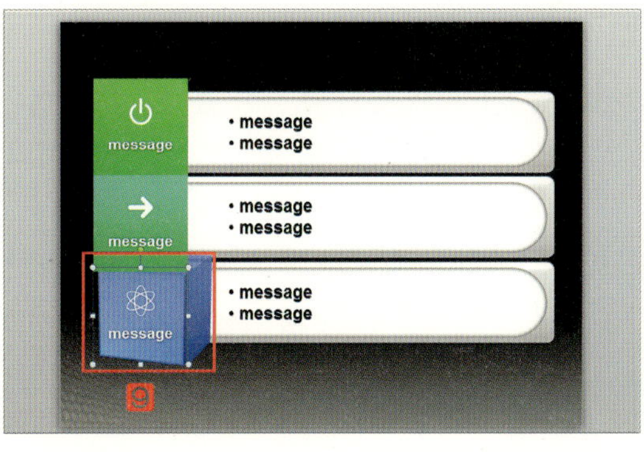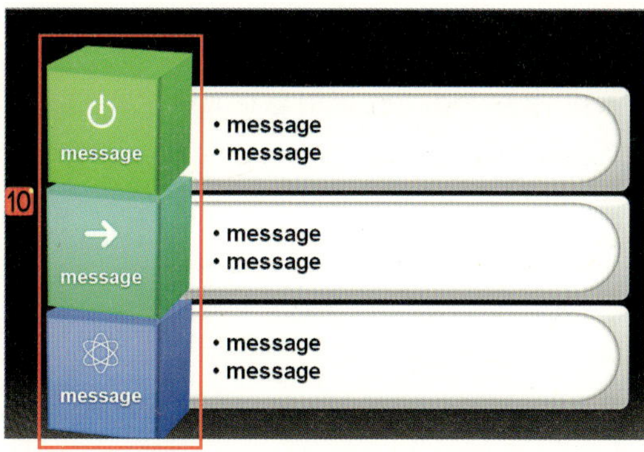

2 텍스트 효과 적용

슬라이드2에서 **1**효과를 적용할 텍스트를 선택한 후, **2**[그리기 도구]-[서식] 탭-[WordArt 스타일] 그룹-[텍스트 효과]-[입체 효과]-[부드럽게 둥글리기]를 클릭한다. 그런 다음 **3**[그리기 도구]-[서식] 탭-[WordArt 스타일] 그룹-[텍스트 효과]-[3차원 회전]-[원근감(오른쪽)]을 클릭한다. 미세하게 효과를 적용하기 위해 **4**[그리기 도구]-[서식] 탭-[WordArt 스타일] 그룹-[텍스트 효과 서식] 대화상자 단추를 클릭한다. **5**[텍스트 효과 서식] 대화상자의 [3차원 회전]을 선택하고 **6**[회전]을 다음과 같이 설정한다. **7**[닫기] 단추를 클릭하여 **8**텍스트에 적용된 효과를 확인한다.

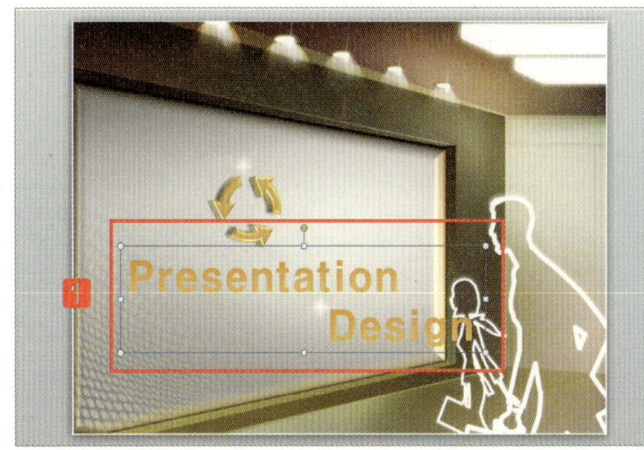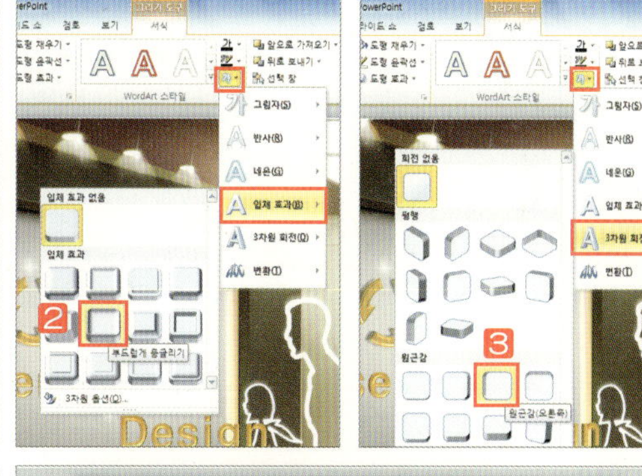

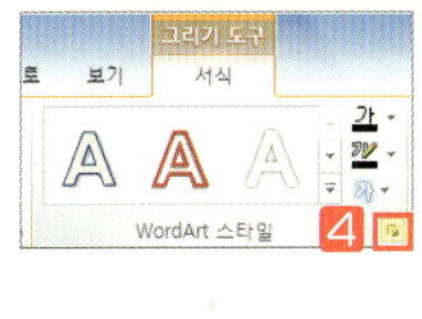

POINT [텍스트 효과 서식] 대화상자에서 [X]는
'317.5', [Y]는 '0.5', [Z]는 '0', 원근감은
'85'로 설정한다.

슬라이드3에서 1 효과를 적용할 그림을 선택한다. 그림 모양을 바꾸기 위해 2 [그림 도구]-[서식] 탭-
[크기] 그룹-[자르기]-[도형에 맞춰 자르기]-[구름]을 클릭한다. 그런 다음 그림 주변을 부드럽게 처리
하기 위해 3 [그림 도구]-[서식] 탭-[그림 스타일] 그룹-[그림 효과]-[부드러운 가장자리]-[50 포인트]
를 클릭한다. 마지막으로 4 [그림 도구]-[서식] 탭-[조정] 그룹-[색]-[바다색, 어두운 강조색 5]를 클릭
하여 색상을 변경한다. 5 효과가 적용된 그림을 확인할 수 있다.

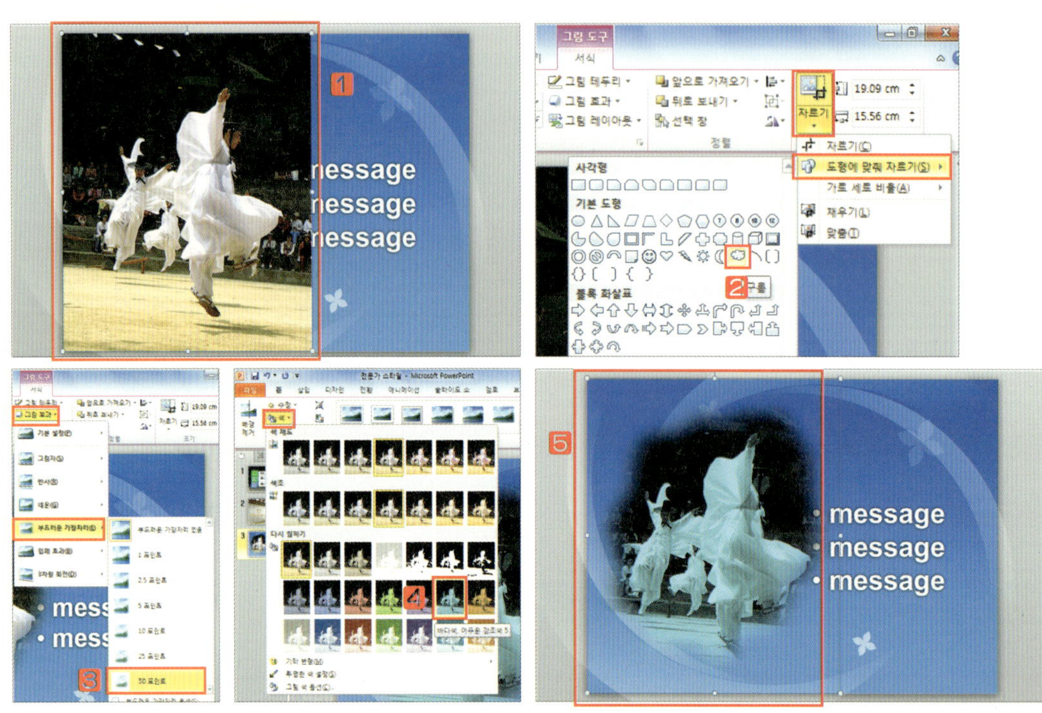

선택 창을 활용한 개체 정리하기

포토샵이나 일러스트레이터에서 개체를 레이어별로 정리하여 이름을 설정하고 화면에서 보이고 사라지게 만들 수 있는 기능이 파워포인트에도 있는데 바로 선택 창이다. 선택 창은 각 개체를 선택하고 개체의 순서와 표시 방법을 변경할 때 유용하고 특히 애니메이션을 활용할 때 유용하게 쓰인다.

CD 선택창.pptx

홈 ┈▶ 선택 단추   선택 ▼

1 선택 창 표시

슬라이드1에서 **1** [홈] 탭-[편집] 그룹-[선택]-[선택 창]을 클릭한다. **2** 화면 우측에 [선택 및 표시] 창이 나타나는 것을 알 수 있다.

POINT 개체의 이름을 변경하기 위해서는 [선택 및 표시] 창에서 이름을 변경하고자 하는 개체 항목 이름을 더블 클릭한 후 원하는 이름으로 설정하면 된다.

2 개체 표시하고 감추기

[선택 및 표시] 창에서 표시하고자 하는 개체의 이름 오른쪽에 있는 **1** 빈 사각형 단추를 클릭한다. 슬라이드에서 **2** 감춰져 있던 개체가 **3** 나타나는 것을 확인할 수 있다.

이미지3   **1** ☐

POINT 다시 눈 단추를 클릭하면 개체가 사라진다.

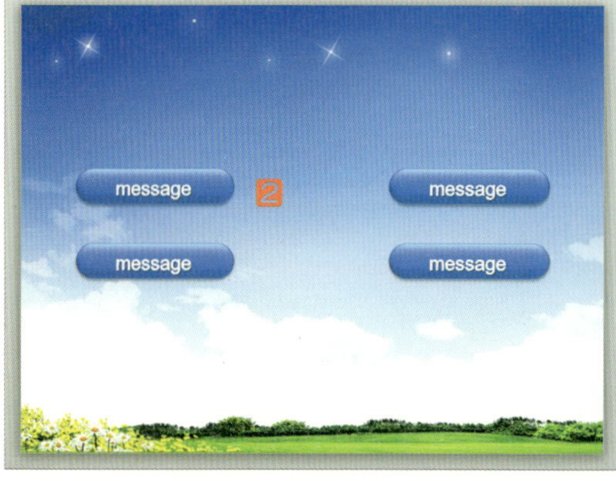

 EXCEL 2010

 OUTLOOK 2010

 POWERPOINT 2010

 WORD 2010

 ONENOTE 2010

 PUBLISHER 2010

 SHAREPOINT WORKSPACE 2010

 SHAREPOINT 2010

워드 2010은 전문가 수준으로 문서를 작성할 수 있도록 기능이 개선되었고, 다양한 방법과 장소에서의 액세스가 가능하여 많은 사람과 공동으로 작업할 수 있습니다. 새로워진 기능으로 문서 작업에 필요한 시간과 노력을 절감해 봅니다.

PART 04

WORD 2010

붙여넣기 실시간 미리보기

문서 편집 시 가장 많이 하는 작업 중 하나가 작성되어 있는 문서 내용을 복사하여 붙여넣기하는 작업일 것이다. 또한 붙여 넣은 콘텐츠가 원하는 형식이 아닐 때 실행 취소를 하거나 붙여넣기 옵션 단추를 클릭하여 붙여 넣을 형식을 선택하는 후속 작업도 자주 사용한다. 워드 2010에서는 복사한 문서 내용을 붙여넣기할 때 붙여 넣은 결과를 실시간으로 미리보기할 수 있고 이를 통해, 복사한 내용을 원하는 형식으로 붙여 넣을 수 있으므로 문서 작업을 효율적으로 할 수 있다. 붙여넣기 실시간 미리보기를 사용하여 엑셀 문서 내용을 워드 문서에 복사하는 방법에 대해 알아보도록 하자.

CD ASP서비스가격.xlsx, 제안서.docx

홈 ┅▶ 붙여넣기 단추

1 문서 내용 복사하기

예제 파일 'ASP서비스가격.xlsx'를 열고 **1** A3셀부터 D10셀까지를 선택한다. **2** [홈] 탭-[클립보드] 그룹-[복사]를 클릭한다.

POINT 선택 영역에서 마우스 오른쪽 단추 클릭 메뉴 중 [복사]를 선택하여 문서 내용을 복사할 수도 있다.

2 붙여넣기 결과 미리보기

복사한 내용을 붙여 넣을 워드 문서를 활성화한 후 내용을 붙여 넣을 위치에 클릭한다. **1** [홈] 탭-[클립보드] 그룹-[붙여넣기]를 클릭하면 **2** 다양한 붙여넣기 옵션이 표시된다. 붙여넣기 옵션에 마우스 포인터를 위치시키면 붙여넣기한 결과가 **3** 실시간 미리보기된다. 원하는 붙여넣기 옵션을 선택하면 미리보기와 동일하게 붙여넣기된다.

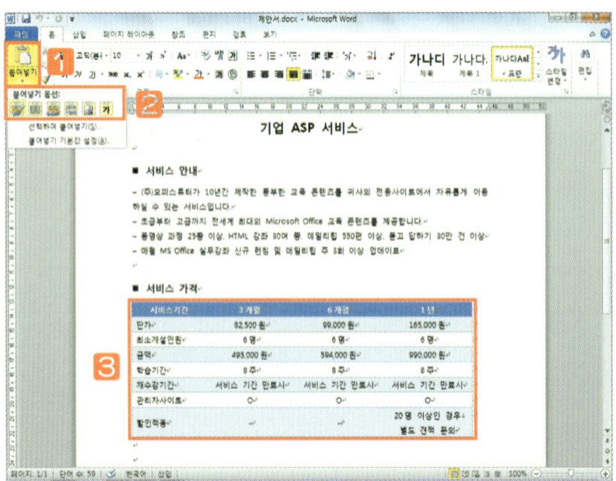

POINT 다양한 붙여넣기 옵션을 살펴보자.

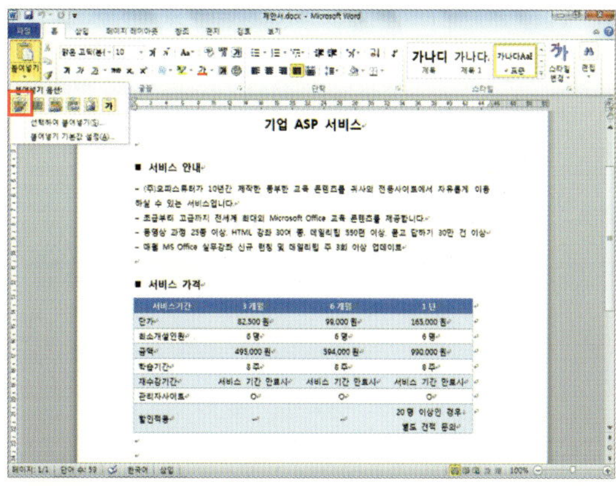

▲ [원본 서식 유지]

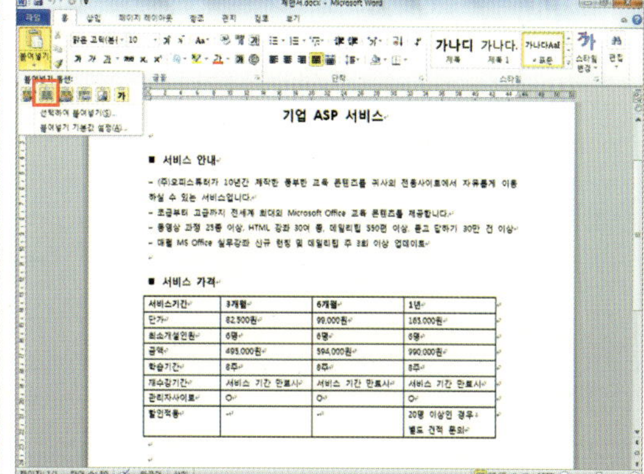

▲ [대상 스타일 사용]

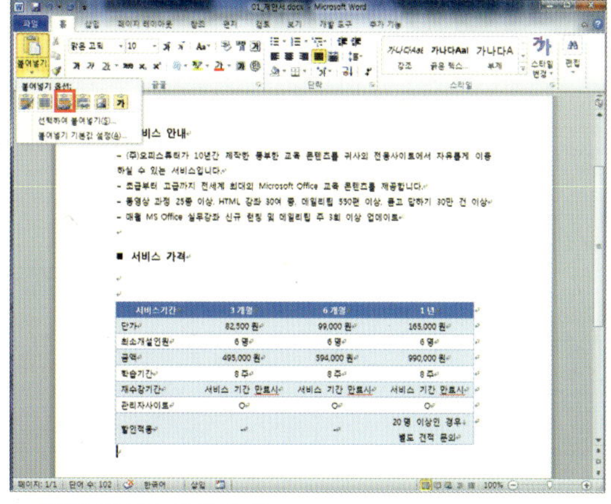

▲ [연결 및 원본 서식 유지]

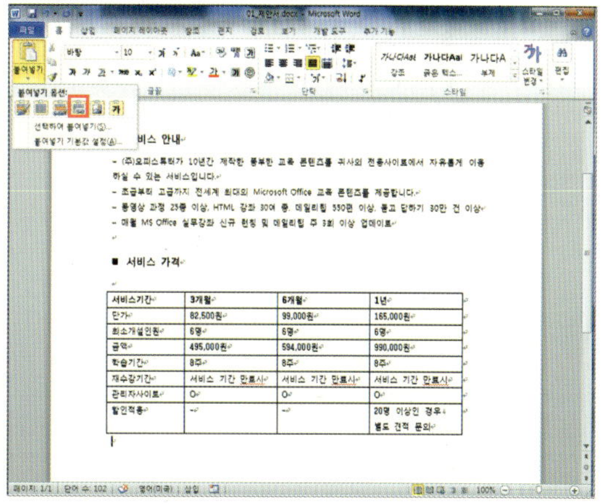

▲ [대상 스타일 연결 및 사용]

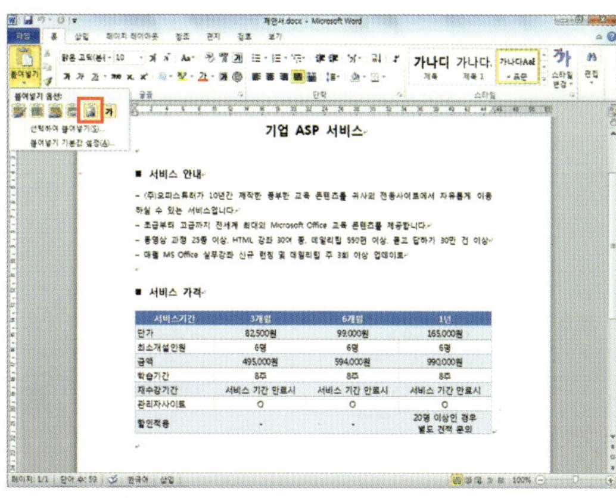

▲ [그림]

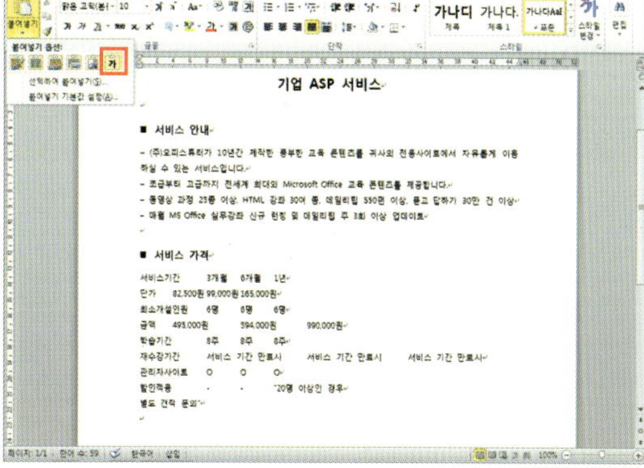

▲ [텍스트만 유지]

 데이터 연결 및 원본 서식 유지하여 붙여넣기

엑셀 데이터를 연결하여 워드 문서에 붙여 넣을 때는, 복사한 엑셀 데이터를 붙여 넣을 위치에서 마우스 오른쪽 단추를 클릭한다. 이때 나타나는 메뉴인 **1**[붙여넣기 옵션] 중 [연결 및 원본 서식 유지]를 선택하면 **2**데이터가 엑셀 원본 서식과 동일하게 연결된 상태로 붙여넣기된다.

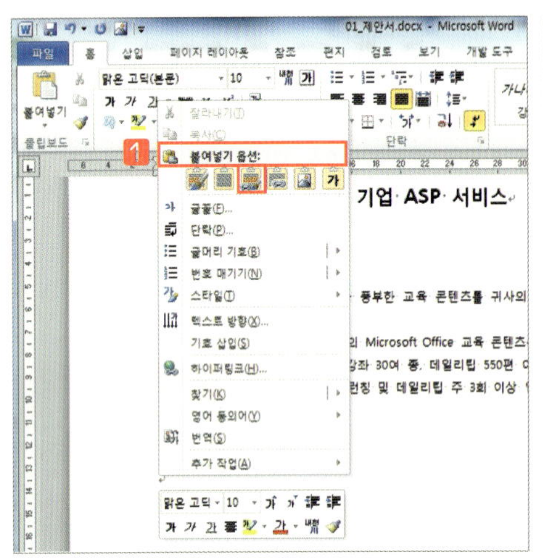

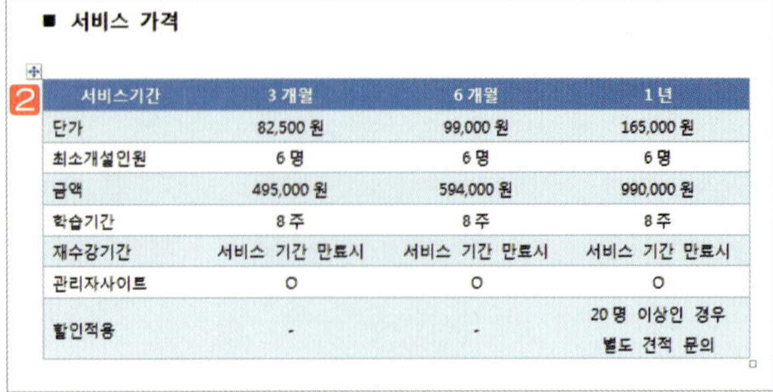

■ 서비스 가격

서비스기간	3 개월	6 개월	1 년
단가	82,500 원	99,000 원	165,000 원
최소개설인원	6 명	6 명	6 명
금액	495,000 원	594,000 원	990,000 원
학습기간	8주	8주	8주
재수강기간	서비스 기간 만료시	서비스 기간 만료시	서비스 기간 만료시
관리자사이트	O	O	O
할인적용	-	-	20 명 이상인 경우 별도 견적 문의

 연결 업데이트하기

[연결 및 원본 서식 유지] 옵션을 사용하여 엑셀 데이터를 붙여 넣은 경우, 엑셀 원본 데이터를 수정하면 워드에 삽입된 엑셀 데이터를 자동으로 업데이트 시킬 수 있다. 엑셀 수정 내용을 워드 문서에 반영하려면, 워드 문서에 연결된 데이터에서 마우스 오른쪽 단추를 클릭하고 [연결 업데이트]를 클릭하면 된다.

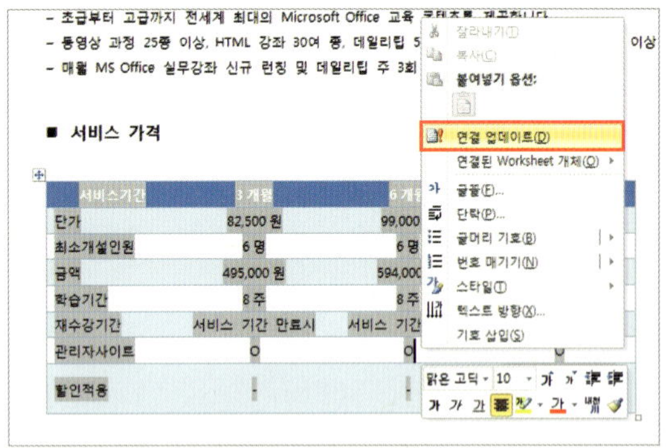

텍스트에 시각 효과 추가

워드 2010에서는 텍스트에 그림자, 입체, 네온 및 반사 등 다양한 시각 효과를 몇 번의 클릭만으로 손쉽게 적용할 수 있다. 또한 기본 제공되는 빠른 스타일 갤러리에서 원하는 스타일을 선택하여 손쉽게 텍스트에 다양한 효과를 적용할 수도 있다.

CD 기획안.docx

홈 ▪▪▪▶ 텍스트 효과 단추

1 빠른 스타일 적용

빠른 스타일을 적용하기 위해 **1** 효과를 적용할 텍스트를 드래그하여 선택한 후 **2** [홈] 탭–[글꼴] 그룹–[텍스트 효과]–[그라데이션 채우기–주황, 강조 6, 안쪽 그림자]를 클릭한다. **3** 선택한 텍스트에 텍스트 효과가 적용되는 것을 확인할 수 있다.

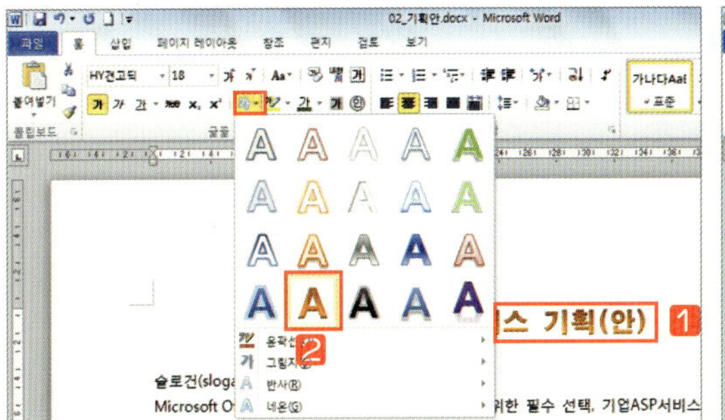
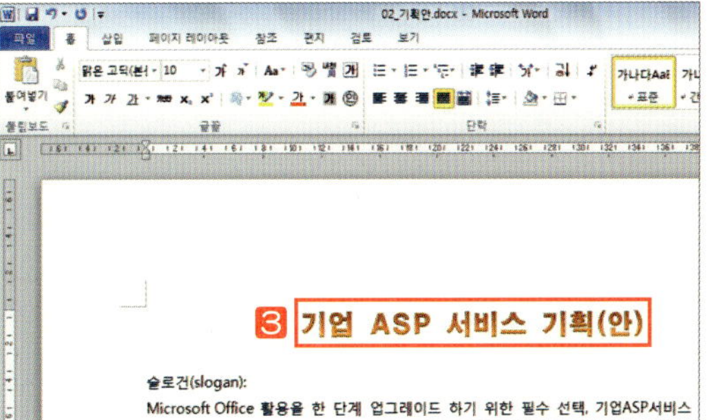

2 윤곽선 효과 적용

윤곽선 효과를 적용하기 위해 **1** 효과를 적용할 텍스트를 선택한 후 **2** [홈] 탭–[글꼴] 그룹–[텍스트 효과]–[윤곽선]–[두께]–[1½pt]를 클릭한다. **3** 선택한 윤곽선 효과가 텍스트에 적용되는 것을 확인할 수 있다.

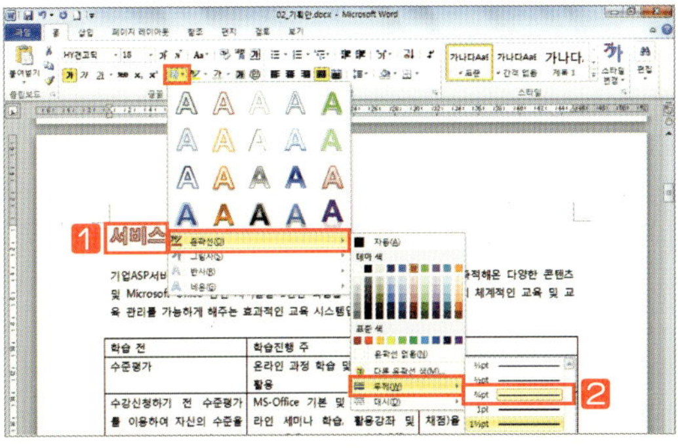
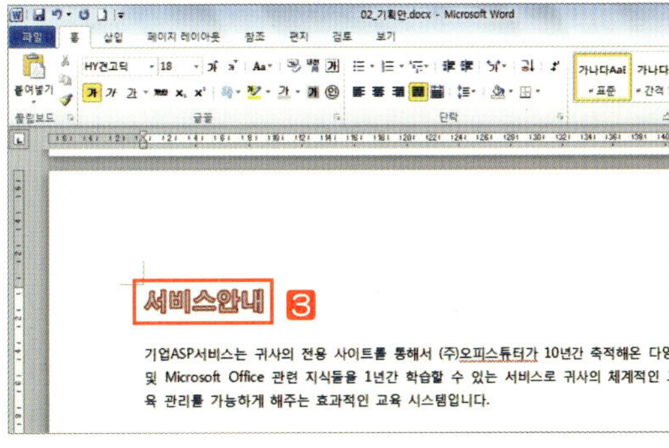

３ 그림자, 반사, 네온 효과 적용

그림자 효과를 적용하기 위해 **1** 효과를 적용할 텍스트를 선택한 후 **2** [홈] 탭-[글꼴] 그룹-[텍스트 효과]-[그림자]-[원근감 대각선 왼쪽 위]를 클릭한다. 같은 방법으로, 반사 효과를 적용하기 위해 **3** [텍스트 효과]-[반사]-[전체 반사, 8pt 오프셋]을 클릭하고 네온 효과를 적용하기 위해 **4** [텍스트 효과]-[네온]-[빨강, 5pt 네온, 강조색 2]를 클릭한다. **5** 다양한 효과가 적용된 텍스트를 확인한다.

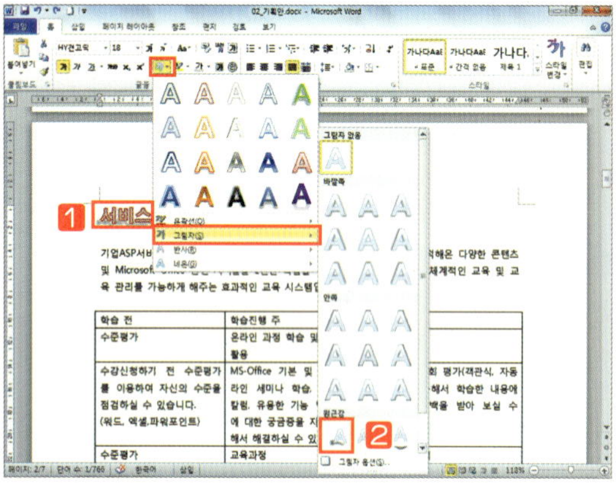

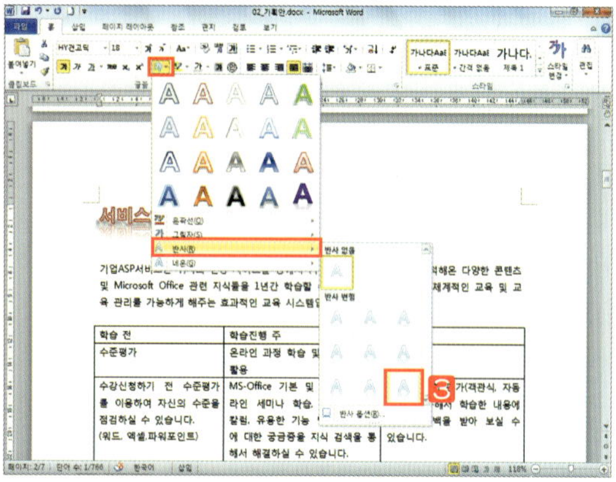

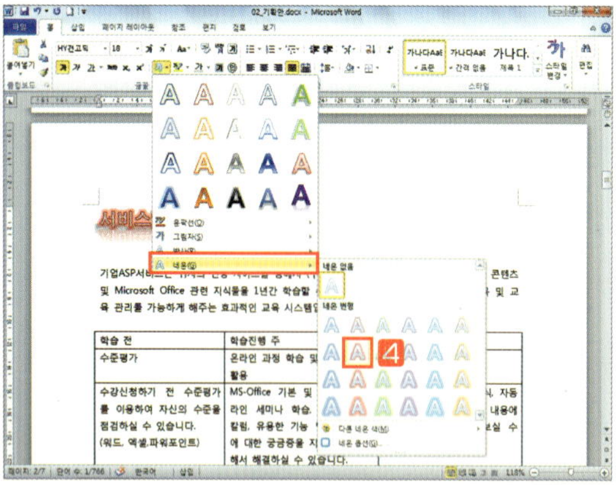

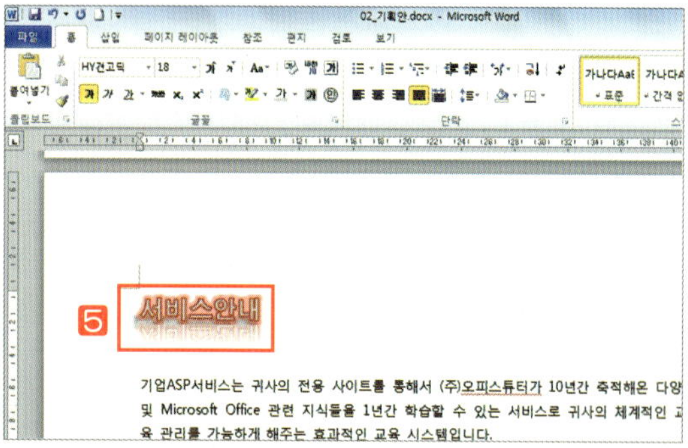

POINT 워드 2010에서는 **1** [홈] 탭-[글꼴] 그룹-[글꼴 색]-[그라데이션]을 사용하여 **2** 텍스트에 그라데이션 채우기를 설정할 수 있다. 기본 제공되는 [그라데이션] 옵션 이외에 상세 옵션을 설정하고자 할 때는, **3** [기타 그라데이션]을 선택하여 표시되는 [텍스트 효과 서식] 대화상자에서 [그라데이션 채우기]를 사용하면 된다.

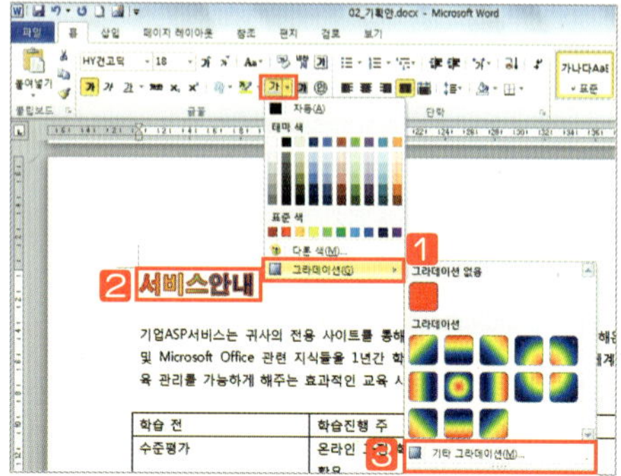

새 번호 매기기 서식

워드 2010에는 01, 02, 03, … 및 00001, 00002, 00003, … 과 같은 새로운 고정 자릿수 번호 매기기 서식이 포함되어 있다. 기본으로 제공되는 고정 자릿수 번호 매기기 서식을 사용하여 쉽게 자릿수에 맞는 번호를 매길 수 있다.

CD 30대에 해야 할 50가지.docx

홈 ···▶ 번호 매기기 단추 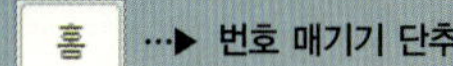

1 번호를 매길 문서 내용 선택

번호 매기기 서식을 적용할 문서의 내용을 드래그하여 선택한다.

POINT 여러 줄의 본문 내용을 빠르게 선택하고자 하는 경우 선택할 영역의 처음 위치에 클릭한 후 Shift 키를 누른 채 마지막 위치에서 클릭한다.

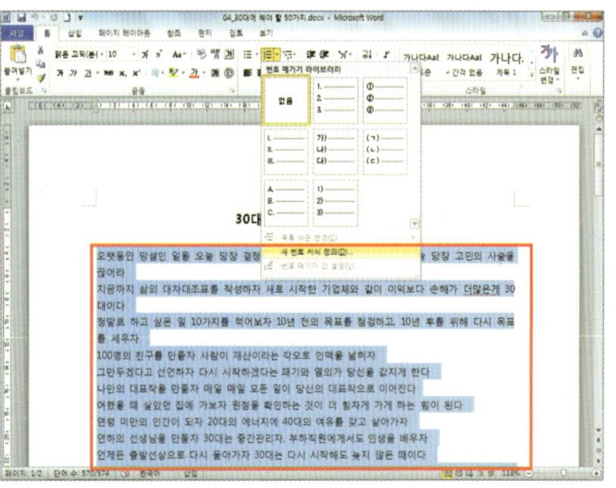

2 번호 매기기

1[홈] 탭-[단락] 그룹-[번호 매기기 라이브러리]의 드롭다운 단추를 클릭한 후 **2**[새 번호 서식 정의]를 클릭한다. [새 번호 서식 정의] 대화상자가 나타나면 **3**[번호 스타일]의 드롭다운 단추를 클릭하여 원하는 번호 스타일을 선택하고 **4**[확인] 단추를 클릭한다. **5** 선택한 번호 스타일로 번호가 매겨진 것을 확인할 수 있다.

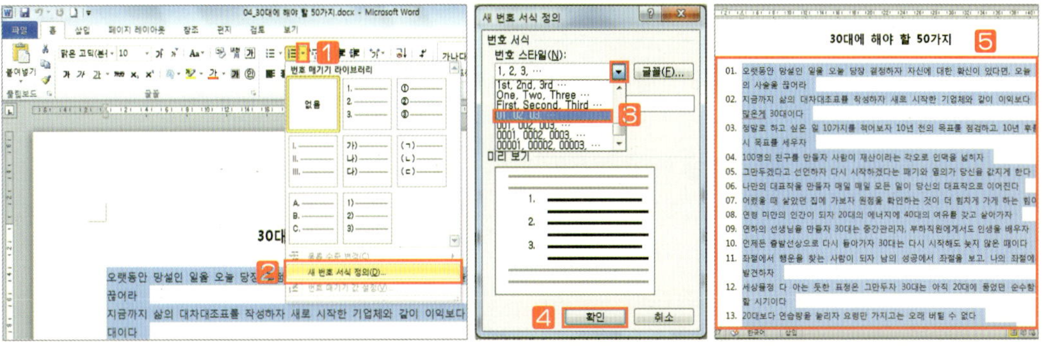

새로운 문서 탐색 창

워드 2010에서 새롭게 제공되는 탐색 창을 사용하면 긴 문서를 쉽게 탐색할 수 있다. 예를 들어, 문서 제목만 요약하여 살펴보거나 개요 내용을 클릭하여 원하는 위치로 빠르게 이동하고 문서 내용을 쉽게 삽입하거나 이동할 수도 있다.

CD 설명서1.docx

보기 ···▶ 탐색 창 단추   ☐ 탐색 창

1 탐색 창 표시

1 [보기] 탭-[표시] 그룹-[탐색 창]을 체크하여 **2** 화면에 [탐색] 창을 나타낸다. [탐색] 창에는 **3** 제목 1, 제목 2, 제목 3 등과 같은 제목 스타일 이 적용된 문서 내용이 제목 수준별로 구조적으 로 표시되어 있다.

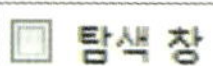

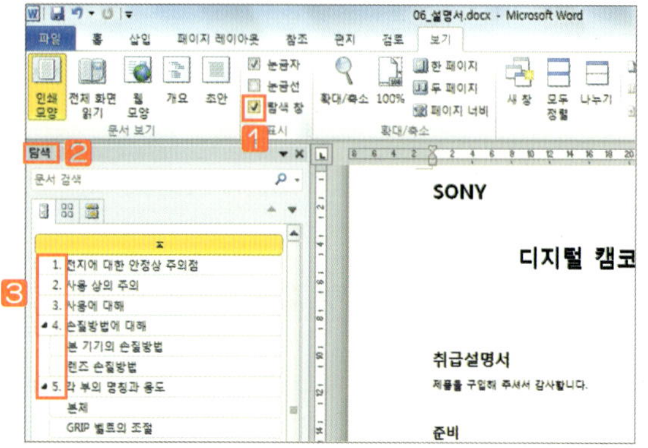

POINT [탐색] 창 상단의 탭을 클릭하여 [탐색] 창 표시를 변경할 수 있다.

❶ [문서의 제목을 찾아봅니다.]: 제목 스타일이 적용된 문서 제목을 구조적으로 표시한다.

❷ [문서의 페이지를 찾아봅니다.]: 모든 페이지를 미리보기 이미지로 표시한다.

❸ [현재 검색의 결과를 찾아봅니다.]: 검색 결과를 표시한다.

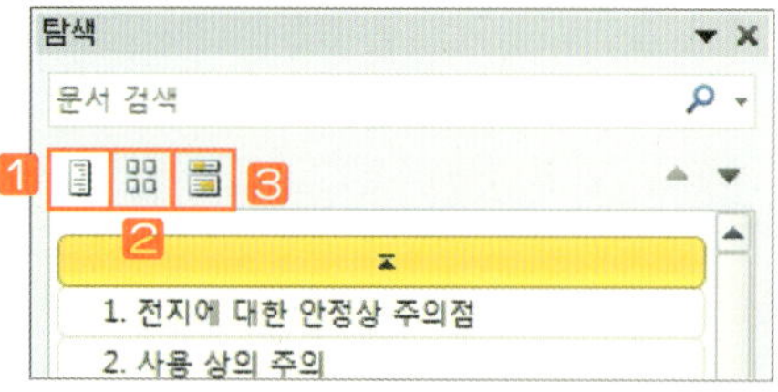

2 탐색 창을 사용한 문서 이동

[탐색] 창의 **1** 문서 구조 부분을 클릭하면 **2** 해당 제목으로 이동한다. **3** [문서의 페이지를 찾아봅니다.] 탭을 클릭하여 문서에 포함된 **4** 페이지를 미리보기로 확인하고 클릭하여 해당 위치로 쉽게 이동할 수 있다. **5** [문서의 제목을 찾아봅니다.] 탭을 클릭하여 개요 구조가 표시되도록 한 후 **6** [문서 맨 앞으로 이동합니다.](　　　🔼　　　) 를 클릭하여 **7** 문서 맨 앞으로 이동한다.

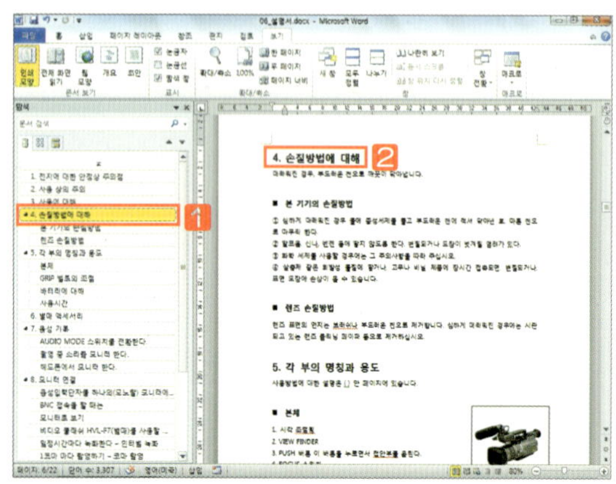

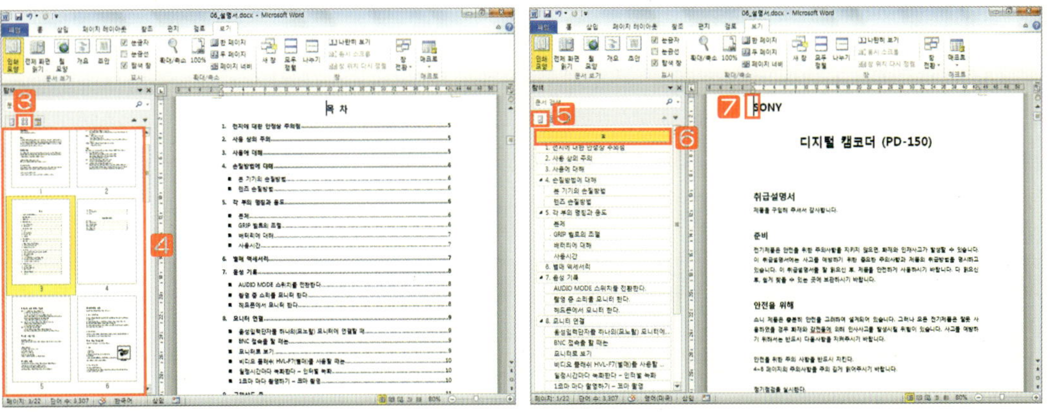

③ 탐색 창 표시 수준 변경

개요 수준을 축소하거나 확장하여 구조가 복잡한 긴 문서로 작업할 경우에도 쉽게 문서 구조를 사용할 수 있다. 제목 왼쪽의 **1** ◢ 단추를 클릭하면 하위 제목이 숨겨진다. 임의의 제목에서 마우스 오른쪽 단추를 클릭한 후 **2**[모두 축소]를 클릭하면 **3**모든 하위 제목이 숨겨진다. 수준별 제목을 표시하기 위해 '3. 손질방법에 대해' 제목에서 마우스 오른쪽 단추를 클릭한 후 **4**[제목 수준 표시]–[제목 2 표시(2)]를 클릭하면 **5**선택한 제목 수준까지 [탐색] 창에 표시되는 것을 확인할 수 있다.

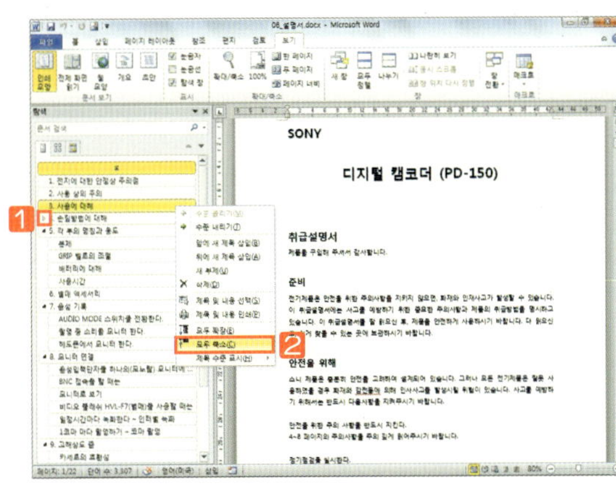

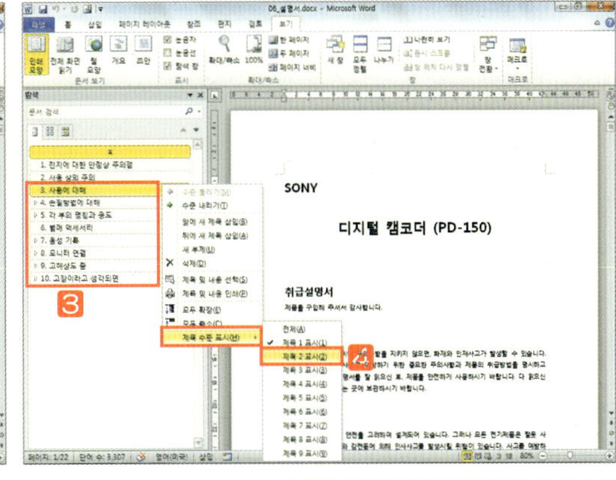

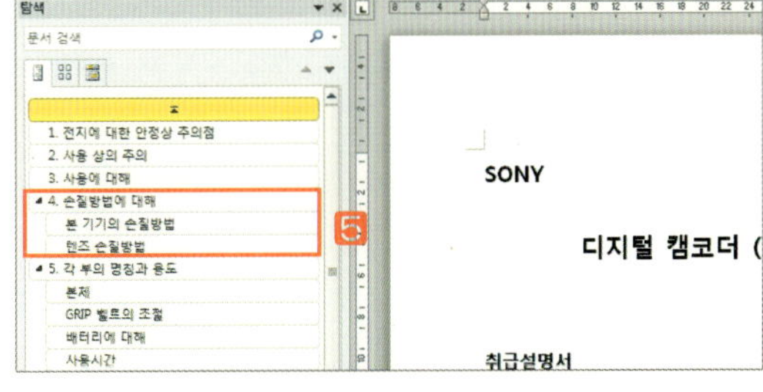

4 탐색 창을 사용한 문서 이동 및 삭제

제목을 드래그하여 내용을 이동하거나, 제목과 해당 내용을 잘라내기, 복사, 삭제하여 문서를 편집할
수 있다. **1** [탐색] 창에서 '9. 고해상도 줌' 을 제목 5 위로 드래그하면 **2** 해당 제목의 하위 내용까지 함
께 드래그한 위치로 이동된다. 문서 내용을 삭제하고 싶을 때 제목에서 마우스 오른쪽 단추를 클릭한
후 **3** [삭제]를 클릭하면 제목에 포함된 하위 내용까지 한꺼번에 삭제되는 것을 확인할 수 있다.

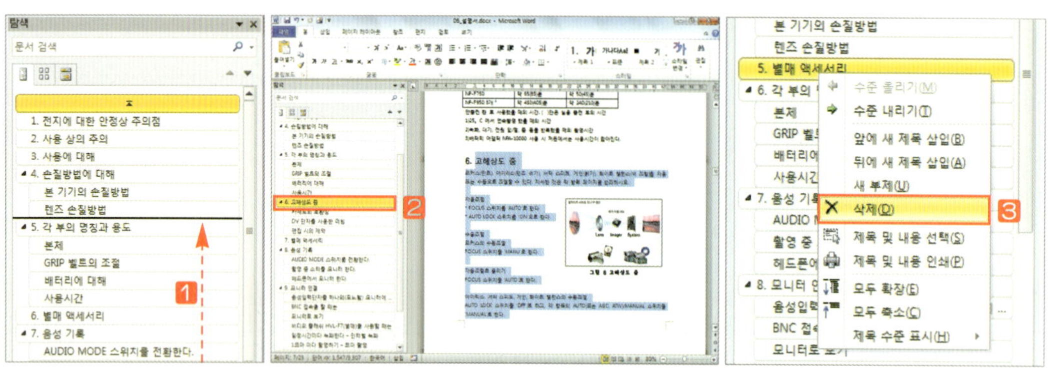

5 탐색 창을 사용한 문서 삽입

문서 내용을 삽입하기 위해 제목에서 마우스 오른쪽 단추를 클릭한 후 **1** [앞에 새 제목 삽입]을 클릭한
다. **2** [탐색] 창에서 선택한 문서 위치에 제목이 삽입되는데 오른쪽 페이지에 새 문서 영역이 자동으로
표시되면 **3** 원하는 문서 내용을 입력할 수 있다.

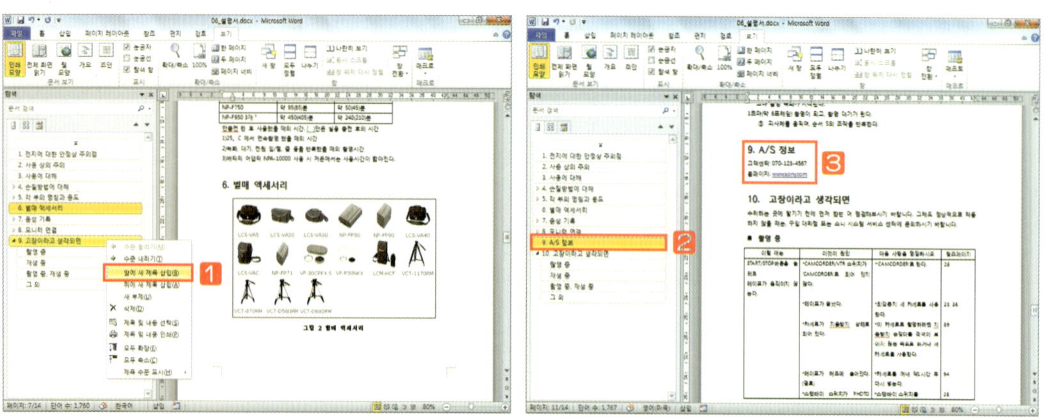

향상된 검색 기능

워드 2010의 향상된 검색 기능을 사용하여 보다 쉽고 빠르게 필요한 정보를 찾을 수 있다. 새롭게 향상된 검색 환경에서 그래픽, 표, 각주 및 메모 등 정보 유형 별로 정보를 검색할 수 있고, 향상된 [탐색] 창을 통해 검색 결과를 노란색으로 강조하여 시각적으로 보여주므로 필요한 정보를 빠르게 탐색할 수 있다.

CD 설명서2.docx

홈 ┈▶ 찾기 단추 🔎 찾기 ▾

① 찾기 명령 실행

1[홈] 탭-[편집] 그룹-[찾기]를 클릭하면 **2**화면 왼쪽에 검색에 사용될 [탐색] 창이 표시된다.

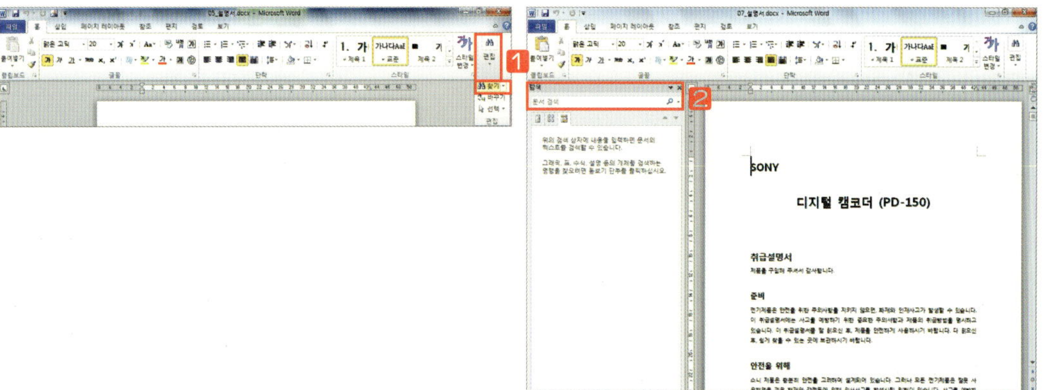

② 키워드 검색

1[탐색] 창의 검색어 입력란에 '촬영'을 입력하고 클릭하면 **2**[탐색] 창에 검색 결과가 목록으로 표시되고, **3**검색 키워드는 오른쪽 페이지 영역에 노란색으로 강조되어 표시된다.

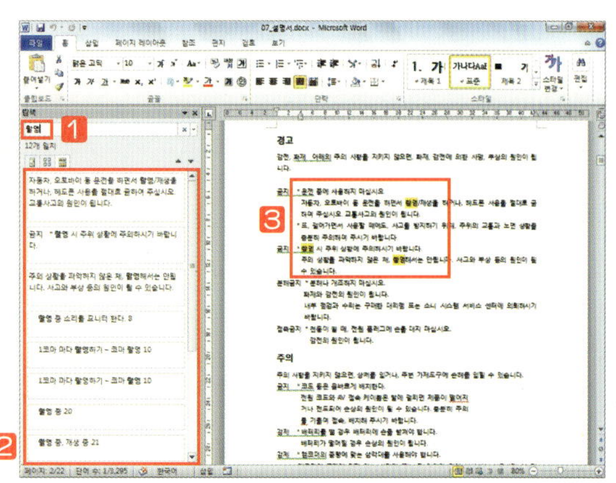

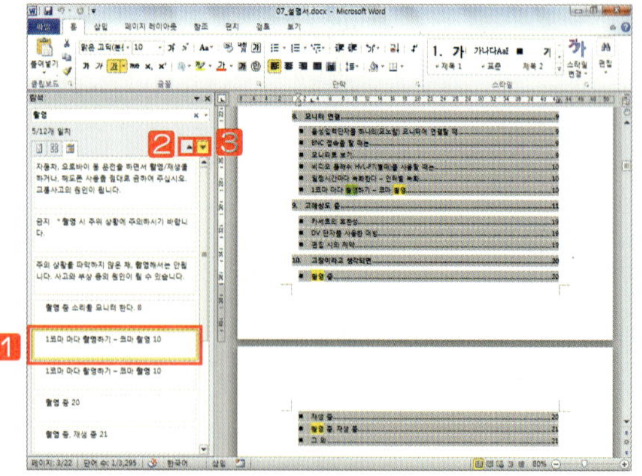

❸ 검색 결과로 이동

[탐색] 창의 검색 결과 중 **1**[3 페이지]를 클릭하여 해당 키워드가 있는 페이지로 이동하거나, 검색 결과 목록 오른쪽 상단의 **2**이전 검색 결과(▲)나 **3**다음 검색 결과(▼)를 클릭하면 이전이나 다음 검색 결과로 이동할 수 있다.

POINT [탐색] 창의 **1**[문서의 페이지를 찾아봅니다.] 탭을 클릭하면 **2**검색 키워드를 포함하는 페이지를 미리보기 이미지로 확인할 수 있다. 또한, **3**[문서의 제목을 찾아봅니다.] 탭을 클릭하면 **4**검색 키워드를 포함하는 문서 제목이 노란색으로 강조되어 표시되고 이를 클릭하여 해당 페이지로 이동할 수 있다.

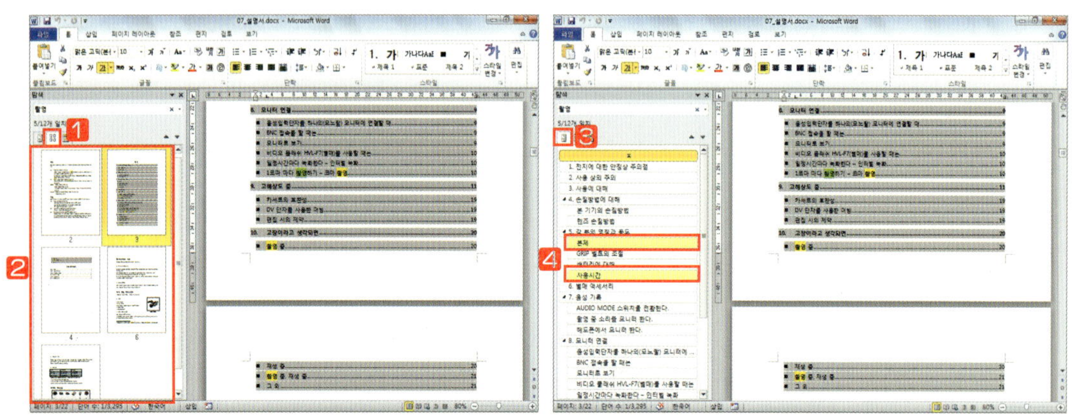

4 그래픽/표/각주 및 메모 검색

워드 2010의 향상된 검색 기능을 활용하면 문서 내의 그래픽이나 표, 각주, 메모 등의 콘텐츠를 검색할 수 있다. 원하는 콘텐츠를 검색하려면 [탐색] 창 검색어 입력란 오른쪽 끝의 **1**드롭다운 단추를 클릭한 후 **2**검색하고자 하는 콘텐츠 유형인 '그래픽'을 선택한다. **3**첫 번째 검색된 콘텐츠가 페이지 영역에 표시되고, **4**검색한 콘텐츠가 있는 제목이 노란색으로 강조된다.

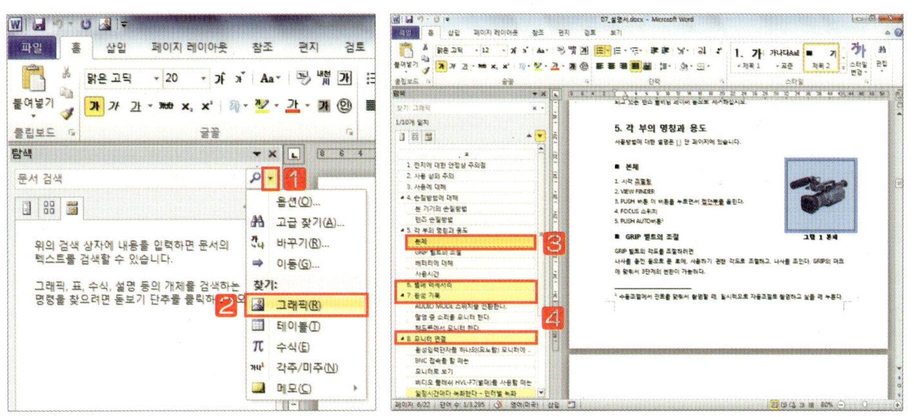

5 검색 조건 지우기

검색어 입력란 오른쪽의 **1**검색 조건 지우기(×) 단추를 클릭하면 **2**검색 조건이 삭제된다. **3**노란색으로 강조됐던 서식이 **4**사라진 것을 확인할 수 있다.

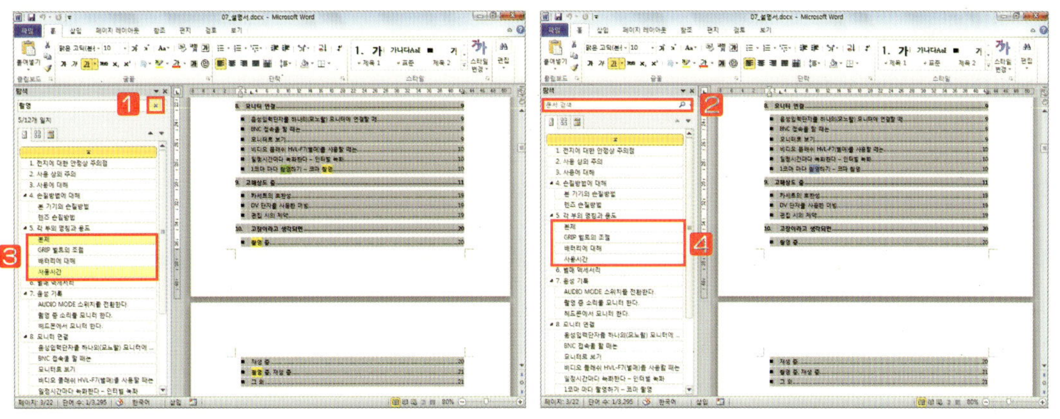

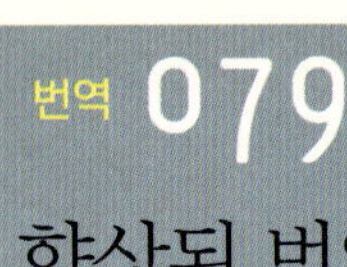

향상된 번역 기능

워드 2010의 번역 도구를 사용하여 손쉽게 여러 언어로 의사소통하고 단어, 문장, 전체 단락 또는 전체 문서를 다른 언어로 번역할 수 있다. 자신과 다른 언어를 사용하는 사람들(동료, 고객 또는 시장의 전 부문)과 협력 작업 시 도움을 받을 수도 있고, 외국어를 공부할 때에도 큰 도움이 된다. 화면 설명, 도움말 내용 및 화면 표시에 대해 별도의 언어를 설정할 수 있으며, 전체 문서를 웹으로 전송하여 나란히 번역할 수도 있다.

CD 번역.docx

검토 ···▶ 번역 단추

① 문서 번역하기

[문서 번역] 도구는 기계로 번역된 내용을 웹 브라우저에 표시한다. **1**[검토] 탭–[언어] 그룹–[번역]–[[영어(미국)에서 한국어]으(로) 문서 번역]을 선택한 후 [문서 전체 번역] 대화상자가 표시되면 **2**[보내기]를 클릭한다.

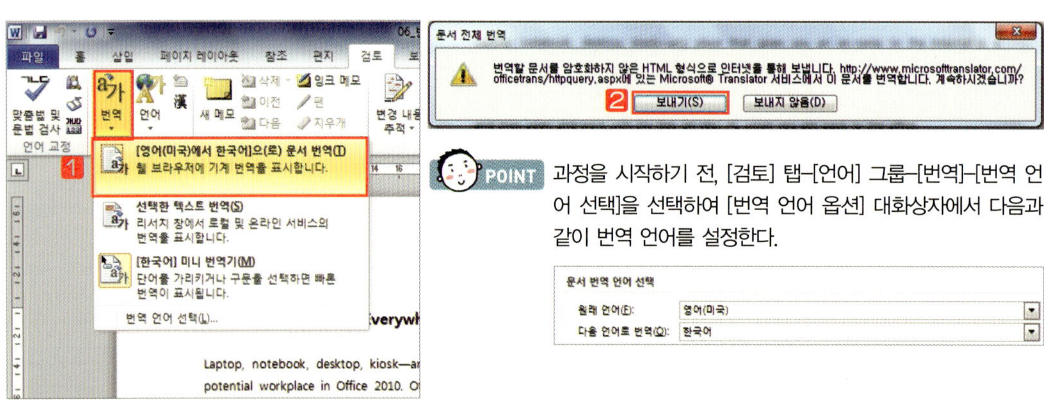

> **POINT** 과정을 시작하기 전, [검토] 탭–[언어] 그룹–[번역]–[번역 언어 선택]을 선택하여 [번역 언어 옵션] 대화상자에서 다음과 같이 번역 언어를 설정한다.
>
> **문서 번역 언어 선택**
>
> 원래 언어(F): 영어(미국)
> 다음 언어로 번역(O): 한국어

② 문서 번역 결과 보기

웹 페이지가 자동으로 표시되고 **1**페이지 왼쪽에 원문이, **2**오른쪽에는 번역문이 표시된다. 문장에 마우스 포인터를 위치시키면 **3**해당 원문과 번역문이 함께 노란색으로 강조되어 표시된다.

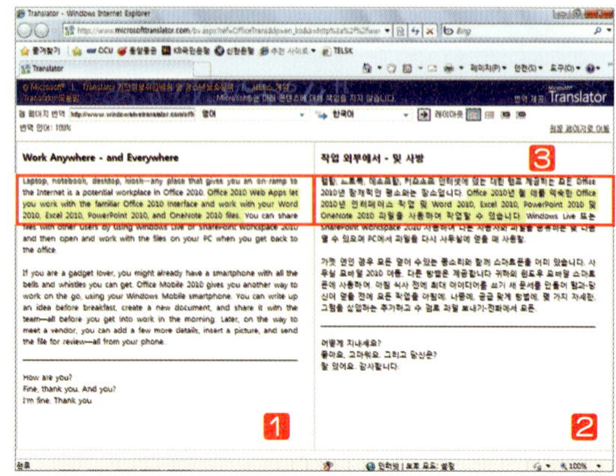

3 선택한 텍스트 번역

1 번역할 문장을 드래그한 후 2 [검토] 탭-[언어] 그룹-[번역]-[선택한 텍스트 번역]을 클릭한다. 화면 오른쪽에 3 [리서치] 창이 표시되고 4 번역 언어와 5 번역 내용이 표시된다.

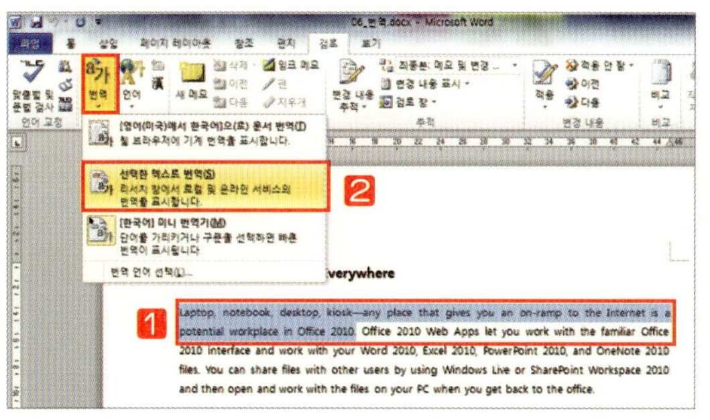

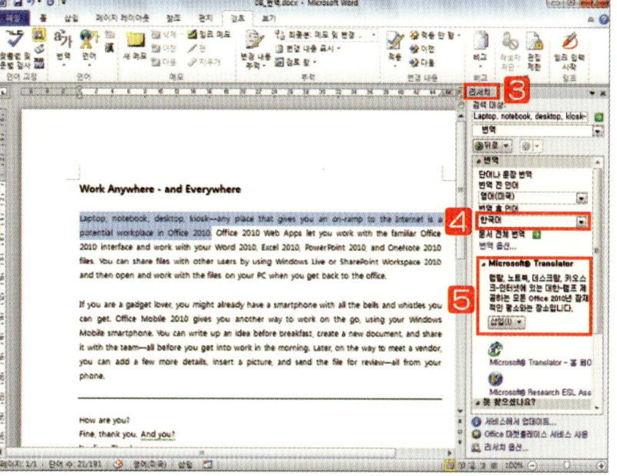

POINT 번역하고자 하는 단어에서 Alt 키를 누른 채 클릭해도 [선택한 텍스트 번역]을 사용할 수 있다.

4 선택한 텍스트 번역 언어 변경

번역 언어를 변경하려면 [리서치] 창의 1 [번역 후 언어]의 드롭다운 단추를 클릭한 후 '일본어'를 선택한다. 2 선택한 언어로 번역 내용이 변경되는 것을 확인할 수 있다.

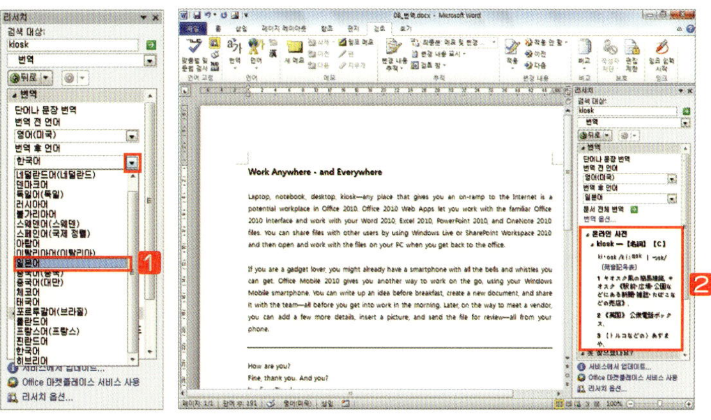

5 미니 번역기

향상된 미니 번역기를 사용하여 단어에 마우스 포인터를 위치시키면 별도의 창에 번역 내용이 자동으로 표시된다. 필요한 경우 활성화하여 사용하고 불필요한 경우 기능을 비활성화할 수 있다. **1**[검토] 탭-[언어] 그룹-[번역]-[[한국어] 미니 번역기]를 선택하면 **2**선택한 단어가 바로 번역된다.

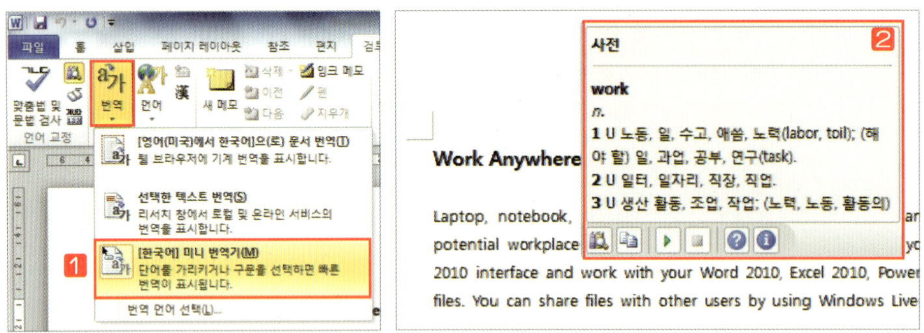

> **POINT** [검토] 탭-[언어] 그룹-[번역]-[[한국어] 미니 번역기]를 클릭하면 [미니 번역기]가 활성화되고 다시 한번 동일한 명령을 클릭하면 비활성화된다. [미니 번역기]가 활성화되어 있을 때는 명령 앞의 아이콘이 노란색으로 표시된다.

6 번역 언어 선택

문서 번역 및 미니 번역기로 실행할 언어를 원하는 대로 선택할 수 있다. **1**번역 언어를 선택하려면 [검토] 탭-[언어] 그룹-[번역]-[번역 언어 선택]을 클릭한 후 [번역 언어 옵션] 대화상자의 **2**[문서 번역 언어 선택]에서 원하는 언어를 설정한다.

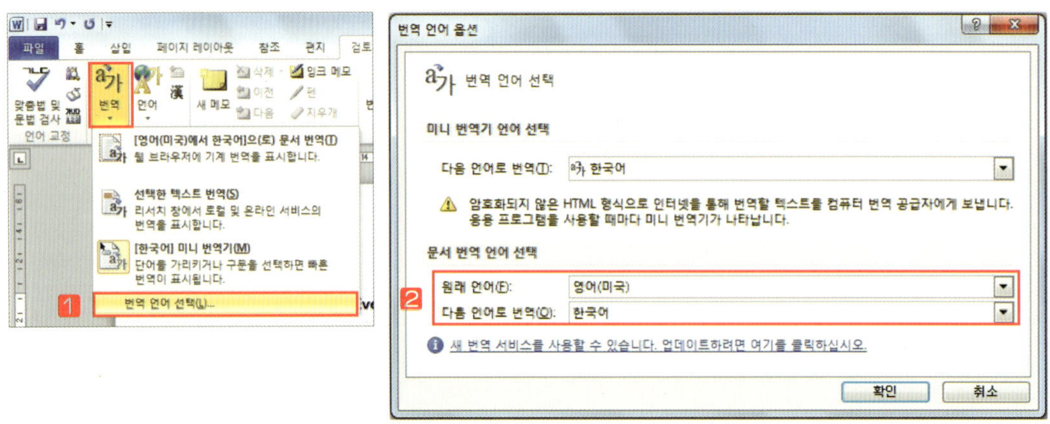

TABLET PC에서 문서에 잉크 주석 사용

워드 2010의 향상된 잉크 기능을 사용하면 Tablet PC에서 문서에 잉크 주석을 추가하거나 형광펜을 사용하여 문서 내용을 강조할 수 있다. 펜이나 형광펜으로 작성한 잉크 주석을 문서와 함께 저장할 수도 있으며, 작성한 잉크 주석을 삭제하는 것도 가능하다.

CD 펜.docx

검토 ···▶ 잉크 입력 시작 단추

1 잉크 입력 시작

잉크 주석을 사용하기 위해 **1**[검토] 탭–[잉크] 그룹–[잉크 입력 시작]을 클릭한다. **2**[잉크 도구]–[펜] 탭–[쓰기] 그룹–[펜]에서 원하는 펜 종류와 펜 색을 선택한 후 **3**문서에 주석을 작성한다.

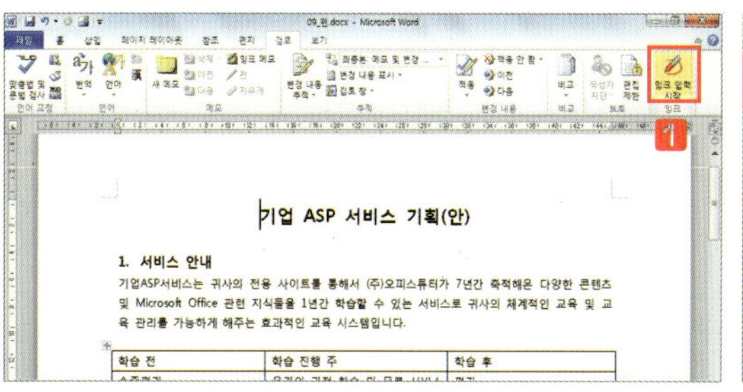
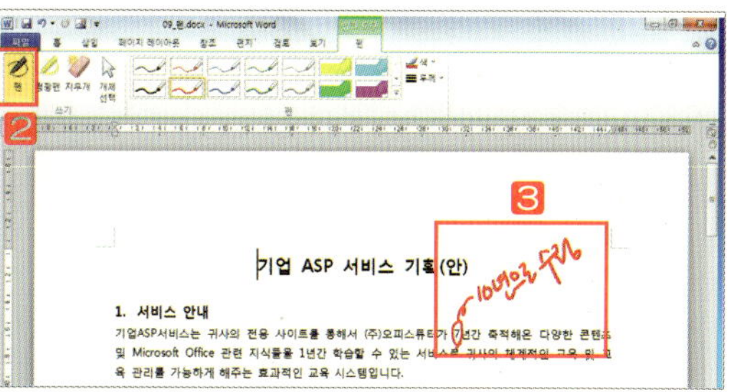

2 형광펜과 지우개 사용하기

잉크 입력 시작 시 기본 설정되는 펜 이외에 형광펜을 사용하여 문서 내용을 강조할 수 있다. **1**[잉크 도구]–[펜] 탭–[쓰기] 그룹–[형광펜]을 선택한 후 **2**문서에 형광펜으로 주석을 추가한다. 작성한 잉크 주석을 지우려면 **3**[지우개]를 선택하고 **4**문서의 잉크 주석을 삭제하면 된다.

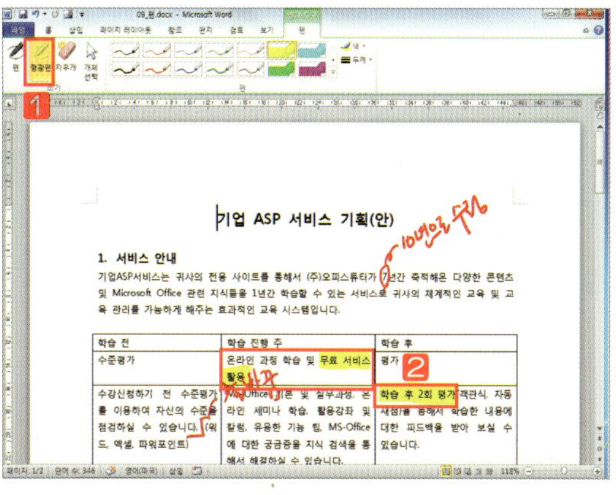
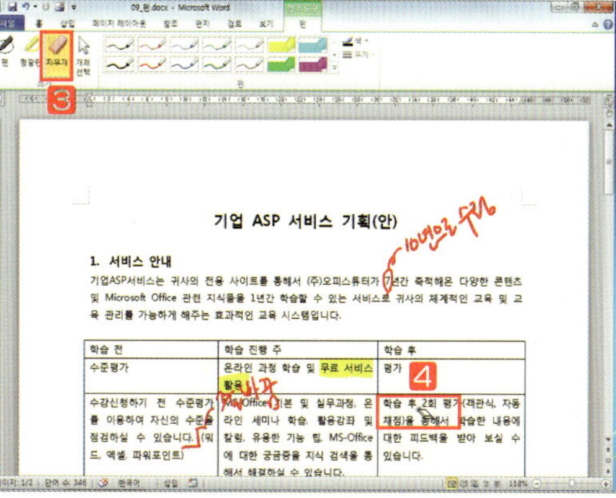

제한된 보기를 통한 보안 유지

인터넷 및 기타 위험성이 있는 위치에서 가져온 파일에는 컴퓨터에 해를 입힐 수 있는 바이러스, 웜 또는 다른 종류의 맬웨어가 포함되어 있을 수 있다. 컴퓨터를 보호하기 위해 이러한 위험성 있는 위치에서 가져온 파일은 제한된 보기에서 열린다. 제한된 보기를 사용하면 위험 발생 가능성이 낮은 상태에서 파일을 읽어 검사할 수 있다. 신뢰할 수 있는 원본의 파일은 편집 사용을 클릭하여 편집하도록 설정할 수 있고, 오피스 백스테이지 보기에서 해당 파일의 데이터를 탐색할 수도 있다.

CD 튜터_매뉴얼_ver3_0.doc

❶ 편집 제한 확인하기

예제 파일을 전자 메일로 보내어 제한된 보기를 확인하기 위해 인터넷 전자 메일의 ❶ 첨부 파일을 다운 로드하여 연다. ❷ 화면 상단에 [제한된 보기] 알림 표시줄이 표시된다. 문서를 편집하기 위해 타이핑하거나 Delete 키 등을 누르면 화면 오른쪽에 편집이 제한되어 있음을 알리는 ❸ [서식 및 편집 제한] 창이 표시된다.

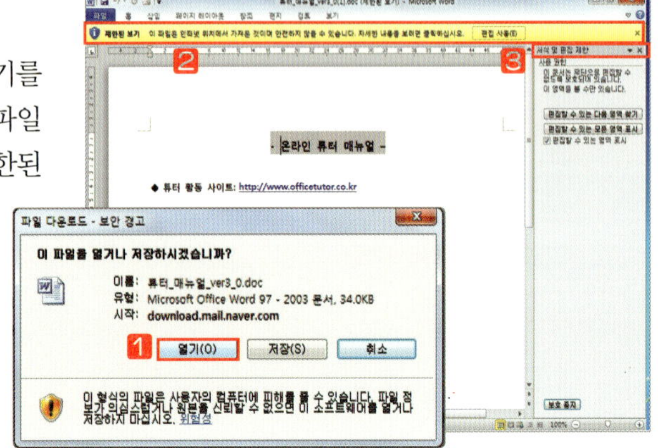

❷ 편집 제한 풀기

알림 표시줄의 ❶ [편집 사용]을 클릭하면 ❷ 자유로운 문서 편집이 가능하다.

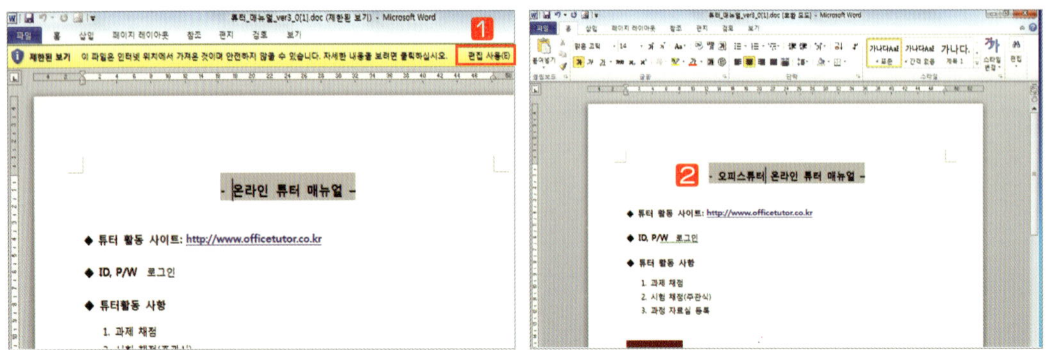

POINT 보안 센터에서 제한된 보기의 설정을 확인하거나 변경할 수 있다. 제한된 보기 설정을 변경하려면 [파일] 탭-[옵션]을 선택한다. [Word 옵션] 대화상자에서 [보안 센터]-[보안 센터 설정]을 클릭한다. [제한된 보기]를 선택한 후 원하는 옵션을 설정한다.

더 똑똑해진 맞춤법 검사기

워드 2010의 맞춤법 검사기는 문맥에 따라 맞춤법을 검사하여 철자는 정확하지만 잘못 사용된 단어의 오류를 바로잡아 준다. 맞춤법 검사기의 향상된 기능을 이용하여 보다 정확한 문서 편집이 가능하다.

CD 맞춤법.docx

검토　⋯▶ 맞춤법 및 문법 검사 단추

1　맞춤법 및 문법 검사

맞춤법 및 문법 검사를 실행하기 위해 **1**[검토] 탭-[언어 교정] 그룹-[맞춤법 및 문법 검사]를 클릭한다. **2**문서의 'economical'이 오류로 표시되면서 [맞춤법 및 문법 검사: 영어(미국)] 대화상자가 나타난다. **3**[추천 단어 및 문장]의 'economic'을 선택한 후 **4**[변경] 단추를 클릭한다.

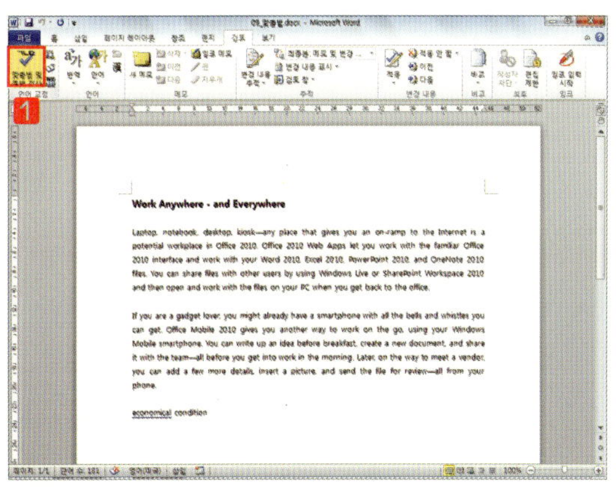
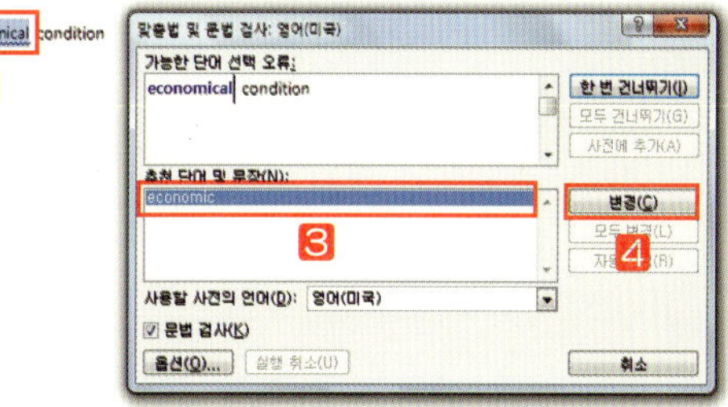

2　맞춤법 검사 결과

맞춤법 및 문법 검사를 계속 진행한 후 맞춤법이 완료되었음을 알리는 대화상자가 표시되면 [확인] 단추를 클릭한다.

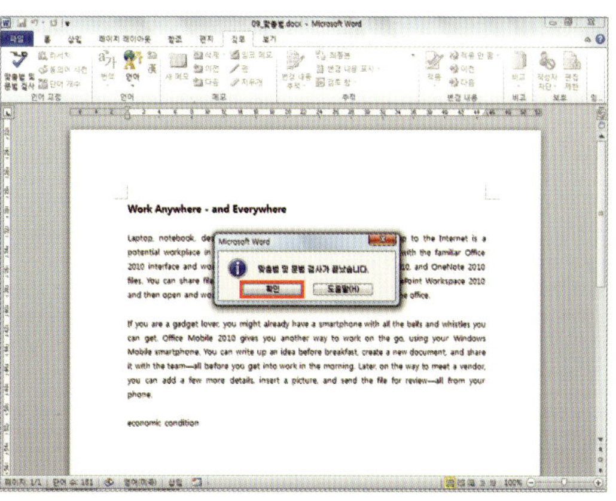

확인란 콘텐츠 컨트롤

워드 2010에서는 [개발 도구] 탭-[컨트롤] 그룹에 [콘텐츠 컨트롤 확인란]이 추가되어 양식이나 목록에 콘텐츠 컨트롤 인란을 빠르고 쉽게 추가할 수 있다.

CD 확인란.docx

개발 도구 ···▶ 확인란 콘텐츠 컨트롤 단추

1 리본 메뉴에 [개발 도구] 탭 표시

[확인란 콘텐츠 컨트롤]을 포함하는 [개발 도구] 탭을 리본 메뉴에 표시하려면, 리본 메뉴에서 마우스 오른쪽 단추를 클릭한 후 **1**[리본 메뉴 사용자 지정]을 클릭한다. [Word 옵션] 대화상자가 나타나면 **2**[리본 사용자 지정] 목록에서 **3**[개발 도구]에 체크한 후 **4**[확인] 단추를 클릭한다.

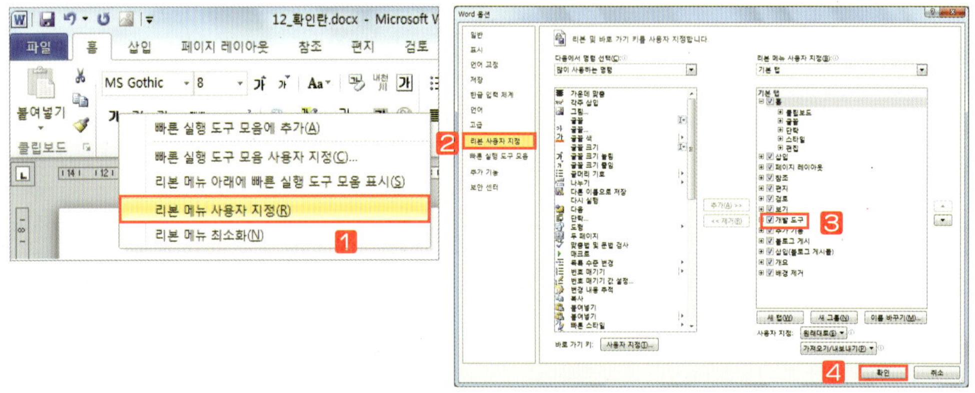

2 확인란 추가하기

[확인란 콘텐츠 컨트롤]을 추가할 위치를 클릭한 후 **1**[개발 도구] 탭-[컨트롤] 그룹-[확인란 콘텐츠 컨트롤]( )을 클릭한다. **2**문서에 [확인란 콘텐츠 컨트롤]이 추가된 것을 확인할 수 있다.

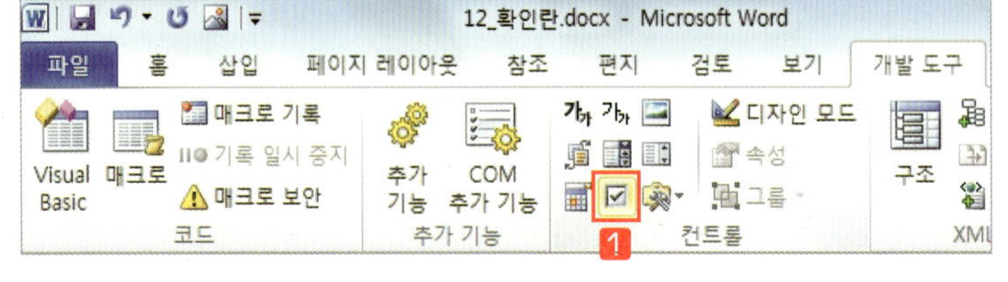

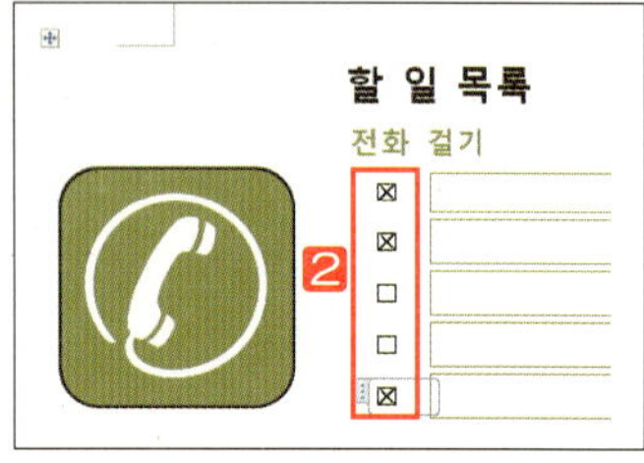

표의 대체 텍스트

워드 2010에서는 문서를 읽는 사람이 추가 정보에 액세스할 수 있도록 표 및 요약 정보에 제목을 추가할 수 있다. 예를 들어 웹 브라우저에서 표를 로드하는 동안 대체 텍스트가 표시되는 경우가 그런 예이다.

CD 표속성.docx, 표속성.htm, 표속성.files

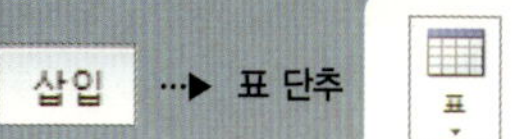

1 대체 텍스트 설정하기

표에 대체 텍스트를 설정하려면, 표 내부에서 마우스 오른쪽 단추를 클릭한 후 ■[표 속성]을 선택한다. [표 속성] 대화상자의 ❷[대체 텍스트] 탭을 클릭한 후 ❸[제목]과 [설명]에 내용을 입력하고 ❹[확인] 단추를 클릭하면 대체 텍스트가 추가된다.

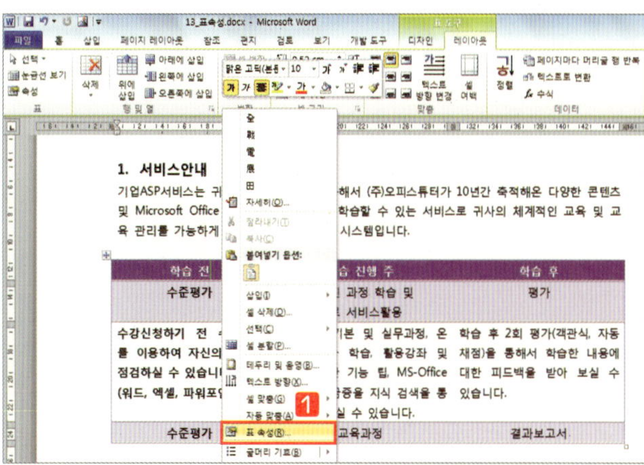
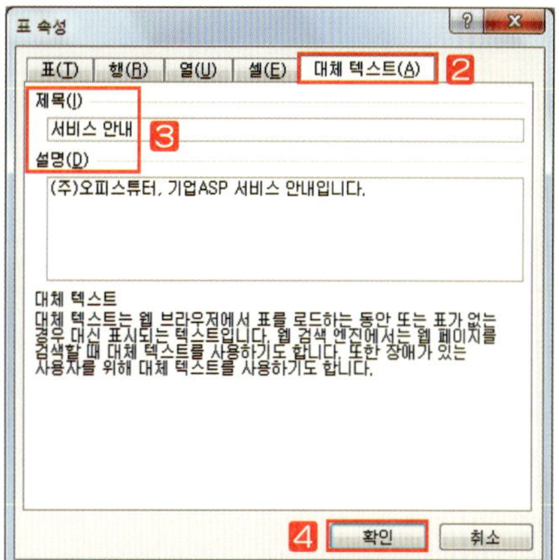

2 대체 텍스트 확인

대체 텍스트가 지정된 표가 포함된 웹 페이지에서 표에 마우스 포인터를 갖다 대면 [대체 텍스트] 탭의 [제목]에서 설정한 내용이 스크린 팁으로 표시된다. 웹 페이지 로딩 시 시간이 많이 소요되는 경우 로딩되는 동안 표가 표시될 위치에 [설명]에 입력한 내용이 표시된다.

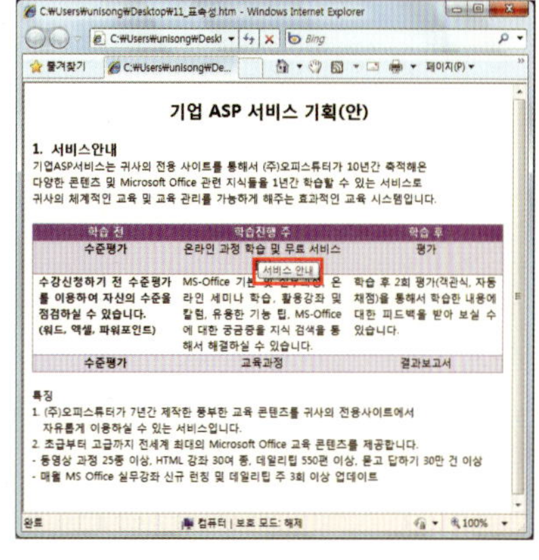

 EXCEL 2010

 OUTLOOK 2010

 POWERPOINT 2010

 WORD 2010

 ONENOTE 2010

 PUBLISHER 2010

 SHAREPOINT WORKSPACE 2010

 SHAREPOINT 2010

원노트 2010은 효과적으로 메모를 저장하고 공유할 수 있습니다. 텍스트뿐만 아니라 사진, 오디오, 비디오 파일을 캡쳐하여 언제 어디서든 필요한 순간에 활용할 수 있습니다. 또, 웹이나 스마트폰을 이용하면 이동 중에도 필요한 정보를 사용할 수 있습니다.

PART 05

ONENOTE 2010

원노트 2010의 화면 구성 살펴보기

노트에 필기를 열심히 한 후에 그 필기를 알아볼 수 없거나 어디에 필기를 했는지 찾지 못한 경험이 한두 번은 있을 것이다. 필요한 기록을 즉시 찾을 수 있다면 얼마나 많은 시간을 절약할 수 있을까? 마이크로소프트사가 새롭게 개발한 원노트 2010은 문득 떠오른 생각을 기록해야 할 경우 어떤 것이든 재빠르게 써 넣고 필요할 때 곧바로 꺼내볼 수 있는 '디지털 노트' 프로그램이다.

 원노트 2010의 화면 구성

원노트는 3링 바인더 노트와 같은 구조로 되어 있어서 이를 연상하면서 화면 구성을 파악하면 손쉽게 이해할 수 있다.

섹션
3링 바인더처럼 전자 필기장에 섹션을 나누어 내용을 구성할 수 있다.

페이지
섹션마다 여러 페이지를 추가할 수 있으며 노트 내용이 입력되는 곳이다.

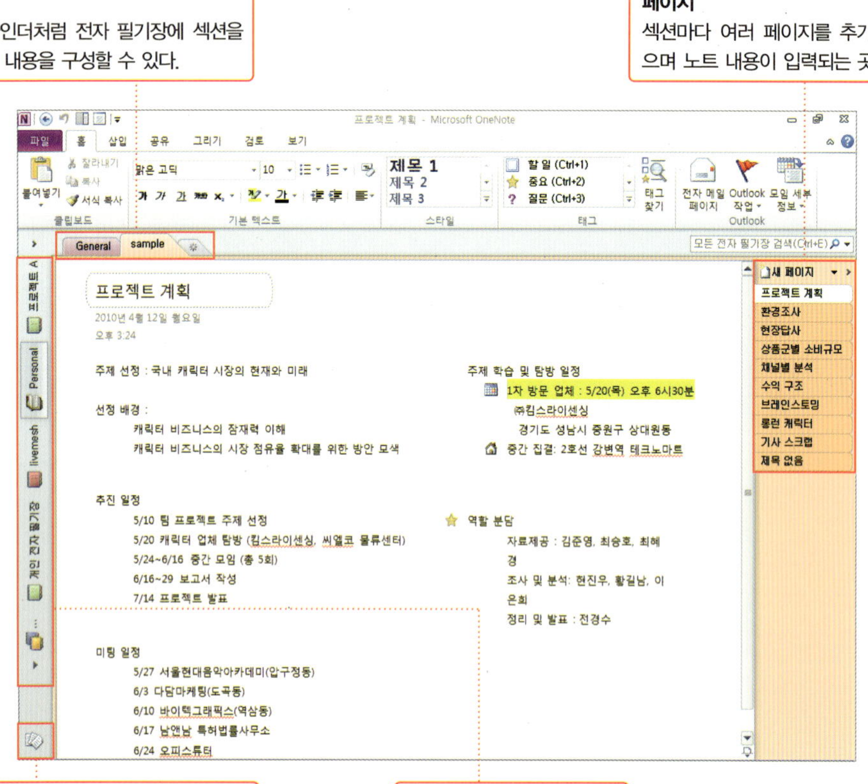

분류되지 않은 노트
보조 노트 만들기 명령을 통해 만들어진 노트 내용이 저장되는 곳으로, 나중에 다른 위치로 이동이 가능하다.

전자 필기장
섹션과 페이지를 포함하는 하나의 노트이다.

② 탐색 모음 확장/축소

1탐색 모음 창 상단의 [탐색 모음 확장] 단추를 클릭하면 보기를 확장하여 전자 필기장 및 포함된 섹션에 대한 자세한 정보를 볼 수 있다. **2**전자 필기장의 섹션을 열려면 해당 탭을 클릭한다. **3**탐색 모음 창을 다시 축소하려면 [전자 필기장] 우측의 [탐색 모음 축소] 단추를 클릭한다.

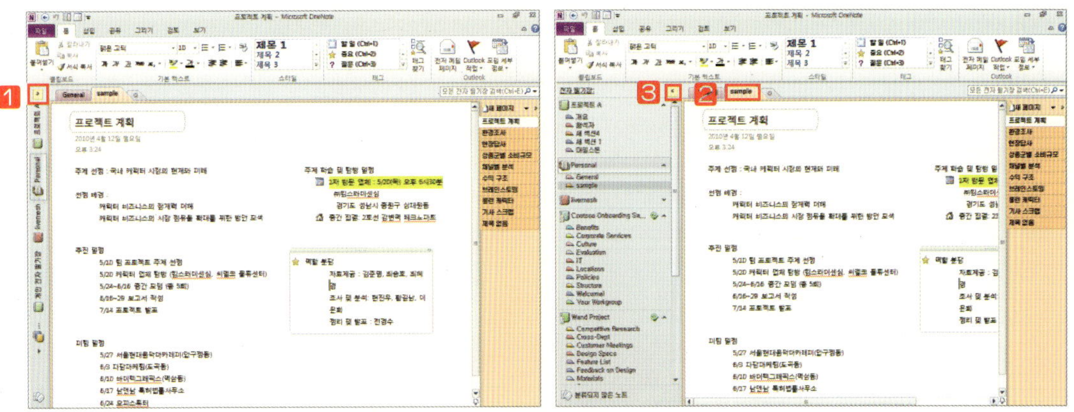

③ 페이지 탭 크기 조정

1페이지와 페이지의 경계선에 마우스 포인터를 가져가 양방향 화살표 모양으로 변경될 때 드래그하여 원하는 크기로 조정할 수 있다. **2**또는 [새 페이지] 우측의 [페이지 탭 축소] 단추를 클릭하면 자동으로 축소된다.

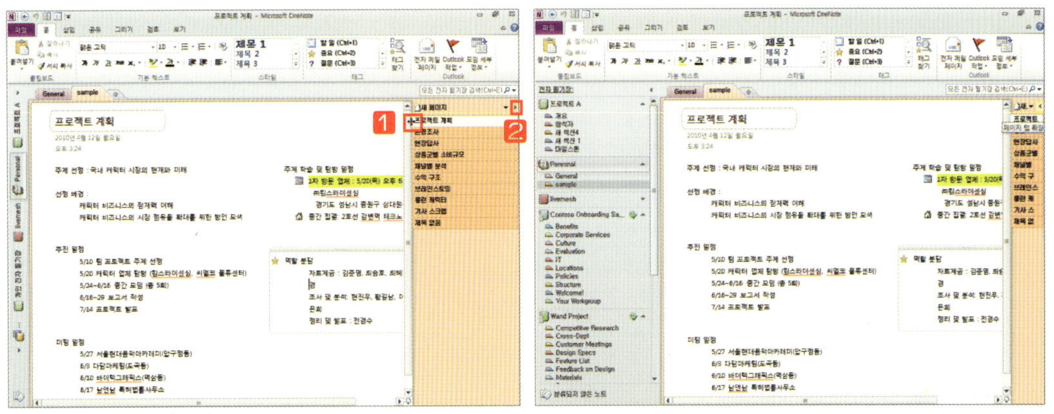

전자 필기장, 섹션, 페이지 만들기

원노트 2010을 실행하면 기본적으로 설정되어 있는 전자 필기장이 있다. 만약 이를 사용하지 않고 새롭게 시작하고자 한다면 새 전자 필기장을 만들어야 한다.

파일 ···▶ 새로 만들기 　　새로 만들기

① 새 전자 필기장 만들기

1[파일]–[새로 만들기] 메뉴를 선택하고 **2**[새 전자 필기장]의 [1. 전자 필기장 저장]에서 '내 컴퓨터'를 선택한다. **3**[2. 이름]에 전자 필기장 이름을 입력하고 **4**[3. 위치]에서 [찾아보기] 단추를 클릭하여 저장 위치를 설정한 다음 **5**[전자 필기장 만들기] 단추를 클릭하면 하나의 '새 섹션'이 포함된 전자 필기장이 생성된다.

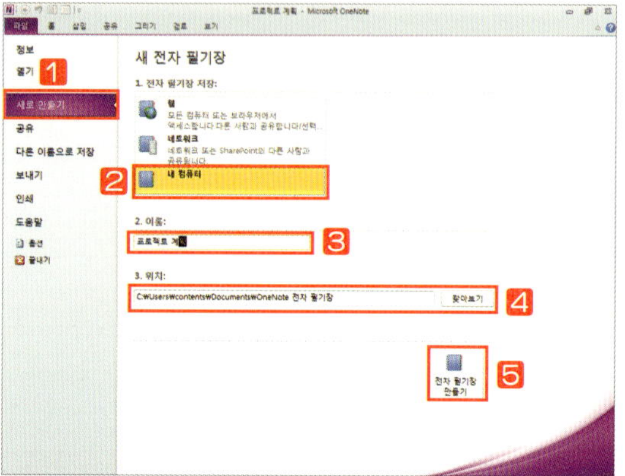

POINT 새로 전자 필기장을 만들 때 기본적으로 설정되는 저장 위치는 'C:\Users\사용자명\Documents\OneNote 전자 필기장'이다. 탐색기에서 살펴보면 각각의 전자 필기장은 폴더로 생성되며 섹션은 '*.one'이라는 확장자를 갖는 파일로 저장된다.

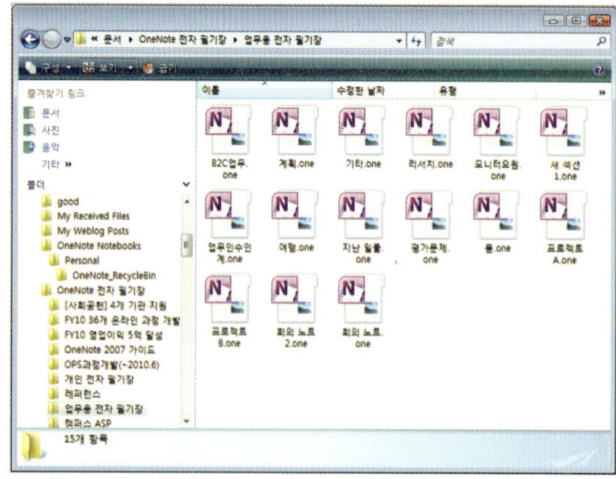

❷ 섹션 추가하기

❶섹션을 추가하기 위해 [섹션] 탭에서 [새 섹션 만들기] 단추를 클릭하거나 **❷**[섹션] 탭에서 마우스 오른쪽 단추를 클릭한 다음 [새 섹션]을 선택한다.

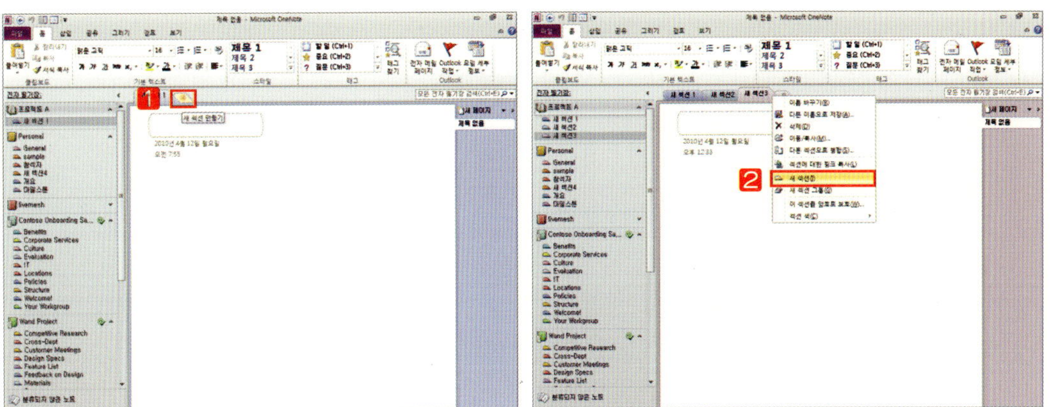

❸ 섹션 이름 변경하기

섹션 이름을 변경하기 위해 [섹션] 탭에서 마우스 오른쪽 단추를 클릭한 다음 [이름 바꾸기]를 선택한 후 **❷**이름을 입력하고 Enter 키를 누른다. 또는 [섹션] 탭을 더블클릭한 다음 이름을 입력한다.

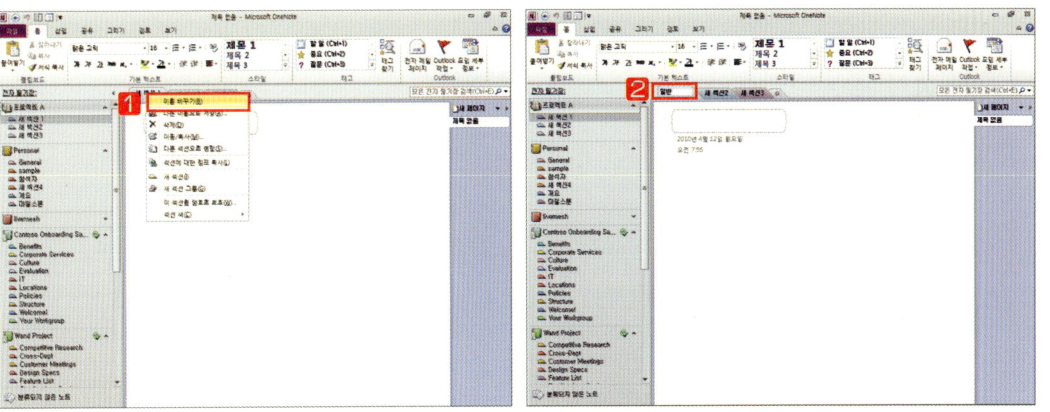

1 화면 우측의 [페이지] 창에서 [새 페이지]를 클릭한다. 2 만약 하위 페이지를 추가할 경우에는 [새 페이지]의 드롭다운 단추를 클릭하고 [새 하위 페이지]를 선택하면 자동으로 페이지가 추가된다.

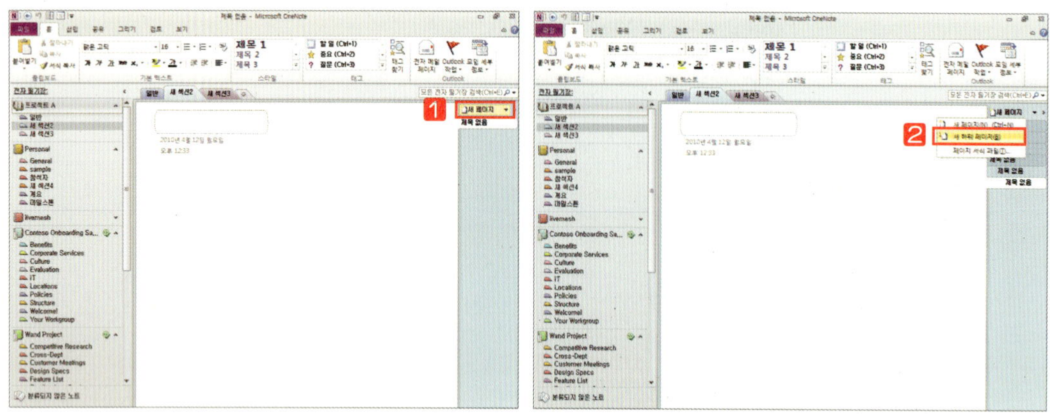

5 전자 필기장 열기

1 [파일]-[열기] 메뉴를 선택하고 2 [전자 필기장 열기] 단추를 클릭한 다음 3 [전자 필기장 열기] 대화상자가 나타나면 열고자 하는 전자 필기장을 선택한 후 [열기] 단추를 클릭하면 전자 필기장이 열린다.

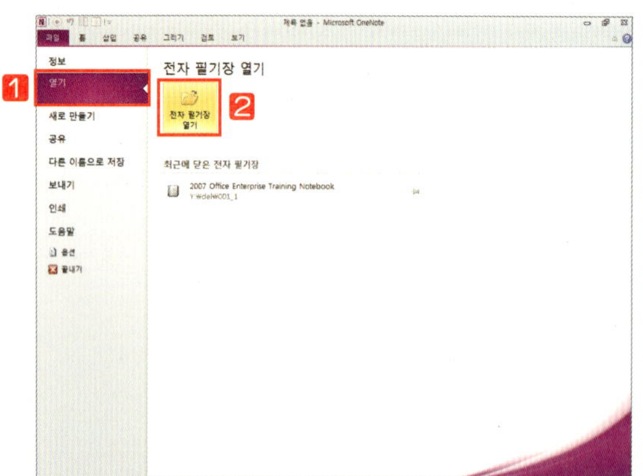

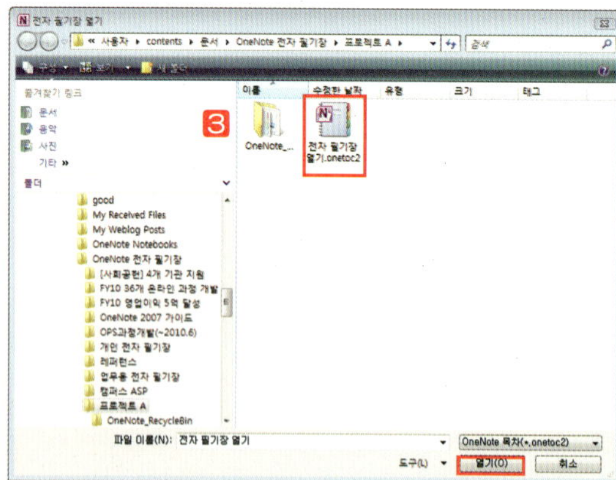

6 전자 필기장 닫기

화면 좌측의 [전자 필기장]에서 닫고자 하는 전
자 필기장을 마우스 오른쪽 단추로 클릭한 후
[이 전자 필기장 닫기]를 선택한다.

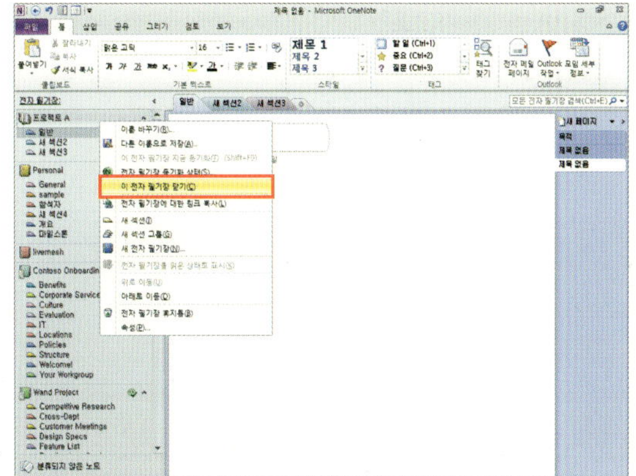

7 섹션 및 페이지 이동하기

전자 필기장 기능은 섹션을 쉽게 관리할 수 있도록 해준다. [섹션] 탭을 원하는 위치로 드래그하면 손쉽
게 전자 필기장 간에 이동할 수 있다. 참고로 페이지의 경우도 마찬가지로 이동할 페이지를 선택하고
[전자 필기장]의 다른 섹션으로 드래그하면 페이지를 다른 섹션으로 간단히 이동시킬 수 있다.

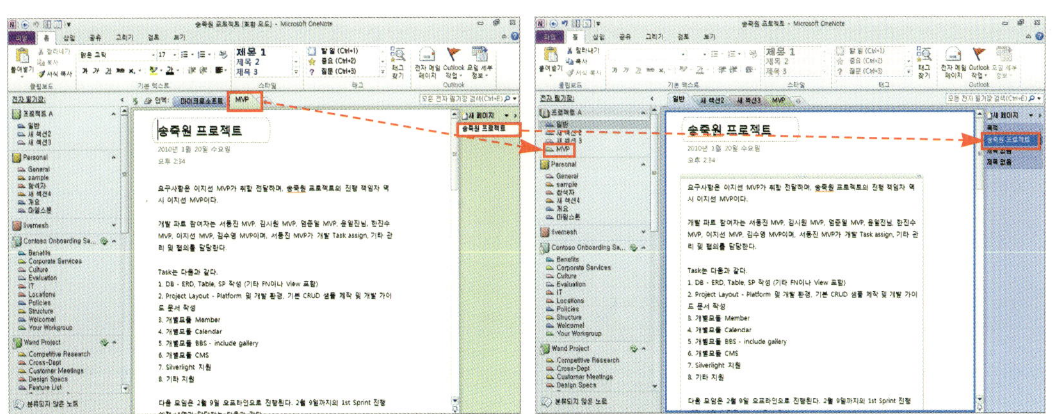

멀티미디어 정보 수집

원노트 2010은 모니터에 나타난 화면의 일부 영역을 선택하여 손쉽게 페이지에 삽입할 수 있는 강력한 화면 캡쳐 기능을 가지고 있다. 녹음, 녹화 기능을 사용하면서 노트에 내용을 타이핑하면 녹음, 녹화 내용과 텍스트 내용의 위치가 서로 연결되어 추후 재생할 경우 자신이 원하는 시점부터 내용을 재생할 수 있다. 또한, 원노트 2010으로 보내기 기능을 이용하여 다른 프로그램에서 다루는 내용을 그림으로 가져올 수도 있다.

삽입 ┄▶ 화면 캡쳐 단추

1 화면 캡쳐

원노트의 유용한 기능 중 하나인 화면 캡쳐를 이용하면 웹 혹은 현재 작업 중인 프로그램의 화면 중 일부를 손쉽게 캡쳐하여 노트 페이지에 삽입할 수 있다. **1**[삽입] 탭-[이미지] 그룹에서 [화면 캡쳐]를 클릭한 후 화면에서 **2**캡쳐할 영역을 마우스로 드래그한다. **3**선택한 영역이 원노트 페이지에 자동으로 그림으로 삽입되며 하단에 캡쳐한 시간이 포함된다.

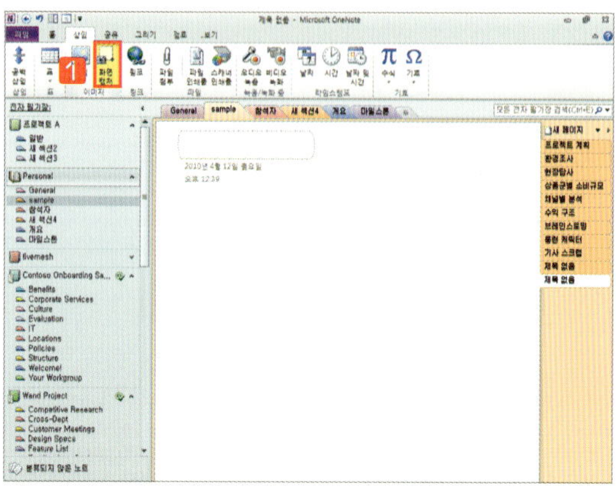

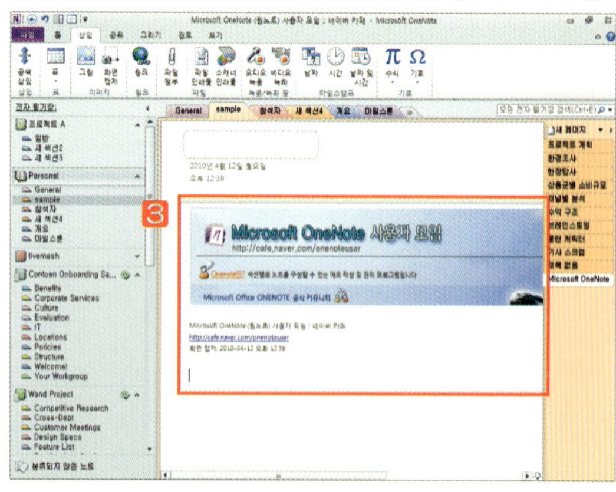

POINT 만약 캡쳐한 영역이 웹 브라우저에 표시된 내용일 경우 페이지 제목과 원본 URL도 함께 표시되므로 추후 원본 페이지에 접속할 경우 해당 링크를 마우스로 클릭하기만 하면 된다.

2　빠른 화면 캡쳐

컴퓨터를 사용하는 도중 바로 화면을 캡쳐할 수도 있다. **1**화면 캡쳐의 단축키인 ⊞+S 를 누르면 캡쳐 화면으로 전환되고 캡쳐할 영역을 드래그하면 **2**[OneNote에서 위치 선택] 대화상자가 나타나서 캡쳐한 내용을 보낼 위치를 선택할 수 있다.

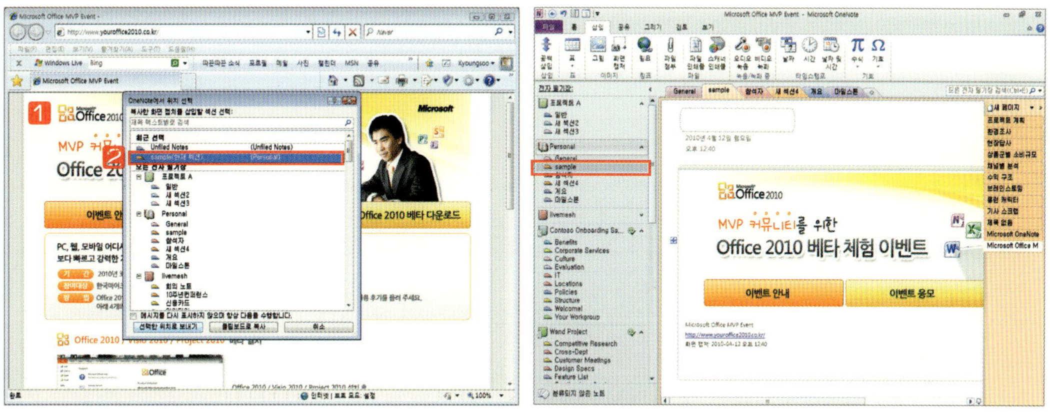

3　오디오 녹음

1[삽입] 탭-[녹음/녹화 중] 그룹에서 [오디오 녹음]을 클릭한다. **2**페이지에 녹음 일시가 삽입되면서 녹음이 진행된다. **3**녹음을 일시 정지하거나 중지하려면 [오디오 및 비디오]-[기록 중] 탭-[재생] 그룹에서 [일시정지] 혹은 [중지]를 클릭한다.

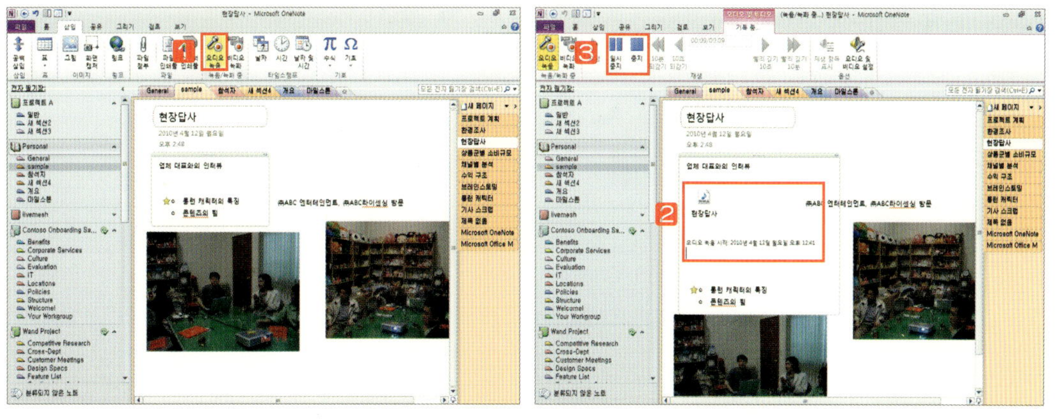

4 녹음 재생

1 노트에 표시된 사운드 개체 아이콘을 더블클릭하면 처음부터 녹음된 내용이 재생된다. **2** 녹음 중 필기한 위치에 마우스를 가져가면 작은 [재생] 아이콘이 나타나며 이를 클릭하면 필기된 시점부터 녹음이 재생된다.

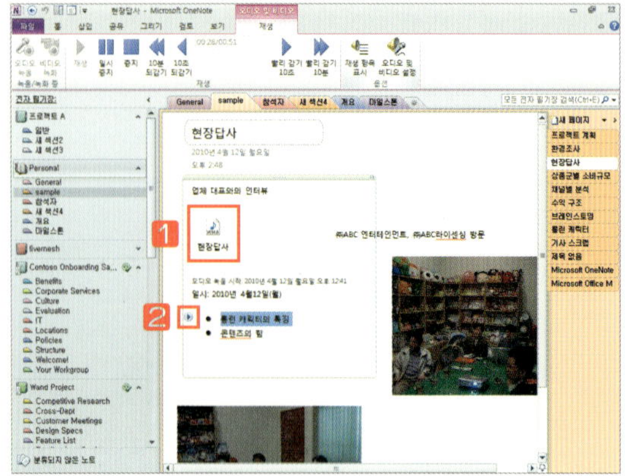

5 녹음 파일을 별도로 저장하기

녹음된 음성은 '*.wma' 파일 형식으로 섹션 파일에 포함된다. **1** 만일 녹음된 파일만 별도로 보관하고자 한다면 첨부된 아이콘에서 마우스 오른쪽 단추를 클릭한 다음 [다른 이름으로 저장]을 선택한다. **2** [다른 이름으로 저장] 대화상자가 나타나면 위치와 이름을 설정하고 [저장] 단추를 클릭한다.

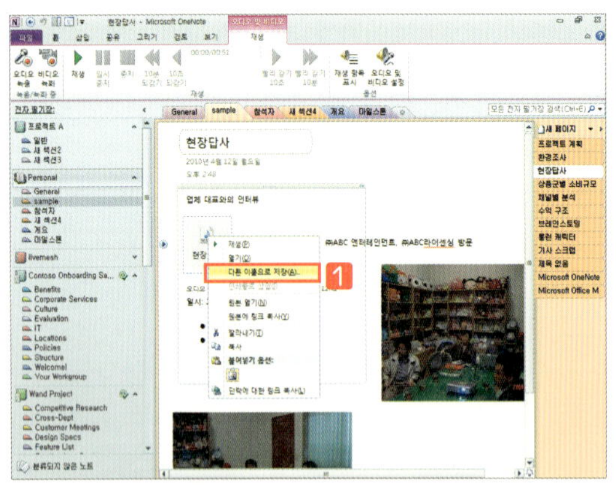

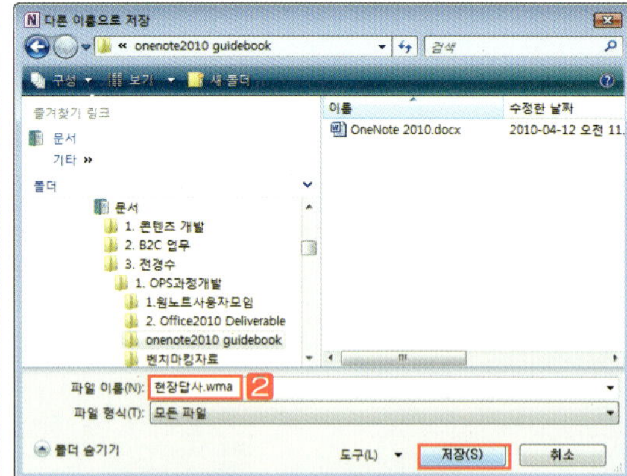

6 다른 프로그램에서 인쇄 명령을 통해 그림으로 정보 가져오기

1 원노트 2010을 설치하면 프린터 장치에 'OneNote 2010으로 보내기'란 프린터 드라이버가 추가된다. 따라서 어느 문서든 일반 프린터에서 인쇄하듯이 'OneNote 2010으로 보내기'를 선택하여 인쇄하면 원노트 전자필기장에 이미지 형태로 보낼 수 있다. **2** [인쇄] 단추를 클릭하여 **3** [OneNote에서 위치 선택] 대화상자가 나타나면 인쇄 내용을 보낼 위치를 선택한다. **4** 이렇게 가져온 문서 위에 [그리기] 탭의 도구를 이용하여 주석을 추가할 수 있다.

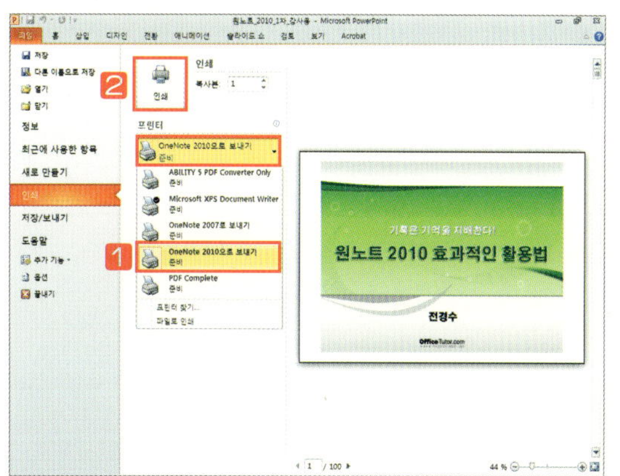

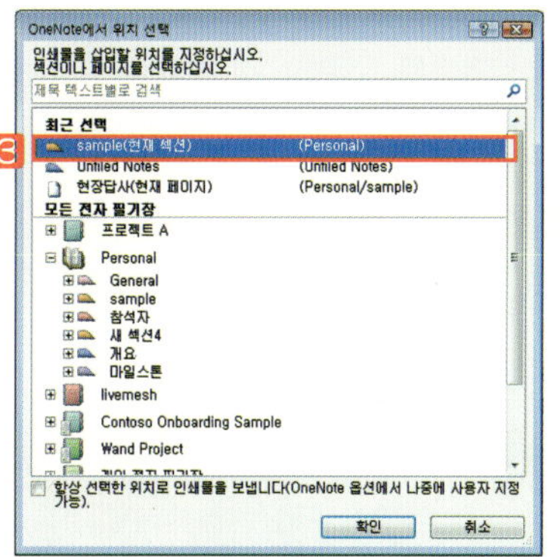

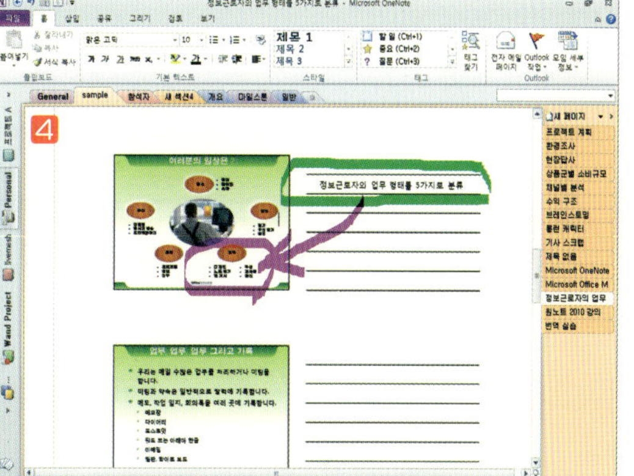

POINT 원노트는 오디오 녹음뿐만 아니라 비디오 녹화도 가능하다. 자신의 컴퓨터에 화상 카메라가 장착되어 있거나 USB 단자를 통해 외부 카메라를 연결하였을 경우 원노트의 [삽입] 탭-[녹음/녹화 중] 그룹의 [비디오 녹화] 기능을 이용하면 캠코더 역할을 톡톡히 해낸다.

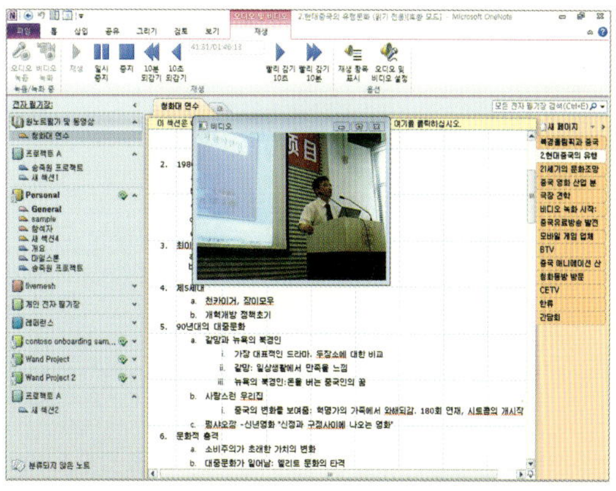

원노트 2010에 연결된 노트 작성하기

원노트 2010에 새롭게 추가된 기능인 '연결된 노트'를 작성하면 인터넷 익스플로러, 워드 문서, 파워포인트 프레젠테이션의 문서 편집 작업을 하면서 동시에 바탕 화면의 도킹된 원노트 창에서 노트를 작성할 수 있게 되어 보조 자료 조사 또는 브레인스토밍 작업을 보다 쉽게 수행할 수 있다.

검토　…▶　연결된 노트 단추　

1 연결된 노트 시작하기

1 워드, 파워포인트 또는 원노트의 [검토] 탭에서 [연결된 노트]를 클릭한다. **2** [OneNote에서 위치 선택] 대화상자에서 보고 있는 문서 또는 페이지에 대해 노트를 작성하려는 전자 필기장, 섹션 및 페이지를 선택한 다음 [확인] 단추를 클릭한다. **3** 일반적인 방법으로 노트를 작성하면 원노트는 나중에 다시 원본 자료를 쉽게 참조할 수 있도록 자동으로 링크를 지정한다.

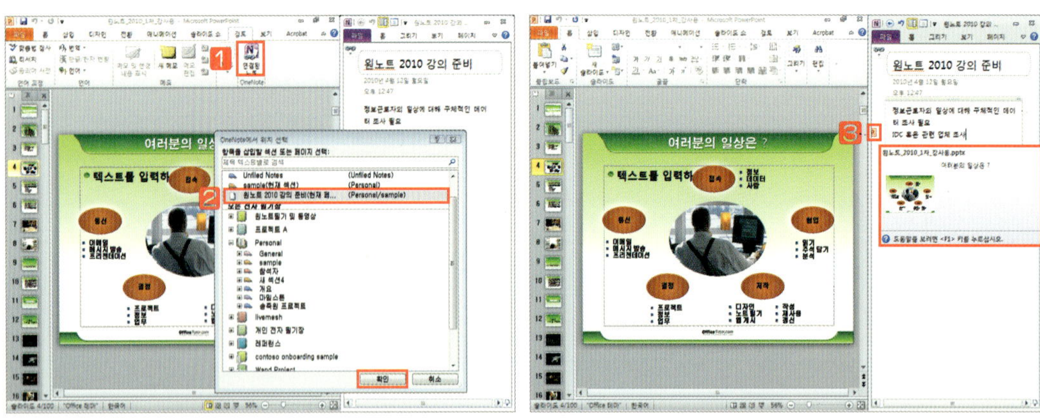

② 연결된 노트 종료하기

창 고정을 해제하여 연결된 노트 모드를 종료하려면 빠른 실행 도구 모음에서 [바탕 화면에 도킹] 아이콘을 클릭하거나 단축키 Ctrl + Alt + D 를 누른다. 또는 [보기] 탭–[보기] 그룹에서 [바탕 화면에 도킹]을 클릭하여 해제한다.

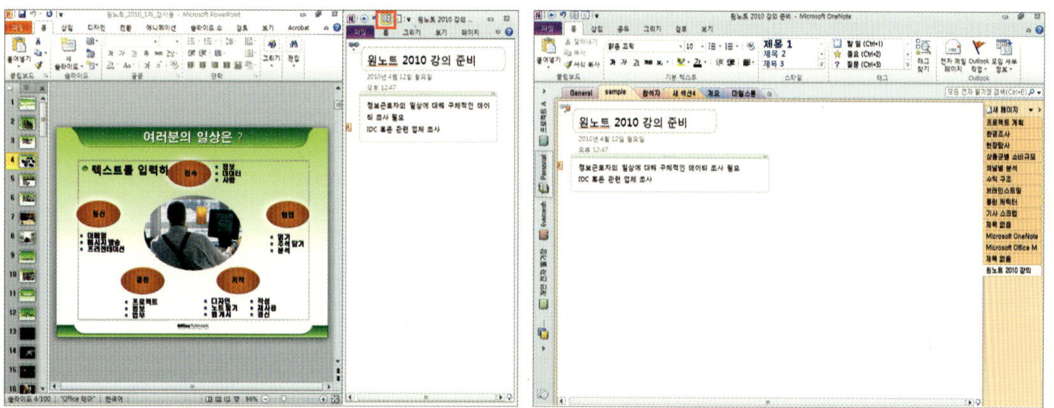

POINT 위 과정은 [바탕 화면에 도킹]이 활성화된 상태에서 클릭하여 비활성화시키는 작업으로, [보기] 탭–[보기] 그룹의 [기본 보기]를 클릭해도 같은 작업을 실행할 수 있다.

③ 연결된 노트에서 링크 제거하기

전자 필기장에 연결된 노트를 모두 제거하고 싶다면 [파일] 메뉴의 [옵션]을 선택하고 [고급]을 선택한 후 [연결된 노트]의 [연결된 노트에서 링크 제거] 단추를 클릭한다.

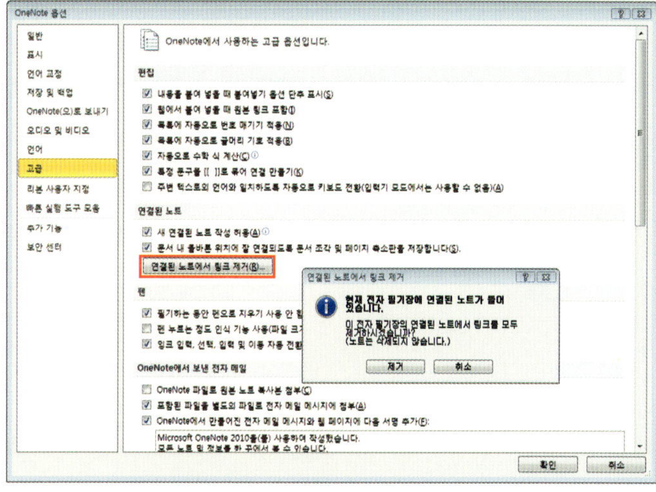

태그 작성 및 검색하기

원노트로 작성된 내용에 할 일, 중요, 질문, 전화번호 등 용도별로 다양한 [태그]를 지정하여 중요한 항목을 쉽게 분류하여 찾을 수 있다. 또한, 필요한 태그를 사용자가 직접 만들어서 사용할 수도 있다.

홈 ···▶ 태그 단추  

① 태그 지정하기

1 우선 [태그]를 지정할 내용을 클릭하여 커서를 위치시킨 다음 **2** [홈] 탭-[태그] 그룹에서 [자세히] 단추를 클릭하고 원하는 태그를 선택하면 해당 단락 앞에 태그가 표시된다.

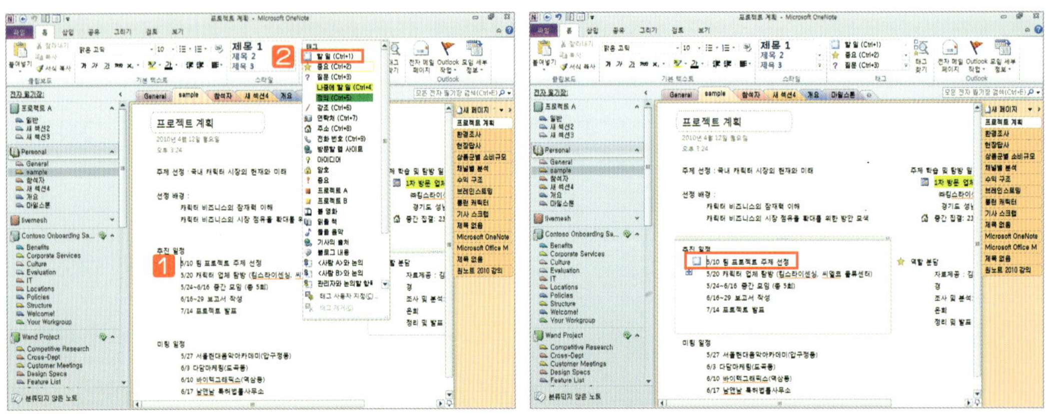

② 나만의 태그 만들기

1 [홈] 탭-[태그] 그룹에서 [자세히] 단추를 클릭하고 [태그 사용자 지정]을 선택한다. **2** [태그 사용자 지정] 대화상자가 나타나면 하단의 [새 태그] 단추를 클릭하고 **3** [새 태그] 대화상자에서 서식을 지정한 후 [확인] 단추를 클릭한다. **4** 앞에서 새로 만든 전화 태그가 [태그 사용자 지정] 대화상자에 추가된 것을 확인할 수 있다.

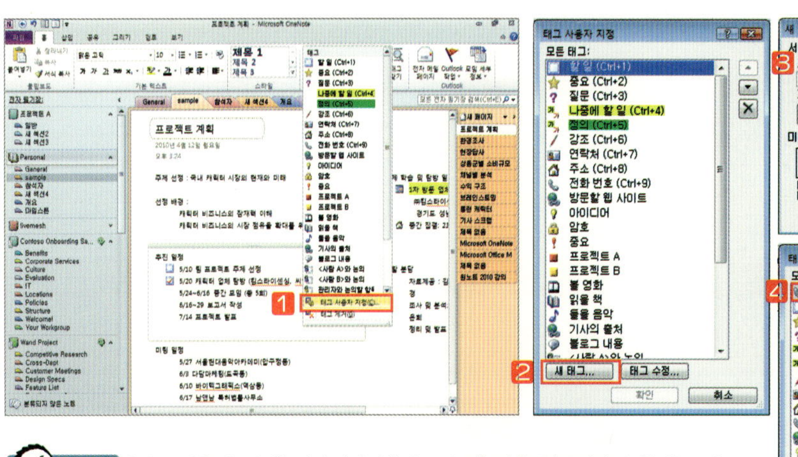

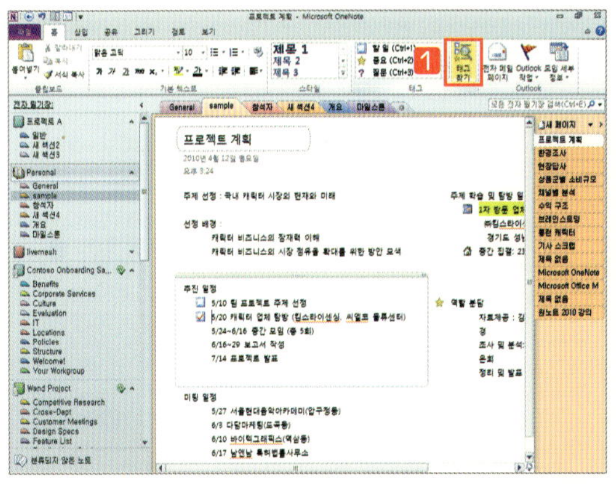 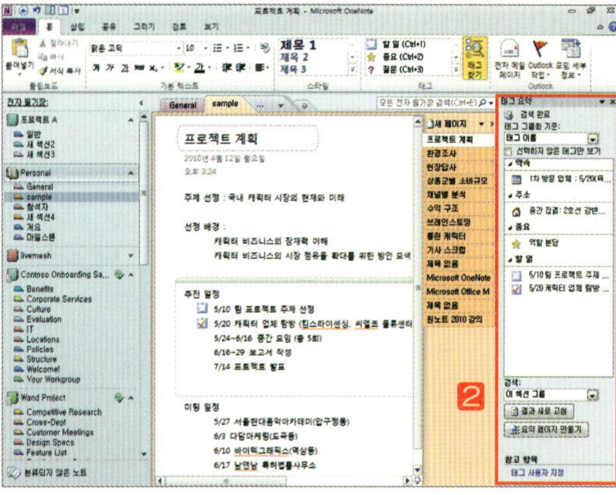

POINT [태그 사용자 지정] 대화상자의 [태그 수정] 단추를 클릭하여 원하는 태그의 서식을 수정할 수 있고, [제거] 단추를 클릭하여 삭제할 수도 있다.

③ 태그가 지정된 모든 노트 표시하기

1 작성한 태그가 지정된 곳을 찾으려면 [홈] 탭-[태그] 그룹에서 [태그 찾기]를 클릭한다. **2** 화면 우측에 [태그 요약] 창이 나타나며 태그별로 결과가 표시된다. 해당 결과를 클릭하면 태그가 있는 위치로 바로 이동하므로 꼭 기억해야 할 항목들에 대해서는 반드시 태그를 달아두도록 한다.

4 태그 요약 검색 범위 설정

태그 요약 결과는 전자 필기장별, 색션별로 제한하여 볼 수 있을 뿐만 아니라 일자별로도 볼 수 있어서 기록한 노트 내용을 쉽게 분류하여 검색할 수 있다. [태그 요약] 창 하단에서 [검색]의 드롭다운 단추를 클릭하고 범위를 지정하여 원하는 항목을 찾을 수 있다.

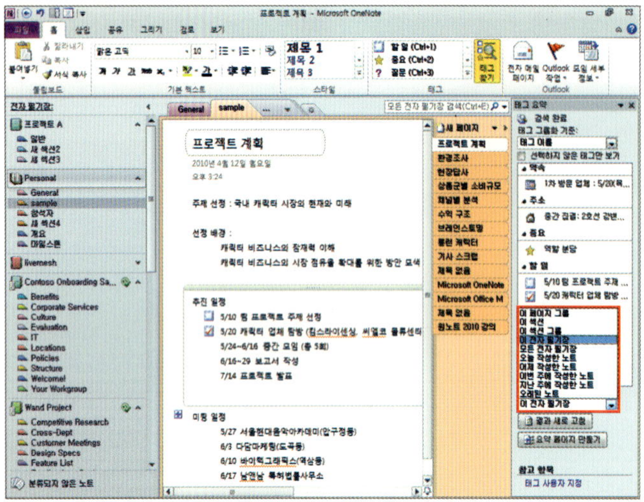

5 태그 제거

1 태그를 제거하려면 태그가 달린 위치를 마우스 오른쪽 단추로 클릭한 다음 [태그 제거]를 선택한다.

2 [태그 요약] 창에서도 [결과 새로 고침] 단추를 클릭하면 내용이 사라진다.

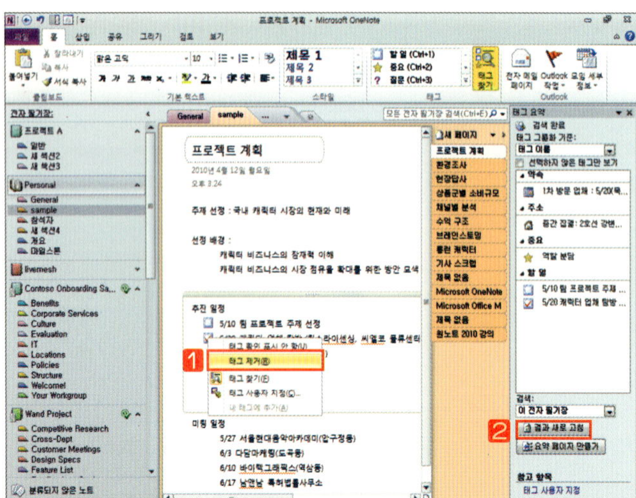

원하는 정보 손쉽게 찾아보기

원노트 2010은 입력한 텍스트, 태블릿 PC에서 작성한 필기 메모 등을 빠르게 찾을 수 있으며, 그림에 포함된 영문 텍스트나 숫자도 찾을 수 있다. 또한 원노트에서 제공하는 리서치 서비스를 사용하면 별도로 검색 사이트를 방문하지 않고도 바로 정보를 검색하거나 영한/한영 등 다국어 사전 및 번역 서비스를 이용할 수 있다.

검색   모든 전자 필기장 검색(Ctrl+E) 🔍 ▾

① 노트 검색하기

1 [섹션] 탭 우측의 검색 상자를 클릭하고 검색할 텍스트를 입력하면 검색 결과가 나타난다. **2** 단어와 일치된 검색 결과는 노란색으로 강조 표시되며, 검색 상자의 결과를 클릭하여 바로 해당 페이지로 이동할 수 있다.

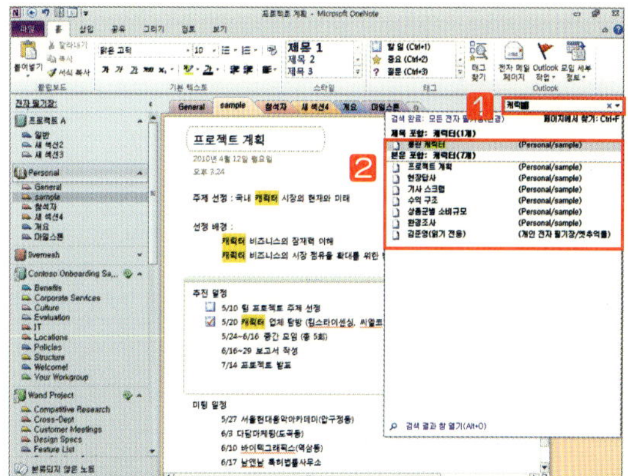

② 검색 목록 보기

1 검색 상자 하단의 [검색 결과 창 열기]를 클릭하면 **2** 우측에 [검색 결과] 창이 나타난다. 검색어가 포함된 여러 페이지들의 목록을 살펴볼 수 있으며, 색션별, 제목별 혹은 수정한 날짜별로 정렬하여 결과를 살펴볼 수도 있다. 마찬가지로 제목을 클릭하면 해당 페이지로 이동한다.

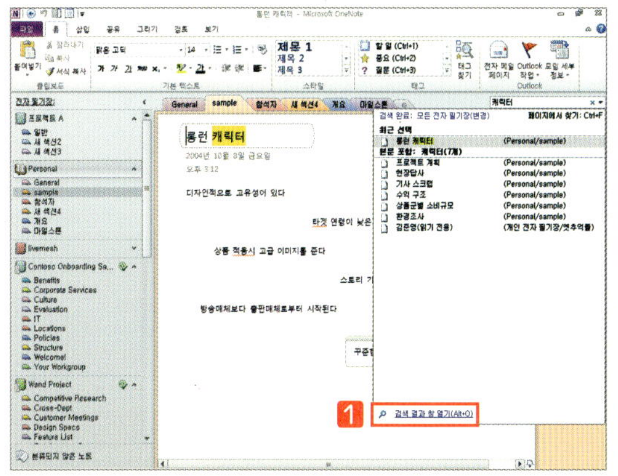

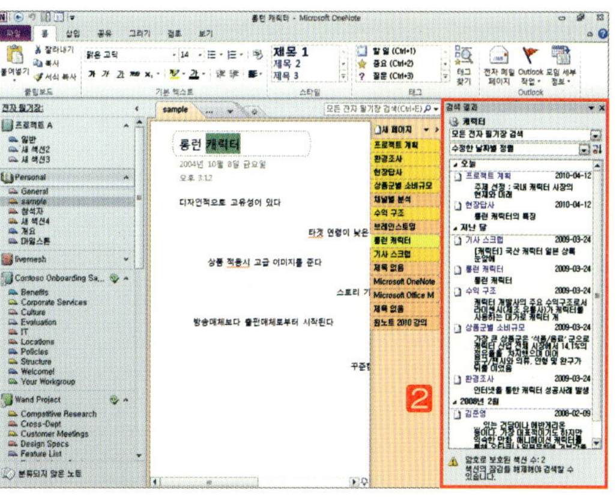

③ 번역 서비스 사용하기

1 번역을 원하는 단어 또는 단락을 선택하고 마우스 오른쪽 단추를 클릭한 다음 메뉴에서 [번역]을 선택한다. **2** [리서치] 창이 나타나고, 번역 언어를 바꾸고자 한다면 [번역 전 언어], [번역 후 언어]를 설정한다.

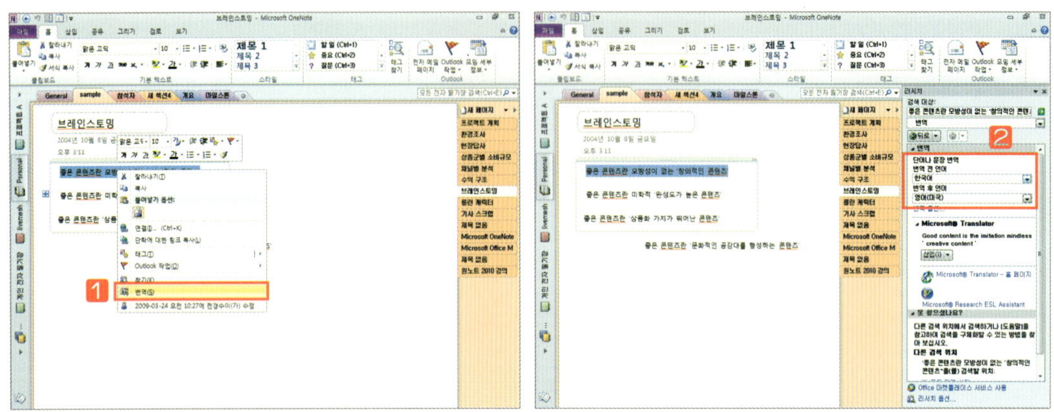

POINT Alt 키를 누른 상태에서 번역을 원하는 단어 또는 단락을 클릭하면 보다 간단히 번역 서비스를 실행할 수 있다.

④ 검색 서비스 사용하기

별도의 웹 브라우저를 실행하지 않고서도 인터넷 검색 결과를 원노트에서 바로 얻을 수 있다. **1** Alt 키를 누른 상태에서 검색을 원하는 단어를 클릭한 다음 **2** [검색 대상]의 드롭다운 단추를 클릭하고 'Bing' 또는 'Live Search'를 선택하면 Bing 검색 결과가 나타난다. **3** 검색 결과를 클릭하면 바로 해당 페이지가 나타난다.

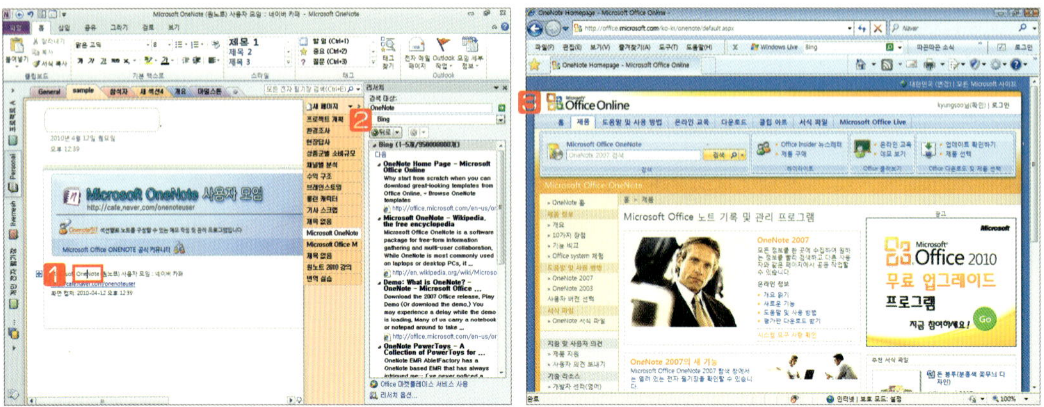

효과적으로 아이디어 공유하기

공유 전자 필기장을 사용하면 여러 명의 사용자가 동시에 편집할 수 있으며, 변경 내용이 자동으로 병합된다. 또한, 각 사용자가 오프라인 상태에서도 전자 필기장을 사용할 수 있다. 전자 필기장을 공유하려면 사용자의 개인 컴퓨터에 있는 공유 폴더, 서버의 파일 공유, 쉐어포인트 사이트 등의 공유 위치에 전자 필기장을 저장하기만 하면 된다.

공유 ┈▶ 이 전자 필기장 공유 단추 

❶ 새 공유 전자 필기장 만들기

동일한 컴퓨터 네트워크 또는 쉐어포인트 사이트에서 다른 사람과 새 전자 필기장을 공유하려는 경우 네트워크에 공유 전자 필기장을 만든다. ❶[파일]-[새로 만들기] 메뉴를 선택하고 ❷[1. 전자 필기장 저장]에서 '네트워크'를 선택한다. ❸[2. 이름]에 새 전자 필기장의 주제를 설명할 수 있는 제목을 입력하고 ❹[3. 네트워크 위치]에서 [찾아보기] 버튼을 클릭하여 경로를 설정한 후 ❺[전자 필기장 만들기] 단추를 클릭한다.

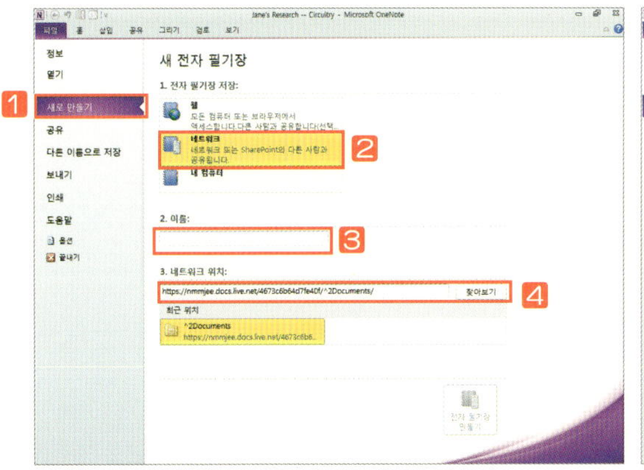
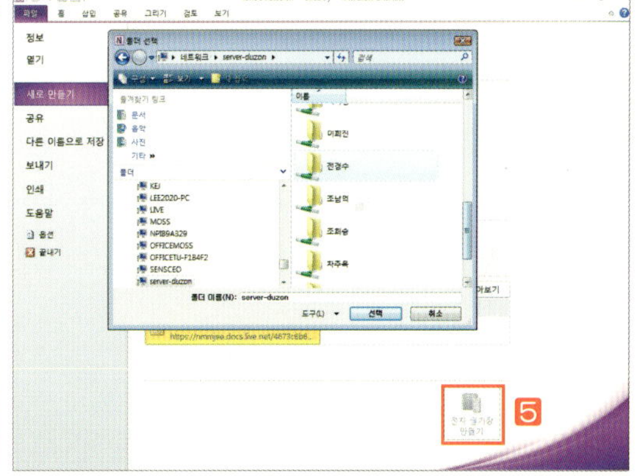

POINT 네트워크 위치를 일반 파일 서버가 아닌 SharePoint 2010 Server의 문서 라이브러리로 지정한 경우에는 원노트를 통한 공유뿐만 아니라 ShrarPoint 사이트에 직접 브라우저로 접속하여 브라우저 기반의 OneNote(OneNote Web App)를 읽거나 편집할 수 있다.

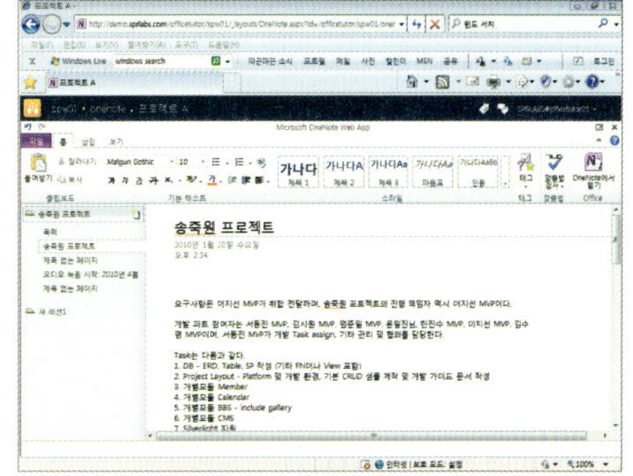

② 기존 전자 필기장 공유하기

기존에 작성한 전자 필기장을 바로 공유할 수도 있다. **1** [공유] 탭-[공유 전자 필기장] 그룹에서 [이 전자 필기장 공유]를 클릭한다. **2** [2. 공유 위치]를 '네트워크'로 선택하고 **3** [3. 네트워크 위치]를 지정한 다음 **4** [전자 필기장 공유] 단추를 클릭한다.

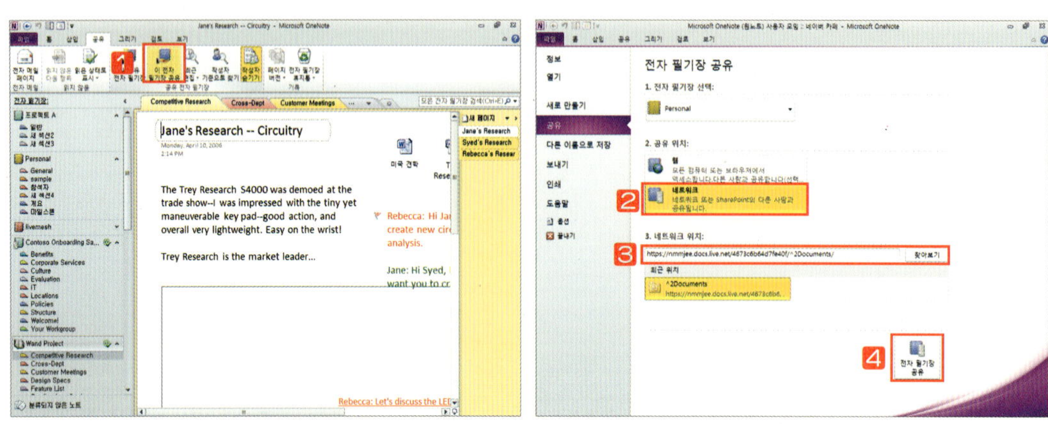

③ 다른 공유자에게 공유 전자 필기장 링크 보내기

공유 전자 필기장이 만들어짐과 동시에 다른 사용자에게 전자 필기장에 대한 전자 메일을 보낼 수 있는 메시지 창이 자동으로 나타난다. **1** 메일을 보내려면 [링크를 포함시켜 전자 메일 보내기] 단추를 클릭하고 **2** 아웃룩에서 [받는 사람]을 지정한 후 **3** [보내기] 단추를 클릭한다.

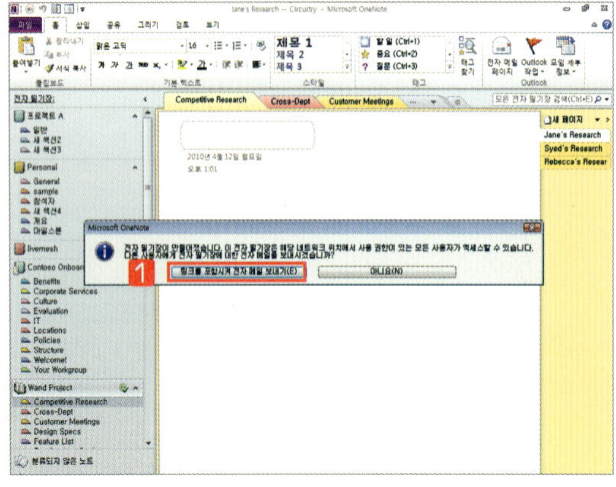

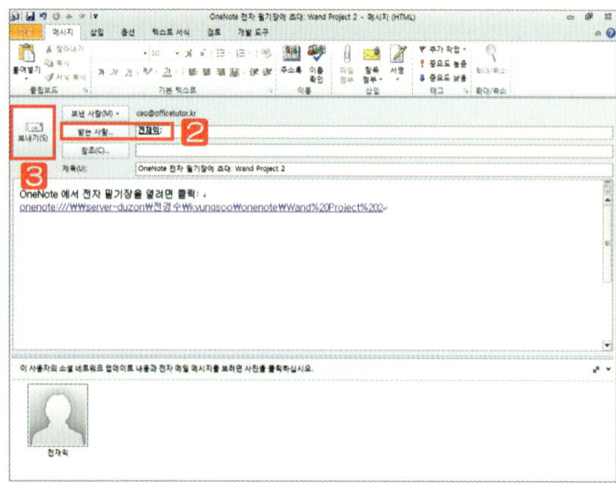

4 공유 전자 필기장 열기

1 공유 전자 필기장 초대 메일을 받은 경우, 메일 메시지의 공유 전자 필기장 경로를 클릭하여 손쉽게 열 수 있다. **2** 또는 [파일]–[열기] 메뉴의 [전자 필기장 열기] 단추를 클릭한 후 네크워크에 존재하는 전자 필기장을 탐색하여 [열기] 단추를 클릭한다.

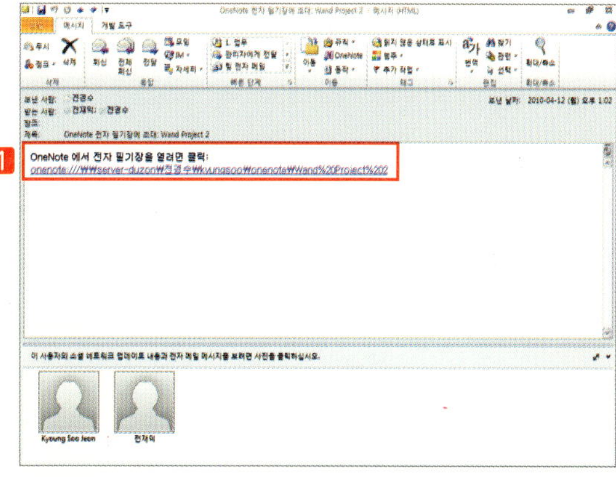

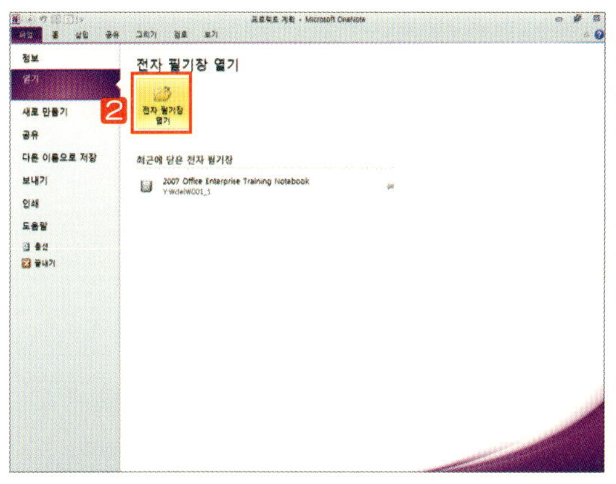

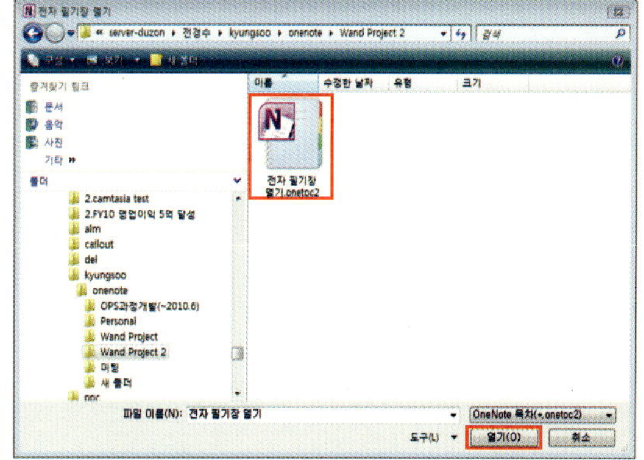

POINT 만일 쉐어포인트 사이트라면 로그인한 후 공유 전자 필기장을 사용한다.

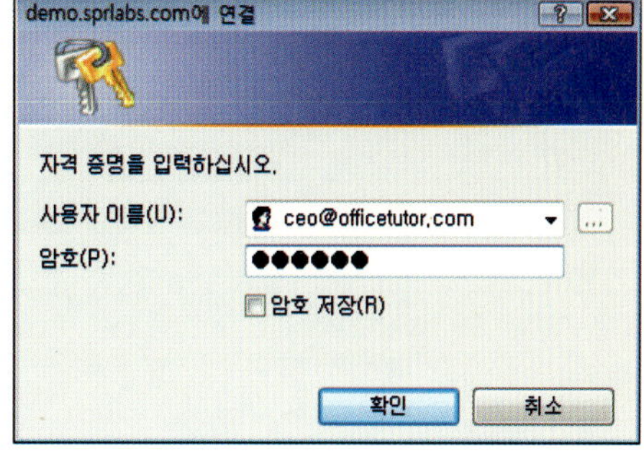

1 전자 필기장 이름 우측에 있는 [동기화 상태 및 설정 보기] 아이콘을 클릭한다. **2** [공유 전자 필기장 동기화] 대화상자가 나타나면 현재 동기화 상태를 수동 혹은 자동으로 설정할 수 있으며, 최신 정보를 업데이트하려면 우측 상단의 [지금 동기화] 단추를 클릭한다.

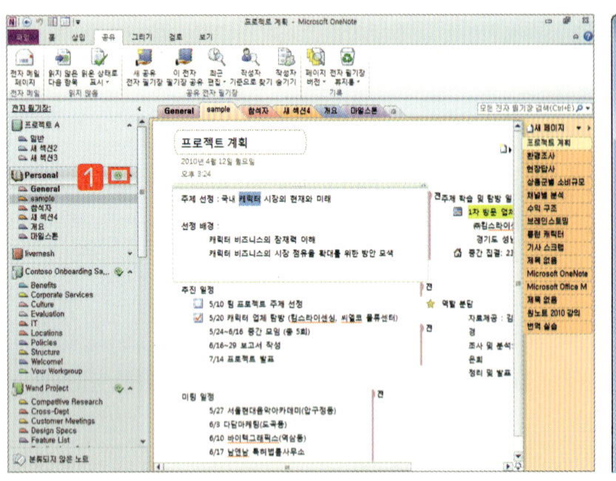

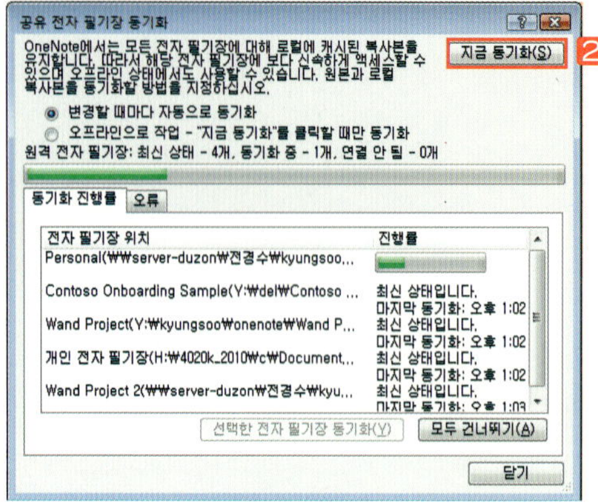

6 공유 필기장에서 작성자별로 찾아보기

1 [공유] 탭-[공유 전자 필기장] 그룹에서 [작성자 기준으로 찾기]를 클릭한다. **2** 화면 우측에 [검색 결과] 창이 나타나며 작성자별로 그룹화되어 나타난다. 원하는 페이지 제목을 클릭하면 바로 해당 페이지로 이동한다.

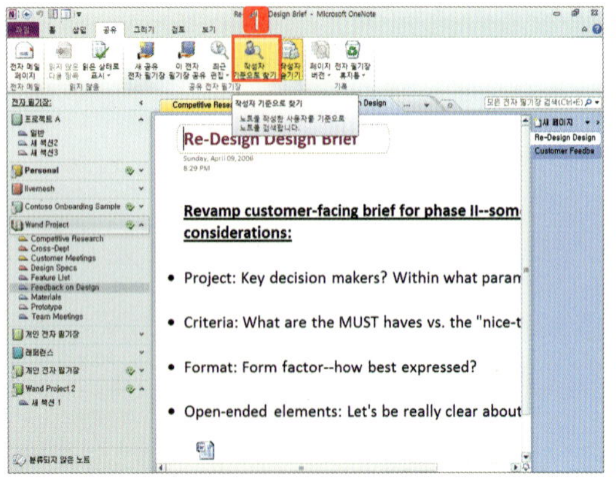

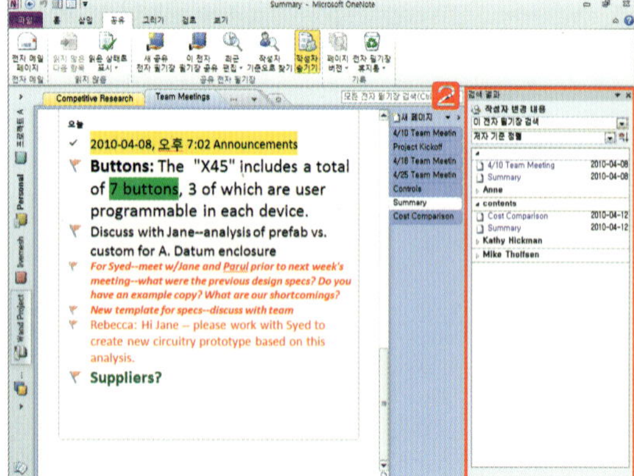

7 공유 필기장에서 버전별로 찾아보기

1 [공유] 탭-[기록] 그룹에서 [페이지 버전]의 드롭다운 단추를 클릭하고 [페이지 버전]을 선택한다.
2 만약 다른 사람에 의해 변경이 되었다면 페이지 이름 앞에 변경된 날짜가 추가되어 사본이 만들어진다. 이를 통해 누가 어떤 부분을 수정했는지 알 수 있다. **3** 페이지 상단의 노란 경고 문구 상자를 클릭하여 버전을 복원하거나 삭제할 수 있다.

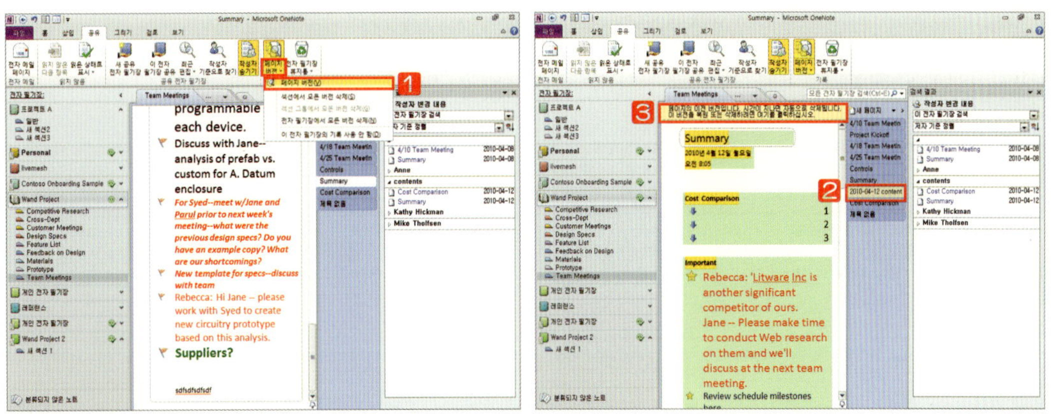

8 읽지 않은 노트 강조 표시

사용자가 마지막으로 확인한 이후에 그룹이나 팀의 다른 구성원이 추가하거나 변경한 공유 전자 필기장의 콘텐츠는 자동으로 강조 표시되므로 사용자는 새로운 콘텐츠를 신속하게 확인할 수 있다. 새 콘텐츠가 들어 있는 전자 필기장 제목, 섹션 탭 및 페이지 탭은 쉽게 탐색할 수 있도록 굵게 표시된다.

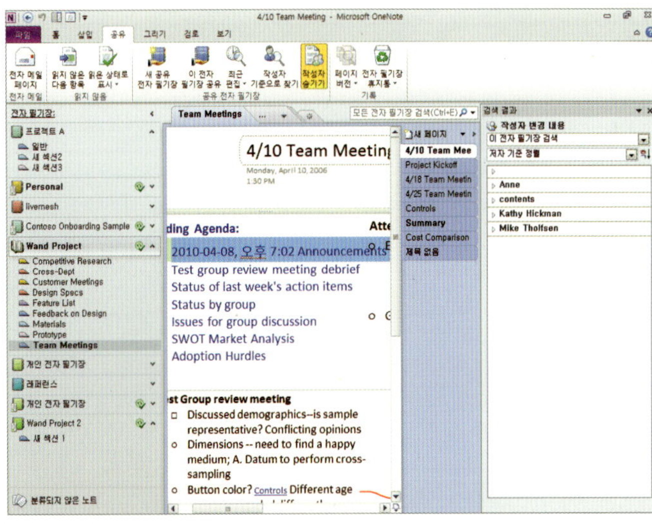

 EXCEL 2010

 OUTLOOK 2010

 POWERPOINT 2010

 WORD 2010

 ONENOTE 2010

 PUBLISHER 2010

 SHAREPOINT WORKSPACE 2010

 SHAREPOINT 2010

퍼블리셔 2010을 이용하면 전문가적인 발행물과 마케팅 자료를 제작할 수 있습니다. 그림 엽서, 브로슈어, 인사말 카드, 회보 등을 제작 시 포맷이 갖춰져 있어 별도의 디자인 작업 없이도 훌륭한 품질의 결과물을 만들 수 있습니다.

PART 06

PUBLISHER 2010

퍼블리셔란?

퍼블리셔는 일반 사용자가 카달로그, 브로슈어, 전단지, 뉴스레터, 업무 양식 등 다양한 유형의 발행물을 전문가 수준으로 쉽고 빠르게 만들 수 있도록 도와주는 프로그램이다. 퍼블리셔를 사용하면 인쇄물을 제작하거나 편지 병합 또는 전자 메일 병합에 사용할 전문적인 마케팅 및 통신 자료를 손쉽게 만들고 디자인하여 발행할 수 있다.

퍼블리셔 2010에는 전문가 수준의 발행물과 영업/마케팅 자료를 작성, 인쇄 및 배포하는 데 사용할 수 있는 새로운 기능이 추가되었다. 오피스 2007의 다른 제품에 이미 도입되어 효율성이 검증된 리본 메뉴와 오피스 2010에 새롭게 제공되는 Backstage 보기 등 업데이트된 사용자 인터페이스와 보다 효율적인 인쇄를 위해 향상된 인쇄 환경, 새로운 개체 맞춤 기술, 사진 배치 및 조정 도구, 콘텐츠 문서 블록과 같은 기능을 제공하는 퍼블리셔 2010을 통해 데스크톱 게시 환경을 개선하고 결과를 보다 쉽게 예측할 수 있어 더 효과적으로 원하는 발행물을 만들 수 있다.

퍼블리셔로 발행한 발행물 예

◀ 브로슈어

사보 ▶

◀ 광고

▲ 데이터 원본과 병합된 연하장

◀ 명함

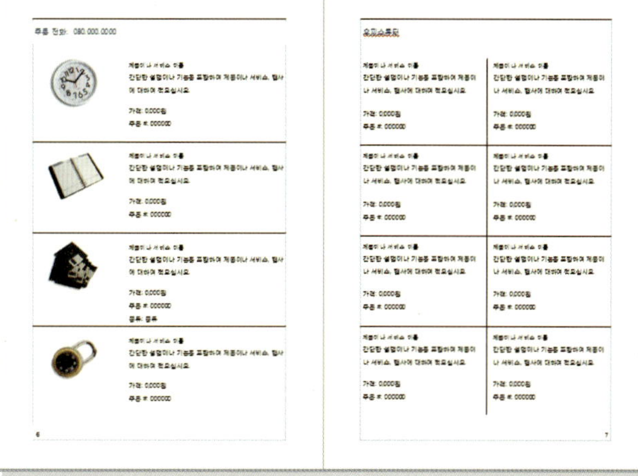

▲ 카탈로그

간편한 온라인 서식 파일 사용

퍼블리셔 2010은 인터넷에 연결하여 Office.com에서 제공되는 다양한 퍼블리셔 서식 파일을 퍼블리셔 내에서 직접 액세스하여 전문가 수준으로 디자인된 발행물을 손쉽게 만들 수 있고, 서식 파일을 필요에 맞게 수정하여 사용할 수도 있다. 동일한 회사를 위해 여러 개의 발행물을 만들어야 하는 경우에는 동일한 색 구성표, 사업체 정보 등의 동일한 옵션 및 정보를 사용하여 발행물을 좀 더 통일성 있고 간편하게 만들 수 있다.

파일 ┈▶ 새로 만들기   새로 만들기

❶ 브로슈어 디자인 선택하기

❶퍼블리셔 2010을 실행하고 [파일]-[새로 만들기] 메뉴를 선택한 후 ❷[사용 가능한 서식 파일]의 [많이 사용하는 유형]에서 '브로슈어'를 선택한다. ❸[Office.com 서식 파일]에서 원하는 브로슈어 디자인을 선택하고 ❹[다운로드] 단추를 클릭한다. ❺[서식 파일 다운로드 중] 과정이 진행된 다음 선택한 디자인으로 브로슈어가 만들어진다.

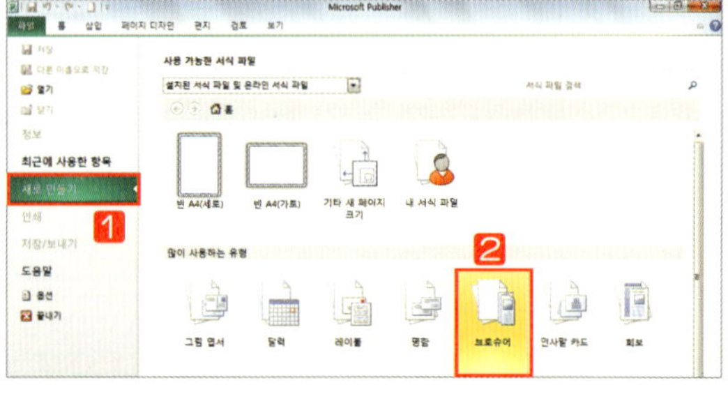

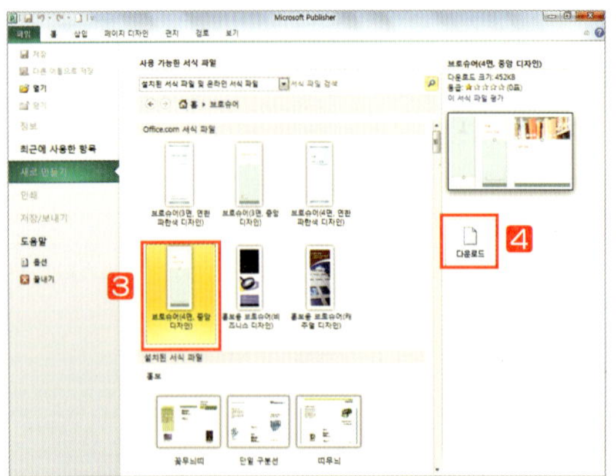

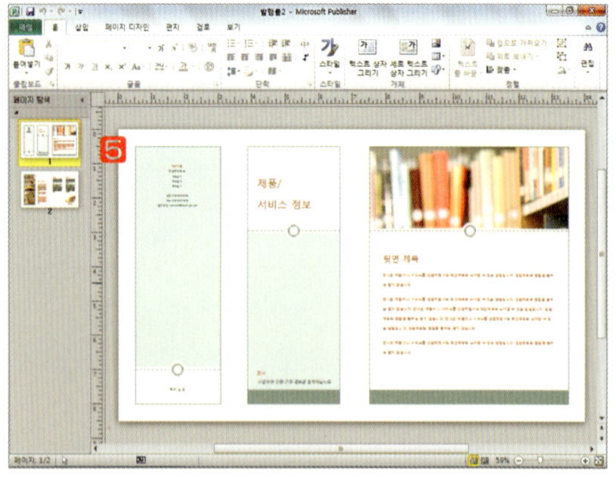

POINT [사용 가능한 서식 파일]의 [Office.com 서식 파일]은 온라인 서식 파일로 [다운로드]하여 사용하고, [설치된 서식 파일]은 내 컴퓨터에 설치된 서식 파일로 바로 [만들기] 단추를 클릭하여 사용할 수 있다.

2 사업체 정보 등록하기

자주 사용하는 정보(사업체 정보)를 등록하여 발행물에 자동으로 표시하여 빠르게 발행물을 제작할 수 있다. **1**[삽입] 탭-[텍스트] 그룹에서 [사업체 정보]-[사업체 정보 편집]을 선택한다. **2**[사업체 정보 모음 새로 만들기] 대화상자가 나타나면 [이 집합에 대한 사업체 정보] 및 [사업체 정보 모음 이름]을 입력하고 **3**[로고]의 [변경] 단추를 클릭하여 로고를 추가한 후 **4**[저장] 단추를 클릭한다.

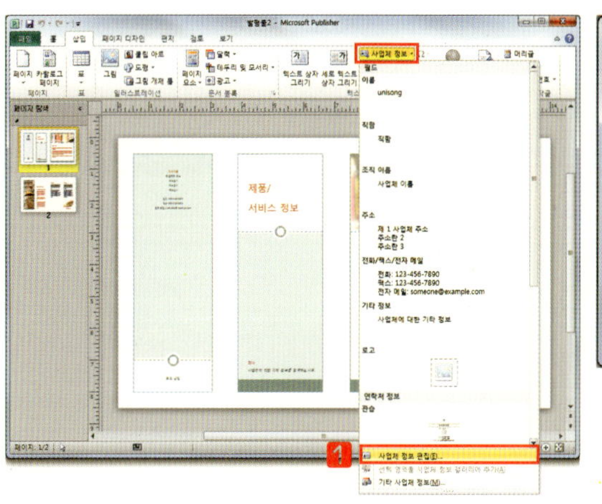

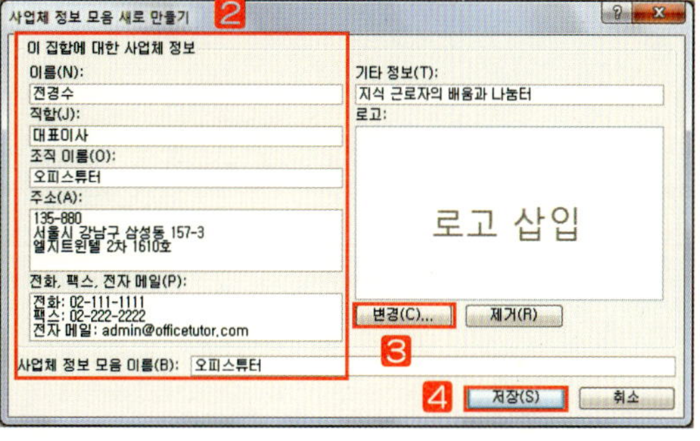

3 사업체 정보 업데이트하기

[사업체 정보] 대화상자가 나타나면 [발행물 업데이트] 단추를 클릭한다. 사업체 정보가 자동으로 업데이트된다. 자동으로 변경되지 않는 내용은 직접 타이핑하여 수정할 수 있다.

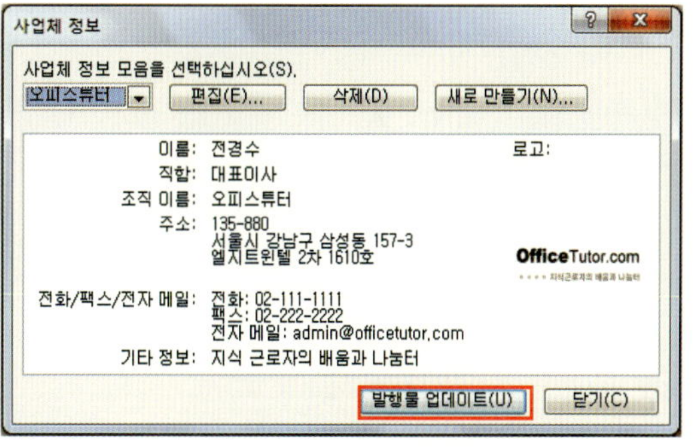

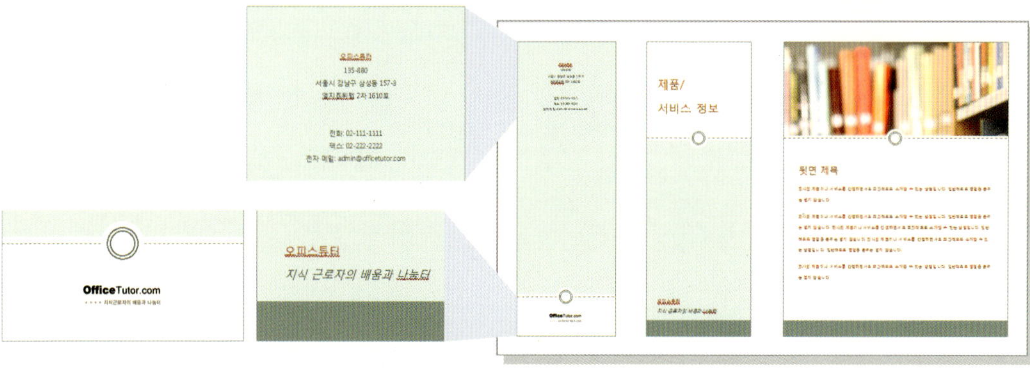

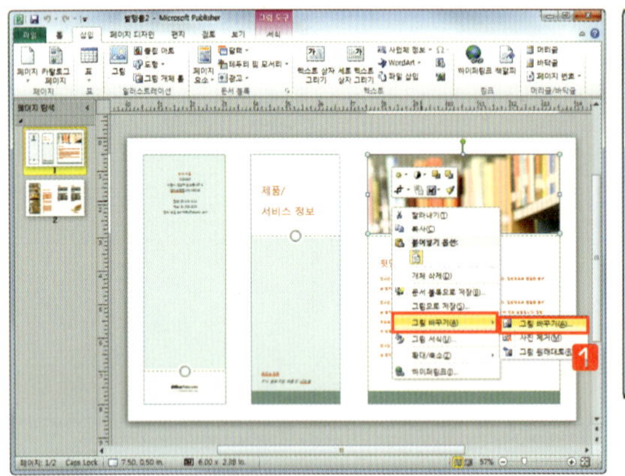

4 개체 틀 그림 바꾸기

1 브로슈어 서식에서 기본으로 제공되는 그림에서 마우스 오른쪽 단추를 클릭한 후 [그림 바꾸기]-[그림 바꾸기]를 선택한다. **2** [그림 삽입] 대화상자에서 변경할 그림 파일을 선택한 후 **3** [삽입] 단추를 클릭하면 그림이 변경된다.

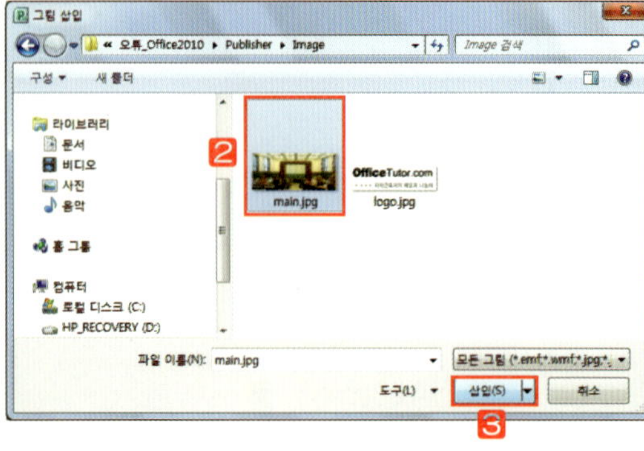

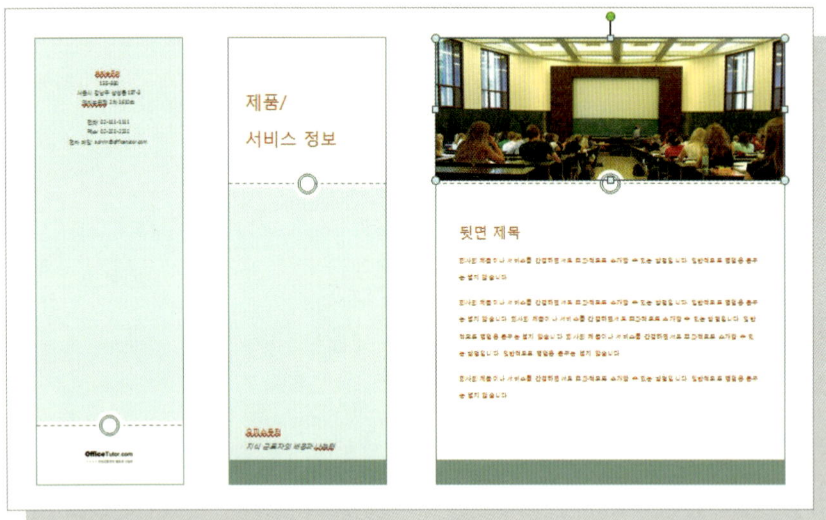

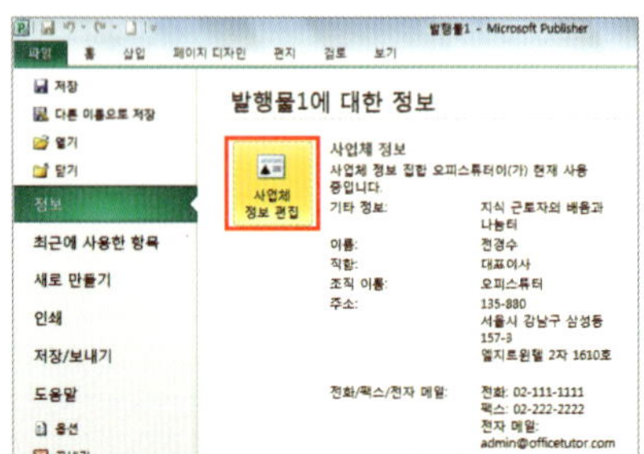

POINT [파일]-[정보] 메뉴의 [사업체 정보 편집] 단추를 클릭하여 사업체 정보를 추가, 편집하거나 발행물에 적용할 수도 있다.

5 원하는 색상톤으로 디자인하기

1[페이지 디자인] 탭-[구성표] 그룹에서 [자세히] 단추를 클릭하고 **2**원하는 색 구성표에 마우스 커서를 위치시키면 해당 색 구성표가 적용된 결과를 실시간으로 미리 보기할 수 있다. 원하는 색 구성표를 선택하면 브로슈어가 선택한 색상으로 변경된다.

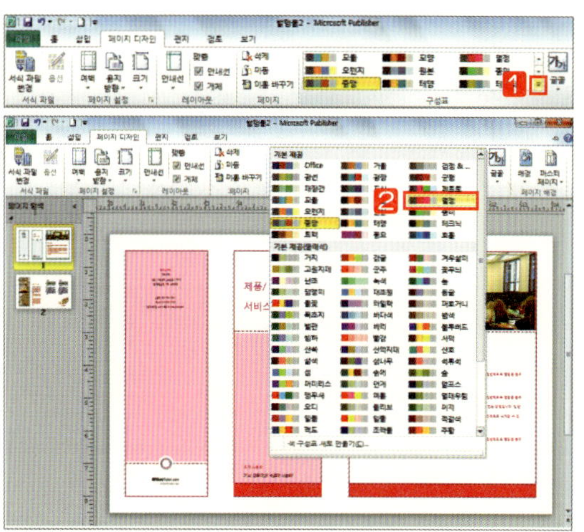

6 브로슈어 저장하기

1[파일]-[다른 이름으로 저장] 메뉴를 선택한다. **2**[다른 이름으로 저장] 대화상자의 [파일 형식]에서 형식을 선택하여 파일을 원하는 형식으로 저장할 수 있다.

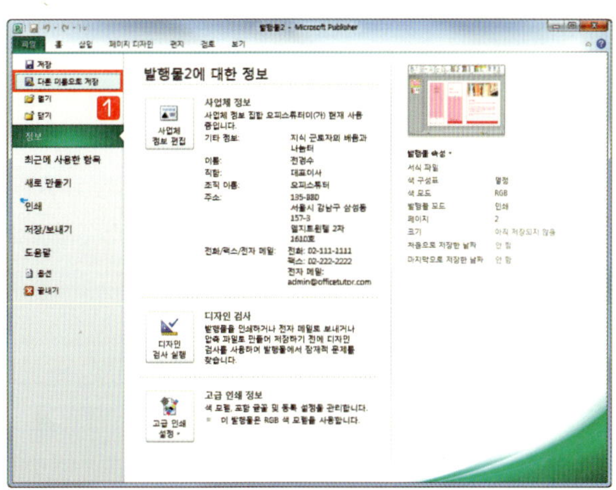

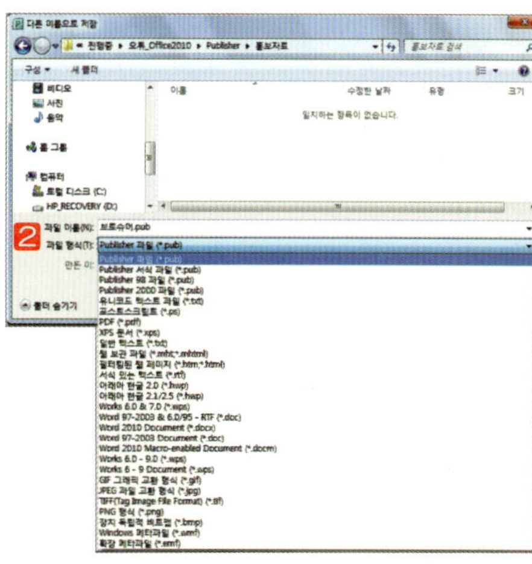

문서 블록을 활용한 효과적인 발행물 제작

'문서 블록'은 발행물 제작에 필요한 다양한 컨텐츠를 기본 제공하는 것이다. 기본적으로 제공되는 전문적인 디자인을
갖춘 콘텐츠, 스타일 갤러리 및 글꼴/색 테마, 문서 블록 등을 이용하여 전문성이 뛰어난 발행물을 손쉽게 만들 수 있다.

| 삽입 | …▶ 페이지 요소 단추 |  |

1 빈 페이지 서식의 전단지 만들기

1[파일]–[새로 만들기] 메뉴를 선택하고 **2**[사용 가능한 서식 파일]의 [기타 서식 파일]에서 '전단'을
클릭한다. **3**[빈 페이지 크기]의 'A4(세로)' 서식을 선택하고 **4**[사용자 지정]에서 [색 구성표]를 '메트
로'로 설정한 후 **5**[만들기] 단추를 클릭하여 빈 페이지 서식의 전단지를 만든다.

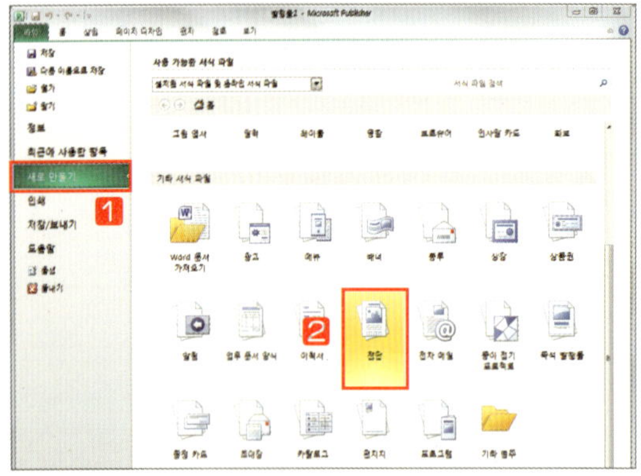

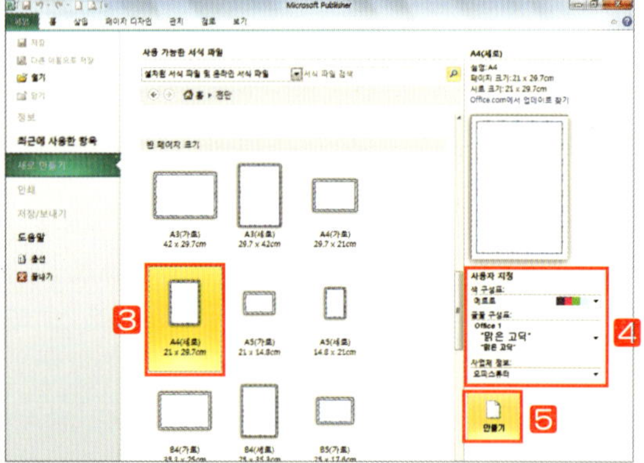

2 전단지 테두리 만들기

1[삽입] 탭–[문서 블록] 그룹에서 [테두리 및 모서리]를 클릭한 후 원하
는 테두리 서식을 선택한다. 여기서는 [프레임]의 '테두리 4'를 선택했다.
2삽입된 테두리를 전단지
크기에 맞게 조정한다.

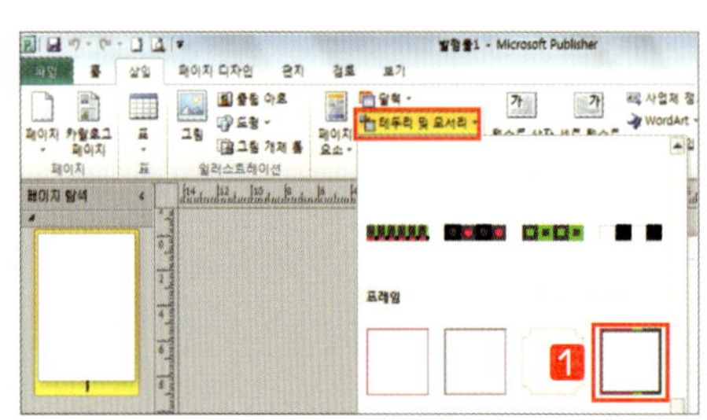

3 전단지 제목 삽입하기

1[삽입] 탭-[문서 블록] 그룹에서 [페이지 요소]를 클릭하고 [제목]에서 원하는 제목 서식을 선택한다.
2전단지에 삽입된 제목 서식의 개체를 선택하여 원하는 텍스트를 입력하고 적절한 위치로 드래그하여 배치한다.

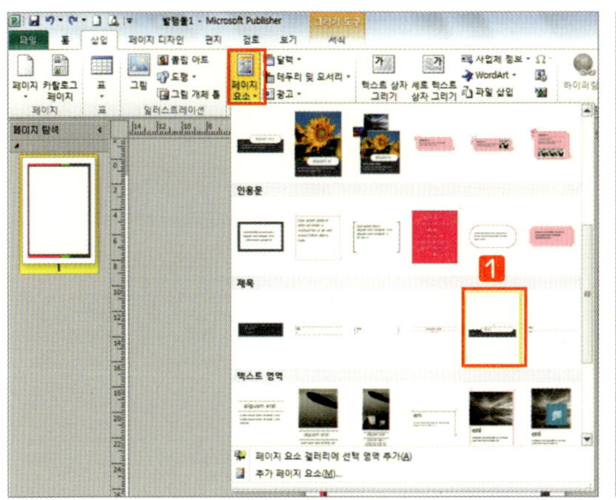

4 달력 삽입하기

1[삽입] 탭-[문서 블록] 그룹에서 [달력]을 클릭하고 [이번 달]에서 원하는 달력 서식을 선택한다. **2**전단지에 삽입된 달력의 크기를 조정하고 적절한 위치로 드래그하여 배치한다.

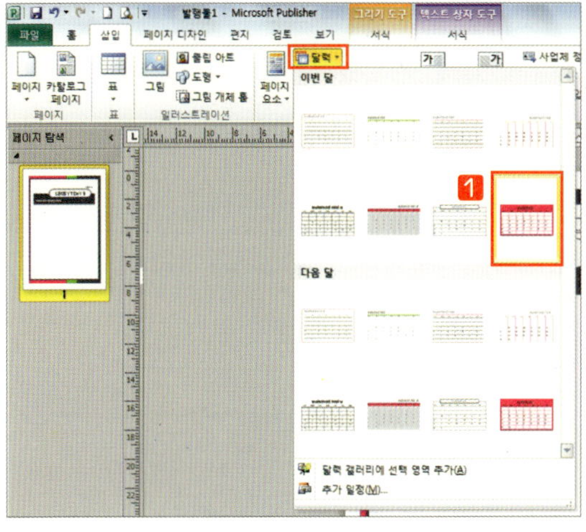
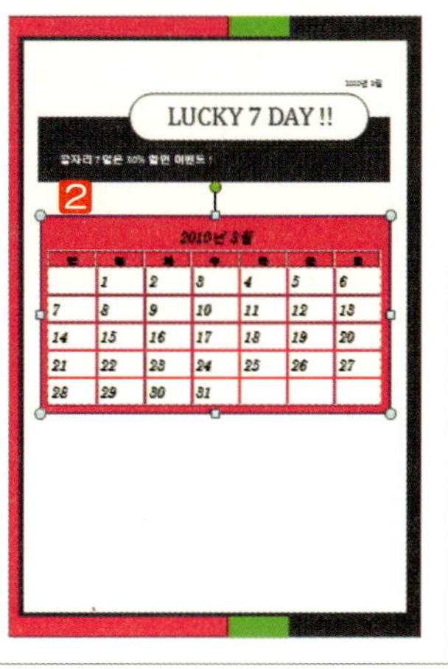

251

 광고 컨텐츠 삽입하기

1 [삽입] 탭-[문서 블록] 그룹에서 [광고]를 클릭하고 원하는 광고 컨텐츠를 선택하여 전단지에 삽입한다. **2** 삽입된 컨텐츠를 복사하여 적절한 위치로 드래그하여 배치한다. 여기서는 [주목 끌기]의 '점' 과 [할인 쿠폰]의 '기운 사각형'을 삽입했다.

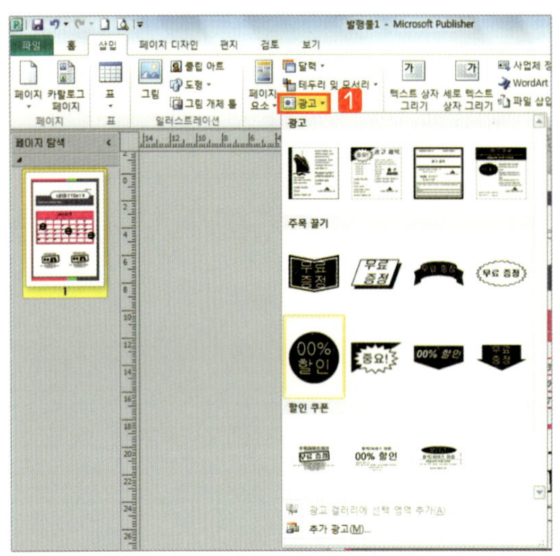

POINT [삽입] 탭-[문서 블록] 그룹의 [대화상자 표시] 단추를 클릭하여 나타나는 [문서 블록 라이브러리] 대화상자에서 좀 더 다양한 종류의 콘텐츠들을 제공한다.

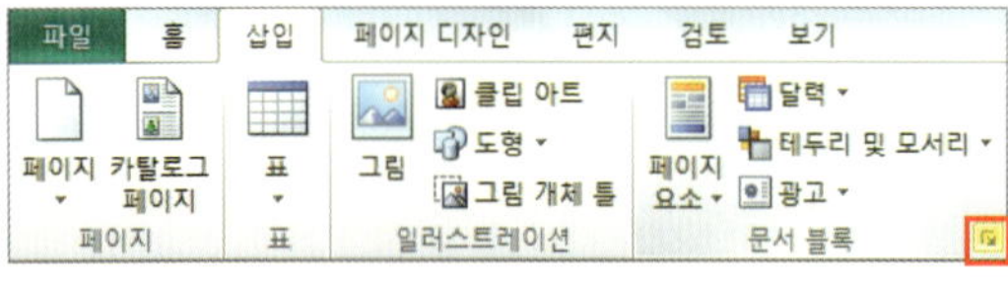

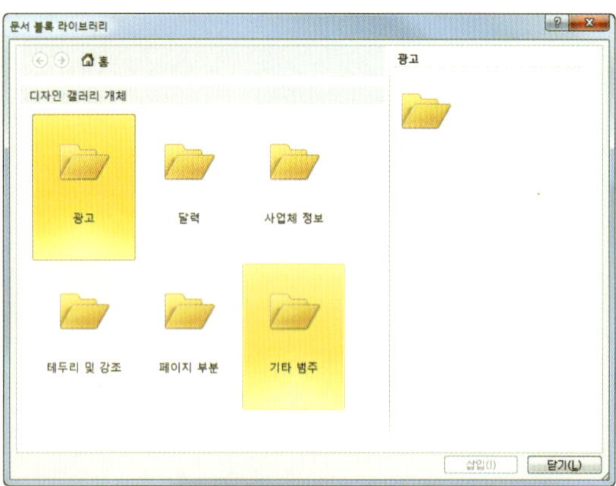

새로운 사진 배치 및 조정 도구

퍼블리셔 2010에서는 문서의 전체적인 모양을 유지하면서 그림을 쉽게 추가하거나 변경할 수 있다. 또한, 향상된 그림 편집 도구(그림 스타일, 자르기, 투명한 색 설정 등)를 사용하여 별도의 그림 편집 프로그램을 사용하지 않고도 손쉽게 원하는 대로 그림을 편집하거나 그림에 캡션을 표시하여 사용할 수 있다.

삽입 ┈▶ 그림 개체 틀 단추 

1 회보 만들기

1[파일]–[새로 만들기] 메뉴의 **2**[많이 사용하는 유형]에서 '회보'를 선택하고 [Office.com 서식 파일]에서 원하는 '기업 기술 회보'를 선택한 후 **3**[다운로드] 단추를 클릭한다. [서식 파일 다운로드 중] 과정이 진행된 다음 선택한 디자인으로 회보가 만들어진다.

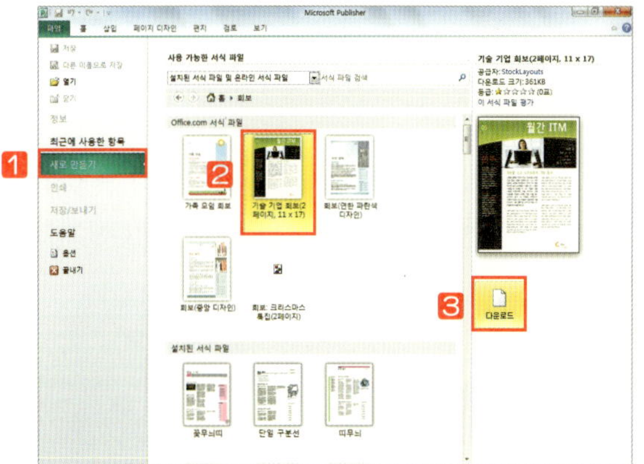
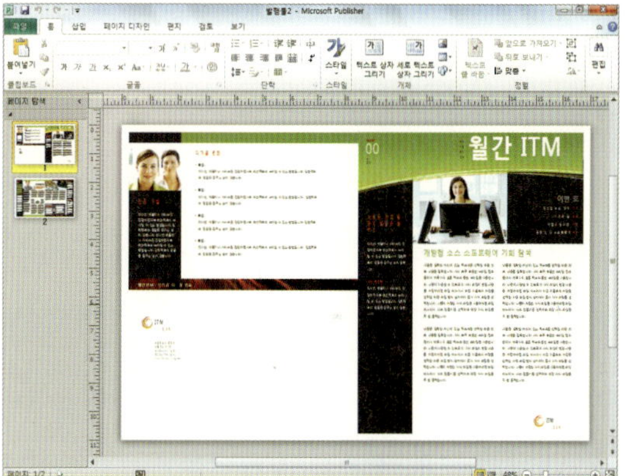

2 그림 개체 틀 삽입하기

1[삽입] 탭-[일러스트레이션] 그룹에서 [그림 개체 틀]을 클릭한 후 **2**그림을 삽입할 위치에 드래그하여 그림 개체 틀을 삽입한다. 문서 형식이 깨지지 않고 개체 틀 주위로 텍스트가 자동으로 배치된다.

3 그림 삽입하기

1 그림 개체 틀을 적당한 위치로 배치시키고 크기를 조절한 후 그림을 삽입하기 위해 그림 개체 틀을 더블 클릭한다. **2** [그림 삽입] 대화상자가 나타나면 삽입할 그림을 선택하고 [삽입] 단추를 클릭한다.

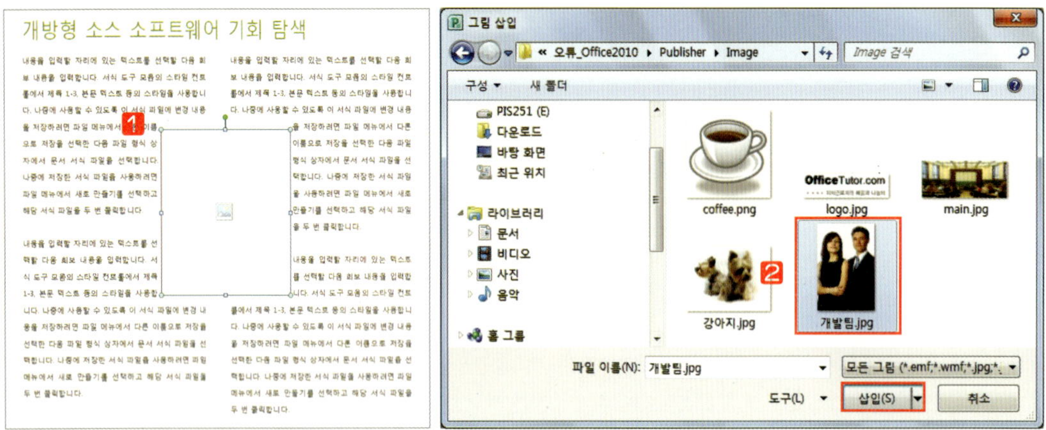

4 불필요한 부분만 자르기

1 그림 개체 틀에 삽입된 그림을 드래그하여 원하는 부분이 표시되도록 자르기 표식에 맞추어 조정한 후 **2** [그림 도구]-[서식] 탭-[자르기] 그룹에서 [자르기]를 클릭하여 그림의 불필요한 부분을 잘라낸다.

POINT [그림 개체 틀]이 삽입되면 [그림 도구]-[서식] 탭-[자르기] 그룹의 [자르기]가 자동으로 활성화된다.

5 그림 스타일 적용하기

1 [그림 도구]-[서식] 탭-[그림 스타일] 그룹에서 [자세히] 단추를 클릭한 후 **2** 원하는 그림 스타일을 선택하여 그림에 서식을 적용한다.

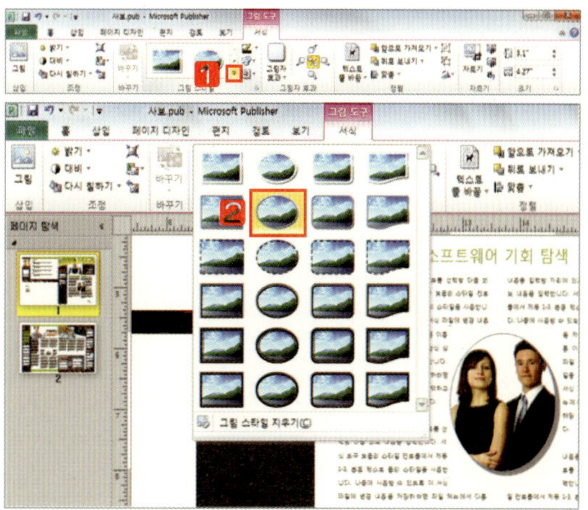

6 그림 레이아웃 설정하기

1 그림 서식 적용 후 그림 주위에 텍스트가 표시되지 않으므로 [그림 도구]-[서식] 탭-[정렬] 그룹에서 [텍스트 줄 바꿈]-[빽빽하게]를 선택한다. **2** 그림 주변 빈 공간에 텍스트가 배치되도록 설정된다.

7 그림 캡션 삽입하기

1 캡션을 삽입할 그림을 선택한 후 **2** [그림 도구]-[서식] 탭-[그림 스타일] 그룹에서 [캡션]을 클릭하고 원하는 캡션 서식을 선택한다. **3** 그림에 삽입된 캡션(그림 설명)을 드래그하여 선택한 후 원하는 내용을 타이핑하여 수정한다.

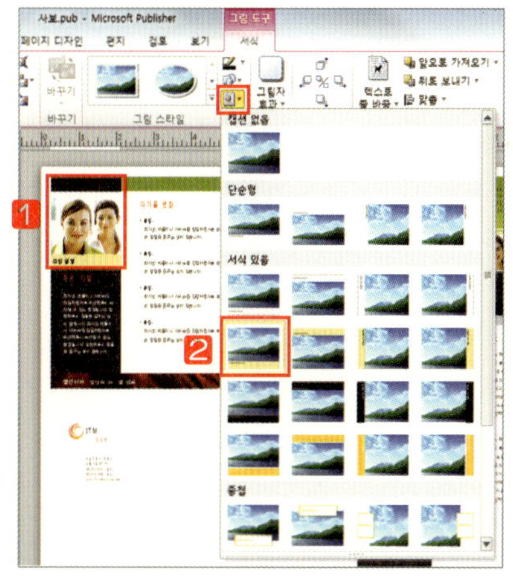
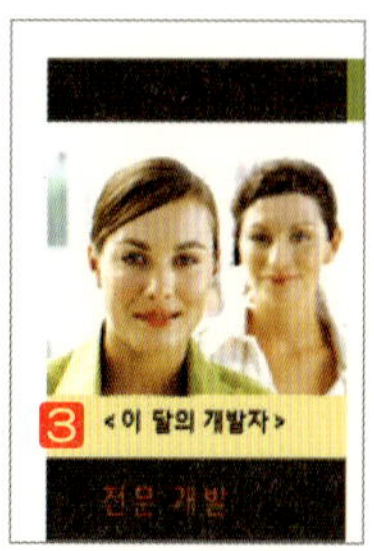

POINT [텍스트 상자 도구]-[서식]에서 캡션에 입력되는 텍스트의 서식을 설정할 수 있다.

새로운 개체 맞춤 기술

퍼블리셔 2010에서는 새로운 개체 맞춤 기술을 제공합니다. 개체 맞춤 기술은 그림이나 텍스트 상자 등의 개체를 이동할 때 분홍색 개체 맞춤 선이 자동으로 표시되어 손쉽게 개체를 정확한 위치에 맞출 수 있는 기술입니다. 사용자는 이제 원하는 위치로 개체를 드래그하여 이동하기만 하면 특별한 맞춤 도구를 사용하지 않고도 손쉽게 개체를 정확한 레이아웃으로 배치할 수 있습니다.

1 카탈로그 만들기

1 [파일]-[새로 만들기] 메뉴의 **2** [기타 서식 파일]에서 '카탈로그'를 선택하고 [설치된 서식 파일]에서 원하는 '마커'를 선택한 후 **3** [만들기] 단추를 클릭한다. **4** 선택한 서식으로 카탈로그가 만들어진다.

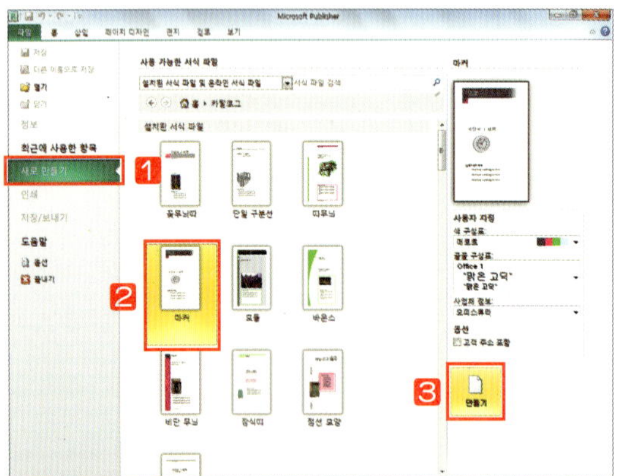

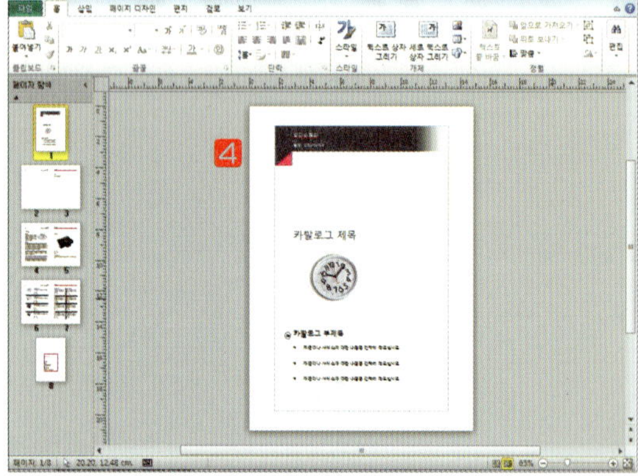

2 레이아웃 조정하기

1 화면 좌측 [페이지 탐색] 창의 6, 7 페이지를 선택하여 해당 페이지로 이동한다. **2** 페이지에 삽입되어 있는 이미지의 위치를 조정하기 위해 이미지 개체를 드래그하면 개체 맞춤 선이 표시된다. 개체 맞춤 선에 맞추어 개체를 이동한다.

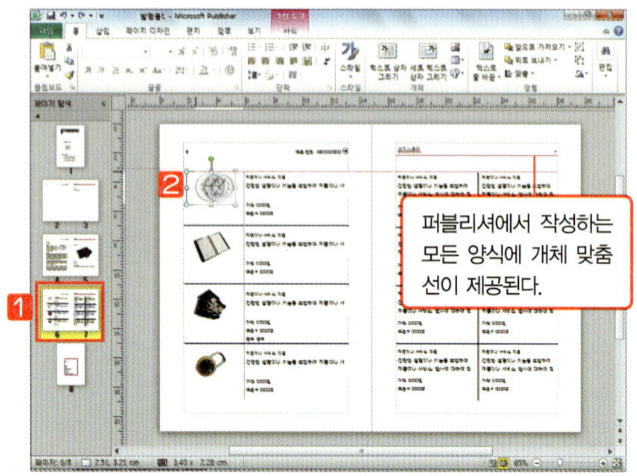

병합 097

데이터베이스와 병합된 발행물 제작

퍼블리셔를 사용하면 다량의 데이터 베이스와 병합된 발행물(레이블, 봉투, 초대장, 인사말 카드, 전자 메일 등)을 손쉽게 만들 수 있다. 예를 들어, 100명의 고객에게 보낼 새해 인사 카드나 초대장, 구매액이 높은 우수 고객에게 보낼 감사 엽서 등 다양한 발행물을 제작할 수 있다. 발행물과 병합될 데이터 베이스의 형식은 엑셀, 워드, 액세스, 아웃룩 주소록 등 다양한 형식을 사용할 수 있다.

편지 ···▶ 편지 병합 단추 

1 새해 연하장 만들기

1[파일]−[새로 만들기] 메뉴의 2[많이 사용하는 유형]에서 '인사말 카드'를 클릭하고 [공휴일]에서 '전체 공휴일'을 클릭한 후 [새해]에서 '새해 1'을 선택한다. 3[사용자 지정]에서 [레이아웃]을 '액자'로 설정한 후 4[만들기] 단추를 클릭한다. 5새해 연하장이 만들어진다.

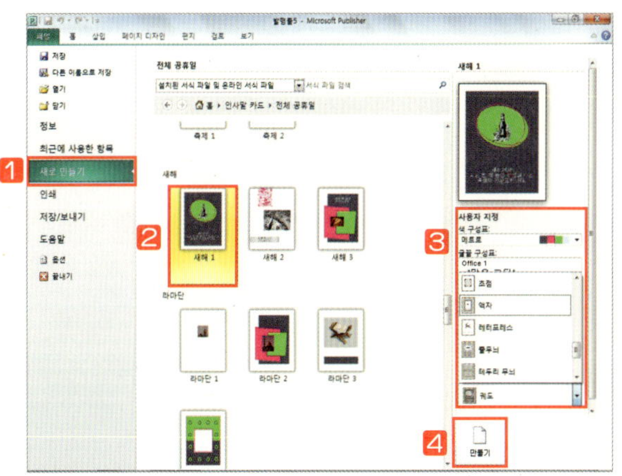
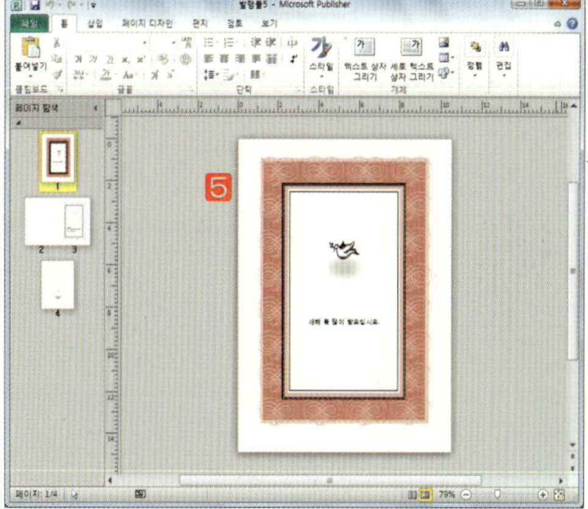

2 연하장 병합 시작하기

1[편지] 탭−[시작] 그룹에서 [편지 병합]의 드롭 다운 단추를 클릭하여 [단계별 편지 병합 마법사]를 선택한다. 2화면 우측에 [편지 병합] 창이 표시되면 [기존 목록 사용]을 선택하고 3[다음 : 받는 사람 목록 만들기 또는 연결]을 클릭한다.

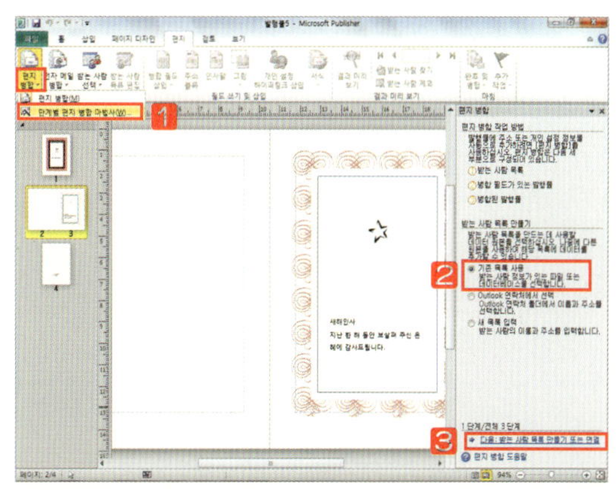

③ 엑셀 데이터 병합하기

1[데이터 원본 선택] 대화상자에서 원본 데이터가 입력된 '고객리스트.xlsx' 파일을 선택한 후 [열기]
단추를 클릭한다. **2**엑셀 원본 데이터가 표시된 [편지 병합 받는 사람] 대화상자가 나타나면 [확인] 단
추를 클릭한다.

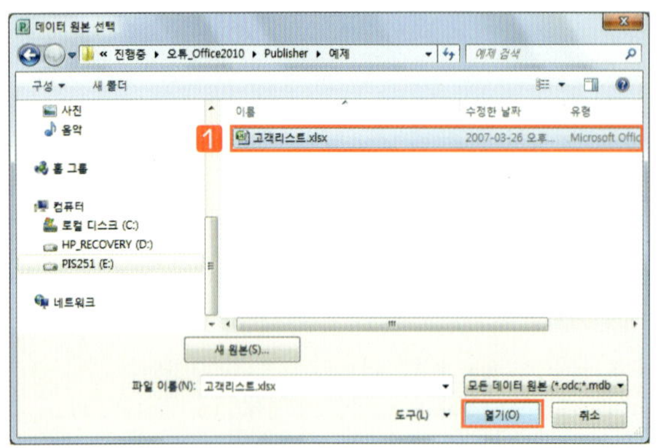

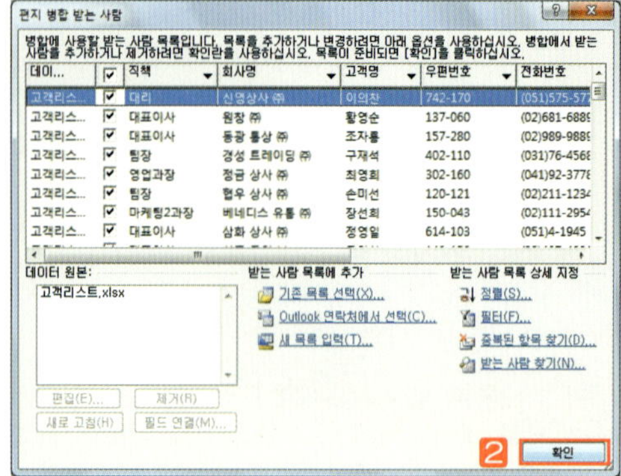

④ 연하장에 병합 필드 삽입하기

1연하장 내용 중 불필요한 부분을 삭제하고 받는 사람을 입력할 위치를 클릭한 후 **2**[편지 병합] 창에
서 '고객명' 필드를 선택한다. **3**커서가 있던 위치에 데이터 원본의 필드명이 삽입된다. 동일한 방법으
로 [직책] 필드를 삽입하고 추가로 필요한 텍스트를 입력한 후 **4**[다음 : 병합된 발행물 만들기]를 클릭
하여 다음 단계로 이동한다.

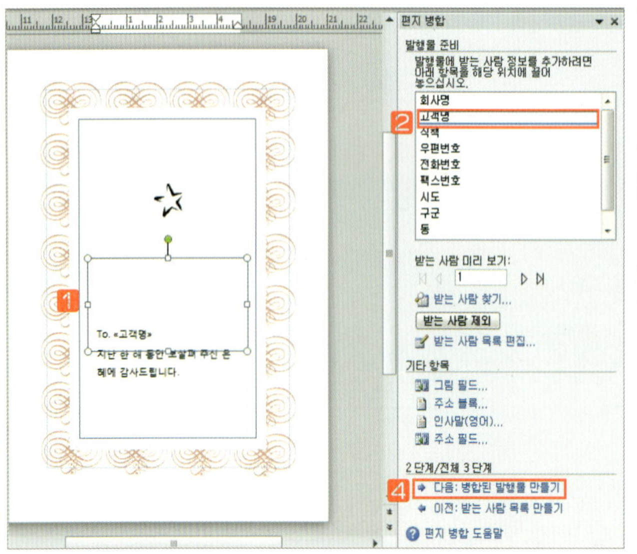

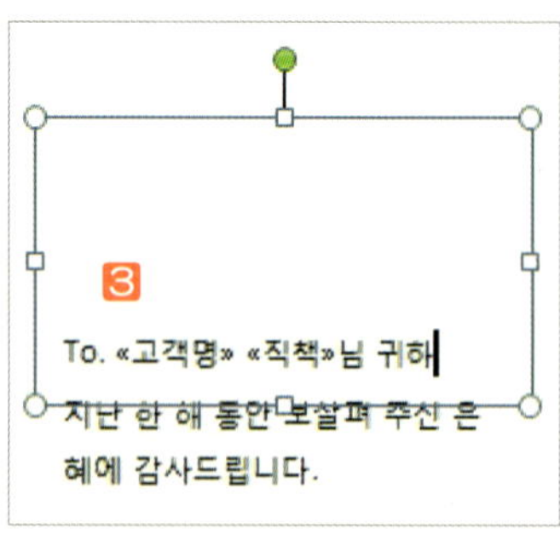

5 병합 결과 미리 보기

1필드명으로 표시되는 데이터 원본을 실제 데이터가 표시되도록 하기 위해 [편지] 탭–[결과 미리 보기] 그룹에서 [결과 미리 보기]를 클릭한다. **2**다음 레코드로 이동하여 받는 사람을 확인하기 위해 [다음 레코드]를 클릭한다.

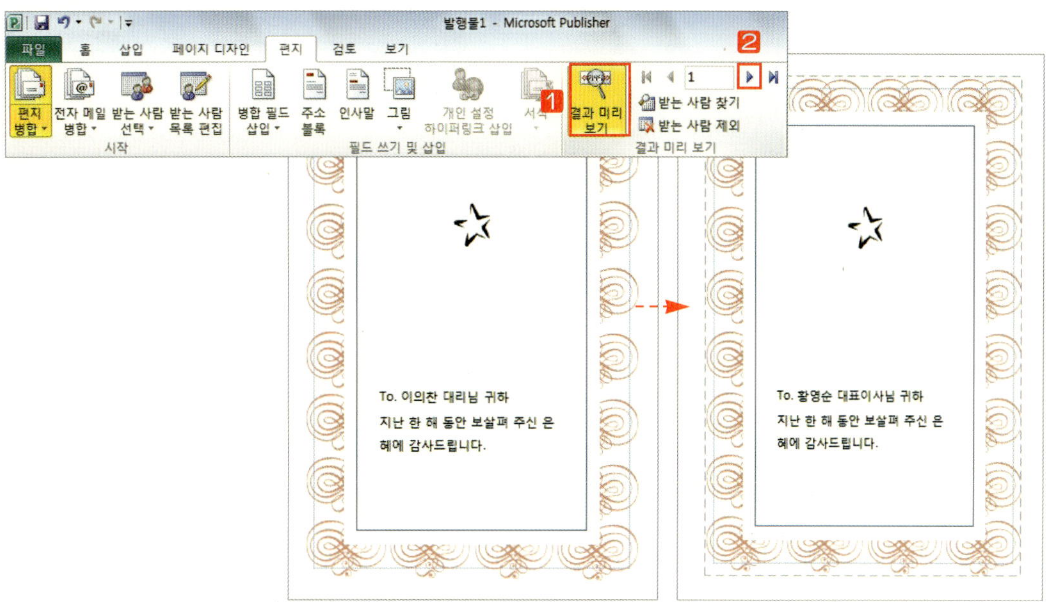

6 연하장 인쇄하기

1엑셀 데이터 원본의 레코드 개수만큼 작성된 연하장을 인쇄하기 위해 [편지 병합] 창의 [인쇄]를 클릭한다. **2**인쇄 미리 보기를 포함한 인쇄 화면이 나타나면 [인쇄] 단추를 클릭하여 데이터 원본의 레코드 개수만큼 연하장을 인쇄한다.

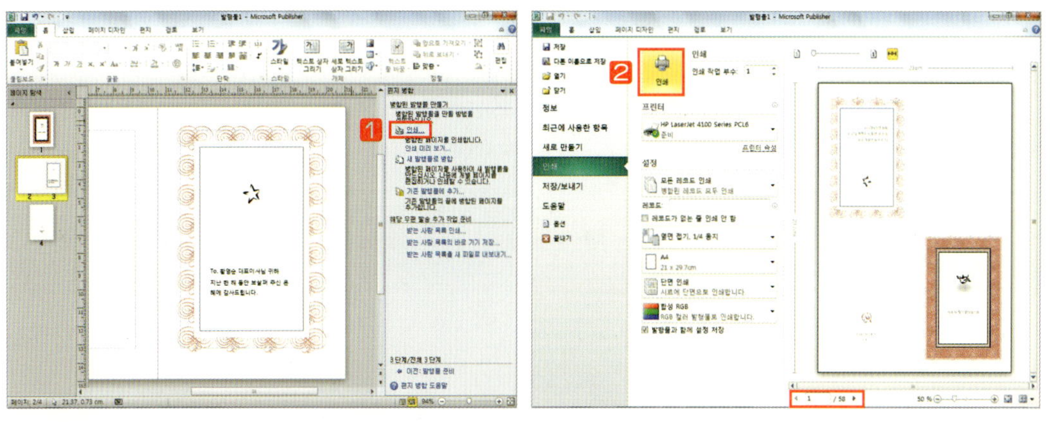

향상된 인쇄 기능

퍼블리셔 2010은 간단한 발행물은 물론 복잡한 발행물까지 모두 쉽게 인쇄할 수 있도록 인쇄 미리 보기와 인쇄 환경이 한 곳에 결합되어 제공된다. 인쇄 전에 발행물 페이지의 양면을 모두 보고 발행물이 동일하게 표시되는지 확인하고 원하는 결과를 얻을 수 있도록 인쇄 미리 보기 모드에서 페이지 경계, 페이지 번호 및 용지 눈금자 등을 확인할 수도 있다.

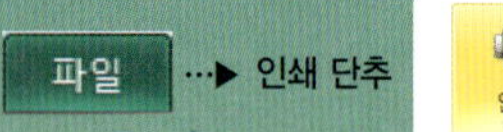 파일 ···▶ 인쇄 단추 

1 인쇄 설정하기

[파일]-[인쇄] 메뉴를 선택하면 [인쇄]를 설정할 수 있는 [설정] 영역과 발행물의 인쇄 상태를 미리 보기할 수 있는 [미리 보기] 영역이 나타난다.

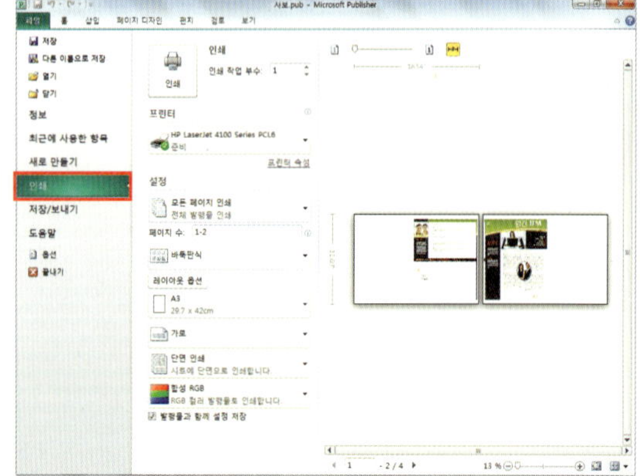

2 인쇄 페이지 설정하기

1 [용지 설정]은 '용지당 한 페이지' 나 '옆면 접기, 1/2 용지' 등 여러 가지 형태로 설정할 수 있다. **2** [용지 크기]를 클릭해보면 사용할 수 있는 용지 크기가 자동으로 설정되어 있다.

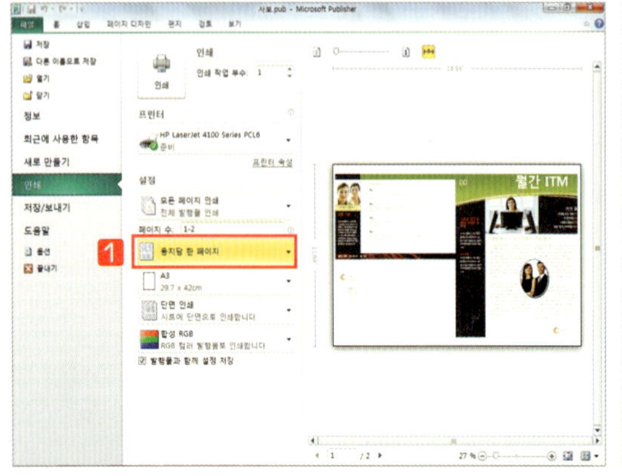

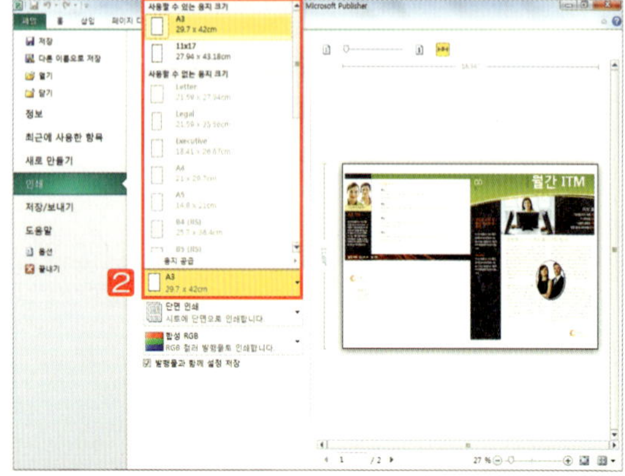

❸ 양면 인쇄 설정하기

1 발행물을 양면 인쇄하려면 [단면/양면 인쇄]를 '수동 양면 인쇄'로 설정한 후 **2** 발행물의 뒷면을 미리 보기하기 위해 미리 보기 화면 하단 [뒷면]을 클릭한다.

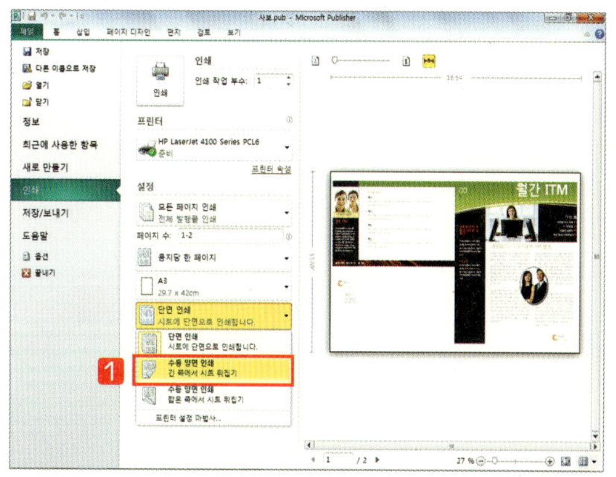

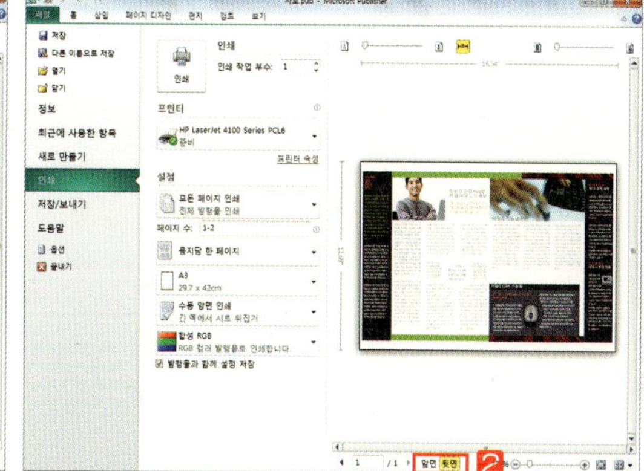

❹ 발행물과 함께 설정 저장하기

[설정] 하단의 [발행물과 함께 설정 저장] 옵션을 체크하면 설정한 인쇄 옵션이 발행물과 함께 저장된다.

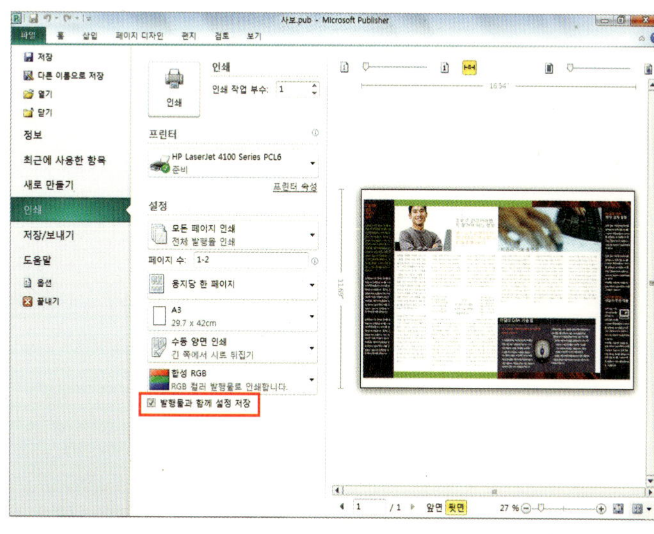

 EXCEL 2010

 OUTLOOK 2010

 POWERPOINT 2010

 WORD 2010

 ONENOTE 2010

 PUBLISHER 2010

 SHAREPOINT WORKSPACE 2010

 SHAREPOINT 2010

쉐어포인트 워크스페이스 2010은 그루브 2007의 새로운 이름으로 쉐어포인트 콘텐츠에 빠르게 액세스할 수 있어 효율적인 공동 작업을 가능하게 합니다. 쉐어포인트 라이브러리나 목록을 자신의 컴퓨터와 동기화하고 오프라인 상태에서 문서 및 양식을 손쉽게 업데이트할 수 있습니다. 뿐만 아니라 다시 온라인 상태가 될 때 자동으로 작업 내용을 서버로 동기화할 수도 있습니다.

PART 07

SHAREPOINT WORKSPACE 2010

쉐어포인트 워크스페이스 2010 개요

쉐어포인트 워크스페이스 2010은 마이크로소프트 오피스 그루브의 새로운 이름으로, 언제 어디서나 마이크로소프트 쉐어포인트 팀 사이트에 빠르게 액세스하는 기능을 제공하여 공동 작업의 지평을 넓혀주는 프로그램이다. 쉐어포인트 워크스페이스 2010의 새로운 기능에 대해 알아보자.

1 오프라인에서 쉐어포인트 사용

쉐어포인트 워크스페이스 2010을 이용하면 쉐어포인트 작업 영역과 쉐어포인트 서버 2010 콘텐츠를 동기화하여 언제 어디서나 컴퓨터에서 문서에 액세스하여 확인과 편집을 할 수 있다. 쉐어포인트 작업 영역의 다른 사용자와 동시에 문서를 공동 작성하고 추가 작업 없이 마이크로소프트 쉐어포인트 서버로 변경 내용을 자동으로 동기화할 수 있으므로 팀 단위 작업이 훨씬 쉬워진다. 쉐어포인트 워크스페이스 2010은 쉐어포인트 팀 사이트를 사용하는 완전히 새로운 방식을 제공한다.

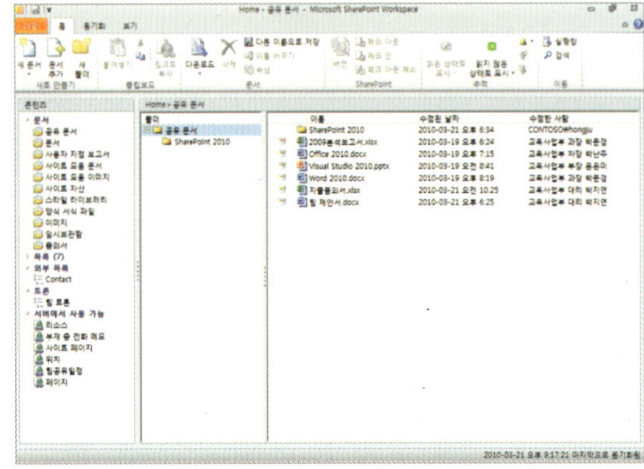

2 비즈니스 데이터 연결

쉐어포인트 2010을 통해 LOB 시스템의 비즈니스 데이터를 간단히 연결하여 온오프라인으로 비즈니스 데이터 목록을 보거나 데이터를 쉽게 변경할 수 있다.

쉐어포인트 워크스페이스 2010 시작하기 및 계정 생성

쉐어포인트 워크스페이스 2010을 시작하고 새로운 계정을 생성해본다. 계정 생성을 시작으로 오프라인 문서 작업, 쉐어포인트 2010과의 연동 작업을 시작할 수 있다.

❶ 시작하기

시작 프로그램에서 [SharePoint] 폴더의 [Microsoft SharePoint Workspace 2010]을 클릭하여 시작한다. 프로그램을 시작하면 다음과 같이 새로운 계정을 생성할 수 있는 [계정 구성 마법사] 대화상자가 나타난다. [다음] 단추를 클릭하여 새로운 계정을 생성한다.

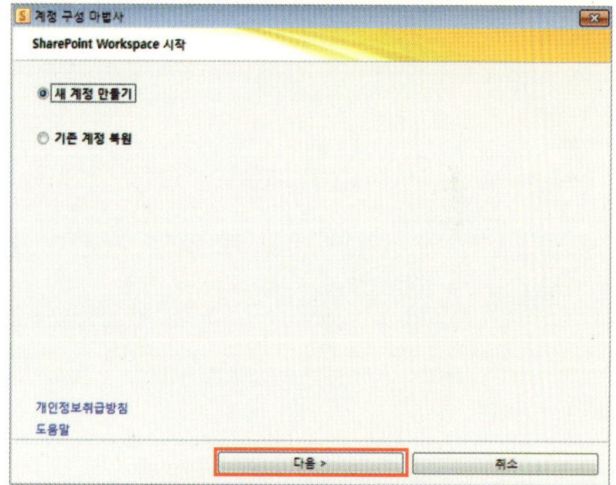

❷ 계정 생성

❶[전자 메일 주소를 사용하여 계정을 만듭니다.]를 클릭하고 [이름]과 [전자 메일 주소]를 입력한 후 ❷[마침] 단추를 클릭한다. ❸다음과 같이 [계정 만들기] 대화상자가 나타나면서 계정이 생성되고, 쉐어포인트 워크스페이스 2010이 시작되면서 ❹실행 창이 나온다.

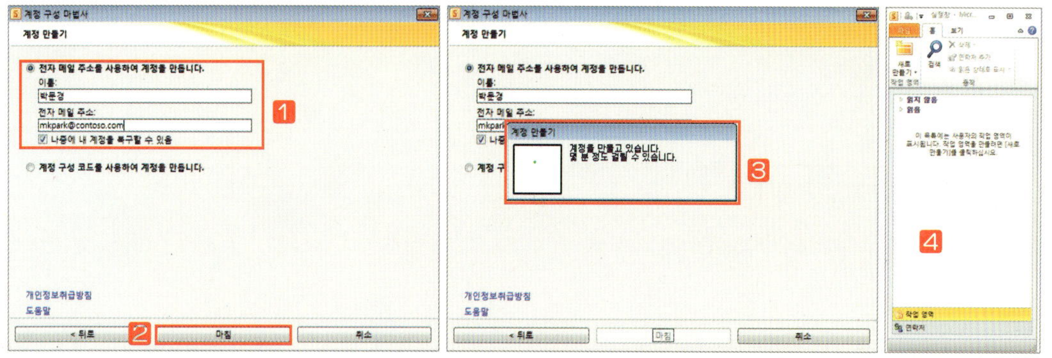

오피스 백스테이지의 **1**[파일] 탭-[정보] 메뉴-[계정 설정 관리]를 선택하여 계정 관리 및 로그오프 설정을 할 수 있다. **2**[파일] 탭-[정보] 메뉴-[저장/보내기]를 선택하여 다른 컴퓨터에서 사용할 수 있도록 계정 내보내기 설정도 가능하다. **3**[파일] 탭-[정보] 메뉴-[저장/보내기]-[다른 컴퓨터로 계정 보내기]를 클릭하여 **4**[찾아보기] 단추를 눌러 복사할 계정 파일을 저장할 수도 있다. **5**[확인] 단추를 클릭하면 작업이 완료된다.

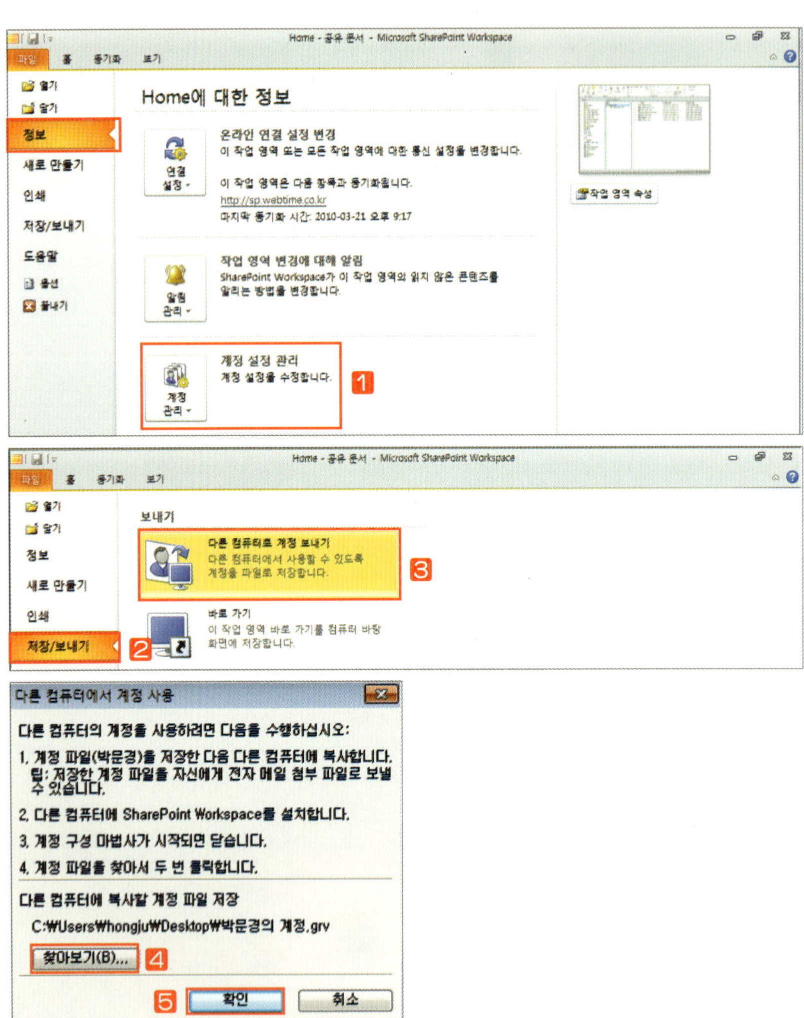

쉐어포인트 워크스페이스 2010 작업 영역 만들기

쉐어포인트 워크스페이스 2010에서는 계정 생성 후 사용자가 작업 목적에 맞는 작업 영역을 직접 생성해서 작업할 수 있다. 작업 영역은 쉐어포인트와 그루브 작업 영역 2가지로 만들 수 있다.

1 작업 영역 만들기

[홈] 탭-[작업 영역] 그룹-[새로 만들기]를 클릭하면 작업 영역을 [SharePoint Workspace]와 [Groove 작업 영역], [공유 폴더] 중 선택할 수 있다.

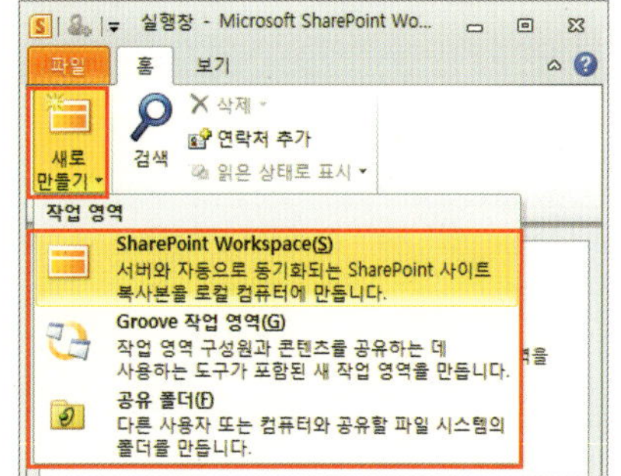

2 쉐어포인트 작업 영역 만들기1

쉐어포인트 작업 영역은 로컬 컴퓨터에 쉐어포인트 사이트의 복사본을 생성하고 쉐어포인트 2010 서버와 자동으로 동기화된다. [SharePoint Workspace]를 클릭한다. **1**[위치]에 쉐어포인트 사이트 주소를 입력하고 **2**[확인] 단추를 클릭한다. [Windows 보안] 대화상자가 나타나면 **3**계정을 입력하고 **4**[확인] 단추를 클릭한다.

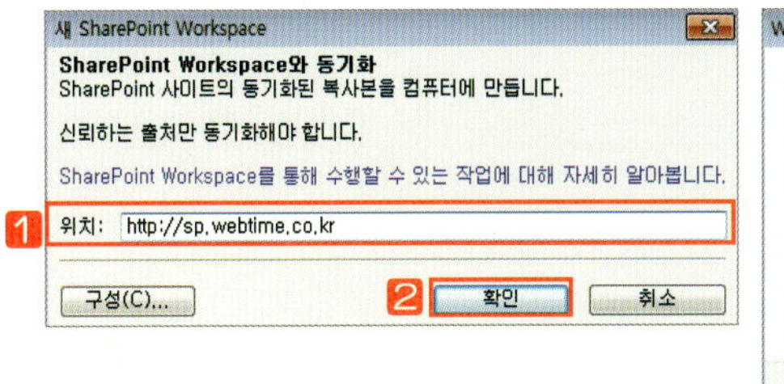

3   쉐어포인트 작업 영역 만들기2

위의 과정을 통해 사이트가 컴퓨터에 동기화되고 있음을 확인할 수 있다. 다운로드가 완료되면 **1**[작업 영역 열기] 단추를 클릭한다. 쉐어포인트 워크스페이스 2010의 작업 영역이 다음과 같이 변경되는 것을 확인할 수 있다. 작업 영역의 리본에서 **2**[홈] 탭-[이동] 그룹-[실행창]을 클릭하면 **3**실행창을 확인할 수 있다.

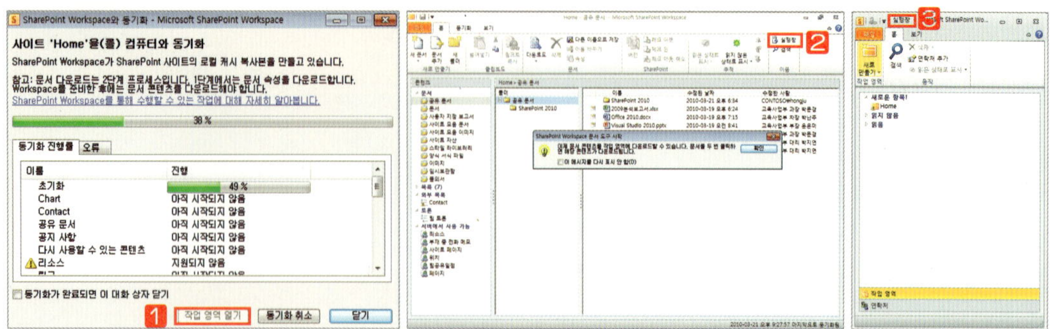

4   그루브 작업 영역 만들기

작업 영역 구성원과 콘텐츠를 공유하기 위한 작업 영역을 생성하는 것이 그루브 작업 영역이다. [홈] 탭-[작업 영역] 그룹-[새로 만들기]의 드롭다운 단추를 클릭하여 [Groove 작업 영역]을 선택한다. [새 Groove 작업 영역] 대화상자가 나타나면 **1**[이름]을 'Groove 새 작업 영역'으로 입력한 후 **2**[만들기] 단추를 클릭한다. **3**그루브 새 작업 영역이 만들어졌음을 확인할 수 있다.

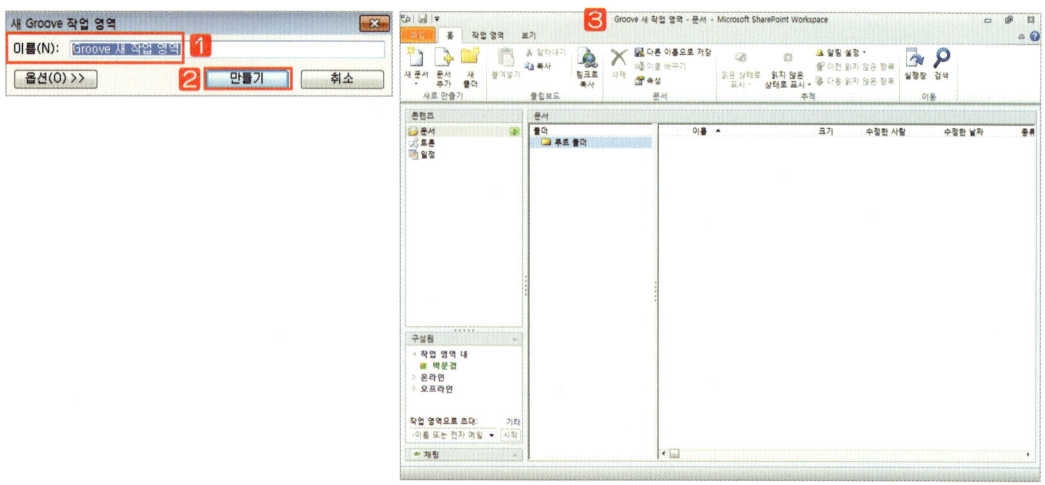

쉐어포인트 사이트 동기화

쉐어포인트 사이트에서 쉐어포인트 워크스페이스 2010으로 사이트를 동기화할 수 있다. 동기화를 통해 문서 액세스와 오프라인 작업 등이 가능해진다.

1 쉐어포인트 사이트에서 연결

브라우저를 통해 해당 쉐어포인트 포탈 주소를 입력한다. 쉐어포인트 사이트의 왼쪽 상단의 **1**[사이트 작업]–[SharePoint Workspace와 동기화]를 클릭하거나 쉐어포인트 워크스페이스 2010에서 작업하고 싶은 라이브러리를 연결할 수도 있다. **2**라이브러리를 선택하면 **3**[라이브러리 도구]–[라이브러리] 탭–[연결 및 내보내기] 그룹–[SharePoint Workspace와 동기화]를 클릭하여 쉐어포인트 사이트의 라이브 러리와 문서를 오프라인에서 확인할 수 있다.

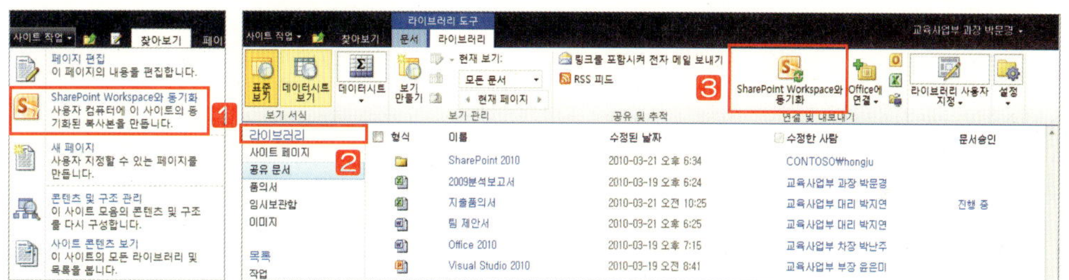

2 쉐어포인트 라이브러리 동기화

쉐어포인트 2010 사이트의 특정 문서 라이브러리에서 [라이 브러리 도구]–[라이브러리] 탭–[연결 및 내보내기] 그룹– [SharePoint Workspace와 동기화]를 클릭하면 [SharePoint Workspace와 동기화] 대화상자가 나타난다. **1**[확인] 단추를 클릭하면 동기화 프로세스가 진행된다. 동 기화 진행이 완료되면 **2**[작업 영역 열기] 단추를 클릭한다. 쉐어포인트 사이트의 [공유 문서] 라이브러리와 라이브러리 안 의 문서를 확인할 수 있다.

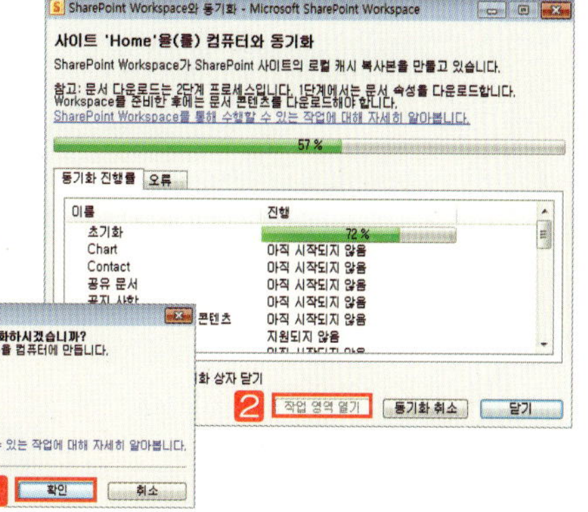

쉐어포인트 작업 영역에서 문서 작업

쉐어포인트 작업 영역으로 문서를 드래그하거나 [문서 추가] 작업을 통해 작업 영역에 문서를 추가할 수 있다. 동기화가
되면 쉐어포인트 사이트에서도 동일한 파일을 확인할 수 있다.

1 문서 작업

탐색기에서 작업 영역으로 문서를 드래그한다.

POINT 작업 영역의 라이브러리에서 마우스 오른쪽
단추를 클릭하여 [문서 추가]를 선택하거나
[홈] 탭-[새로 만들기] 그룹-[문서 추가]를
클릭하여 문서를 추가할 수도 있다.

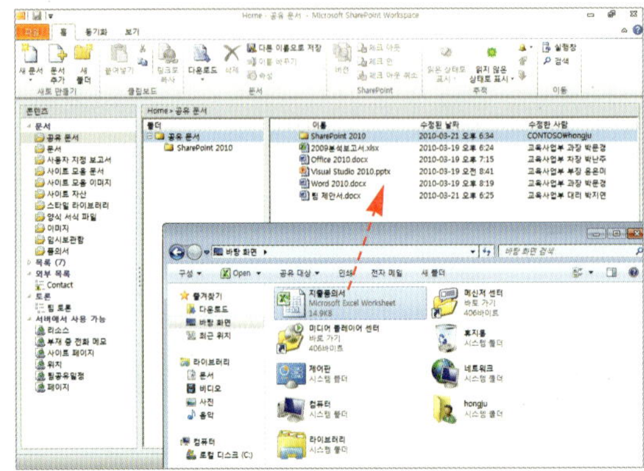

2 문서 추가 결과

1문서를 드래그한 결과를 확인한다. **2**동기화가 되면 쉐어포인트 사이트에서도 동일한 파일을 확인
할 수 있다.

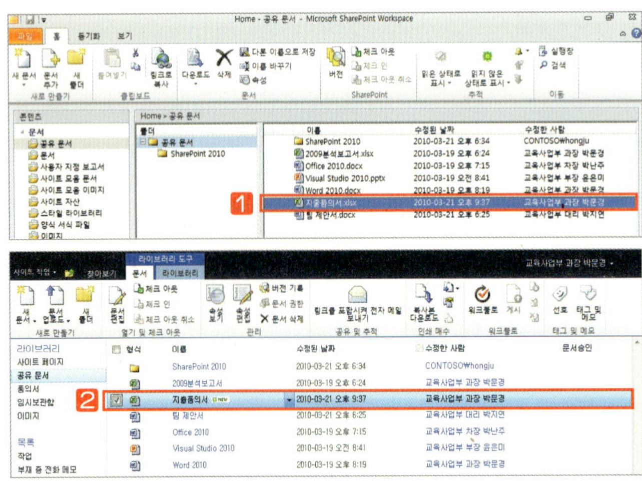

쉐어포인트 워크스페이스 2010의 검색 기능

쉐어포인트 워크스페이스 2010은 작업 영역에 대한 손쉬운 검색 기능을 지원한다. 검색 창에 키워드를 입력하면 내용 기반의 검색 결과를 바로 나타내주어 쉽게 확인할 수 있다.

1 검색 작업

쉐어포인트 워크스페이스 2010 실행창에서 [홈] 탭-[동작] 그룹-[검색]을 클릭한다.

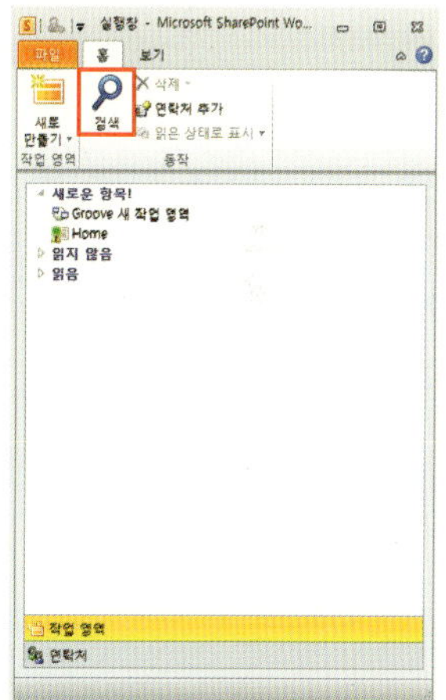

2 파일 검색

1 검색 창이 나타나면, 2 검색 창에서 '품의서'를 입력하고 검색한다. 3 검색 결과로 입력한 내용이 나타나는 것을 확인할 수 있다.

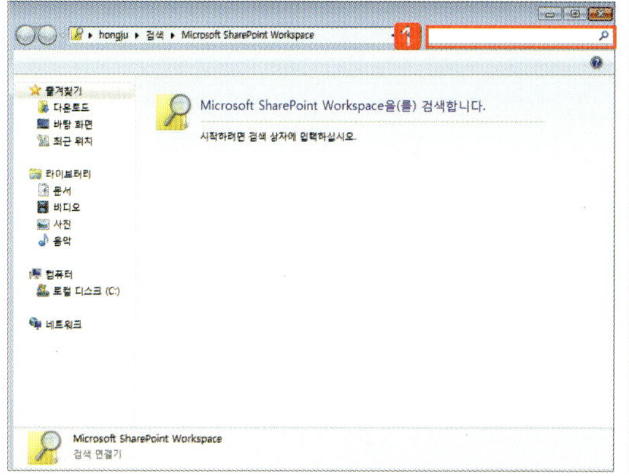

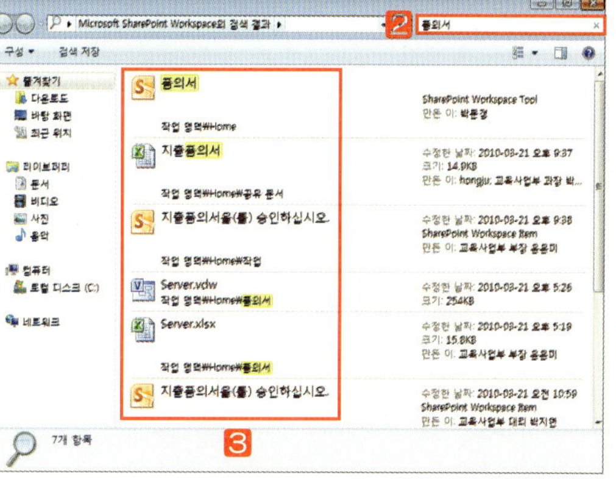

공동 문서 작업

문서에 대한 체크 아웃과 체크 인 작업을 통해 공동 문서 작업을 수행할 수 있다. 작업에 대한 설명을 입력해 향후 버전 관리에 참조할 수 있고, 이전 버전으로 복원도 가능하다.

1 문서 체크 아웃

작업 영역에서 작업할 문서를 마우스 오른쪽 단추로 클릭하고 **1**[체크 아웃]을 클릭한다. [체크 아웃]이 완료되면 **2**문서 옆에 체크 아웃 단추(🗹)가 생긴다. **3**쉐어포인트 2010 사이트에서도 마찬가지로 체크 아웃된 것을 확인할 수 있다.

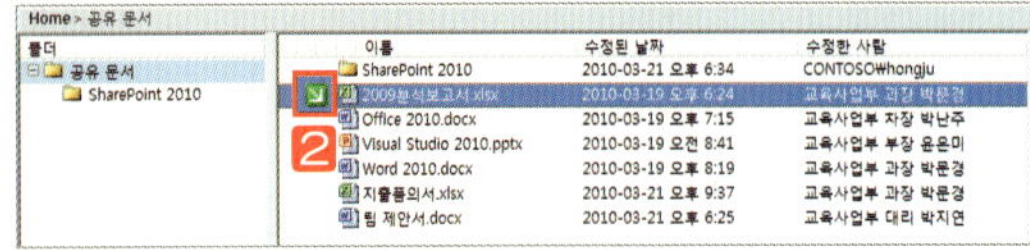

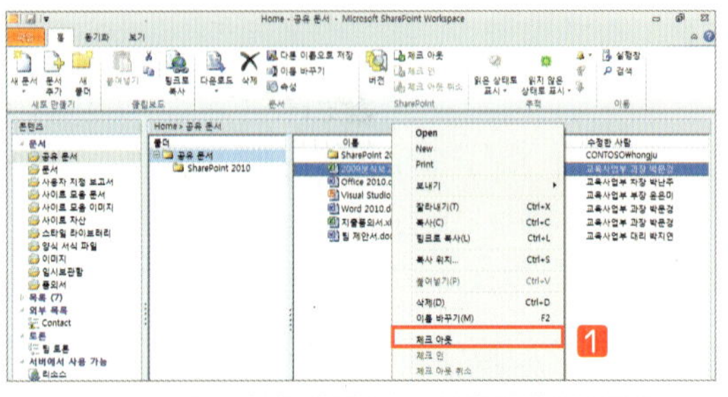

2 문서 체크 인

작업 영역에서 체크 아웃되어 있는 문서를 마우스 오른쪽 단추로 클릭하고 **1**[체크 인]을 클릭한다. [체크 인] 대화상자가 나타나면 **2**[버전 메모]에 설명을 입력해 향후 버전 관리에 참조할 수 있다. **3**체크 인이 완료되면 작업 영역의 체크 아웃 단추(🗹)가 없어지고 **4**쉐어포인트 2010 사이트에서도 문서가 체크 인된 것을 확인할 수 있다.

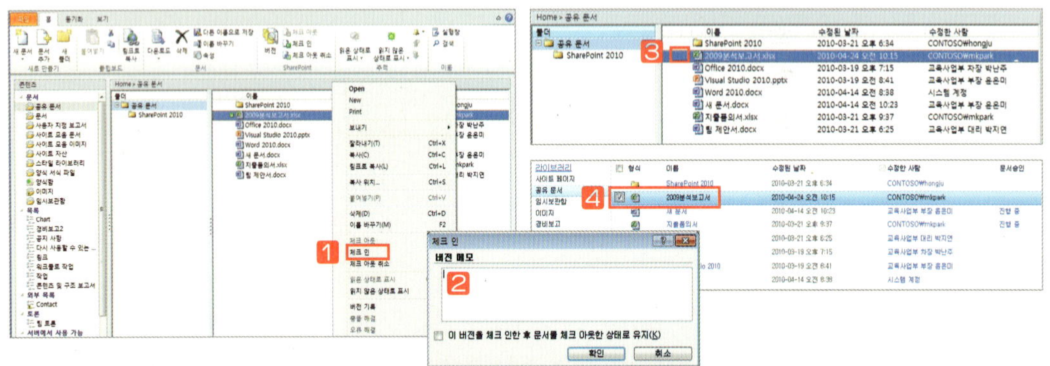

 ## 버전 관리

실수로 덮어쓰기 한 경우에는 이전 버전으로 복원해야 한다. 쉐어포인트 2010에서는 문서 라이브러리 등에서 버전 관리를 지원한다. 작업 영역의 문서를 마우스 오른쪽 단추로 클릭하여 **1** [버전 기록]을 클릭한다. **2** 쉐어포인트 사이트로 이동하여 버전 기록과 체크인 설명을 참고해서 특정 버전으로 복원시킬 수 있다.

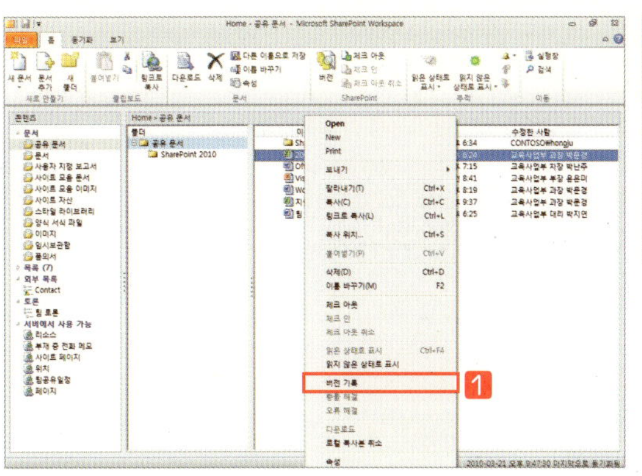

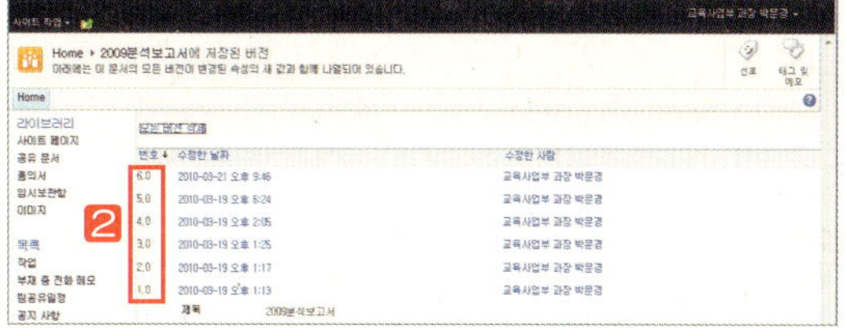

문서 동시 작업

여러 사람이 동시에 문서 작업을 수행할 수 있다. 그리고 작업자 별로 변경된 내용을 쉽게 확인할 수도 있다. 다음의 상황 설정을 통해 문서 동시 작업에 대해 이해해보자.

1 문서 동시 작업 시작

박 과장이 쉐어포인트 워크스페이스 2010에서 워드 문서를 열어 편집한다.

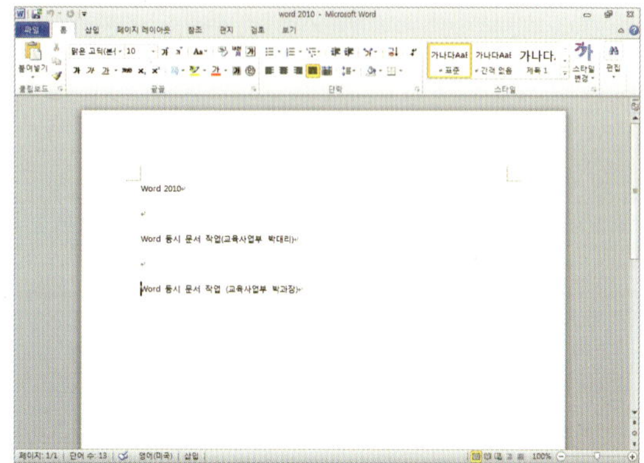

2 문서 동시 편집

동시에 박 대리가 동일한 문서를 자신의 쉐어포인트 워크스페이스 2010이나 쉐어포인트 2010 웹 사이트에서 열고 워드 2010을 사용하여 편집 작업을 시작한다. 문서 하단에 보면 ① 동시 작업하는 사람이 두 사람이라는 것을 확인할 수 있고 ② 클릭하면 누가 편집하고 있는지도 알 수 있다. 또한 ③ 알림 창을 통하여 박 과장은 박 대리가 편집하고 있다는 내용을 실시간으로 확인할 수도 있다.

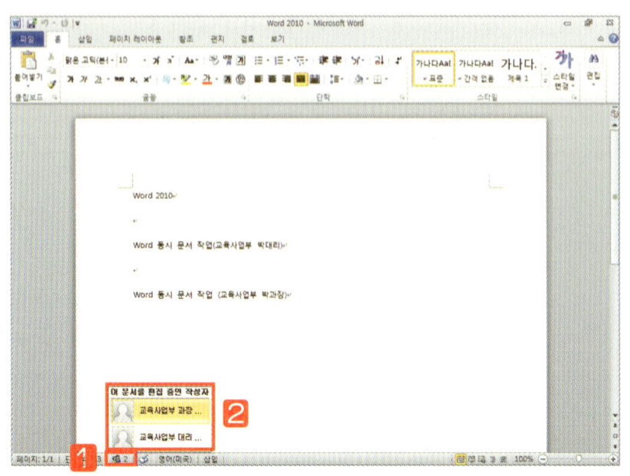

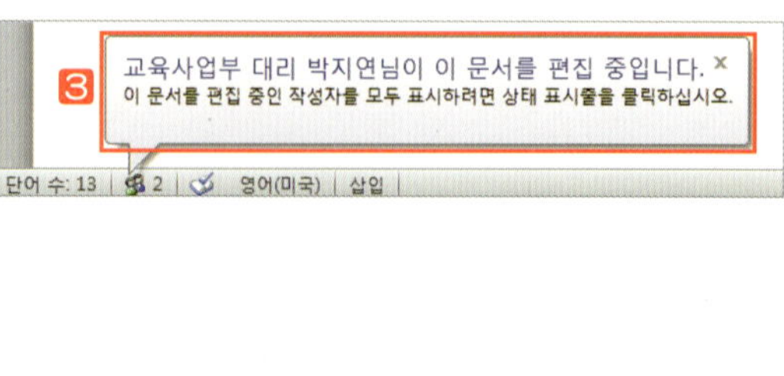

❸ 문서 편집 확인

박 과장이 문서를 저장하면 박 대리가 편집한 부분의 색이 다르게 나타나는 것을 확인할 수 있다.

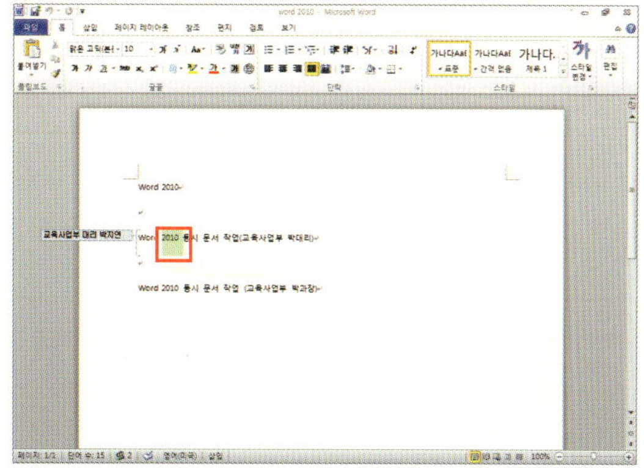

❹ 오피스 백스테이지

오피스 백스테이지를 이용하면 [파일] 탭-[정보] 메뉴에서 **1**현재 편집 중인 사람이 누구인지 알 수 있고, **2**메시지를 보낼 수도 있다.

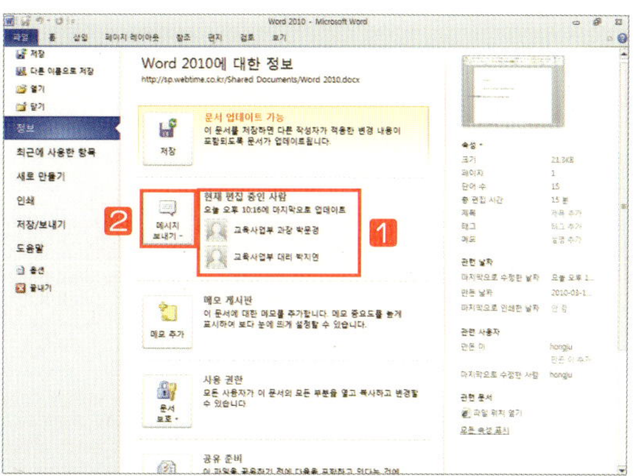

한 눈에 업데이트 확인하기

쉐어포인트 워크스페이스 2010에서는 읽지 않은 문서를 보다 쉽게 확인할 수 있다. 한 눈에 다른 사람이 업데이트한 문서를 확인할 수 있으므로 문서 작업의 효율성이 증가하게 된다.

1 문서 다운로드

로컬로 다운로드되지 않은 문서는 문서 앞에 나타나는 단추(▤)를 통하여 쉽게 알 수 있다. 다운로드되지 않은 문서를 더블클릭하면 문서가 다운로드되어 로컬 복사본이 생기고, 오피스 리본에서 [홈] 탭-[문서] 그룹-[다운로드]를 선택해도 같은 결과를 확인할 수 있다.

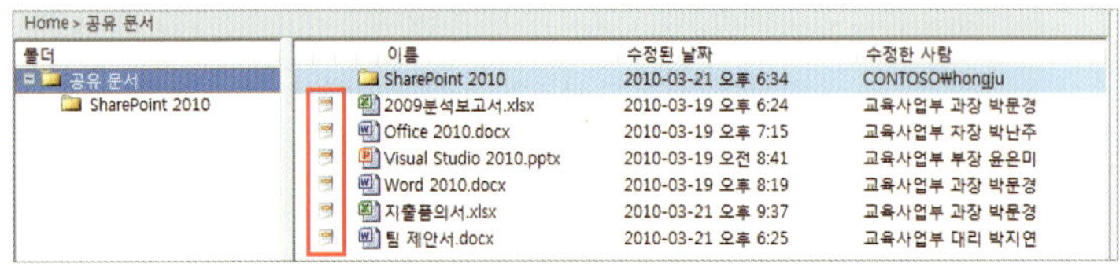

2 이미 읽은 문서

이미 읽은 문서는 **1**단추가 별도로 표시되지 않아 읽은 문서라는 것을 확인할 수 있다. **2**[홈] 탭-[추적] 그룹-[읽은 상태로 표시]/[읽지 않은 상태로 표시]를 이용하거나 로컬 복사본을 취소하고 **3**[홈] 탭-[문서] 그룹-[다운로드]를 이용하여 다시 다운로드할 수도 있다.

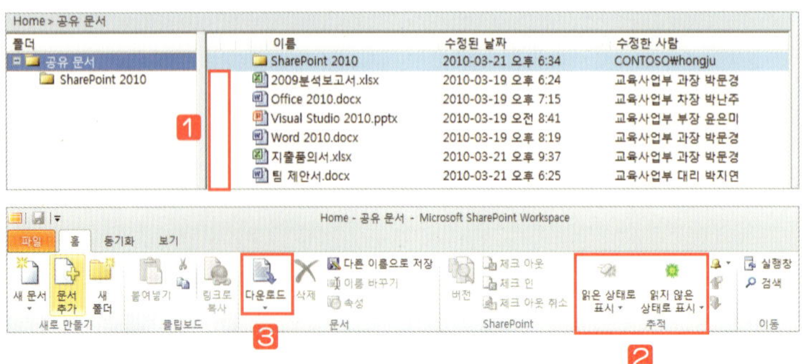

❸ 읽지 않은 문서

읽지 않거나 다른 사람에 의해 변경된 문서는 **1**녹색 단추( )로 표시되어, 이를 통해 한 눈에 업데이트 상태를 확인할 수 있다. 또한, **2**작업 표시줄을 통해서도 읽지 않은 문서를 알 수 있다. 이미 읽은 문서를 다른 사람이 변경하면 동기화한 후에 **3**녹색 단추( )로 변경되어 업데이트된 문서를 쉽게 확인할 수 있다. 또한 실행 창에서도 **4**읽지 않음 녹색 단추( )를 확인할 수 있다.

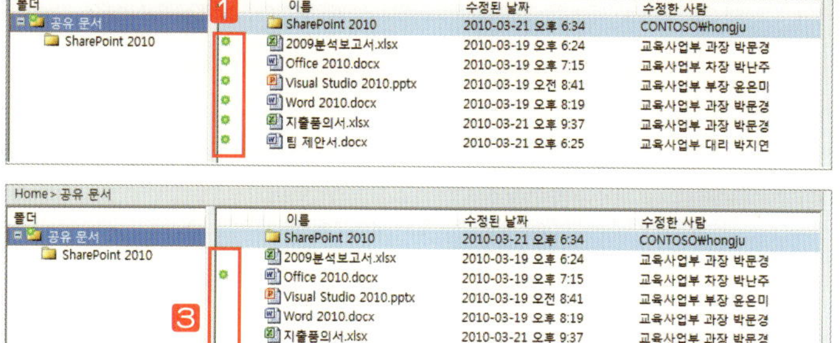

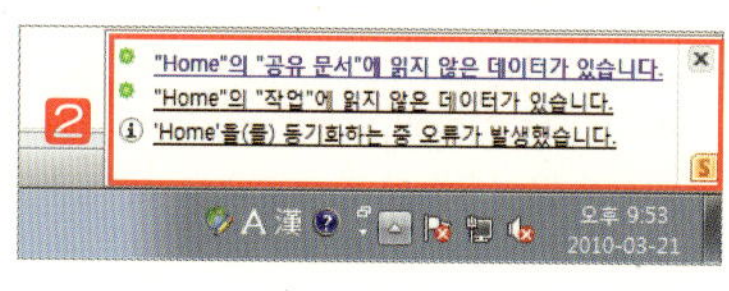

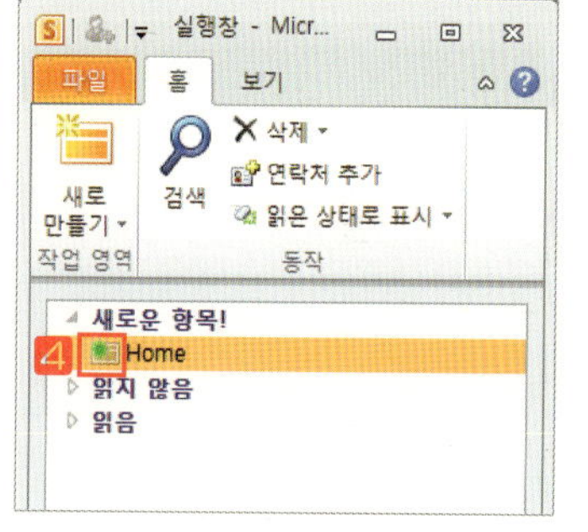

오프라인 문서 작업

쉐어포인트 워크스페이스 2010은 오프라인에서도 문서 작업을 수행할 수 있다. 쉐어포인트 2010으로 웹이 연결되지 않는 상황에서 오프라인 작업을 할 수 있으며, 작업한 내용은 네트워크에 연결되면 자동으로 동기화된다.

1 오프라인에서의 문서 작업

웹 사이트의 경우 네트워크, 인터넷 연결이 되지 않으면 문서 작업을 하기 어렵지만 쉐어포인트 워크스페이스 2010을 사용하면 오프라인 작업이 가능하다. 우선 오프라인에서 엑셀 문서의 내용을 수정하고 저장한다. 작업 영역에서 작업할 문서를 마우스 오른쪽 단추로 클릭하고 [열기]를 클릭하면 **1** [오프라인 복사본]이라는 안내 창을 확인할 수 있다. **2** [통합 문서 편집]을 클릭하고 오프라인 복사본에서 문서 내용을 수정한 후 저장한다. 엑셀 문서 하단에서도 **3** 오프라인 복사본이라는 정보를 확인할 수 있다.

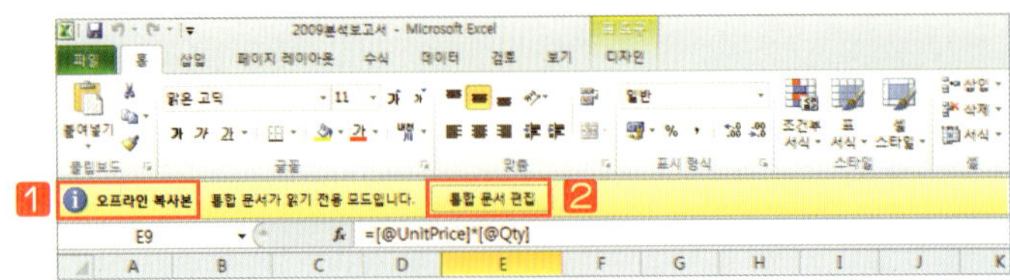
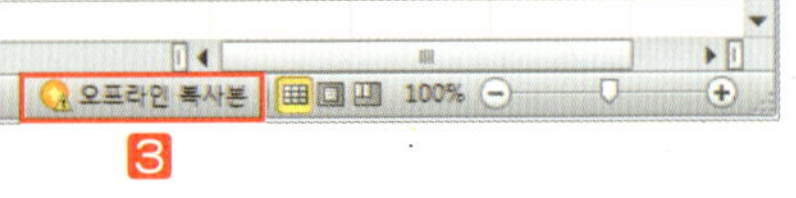

2 오프라인 작업 업로드

Microsoft Office 업로드 센터에 마우스를 대면 엑셀 하단에서 '2009분석보고서 업로드 보류 중입니다.' 라는 메시지를 확인할 수 있다. 이 메시지는 사용자가 문서를 변경했으며 변경된 내용이 아직 인터넷을 통해 서버와 동기화가 진행되지 않았다는 것을 의미한다. 출장에서 복귀하고, 인터넷을 연결하면 자동으로 문서가 동기화된다. 동기화 후, 업로드 센터의 메시지는 자동으로 없어진다.

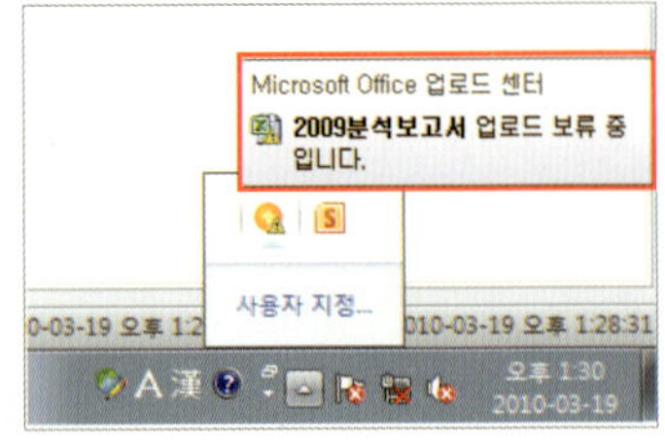

POINT Microsoft Office 업로드 센터를 열면 보다 더 구체적인 정보를 알 수 있다.

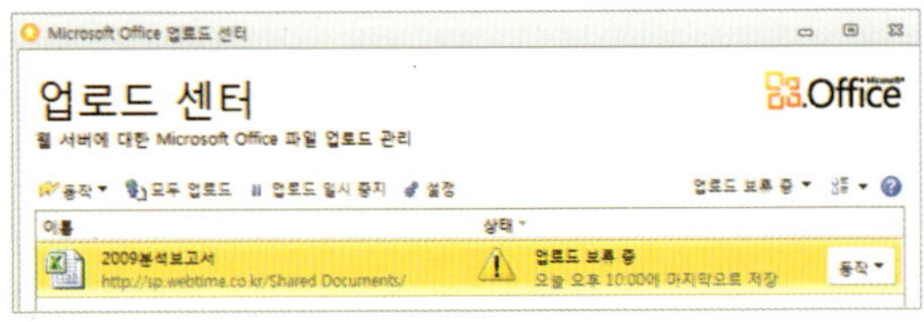

문서 작업 동기화

쉐어포인트 워크스페이스 2010에서는 서버와의 동기화가 자동으로 이루어진다. 원한다면 사용자가 직접 수동으로 동기화할 수도 있다. 동기화 결과도 직접 확인할 수 있다.

1 동기화

쉐어포인트 워크스페이스 2010에서는 서버와의 동기화가 자동으로 이루어진다. 직접 동기화를 하려면 [동기화] 탭-[동기화] 그룹-[동기화]를 클릭하면 된다.

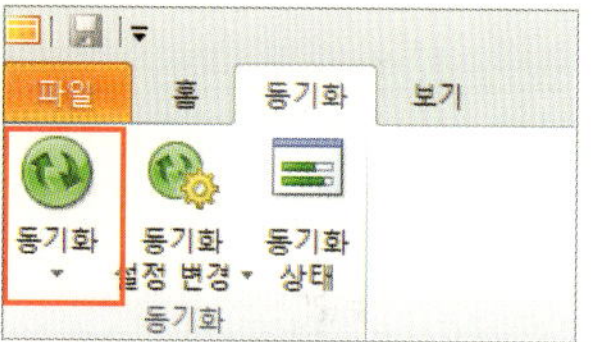

2 동기화 결과

쉐어포인트 워크스페이스 2010의 **1** 상태 바나 [동기화] 탭-[동기화] 그룹-[동기화 상태]를 클릭하여 [동기화 상태] 대화상자에서 **2** 동기화 결과를 확인할 수 있다.

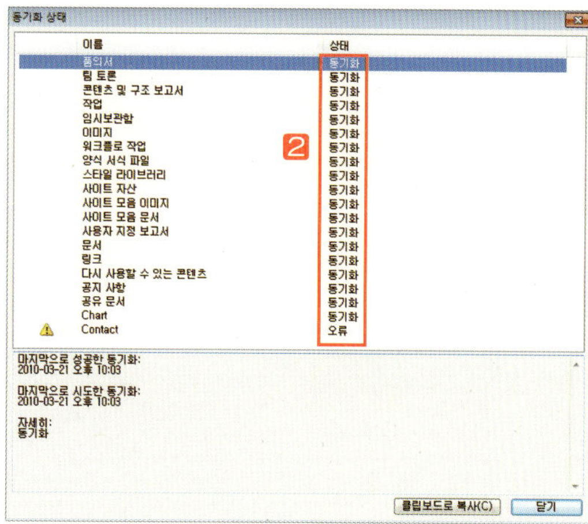

비즈니스 데이터 연결

쉐어포인트 2010에서는 외부의 비즈니스 데이터를 목록으로 표시해주는 기능이 있다. 이 목록을 쉐어포인트 워크스페이스 2010에서 연결하면 온오프라인에서 읽기, 쓰기 작업이 가능하다. 쓰기 작업을 이용하여 외부의 비즈니스 데이터를 변경할 수도 있다.

1 비즈니스 데이터 목록

쉐어포인트 2010 웹 사이트에 액세스하면 사이트 관리자가 생성해 둔 외부 목록을 통하여 외부 비즈니스 데이터가 연결되어 있는 것을 확인할 수 있다.

 관리자가 만든 작업에 따른 읽기 또는 쓰기 작업은 쉐어포인트 2010이나 쉐어포인트 워크스페이스 2010에서 가능하다.

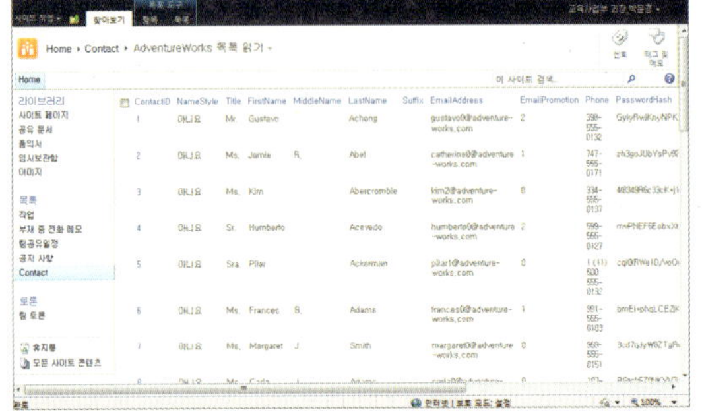

2 비즈니스 데이터 연결

외부 목록을 선택한 후, 쉐어포인트 2010의 [목록] 탭–[연결 및 내보내기 그룹]–[SharePoint Workspace와 동기화를 선택하거나, 기존에 연결되어 있는 쉐어포인트 워크스페이스 2010을 연다. [SharePoint Workspace와 동기화] 대화상자의 **1**[확인] 단추를 클릭하면 다운로드가 진행된다. 이어서 [Microsoft Office 사용자 지정 설치 관리자] 대화상자에서 **2**[설치] 단추를 클릭한다. **3**동기화가 완료된 화면이 표시된다.

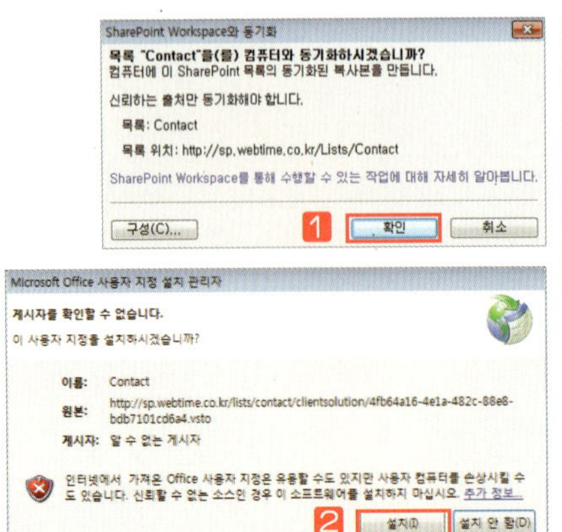

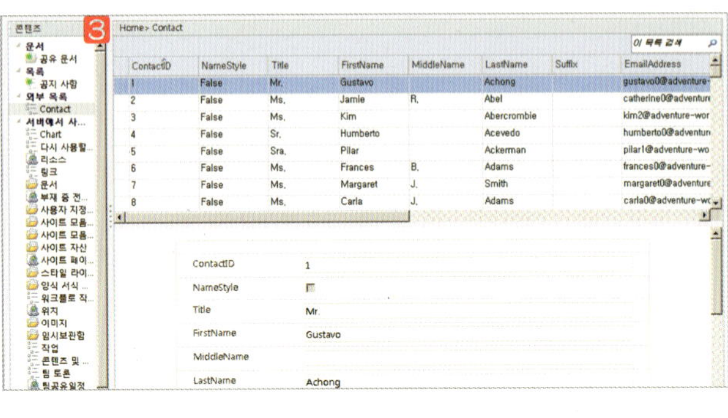

❸ 비즈니스 데이터 변경

변경할 비즈니스 데이터 항목을 더블클릭한다. 편집할 수 있는 새로운 창이 나타나는 것을 확인할 수 있다. **1** 'FirstName' 을 'Catherine' 에서 'Jamie' 로 변경하고 [홈] 탭-[목록 항목] 그룹-[저장 후 닫기]를 클릭한다. **2** 쉐어포인트 워크스페이스 2010의 데이터베이스 값을 확인해보면 변경된 값으로 업데이트된 것을 알 수 있다.

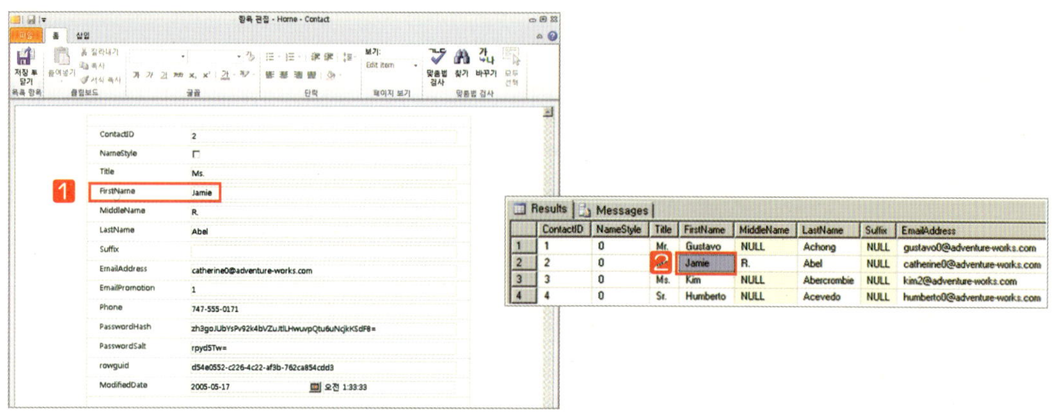

❹ 비즈니스 데이터 업데이트 충돌 보기

동일한 데이터를 여러 사용자가 수정할 경우, 업데이트 충돌이 발생하게 되는데 쉐어포인트 워크스페이스 2010을 이용하여 충돌을 확인한 후 어떤 값을 적용할지 결정할 수 있다. 충돌이 발생한 경우 해당 데이터 앞에 **1** 충돌 단추(😵)가 있는 것을 볼 수 있다. [해결] 탭-[항목] 그룹-[오류 해결]을 클릭하여 내용을 확인한 뒤, [충돌 해결]을 클릭한다. **2** [충돌 해결] 대화상자에서 **3** [외부 시스템 값 유지]를 클릭하여 적용하면 **4** 값이 적용되면서 충돌 단추가 사라지는 것을 확인할 수 있다.

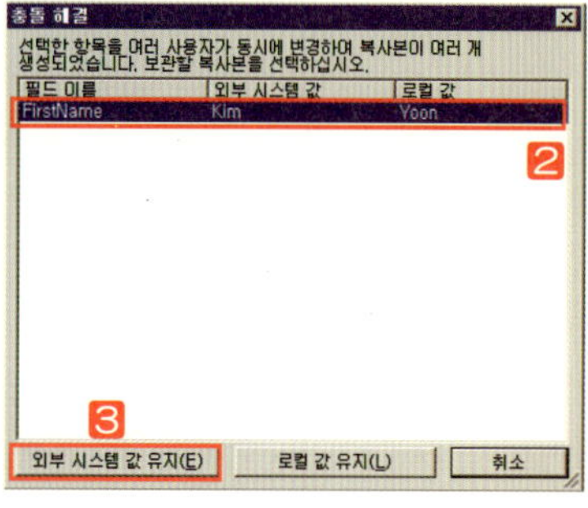

 EXCEL 2010

 OUTLOOK 2010

 POWERPOINT 2010

 WORD 2010

 ONENOTE 2010

 PUBLISHER 2010

 SHAREPOINT WORKSPACE 2010

 SHAREPOINT 2010

쉐어포인트 2010는 기업이나 웹을 위한 비즈니스 공동 작업 플랫폼으로, 여러 기능이 통합된 세트를 통해 사용자를 연결하고 작업 효율을 높일 수 있습니다. 쉐어포인트 2010을 통한 협업으로 비즈니스 요구에 신속하게 대응하면서 통합 인프라와 관련된 비용도 절감할 수 있습니다.

PART 08

SHAREPOINT 2010

쉐어포인트 2010 개요

마이크로소프트 오피스와 쉐어포인트는 공동 작업이나 콘텐츠 관리 등의 비즈니스 생산성 인프라 기능을 구축하는 데 있어 주요 구성 요소로 자리 잡았으며 사용자 환경에 밀접하게 통합하여 강화된 비즈니스 생산성을 제공하고 있다. 그리고 오피스 2010과 쉐어포인트 2010을 이용하여 보다 더 강화된 통합 생산성 환경을 구성할 수 있다. 작업에 유연성을 더하고 비즈니스 시간과 비용을 절감할 수 있는 새 기능에 대해 알아보자.

1 쉐어포인트 2010 비즈니스 협업 플랫폼

쉐어포인트 2010 비즈니스 협업 플랫폼은 사람들이 장소와 장치에 구애받지 않고 자원과 지식에 액세스할 수 있도록 하여 생산성을 향상시키고 협업 솔루션의 일원화로 비용이 절감된다. 또한 정보에 대한 액세스가 검색 기술의 강화로 손쉬워지고 데이터를 기반으로 의사 결정이 가능하여 변화하는 비즈니스 요구사항에 빠르게 대처할 수 있다.

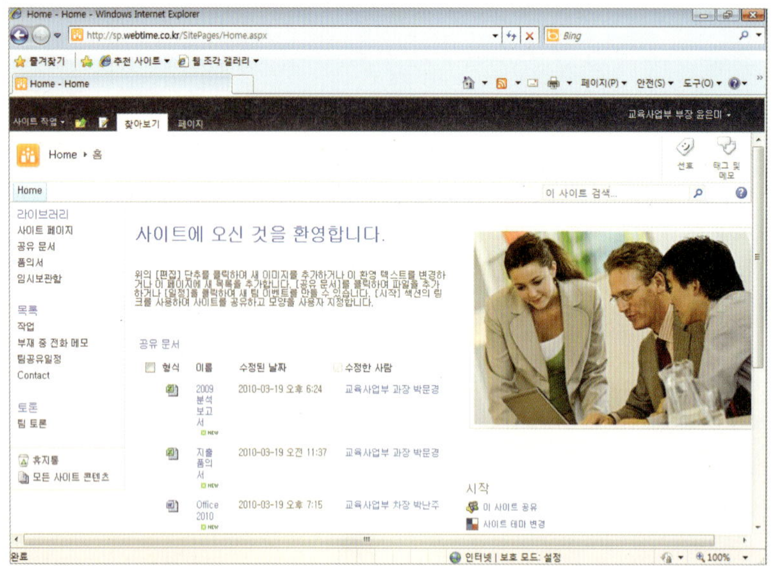

2 보안이 강화된 비즈니스 환경

사용자가 필요한 정보에 스스로 알아서 액세스할 수 있으므로 충분한 정보를 바탕으로 비즈니스 의사 결정을 내릴 수 있고 중요한 비즈니스 정보를 보안이 강화된 환경에서 동료, 고객, 비즈니스 파트너 등 더 많은 사람들과 안전하게 공유할 수 있다.

쉐어포인트 2010 로그온하기

쉐어포인트 2010은 기업의 정보와 지식을 연결하는 웹 사이트다. 사용자들은 PC, 브라우저 또는 모바일 장치에서 문서를 보고 편집할 수 있으며 다른 사람과 공동 작업을 수행할 수도 있다. 또한 기업의 여러 정보와 지식을 액세스할 수 있는데, 일반적으로 사용자들은 브라우저를 통해 기업 포탈을 액세스한다. 사이트에 로그온하는 것부터 시작해보자.

1 브라우저를 통한 액세스

브라우저를 통해 해당 쉐어포인트 기업 포탈 주소를 입력한다.

POINT 포탈 주소를 모른다면 회사의 쉐어포인트 관리자에게 문의한다.

2 로그인 및 암호 저장

관리자로부터 미리 할당 받은 Active Directory 사용자 계정과 암호를 통해 기업 포탈에 액세스할 수 있다. 암호를 저장해놓지 않으면 다음에 액세스하거나 문서를 편집할 때 계속 로그온 창이 뜬다. 로그온 창에 미리 할당된 **1** 계정과 암호를 입력하고 **2** [내 자격 증명 기억]을 체크한 후 **3** [확인] 단추를 클릭하여 로그인한다. **4** 정보는 [제어판]-[사용자 계정 및 가족 보호]-[자격 증명 관리자]에 저장된다. 필요 없다면 저장된 암호를 삭제할 수 있다.

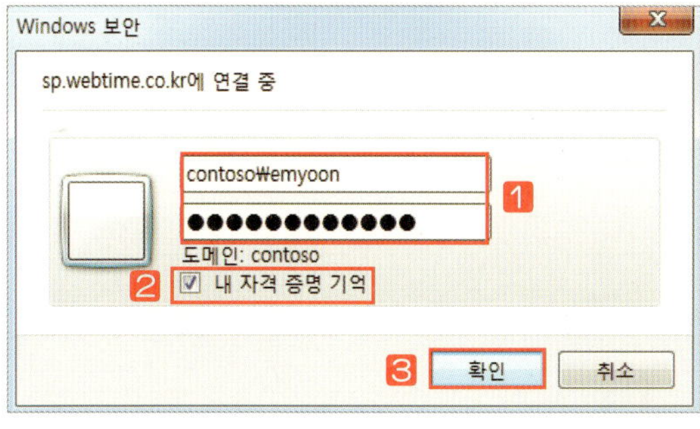

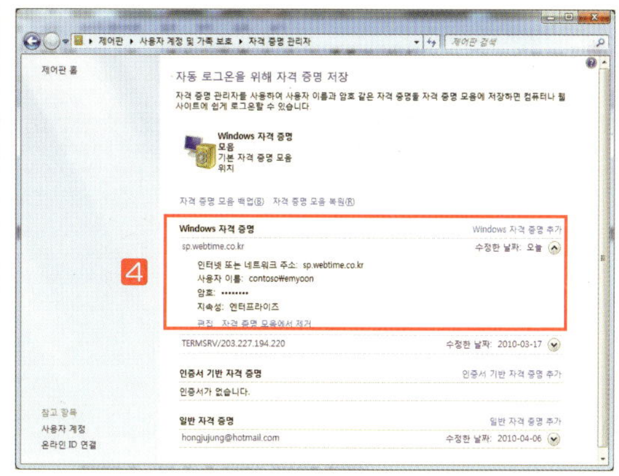

암호를 저장했는데도 로그온 창이 계속 나타난다면 브라우저의 [도구]–[인터넷 옵션]의 [보안] 탭에서 **1**[로컬 인트라넷]에 기업 포탈 주소를 포함시킨다. **2**[사이트]를 클릭한 후, **3**[고급]을 클릭하여 **4**웹 사이트 주소를 확인하고 **5**[추가] 단추를 클릭한다.

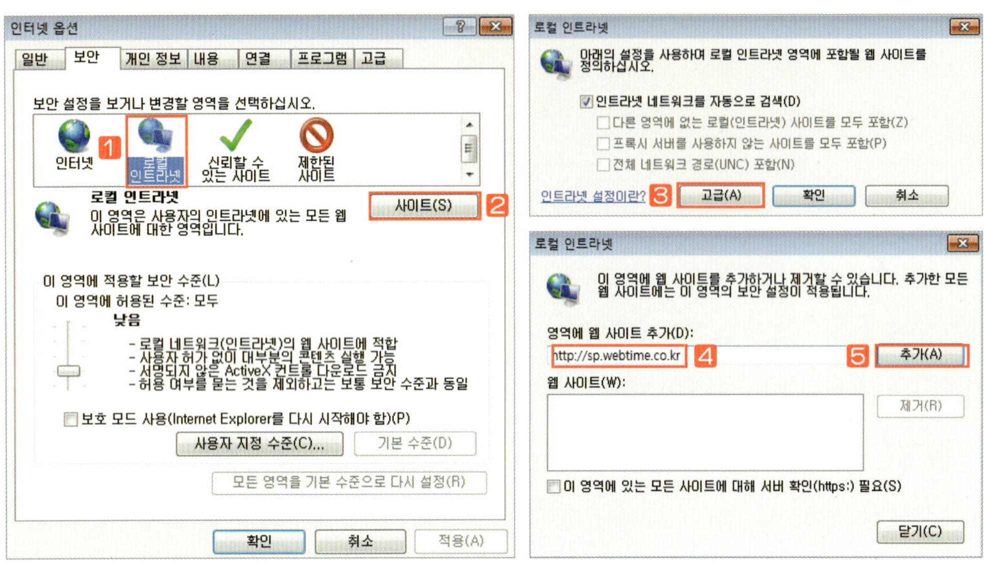

❹ 로그온하기

암호 저장과 인터넷 옵션 설정으로 기업 포탈에 액세스하거나 문서를 편집할 경우, 로그온 창 없이 기업 포탈에 액세스해서 공동 작업 및 정보와 지식을 액세스할 수 있다.

새로운 리본 환경 살펴보기

쉐어포인트 2010 웹은 오피스 2007의 인터페이스와 동일한 리본으로 구성되어 있다. 리본의 탭을 이용해서 문서를 업로드하거나 워크플로 작업 등 여러 작업을 수행할 수 있다. 탭 아래의 메뉴에서 일관된 메뉴와 명령을 지원한다.

1 오피스 리본

오피스 2007이나 오피스 2010의 리본 사용자 인터페이스를 사용해보았다면 별 차이 없이 사용 가능하다. **1**사이트의 [페이지] 탭을 클릭한다. 쉐어포인트 2010 사이트에 이미 생성되어 있는 문서 라이브러리를 선택하면 **2**[라이브러리 도구] 탭이 자동으로 나타난다. **3**[문서] 탭에서는 문서에 대한 추가, 업로드, 삭제, 속성 보기에 대한 메뉴를 볼 수 있고 **4**[라이브러리] 탭에서는 라이브러리에 대한 설정 등을 볼 수 있다. 쉐어포인트 2010 사이트에 이미 생성되어 있는 공지사항 목록을 선택하거나 공지사항의 항목을 선택하면 공지사항에 대한 **5** [목록 도구]를 볼 수 있다.

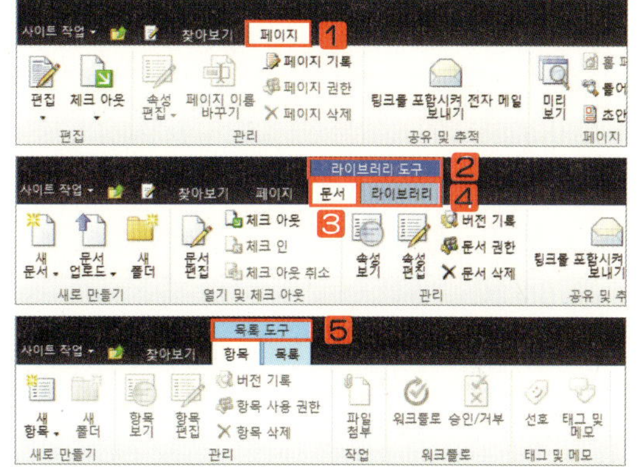

2 대화상자

리본 메뉴를 실행할 경우에는 새로운 페이지로 이동하지 않고 새로운 대화상자가 나타나며 대화상자에서 값을 변경하거나 작성하고 완료하면 웹 페이지 전체가 새로고침 되거나 다른 페이지로의 이동 없이 결과가 나타난다.

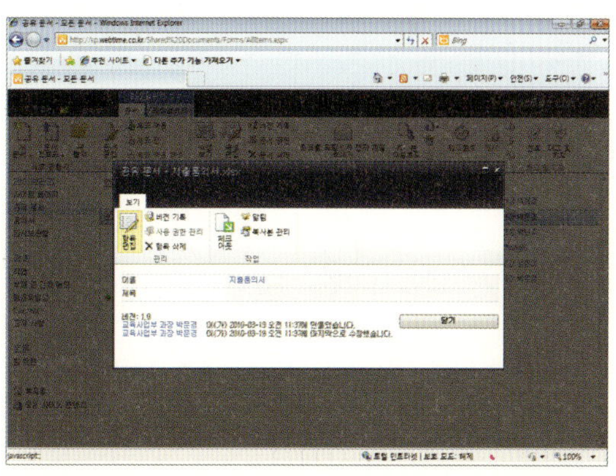

공지사항 작업하기

쉐어포인트 2010에서 공지사항을 생성할 수 있으며, 본문에 그림이나 링크 등을 복사하여 손쉽게 항목을 생성할 수 있다. 편집하거나 삭제하는 것도 가능하다. 쉐어포인트 2010 사이트에서 이미 생성되어 있는 공지 사항 목록에 항목을 생성하거나 변경, 삭제하는 작업을 해보자.

1 공지사항 항목 생성하기

쉐어포인트 2010의 오피스 리본의 [목록 도구]–[목록] 탭–[새로 만들기] 그룹–[새 항목]–[공지 사항]을 클릭하여 공지사항을 생성한다. 대화상자에서 제목과 내용, 만료 기간을 설정하고 [확인] 단추를 클릭한다. 별도로 공지사항 목록의 [새 공지사항 추가] 링크 메뉴를 클릭해도 된다. 공지사항의 본문에는 그림이나 링크 등을 복사해서 손쉽게 항목을 생성할 수 있다. 본문을 작성하거나 그림을 선택하면 오피스 리본이 동적으로 변경된다.

2 공지사항 항목 내용 보기

목록에서 **1** 공지사항 항목을 선택하면 쉐어포인트 2010 리본의 탭이 변경되며, **2** 드롭다운 단추를 클릭하여 [항목 보기]를 선택하거나 해당 항목을 더블 클릭하면 **3** 별도의 창에서 공지사항 내용을 볼 수 있다.

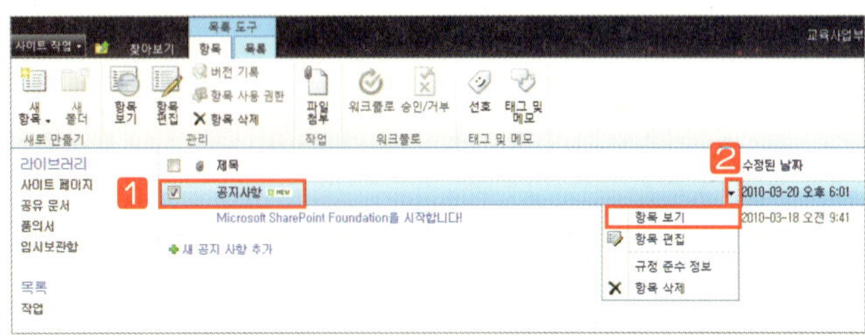

 **공지사항 수정하기**

쉐어포인트 2010 사이트에서 이미 생성되어 있는 공지 사항 목록을 클릭하면 쉐어포인트 2010 리본 탭이 변경된다. **1** 수정할 공지사항 항목을 선택하고 **2** [목록 도구]-[항목] 탭-[관리] 그룹-[항목 편집]을 선택하거나 **3** 해당 항목 드롭다운 단추를 클릭하여 [항목 편집]을 선택하면 나타나는 **4** 별도의 창에서 공지사항 내용을 수정할 수 있다.

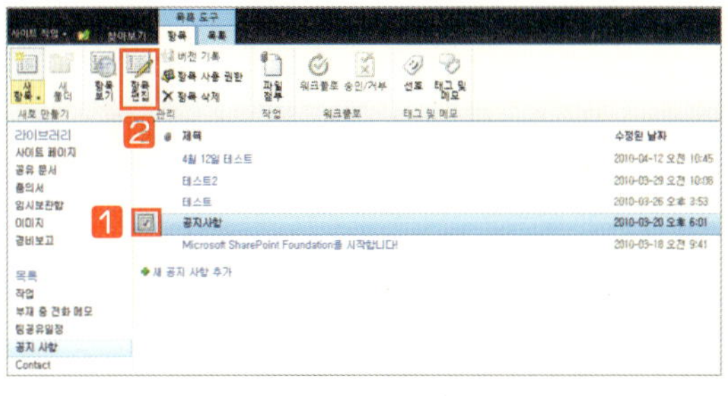

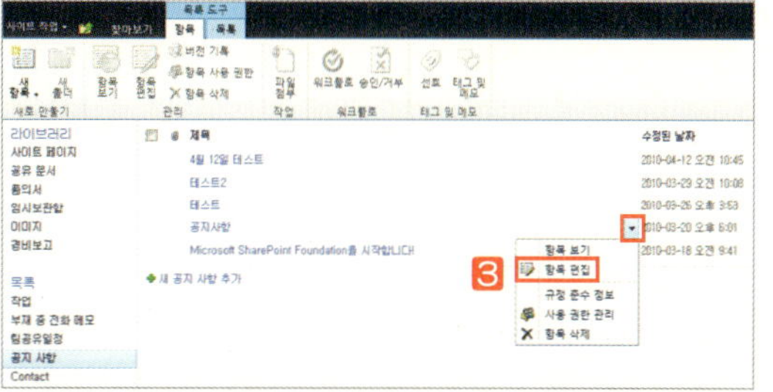

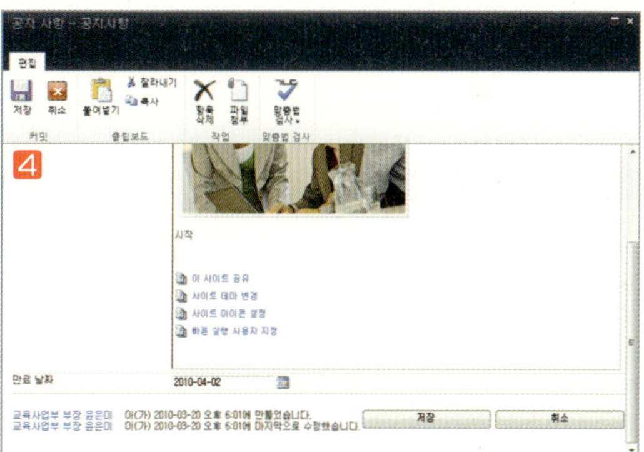

4 **공지사항 삭제하기**

삭제할 공지사항을 목록에서 선택하면 **1** 제목 앞에 체크 박스가 생긴다. 여기에 체크하고 쉐어포인트 2010 리본 인터페이스의 **2** [목록 도구]-[항목] 탭-[관리] 그룹-[항목 삭제]를 클릭하면 공지사항이 삭제된 것을 확인할 수 있다.

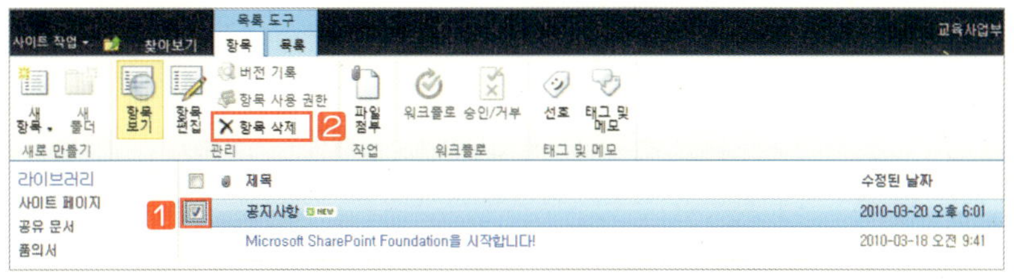

 **POINT** [항목 보기]나 [항목 편집]에서도 [항목 삭제]를 사용할 수 있다.

문서 라이브러리 작업하기

문서 라이브러리에 문서를 업로드하고 편집하거나 삭제할 수 있다. 또한 다른 사람과 문서 공동 작업과 워크플로 작업 등을 수행하며 정보와 지식을 관리하고 공유할 수 있다.

❶ 새 문서 생성하기

문서 라이브러리를 선택하고 **1** [라이브러리 도구]-[문서] 탭-[새로 만들기] 그룹-[새 문서]를 클릭한다. **2** [새 문서]의 드롭다운 단추를 클릭하여 [새 문서]를 선택할 수도 있다. 워드 템플릿이 연결되어 있다면 오피스 워드 2010이 시작되며 문서 작업을 할 수 있다. 문서 작업이 완료되면 **3** 파일 이름과 파일 형식을 설정한 후 **4** [저장] 단추를 클릭한다.

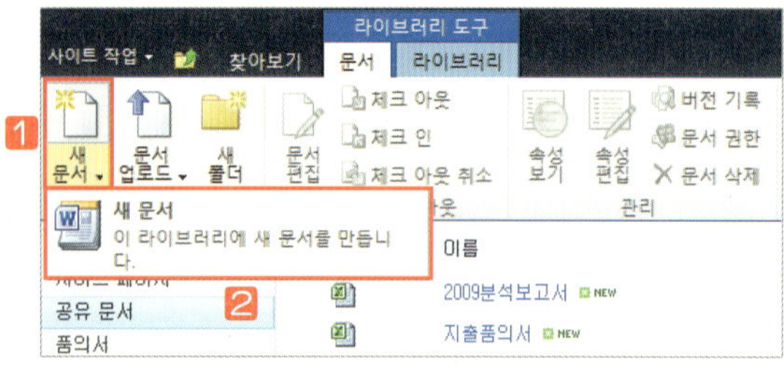

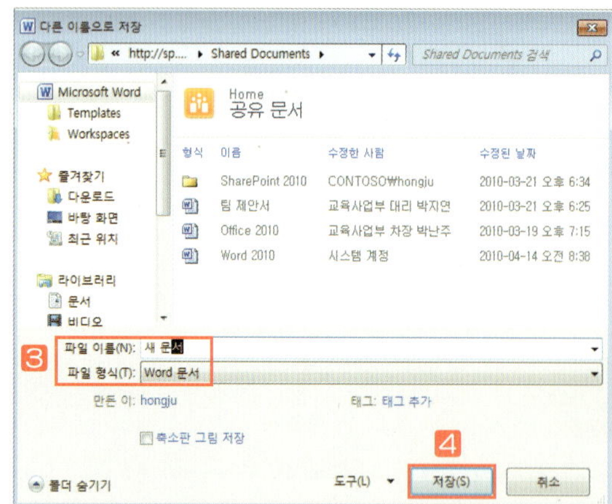

❷ 문서 업로드

이미 작성된 문서가 있다면 문서를 업로드할 수 있다. 문서 라이브러리를 클릭하고 쉐어포인트 사이트 리본의 **1** [라이브러리 도구]-[문서] 탭-[새로 만들기] 그룹-[문서 업로드]-[문서 업로드]를 클릭한다. [문서 업로드] 대화상자에서 **2** [찾아보기]를 클릭하여 이미 작성된 문서를 선택하고 **3** [확인] 단추를 클릭하여 업로드한다.

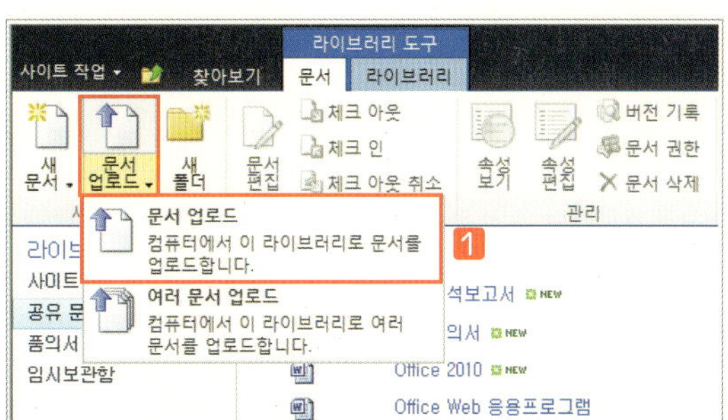
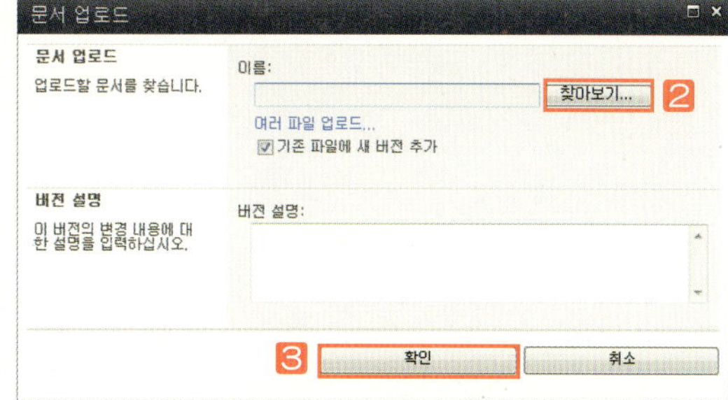

여러 문서를 업로드할 때는, [라이브러리 도구]-[문서]-
탭-[새로 만들기] 그룹-[문서 업로드]의 드롭다운 단추
를 클릭하여 [여러 문서 업로드]를 선택하거나 [문서 업
로드] 대화상자에서 [여러 파일 업로드]를 클릭한다. 윈
도우 탐색기에서 업로드할 문서를 업로드 창으로 드래
그하면 된다.

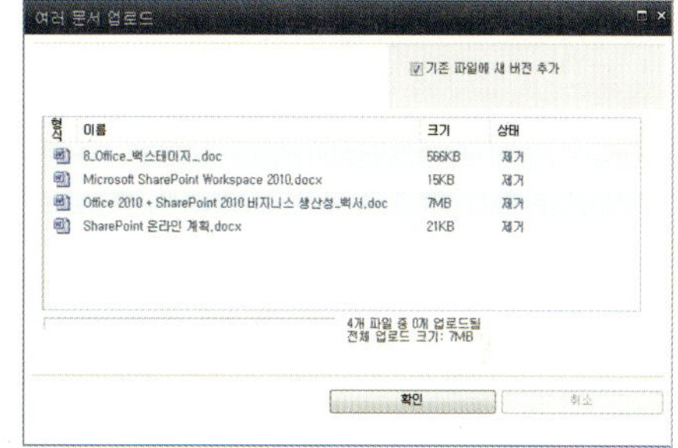

3 문서 편집하기

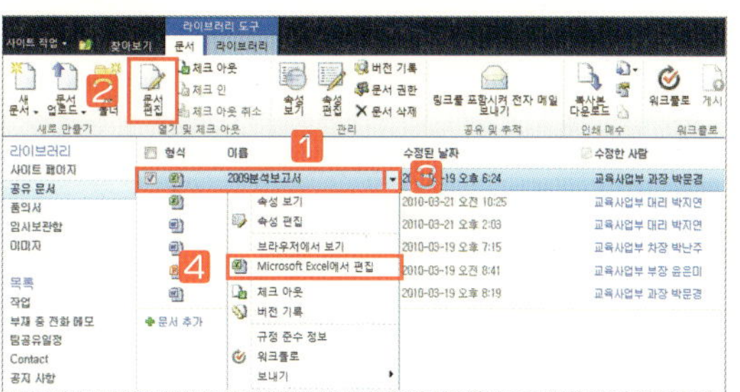

1 수정할 문서를 클릭하고 쉐어포인트 2010의
리본에서 **2** [라이브러리 도구]-[문서] 탭-[열기
및 체크 아웃] 그룹-[문서 편집]을 선택하여 수
정 작업 후 저장한다. 엑셀 문서인 경우, **3** 수정
할 해당 문서의 드롭다운 단추를 클릭하여 **4**
[Microsoft Excel에서 편집]을 선택해도 된다.

4 문서 삭제하기

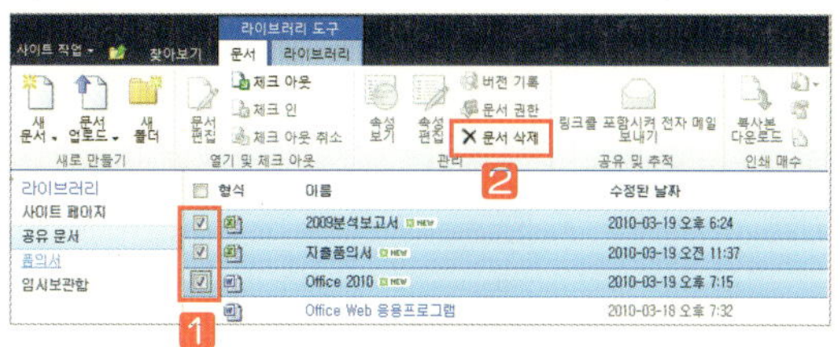

1 문서 라이브러리에서 삭제할 문서를 선택한
후 **2** 쉐어포인트 2010의 리본에서 [라이브러리
도구]-[문서] 탭-[관리] 그룹-[문서 삭제]를 클
릭한다.

여러 문서를 한꺼번에 삭제할 수도 있다.

오피스 백스테이지 사용하기

오피스 백스테이지를 이용해서 쉐어포인트와 관련된 여러 내용을 손쉽게 처리할 수 있다. 쉐어포인트로 워드 문서를 쉽게 저장하고 Excel Services를 이용해서 쉐어포인트로 엑셀 문서를 게시할 수도 있다.

1 오피스 백스테이지를 이용한 워드 문서 저장

[파일] 탭-[저장/보내기] 메뉴-[SharePoint에 저장]을 클릭하면 쉐어포인트 사이트를 선택해서 저장할 수 있다. 다른 오피스 문서도 마찬가지이다.

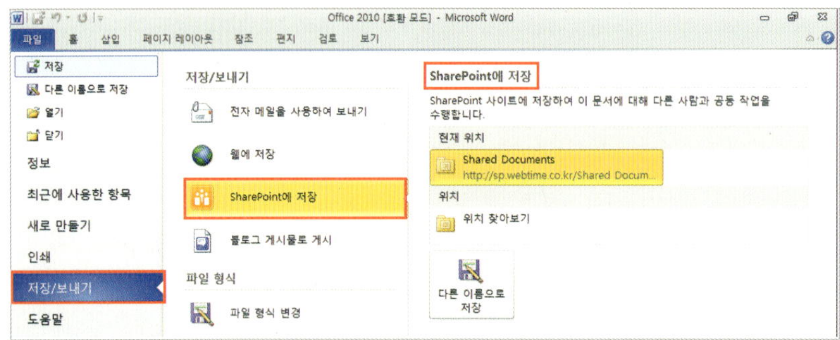

2 오피스 백스테이지를 이용한 워드 문서 버전 관리

워드 2010의 [파일] 탭을 클릭하면 [정보] 메뉴가 선택되어 있다. 맨 하단으로 이동해보면 쉐어포인트에서의 **1** 버전과 체크아웃에 대한 정보 확인이 가능하다. 비교하거나 복원할 버전을 클릭하면 다음과 같이 워드 2010에 **2** 알림 표시줄이 나타나는데 이를 선택하여 특정 버전을 선택해서 비교하거나 복원할 수 있다.

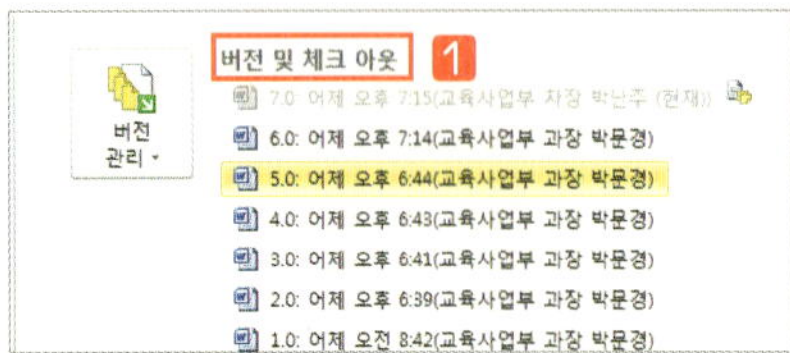

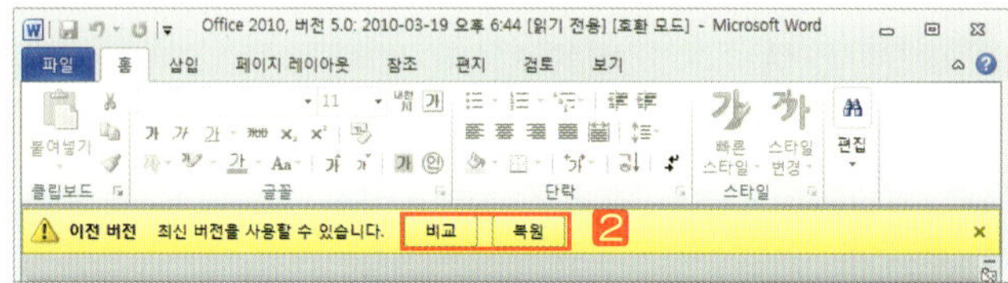

 **오피스 백스테이지를 이용한 엑셀 문서 게시**

[파일] 탭-[저장/보내기] 메뉴-[SharePoint에 저장]-[위치 찾아보기]를 클릭하여 경로를 지정하고 Excel Services로 게시할 수 있다.

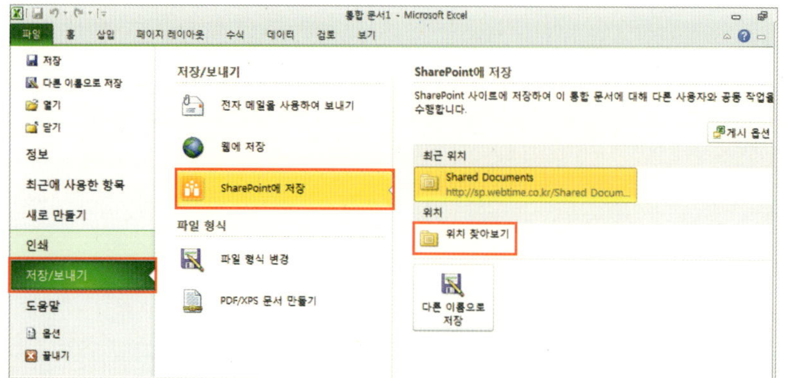

4 **오피스 백스테이지를 이용한 워크플로 시작**

사이트 관리자가 문서 라이브러리에 워크플로를 추가해놓은 경우, 문서 라이브러리에서 문서 작업할 때 오피스 워드 2010 등에서 오피스 백스테이지를 이용해 워크플로를 시작할 수 있다. [파일] 탭-[저장/보내기] 메뉴-[워크플로]-[문서 승인]-[워크플로 시작]을 클릭하면 할당된 워크플로를 시작할 수 있다.

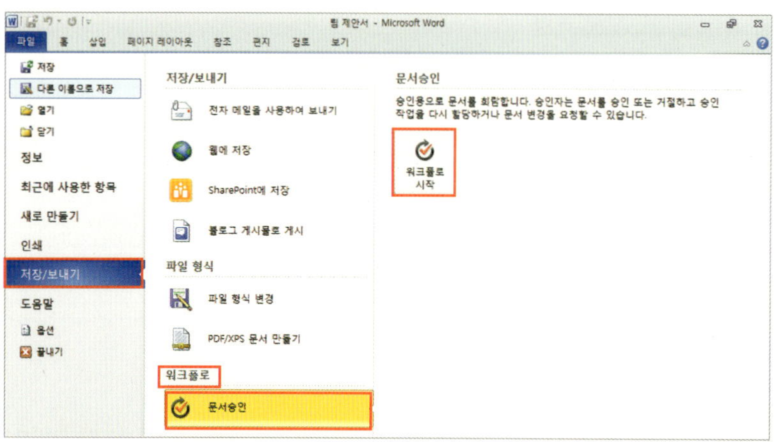

워크플로 작업

쉐어포인트 2010의 목록과 문서 라이브러리에서 워크플로를 적용할 수 있다. 쉐어포인트 2010 웹 사이트나 오피스 2010을 통해 워크플로 작업을 진행할 수 있다.

1 쉐어포인트 2010 웹 사이트에서 워크플로 시작하기

1문서 라이브러리에서 워크플로를 시작할 문서를 선택한다. 쉐어포인트 2010 리본에서 2[라이브러리 도구]–[문서] 탭–[워크플로] 그룹–[워크플로]를 클릭한다. [새 워크플로 시작]에서 시작할 워크플로를 클릭하여 관리자가 설정해놓은 3[문서승인] 워크플로를 선택한다. [문서승인 시작]에서 4승인자와 5다른 속성 값을 설정해서 6[시작] 단추를 클릭하고 워크플로를 시작한다.

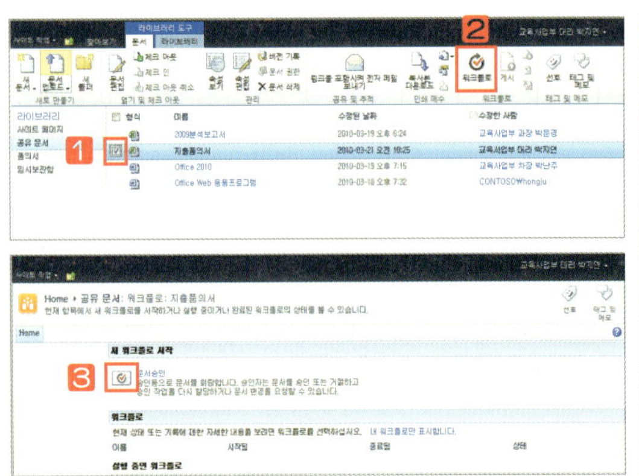

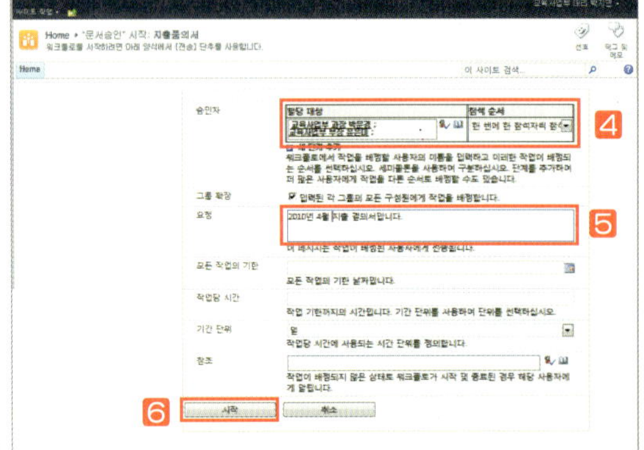

2 워크플로 진행사항 보기

워크플로를 시작한 문서의 진행사항을 알고 싶다면 1문서 라이브러리의 워크플로 이름 열의 [진행 중] 링크를 클릭하면 알 수 있다. 2비지오 서비스로 다이어그램으로 시각화하여 진행사항을 보여준다. 3[워크플로 기록]에서는 단계별 진행사항 내용을 볼 수 있다.

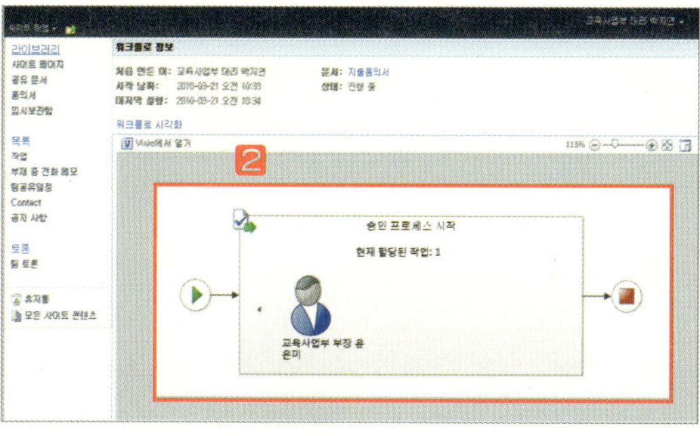
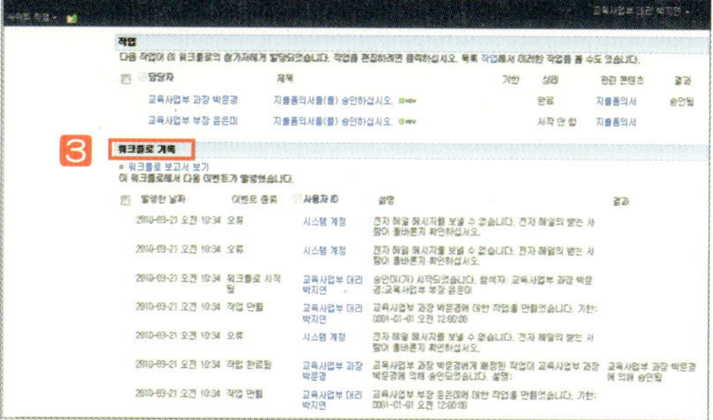

3 워크플로 승인하기

관리자에 의해 워크플로에 연결된 **1**[작업] 목록을 클릭하면 할당된 작업 항목들을 볼 수 있다. 항목을 클릭해서 검토 후 **2**[승인]을 선택한다. 해당 원문을 보고 싶다면 **3**워크플로 작업창에서 [지출품의서] 링크를 클릭한다. [거부], [변경 요청], [작업 재할당]도 선택할 수 있다.

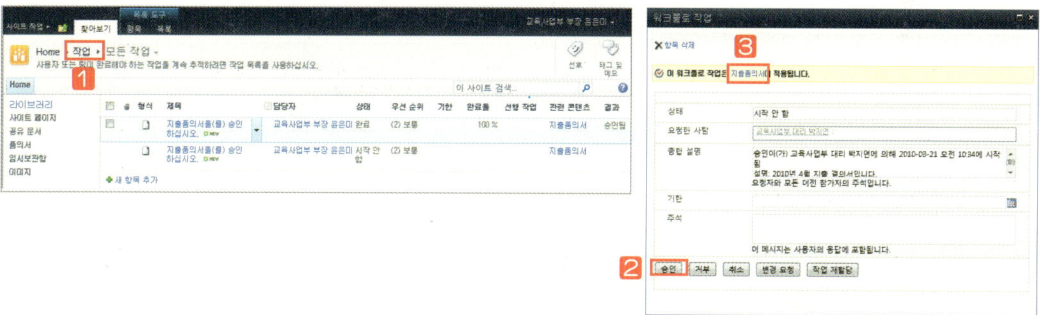

4 오피스 2010에서 워크플로 작업하기

오피스 2010의 [파일] 탭-[저장/보내기] 메뉴-[문서승인]-[워크플로 시작]을 클릭하여 워크플로를 시작한다. 워크플로의 승인자일 경우 **1**엑셀 문서를 열면 승인하라는 문서 정보 창을 볼 수 있다. **2**[이 작업 열기...] 단추를 클릭하여 **3**[지출품의서을(를) 승인하십시오.] 대화상자를 확인해보면 웹에서 보는 내용과 동일한 워크플로 작업이라는 것을 알 수 있다.

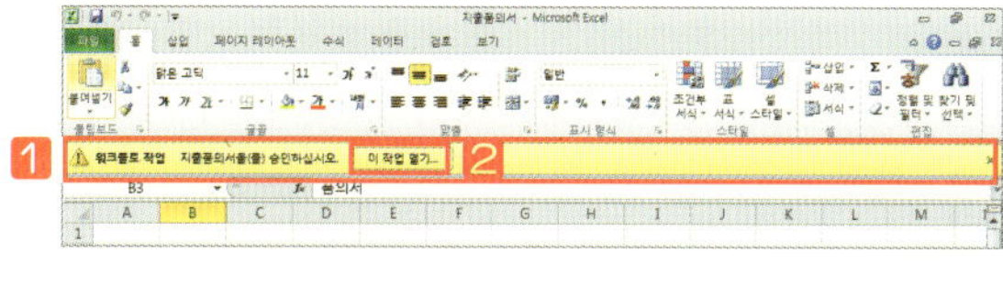

이미지 라이브러리 작업하기

이미지 라이브러리에 이미지와 미디어를 업로드하고 편집하거나 삭제할 수 있다. 또한 미디어 플레이어 웹 파트 등에서 동영상, 음성 등의 미디어를 플레이할 수 있다.

1 이미지 업로드

기존 이미지와 비디오 등의 미디어를 업로드할 수 있다. 쉐어포인트 2010 사이트에서 관리자에 의해 이미 생성된 이미지 라이브러리를 클릭하고 쉐어포인트 2010 리본에서 [라이브러리 도구]-[문서] 탭-[새로 만들기] 그룹-[문서 업로드]를 클릭한다. [문서 업로드] 대화상자에서 **1**[찾아보기] 단추를 클릭하여 이미 작성된 이미지를 선택하고 업로드한다. 여러 이미지를 업로드 하는 경우에는, **2**[여러 파일 업로드]를 클릭하고 해당 이미지를 선택한 후 **3**[확인] 단추를 클릭한다. [라이브러리]-[이미지]에서 **4** 해당 이미지에 마우스만 올려 이미지를 크게 확인할 수도 있다.

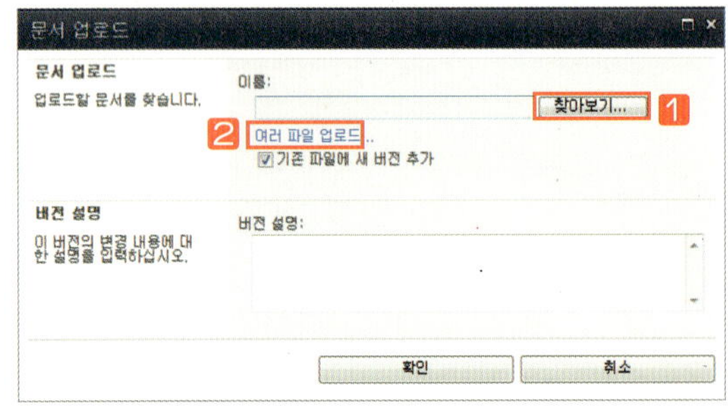

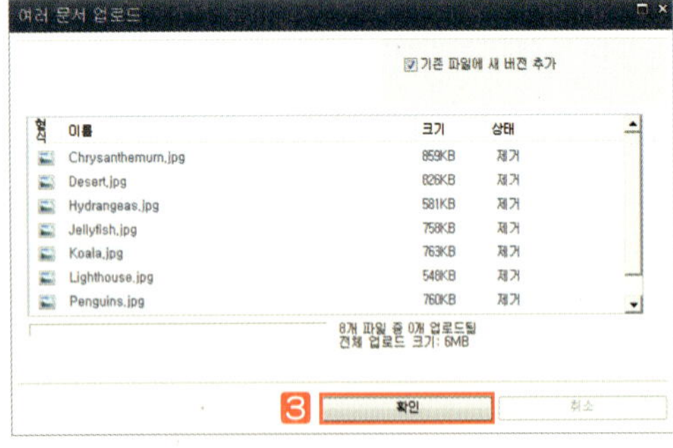

2 비디오 재생하기

비디오나 오디어 파일을 업로드한 경우, 사용자는 별도의 설정 없이 해당 파일에 마우스만 갖다대면 재생 버튼을 볼 수 있고 바로 플레이할 수도 있다. 또는 미디어 플레이어 웹 파트를 통해 동영상이나 음성을 웹에서 플레이할 수 있다.

웹 브라우저를 통한 파워포인트 2010, 워드 2010, 엑셀 2010 문서 작업

로컬에 파워포인트 2010, 워드 2010, 엑셀 2010이 설치되어 있지 않은 경우에도 웹 브라우저를 통해 로컬에서와 마찬가지로 문서 작업을 하거나 편집할 수 있다.

1 오피스 웹 응용 프로그램에서 파워포인트 문서 작업

로컬에 파워포인트 2010이 설치되어 있지 않더라도 오피스 웹 응용 프로그램으로 파워포인트를 열어서 슬라이드를 확인하거나 슬라이드 쇼를 시작할 수 있다. 업로드되어 있는 문서 라이브러리의 파워포인트 2010 문서를 쉐어포인트 2010 사이트에서 클릭한다. 웹 브라우저에서 파워포인트를 열고 바로 편집할 수 있다. 1[브라우저에서 편집]을 클릭하면 2오피스 웹 응용 프로그램에서 편집 작업을 수행할 수 있다.

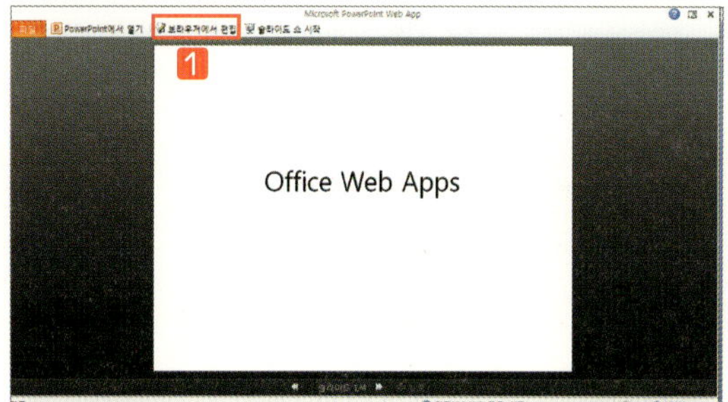

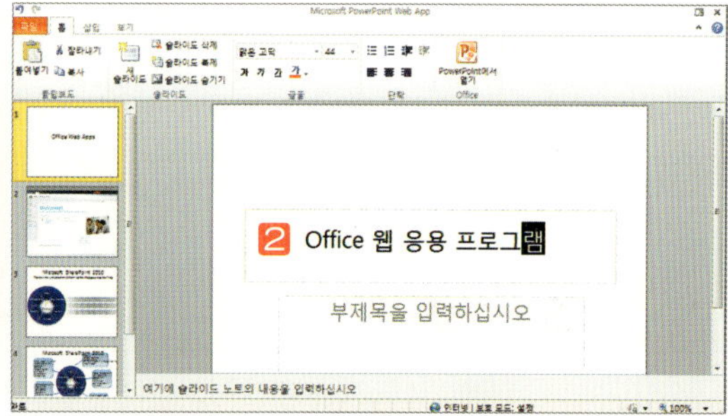

2 오피스 웹 응용 프로그램에서 워드 문서 작업

로컬에 워드 2010이 설치되어 있지 않더라도 오피스 웹 응용 프로그램으로 워드 2010 문서를 열어 문서 내용을 확인할 수 있다. 업로드되어 있는 문서 라이브러리의 워드 2010 문서를 쉐어포인트 2010 사이트에서 클릭한다. 1[브라우저에서 편집]을 클릭하면 워드 2010 문서를 2웹 브라우저에서 편집할 수 있다.

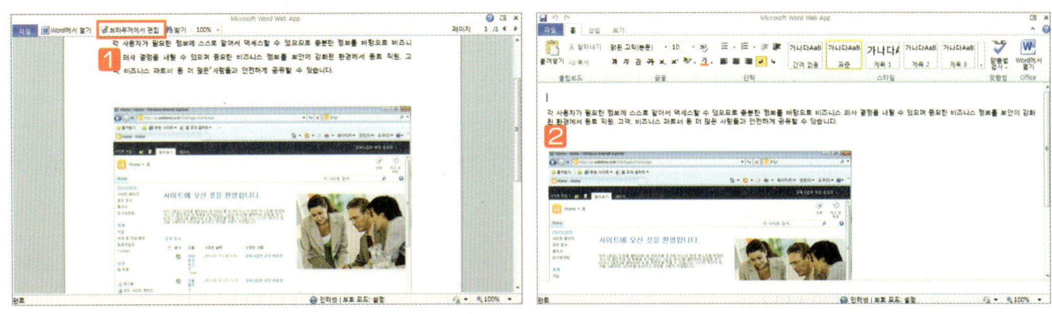

3. 오피스 웹 응용 프로그램에서 엑셀 문서 작업

로컬에 엑셀 2010이 설치되어 있지 않더라도 오피스 웹 응용 프로그램으로 엑셀 2010 문서를 열어서 시트 내용을 확인할 수 있다. 업로드되어 있는 문서 라이브러리의 엑셀 2010 문서를 쉐어포인트 2010 사이트에서 클릭한다. 1[브라우저에서 편집]을 클릭하면 2엑셀 2010 문서를 브라우저에서 편집할 수 있다. 로컬에 오피스가 설치되어 있지 않아도 오피스 웹 응용프로그램으로 편집 작업이 가능해서 업무 효율성을 증대시킬 수 있다.

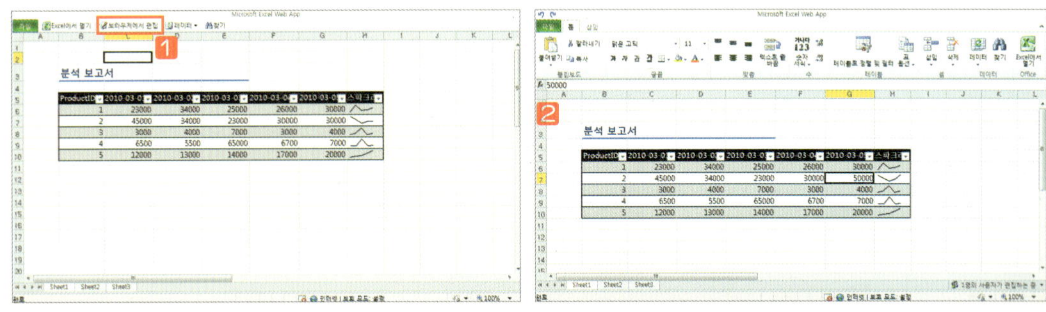

POINT 오피스 웹 응용 프로그램의 워드, 엑셀, 파워포인트 메뉴를 비교해보면 컴퓨터에 설치되어 있는 워드, 엑셀, 파워포인트 메뉴와는 조금 차이가 있다는 것을 알 수 있다. 모든 문서 편집 작업이 되지는 않는다.

다른 사용자와 문서 공동 작업

쉐어포인트 2010의 문서 라이브러리에 저장된 문서를 체크 인, 체크 아웃하여 다른 사용자와 공동 작업할 수 있다. 또한 동시에 여러 사람이 작업할 수도 있다.

1 문서 체크 아웃

문서를 체크 아웃해서 편집 작업을 진행할 수 있다. 이때 다른 사용자에게는 읽기 전용으로 나타난다. **1**편집할 문서를 선택한다. 리본 인터페이스의 **2**[라이브러리 도구]-[문서] 탭-[열기 및 체크 아웃] 그룹-[체크 아웃]을 선택한다. 해당 문서의 **3**드롭다운 단추를 클릭하여 [체크 아웃]을 선택해도 된다. **4** 체크 아웃한 문서는 아이콘이 변경된다.

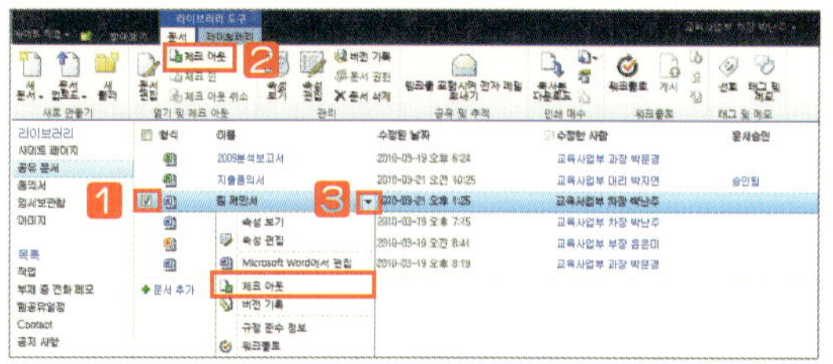 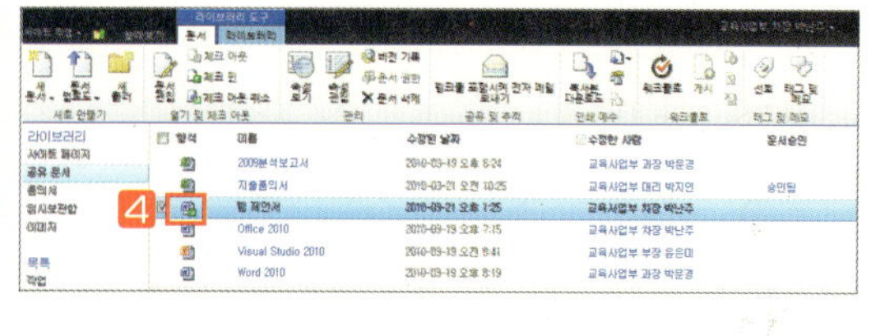

2 문서 체크 인

워드 2010에서 해당 문서의 편집이 완료되었으면 문서를 저장한다. 저장 후, 워드 2010을 닫으면 [체크 인] 대화상자가 나타난다. **1**[예]를 선택하고 **2**체크인에 대한 버전 메모를 입력한 후 **3**[확인] 단추를 클릭한다.

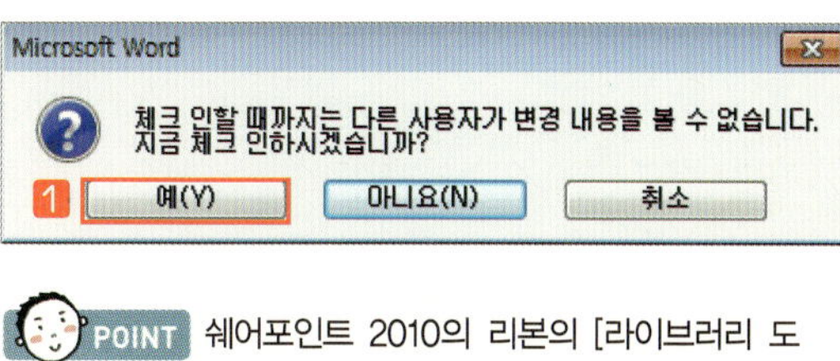

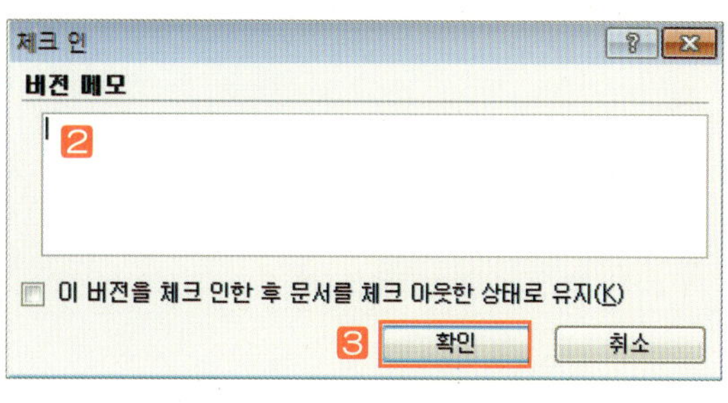

POINT 쉐어포인트 2010의 리본의 [라이브러리 도구]-[문서] 탭-[열기 및 체크 아웃] 그룹-[체크 인]을 클릭해서 체크 인을 할 수도 있다. 문서의 변경 내용을 취소하려면 [체크 아웃 취소]를 선택한다.

3 버전 관리

쉐어포인트 2010에서는 문서의 버전 관리 기능을 제공한다. 사이트 소유자가 버전 기능을 활성화해 놓았다면 체크인할 경우, 별도 버전이 기록된다. 잘못 저장하거나 변경해서 이전 버전으로 복원하려면 해당 문서를 선택한 후 [라이브러리 도구]-[문서] 탭-[관리] 그룹-[버전 기록]을 클릭하면 해당 버전으로 복원할 수 있다.

동시 문서 작업

쉐어포인트 2010에서는 다른 사용자와의 동시 문서 작업이 가능하고 변경된 내용만을 별도로 살펴볼 수도 있다. 다음의 상황을 통하여 동시 문서 작업에 대해 이해해보고, 공동 작성 기능으로 하나의 문서를 다른 사용자와 동시에 작업해보자.

1 동시 문서 수정

박 대리가 쉐어포인트 2010 사이트의 문서 라이브러리에서 '제안서' 문서를 클릭해서 오피스 워드 2010의 담당 부분을 수정한다.

POINT 쉐어포인트를 통해서 사용하는 오피스 웹 응용 프로그램은 무조건 지원되는 것이 아니라 쉐어포인트 관리자가 별도로 서버에 설치를 해주어야 한다.

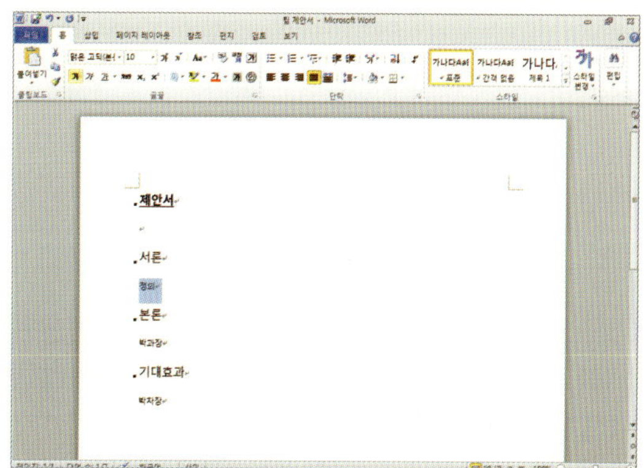

2 동시 문서 편집 확인

동시에 박 차장이 '제안서' 문서를 수정하기 위해 쉐어포인트 2010 사이트에서 '제안서' 문서를 열어 편집한다. 박 대리는 **1**문서 하단에서 다른 사람이 같은 문서를 편집하고 있다는 알림 창을 볼 수 있다. 또한 **2**몇 명이 편집 중이고 **3**누가 편집 중인지도 알 수 있다. **4**색상이 변경된 부분을 통하여 박 차장은 박 대리가 변경하고 저장한 내용을 실시간으로 확인할 수 있고 **5**박 대리가 어떤 부분을 현재 편집 중인지 확인할 수 있다.

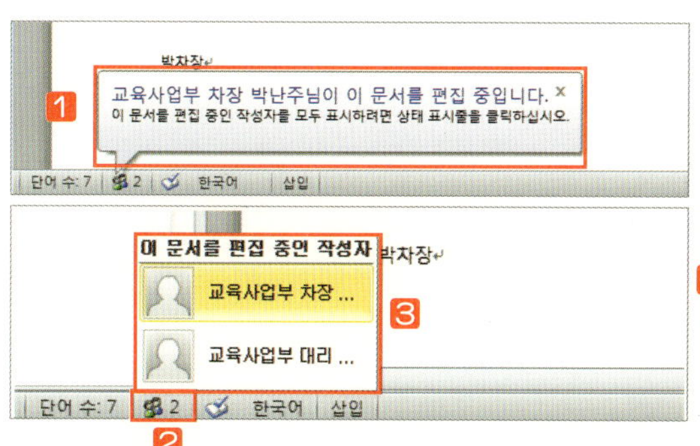

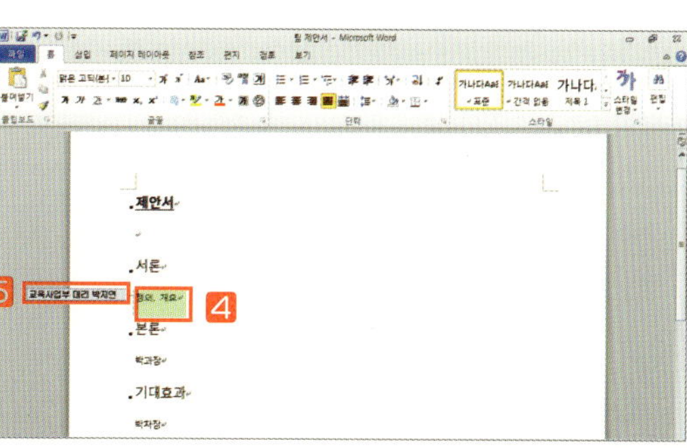

Excel Services를 통한 비즈니스 데이터 게시 및 공유

Excel Services를 통해 비즈니스 데이터를 웹에 게시하고 비즈니스 분석을 공유할 수 있다. 쉐어포인트에서는 Excel Services라는 서비스를 통해 비즈니스 데이터를 보다 더 손쉽게 분석하고 공유해서 비즈니스 의사 결정을 보다 더 빨리 내릴 수 있다.

1 엑셀 데이터 작업

엑셀 데이터를 직접 만들거나 데이터 연결 라이브러리의 연결을 통해 직접 연결하여 분석을 위한 피벗 작업을 시작한다. **1**스타일, 보고서 필터, 이름 상자 등을 설정하고, **2**엑셀 2010의 슬라이서를 삽입하면 데이터 분석을 더 효율적으로 할 수 있다.

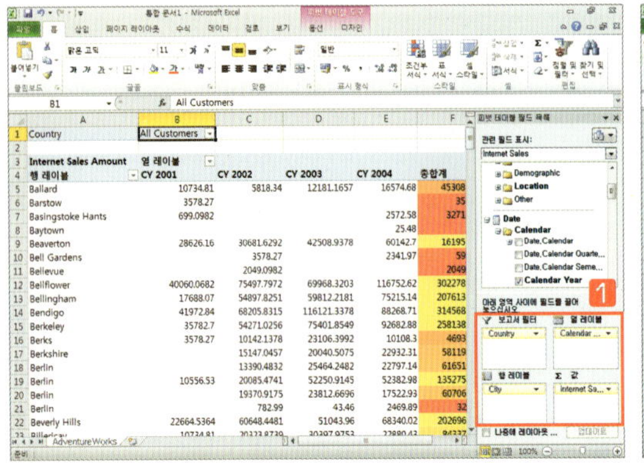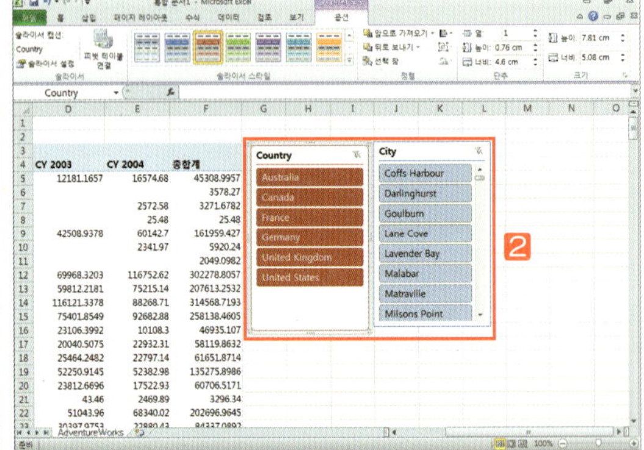

2 쉐어포인트에 저장

오피스 백스테이지를 이용해서 [파일] 탭-[저장/보내기] 메뉴-[SharePoint에 저장]-[위치 찾아보기]를 클릭하여 경로를 지정하고 Excel Services로 게시한다.

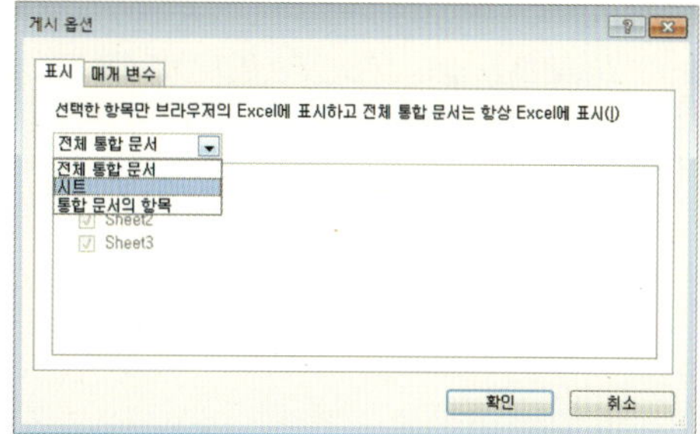

③ Excel Services로 데이터 공유

게시된 엑셀 파일을 클릭하여 오피스 웹 응용 프로그램으로 열어본다.

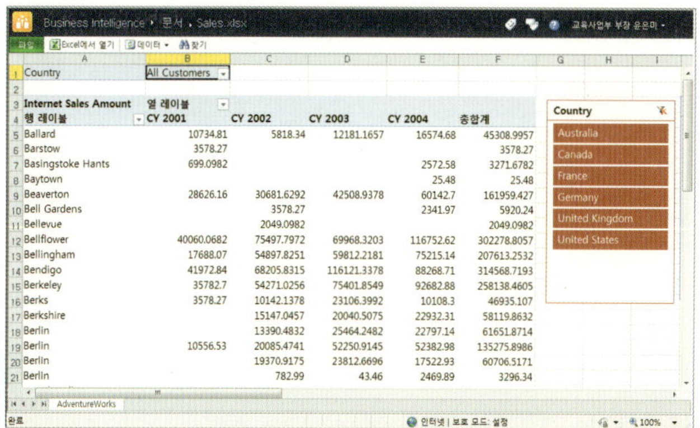

④ 비즈니스 데이터 공유

관리자나 디자이너가 Excel Services로 게시된 엑셀의 데이터를 쉐어포인트의 웹 파트에서 표시해줄
수 있다. 이를 통하여 다른 사용자와 비즈니스 데이터를 공유하여 의사 결정을 지원한다.

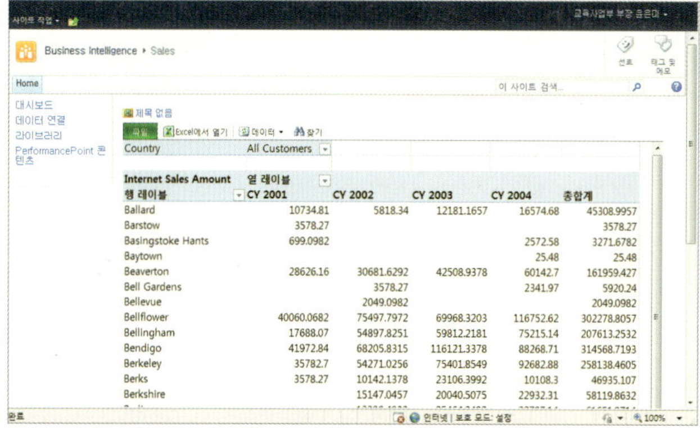

PowerPivot을 통한 게시

PowerPivot을 통해 상당량의 데이터 행을 손쉽게 검색하고 필터링할 수 있다. 이를 통하여 비즈니스 데이터 분석이 원활해지며 슬라이서를 통한 데이터 필터링도 효과적이다. 비즈니스 데이터를 웹에 게시하여 다른 사용자와 비즈니스 분석을 공유해보자.

1 PowerPivot 작업

PowerPivot 작업을 하기 위해서는 PowerPivot Excel 추가 기능을 설치해야 한다. 설치되어 있다면 오피스 엑셀 2010의 [PowerPivot] 탭을 이용한 PowerPivot 데이터 연결 작업을 통해 데이터를 구성할 수 있다.

2 PowerPivot 활용

엑셀 문서의 오른쪽 피벗 테이블 작업 창에서 [행 레이블], [열 레이블], [값], [수직 슬라이서], [수평 슬라이서] 등을 설정한다.

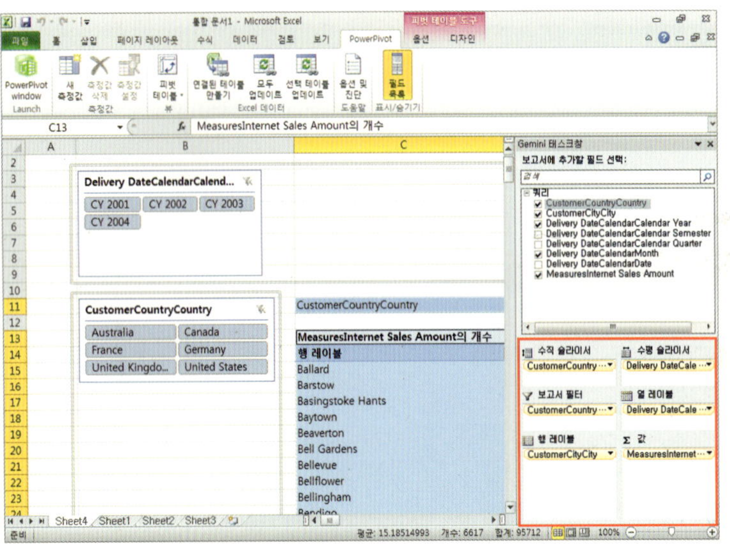

 3 오피스 웹 응용 프로그램에서 열기

쉐어포인트 2010에 게시된 PowerPivot 엑셀 문서를 클릭하면, 오피스 웹 응용 프로그램에서
PowerPivot 엑셀 문서를 열어 비즈니스 데이터 분석을 수행할 수 있다.

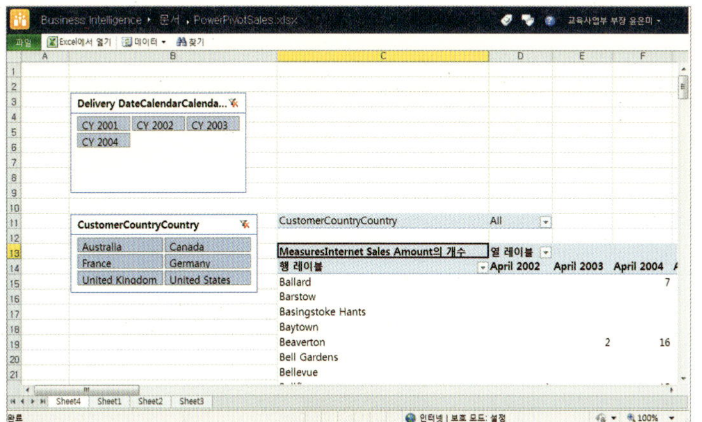

 4 비즈니스 데이터 공유

오피스 백스테이지를 이용하여 [파일] 탭-[공유] 메뉴에서 [Excel Services로 게시]를 클릭해 Excel
Services로 게시한다. 게시된 엑셀 PowerPivot를 관리자와 디자이너가 쉐어포인트의 웹 파트에서 표
시해 줄 수 있다. 다른 사용자와 비즈니스 데이터를 공유할 수도 있다.

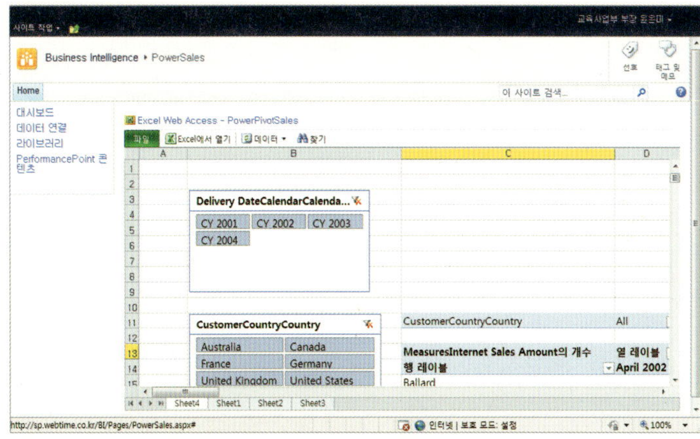

POINT PowerPivot for Excel은 마이크로소프트 엑셀 내에서 가히 독보적인 연산 능력을 직접 발휘할 수 있도록 하는
데이터 분석 추가 기능을 말한다. 오피스와 동일한 사용자 인터페이스, 피벗 테이블 및 피벗 차트 보기, 슬라이
서 등과 같이 이미 잘 알고 있는 엑셀 기능을 사용하여 손쉽게 데이터를 분석할 수 있다. 다음의 주소에서
PowerPivot for Excel을 설치하거나 관련 내용을 확인할 수 있다.(http://www.microsoft.com/korea/office/
powerpivot)

PerformancePoint Services 대시보드 이용하기

쉐어포인트 2010의 PerformancePoint Services를 이용하여 대시보드로 비즈니스 데이터를 쉽게 분석할 수 있다. 분석 차트의 경우, 분해 트리를 이용해서 비즈니스 데이터의 분석을 더욱 시각적으로 할 수 있다.

1 대시보드 이용하기

정보 관리자가 PerformancePoint Services를 통해 대시보드를 생성해놓으면 비즈니스 성과 분석을 쉽게 할 수 있다.

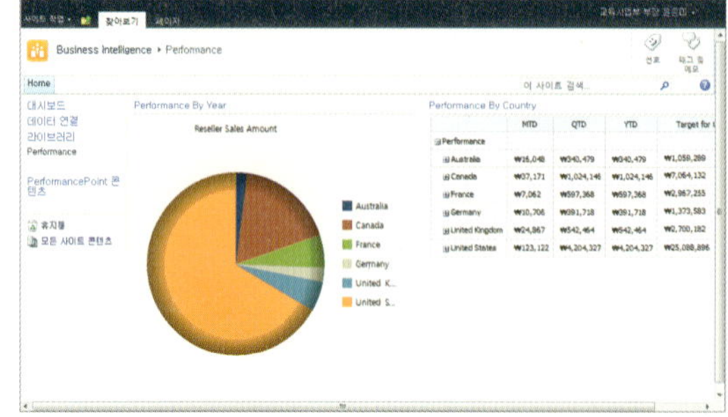

2 분해 트리 이용

분석 차트의 경우, 분해 트리를 이용해서 비즈니스 데이터의 분석을 더욱 시각적으로 할 수 있다.

POINT PerformancePoint Services는 쉐어포인트에서 제공해주는 서비스의 하나로 비즈니스 데이터에 대한 성과 관리를 도와주는 기능이다. 담당 개발자가 대시보드 디자이너를 통해 성과 기록표, 보고서 등을 포함시켜 대시보드를 생성해서 쉐어포인트로 저장한다. 이를 쉐어포인트 관리자나 디자이너가 웹 파트로 표시해주어 보다 더 손쉽고 강력하게 성과 관리에 대한 분석을 할 수 있다.

비즈니스 데이터 연결 및 사용

쉐어포인트 2010의 Business Connectivity Services를 이용해서 원격의 비즈니스 데이터를 쉐어포인트 2010의 목록으로 표시해줄 수 있다. 그리고 쉐어포인트 워크스페이스 2010, 아웃룩 2010을 통해 비즈니스 데이터를 편집할 수 있다.

1 외부 목록

외부 비즈니스에 대한 설정, 생성 작업은 관리자가 사전에 외부 목록에 작업해두어야 한다. 외부 비즈니스 데이터를 목록에서 확인하고 수정, 삭제할 수 있다.

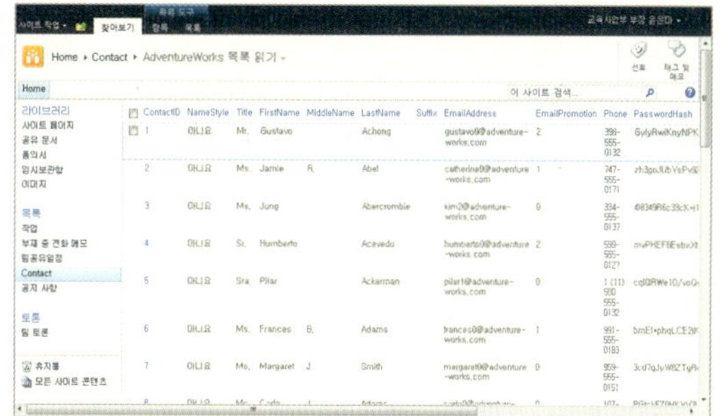

2 데이터 보기 및 수정, 삭제

수정할 항목을 선택하고 쉐어포인트 2010 리본에서 [목록 도구]–[항목] 탭–[관리] 그룹–[항목 편집]을 선택하면 **1** 다음과 같이 외부 데이터를 수정할 수 있다. 데이터를 수정하면 **2** 외부 데이터 원본(SQL 등)에 변경되는 것을 확인할 수 있다.

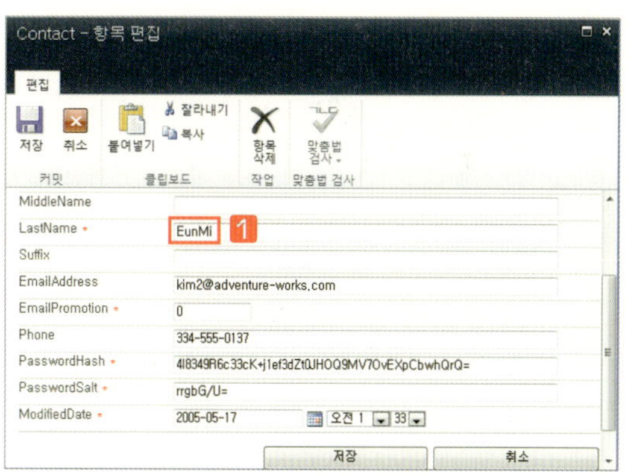

	ContactID	NameStyle	Title	FirstName	MiddleName	LastName	Suffix	EmailAddress
1	1	0	Mr.	Gustavo	NULL	Achong	NULL	gustavo0@adventure-works.com
2	2	0	Ms.	Jamie	R.	Abel	NULL	catherine0@adventure-works.com
3	3	0	Ms.	Kim	NULL **2**	EunMi	NULL	kim2@adventure-works.com
4	4	0	Sr.	Humberto	NULL	Acevedo	NULL	humberto0@adventure-works.com

 **쉬어포인트 워크스페이스 2010 연결**

외부 목록을 선택하고 오피스 리본에서 [목록 도구]–[목록] 탭–[연결 및 내보내기] 그룹–[SharePoint Workspace와 동기화]를 클릭하면 온오프라인 비즈니스 데이터 작업을 수행할 수 있다.

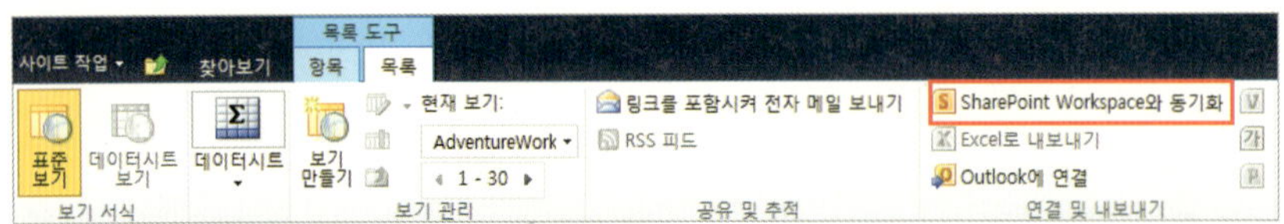

차트 마법사

쉐어포인트 2010에서는 엑셀, 목록의 데이터, 데이터베이스의 데이터를 손쉽게 차트로 표현해줄 수 있다. 데이터를 보는 것보다 차트로 데이터를 시각화해서 본다면 훨씬 더 명확하게 정보를 이해할 수 있다. 차트 웹 파트를 추가하여 차트의 모양과 속성을 설정하여 다양한 차트를 손쉽게 설정할 수 있다.

1 차트 웹 파트 추가

관리자나 디자이너 역할을 가진 사람이 차트 웹 파트를 추가하기 위해 차트를 표시할 페이지에서 [사이트 작업]-[페이지 편집]을 클릭한 뒤 [편집 도구]-[삽입] 탭-[웹 파트] 그룹-[웹 파트]를 클릭한다. 그런 다음 [비즈니스 데이터]에서 [차트 웹 파트]를 추가한다.

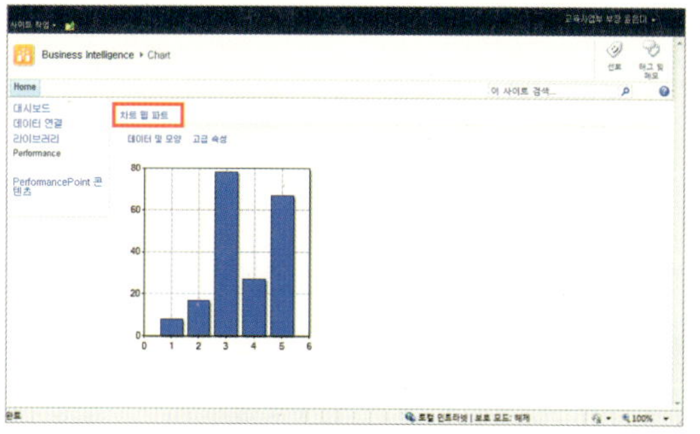

2 차트 마법사에 데이터 연결

1[데이터 및 모양]을 클릭해서 **2**데이터를 차트에 연결한다. 목록의 데이터를 시각적인 차트로 쉽게 변경할 수 있다.

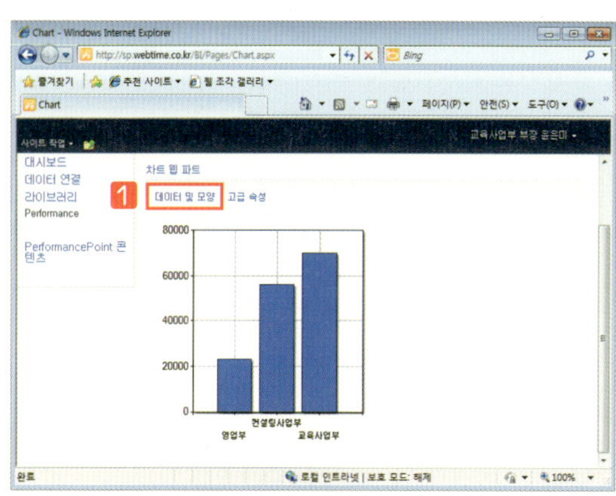

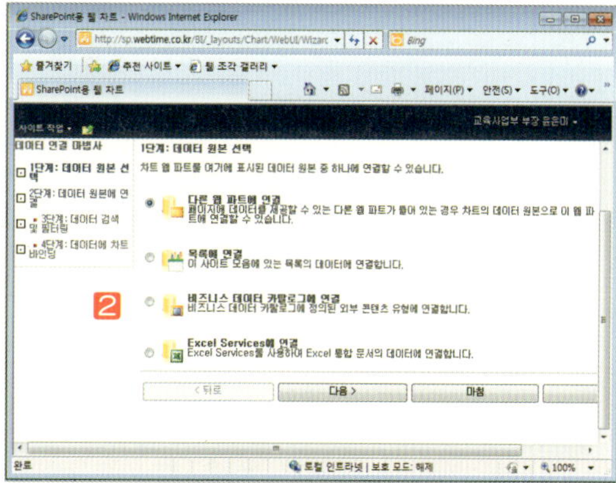

③ 차트 설정 변경

차트의 종류 및 제목 등 여러 가지 설정을 변경하여 데이터 원본도 변경할 수 있다. [데이터 및 모양]을 클릭한 후 **1** [차트 종류 사용자 지정]에서 차트 모양을 **2** 원형 차트로 변경한다.

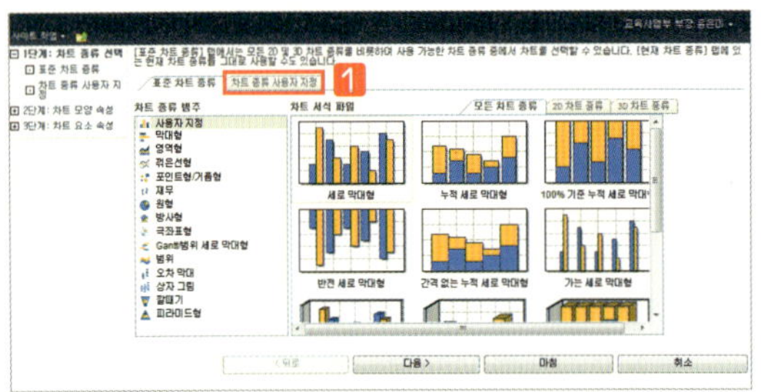

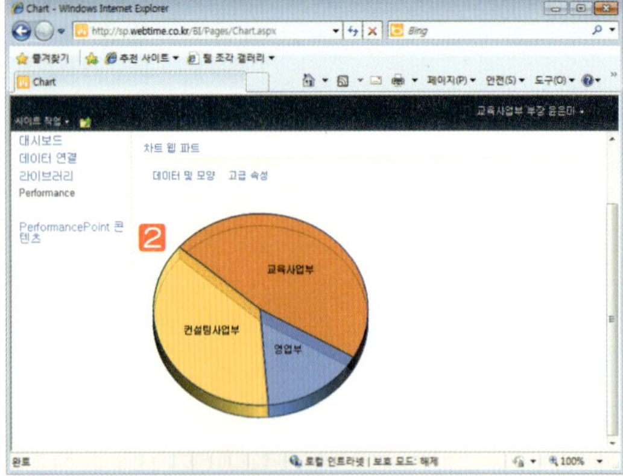

④ 원본 데이터 변경

차트 마법사의 원본 데이터가 쉐어포인트 목록 이라면 목록의 항목 데이터를 변경하면 차트의 데이터도 변경된다.

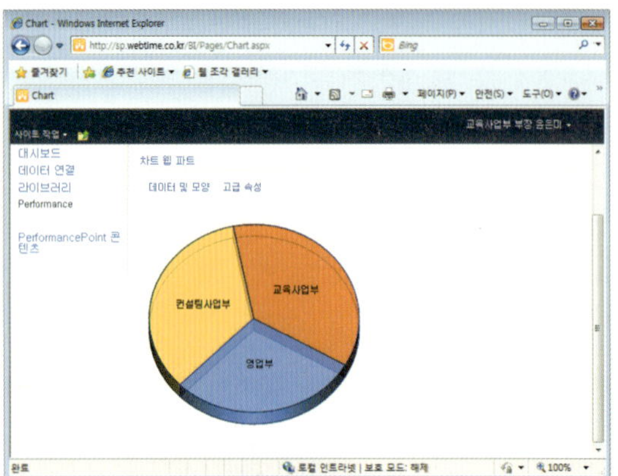

비지오 서비스

쉐어포인트 2010에서 비지오 2010의 데이터 그래픽를 웹으로 표시하여 조직도, KPI 등에 대한 데이터를 보다 더 시각화해서 보여줄 수 있다. 다이어그램을 통하여 데이터를 쉽게 이해해보자.

CD visio.vsd, Server.xlsx

① 비지오 2010 다이어그램 작성

비지오 2010에서 네트워크 다이어그램을 작성한다. 네트워크 다이어그램은, 비지오 2010을 열어 [새로 만들기]-[서식 파일 범주]-[네트워크]를 클릭한 후 [기본 네트워크 다이어그램]을 선택하고 [만들기]를 눌러 서버 스텐실을 다이어그램에 추가한다. 추가한 서버 스텐실을 더블 클릭하여 이름을 지정하면 된다.

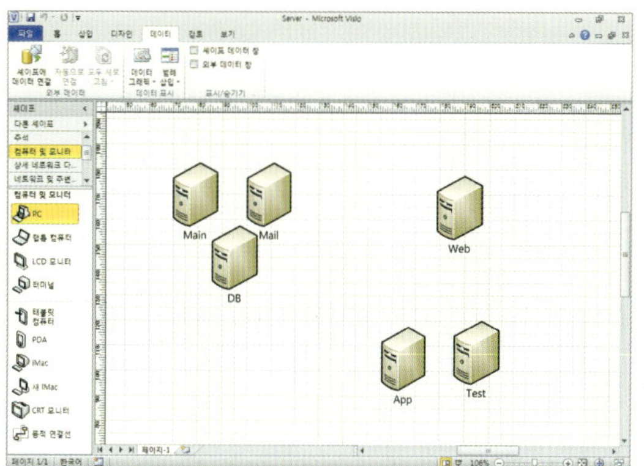

② 데이터 연결 및 데이터 그래픽스 생성

작성된 다이어그램의 셰이프에 데이터를 연결해보자. 오피스 리본의 [데이터] 탭-[외부 데이터] 그룹-[셰이프에 데이터 연결]을 클릭한다. [데이터 선택] 대화상자에서 **1**[찾아보기] 단추를 눌러, 쉐어포인트 2010의 웹에 있는 예제 파일 'Server.xlsx'을 선택한다. 오피스 리본의 [데이터] 탭-[데이터 표시] 그룹-[데이터 그래픽]-[새 데이터 그래픽 만들기]를 클릭하여 데이터 그래픽을 생성하면 다이어그램에서 **2**데이터 그래픽으로 정보를 나타낼 수 있다.

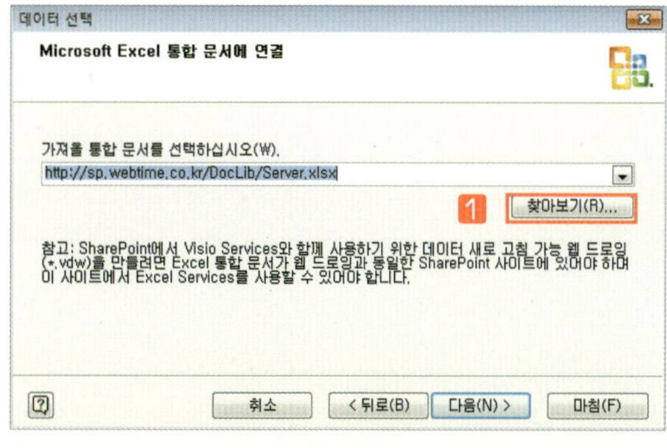

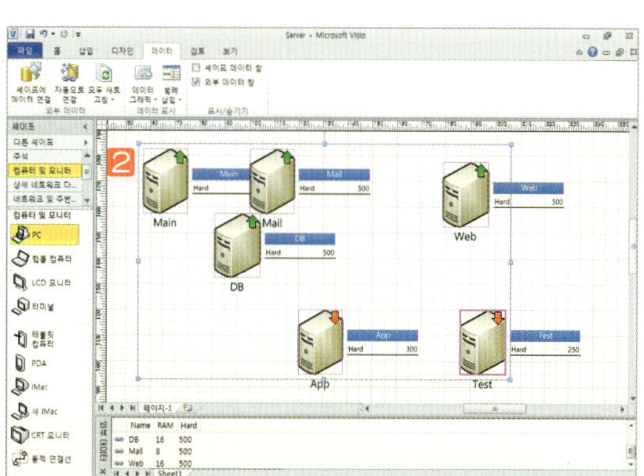

 **쉐어포인트 2010으로 게시**

비지오 2010의 [파일] 탭-[저장/보내기] 메뉴-
[SharePoint에 저장]-[웹 드로잉]을 선택하여
쉐어포인트 2010에 게시한다.

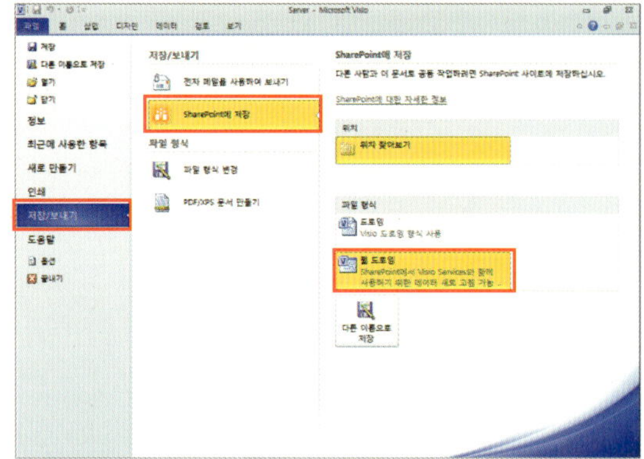

4 웹 드로잉

웹 드로잉으로 게시된 비지오 문서는 데이터를 시각화해서 볼 수 있다. 원본 데이터인 쉐어포인트
2010의 **1** 웹에 있는 엑셀 문서의 App 값을 수정하면 **2** Visio Services의 변경된 내용을 확인한다.

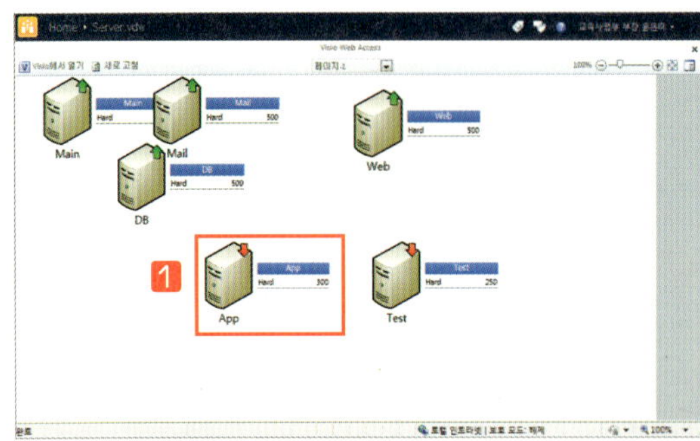

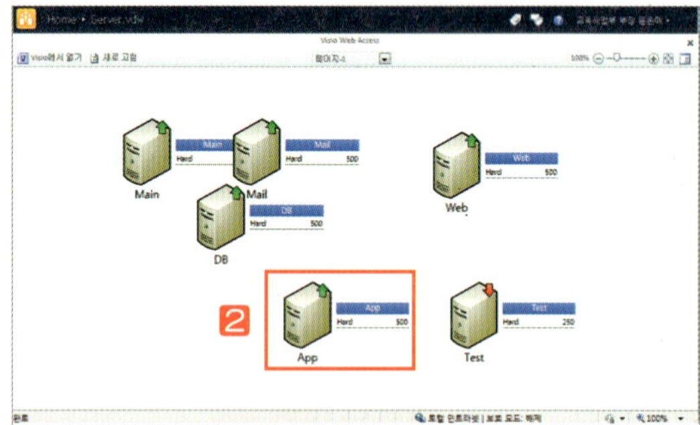

쉐어포인트 워크스페이스 2010을 통한 온오프라인 작업

쉐어포인트 워크스페이스 2010과 쉐어포인트 2010을 연결하여 사용할 수 있다. 쉐어포인트 2010과 동기화한 후에 오프라인으로 문서 작업이 가능하고, 출장이나 원격지에서 오프라인 작업 후 다시 쉐어포인트 2010과 동기화하여 작업을 완료할 수 있다. 자세한 사항은 쉐어포인트 워크스페이스 2010을 참고한다.

1 쉐어포인트 워크스페이스 2010으로 연결

동기화할 쉐어포인트 2010 웹 사이트에 액세스한 후, **1**[사이트 작업]–[SharePoint Workspace와 동기화]를 클릭한다. 대화상자가 나타나면 [확인] 단추를 눌러 연결을 시작한다. 동기화를 하고 나면 쉐어포인트 워크스페이스 2010 작업 영역이 나타나는데 **2**동일한 쉐어포인트 2010의 목록, 라이브러리나 라이브러리의 파일을 확인할 수 있다.

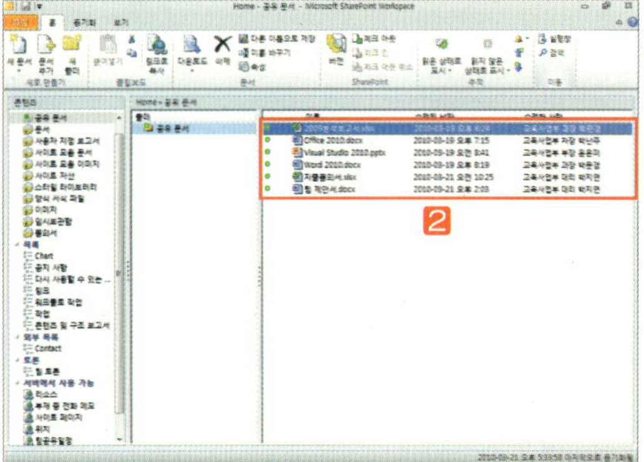

2 쉐어포인트 워크스페이스 2010 오프라인 작업

쉐어포인트 2010에 연결되지 않은 오프라인 작업을 수행할 수 있으며 인터넷이 연결되면 쉐어포인트 2010과 동기화 작업을 수행할 수 있다. 쉐어포인트 2010 사이트의 라이브러리로 이동해 보면 작업한 문서가 있는 것을 확인할 수 있다.

아웃룩 프로그램과의 연동

쉐어포인트 2010의 이벤트를 아웃룩과 연동해서 팀 일정을 생성하고 공유할 수 있다. 또한 쉐어포인트 2010의 목록을 아웃룩에 연결하여 아웃룩에서의 작업도 가능하다. 다른 오피스 프로그램과 연동하여 정보의 공유가 더욱 유용해졌음을 확인한다.

1 아웃룩에 연결

아웃룩에 연결할 목록을 선택한다. 그런 다음 **1**[라이브러리 도구]–[라이브러리] 탭–[연결 및 내보내기] 그룹–[Office에 연결]의 드롭다운 단추를 클릭하여 [Outlook에 연결]을 클릭한다. **2** 프로그램 허용 대화상자가 나타나면 [허용]을 클릭한다. 아웃룩 계정이 설정되어 있으면 다음에 나타나는 대화상자에서 **3**[예]를 클릭하고 연결하여 **4** 연결된 목록을 확인한다. 아웃룩만 열어두어도 문서가 추가되었는지 확인 가능하고 오프라인에서 다운로드도 가능하다.

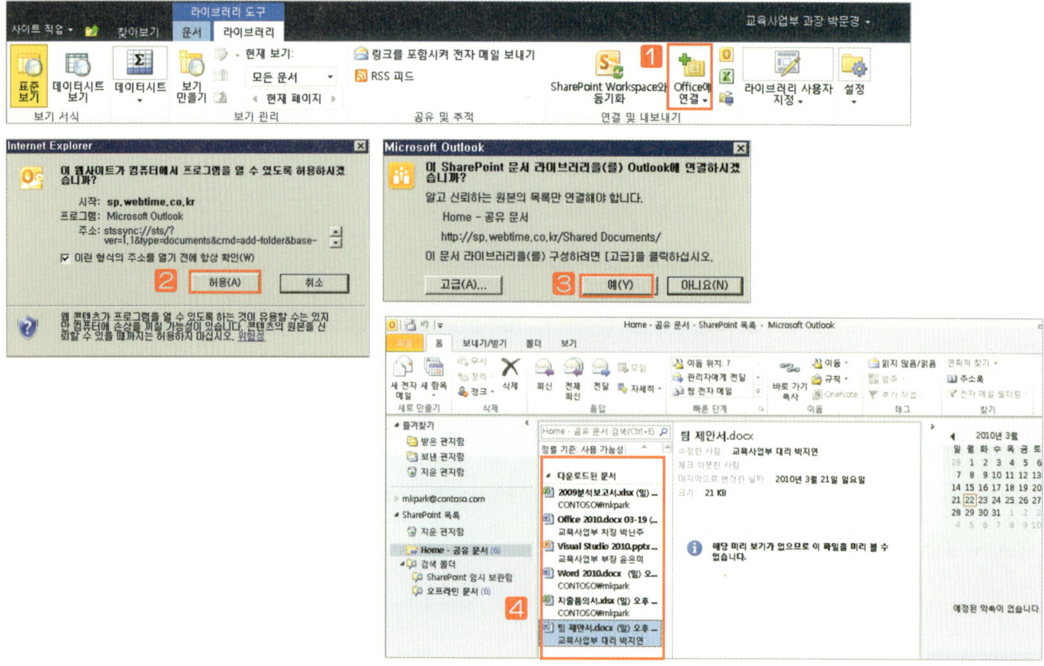

2 팀 일정 공유

팀 일정 이벤트에서 팀 일정을 추가한다. 팀 일정 이벤트 목록을 선택하고 **1**[일정 도구]–[일정] 탭–[연결 및 내보내기] 그룹–[Outlook에 연결]을 클릭하면 팀 일정을 손쉽게 공유할 수 있다. 프로그램 허용 대화상자에서 [허용]을 클릭하고 **2**연결 대화상자에서 [예]를 클릭하여 연결한다. 아웃룩에서 팀 일정을 추가하면 **3**공유된 팀 일정을 확인할 수 있다.

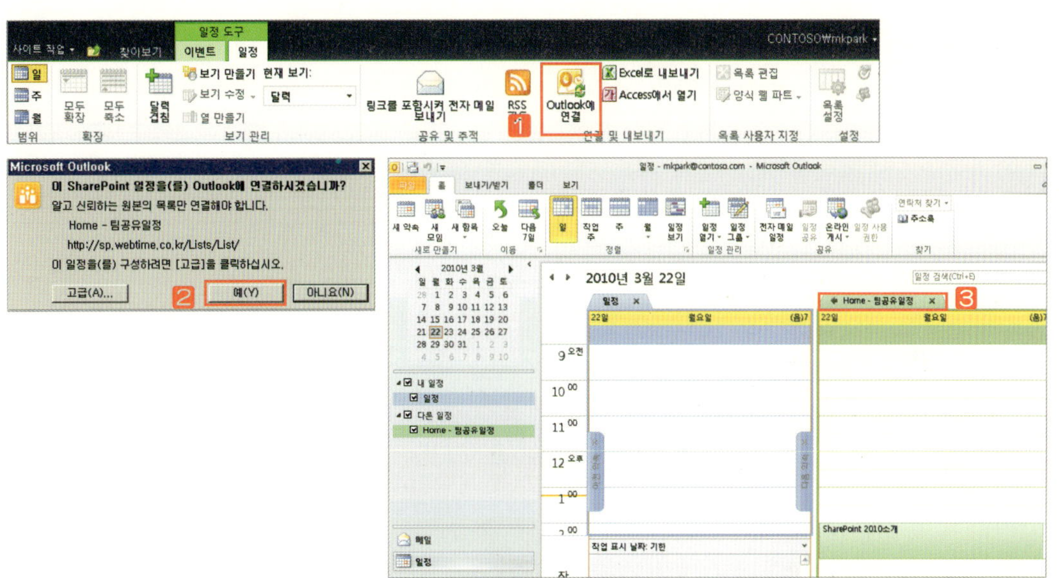

2 팀 일정 생성

아웃룩에서 팀 일정을 추가하면 추가된 일정을 쉐어포인트 2010의 팀 공유 일정 목록에서 확인할 수 있다. 반대로 쉐어포인트 2010의 팀 공유 일정 목록에 새 일정을 추가해도 아웃룩에서 새로운 팀 일정을 확인할 수 있다.

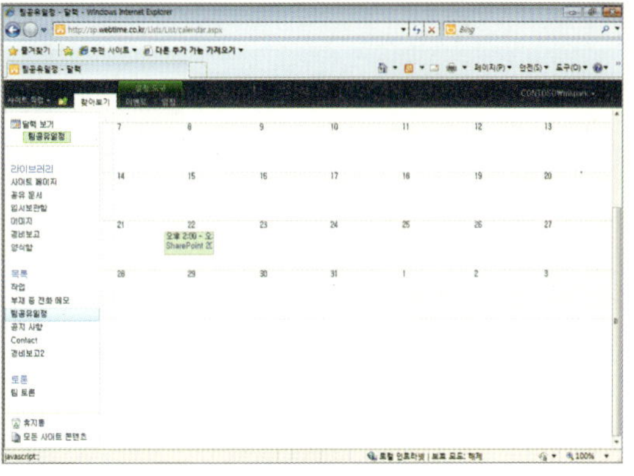

인포패스 2010 양식 기반 응용 프로그램 사용

인포패스 2010을 이용해서 XML 기반의 양식 데이터를 효과적으로 관리할 수 있다. 또한 InfoPath Forms Services를 이용해서 인포패스 2010 없이도 웹 페이지에서 양식 데이터를 채울 수 있다. 또한 문서 정보 작업 창, 목록, Workflow Form 등을 인포패스로 작업할 수도 있다.

CD template.xsn

1 양식을 쉐어포인트 2010으로 전송

1 예제 파일을 인포패스 2010으로 연다. 2 [파일] 탭-[정보] 메뉴-[양식 게시] 또는 [게시] 메뉴-[SharePoint 라이브러리로 양식 게시]를 선택한다.

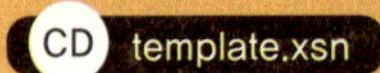

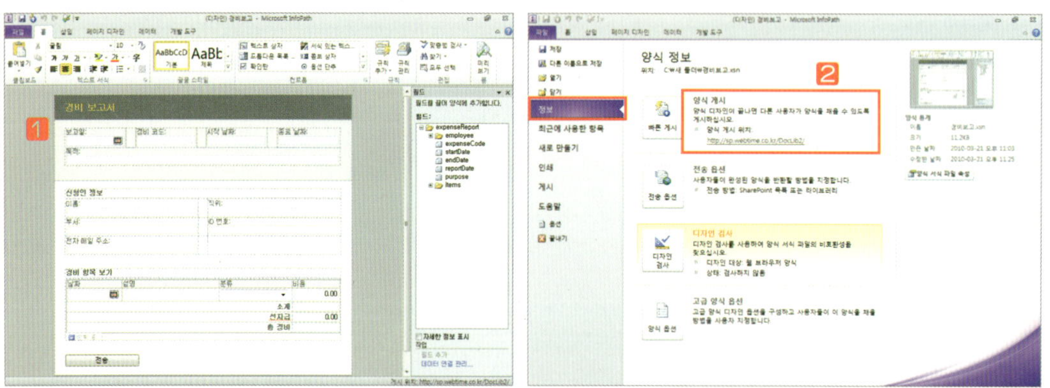

2 양식 채우기

게시가 완료되면 해당 양식 라이브러리에서 1 [라이브러리 도구]-[문서] 탭-[새로 만들기] 그룹-[새 문서]-[새 문서] 또는 [문서 추가]를 클릭한다. 2 인포패스 2010를 통해 양식에 데이터를 채우고 저장한다.

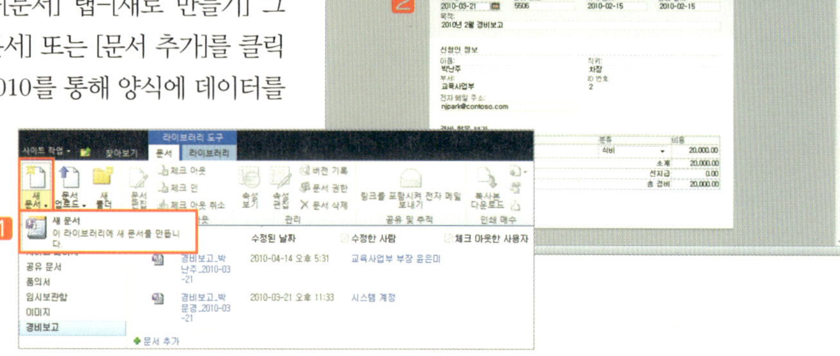

③ InfoPath Forms Services

쉐어포인트 2010에서는 사용자의 컴퓨터에 인포패스 2010이 설치되어 있지 않아도 웹 브라우저를 통해 데이터를 채울 수 있는 InfoPath Forms Services를 제공해주고 있다. 특별한 설정 없이 양식을 클릭하면 웹 브라우저에서 데이터를 채울 수 있다.

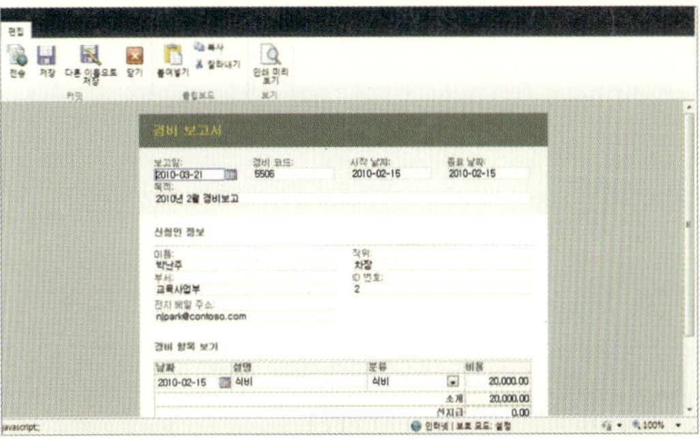

④ 양식 병합

쉐어포인트 2010의 라이브러리에서 **1** 병합할 양식을 체크한 후, **2** [라이브러리 도구]-[문서] 탭-[작업] 그룹-[병합]을 선택하여 양식을 병합한다. **3** 여러 양식을 병합해서 종합할 수도 있다.

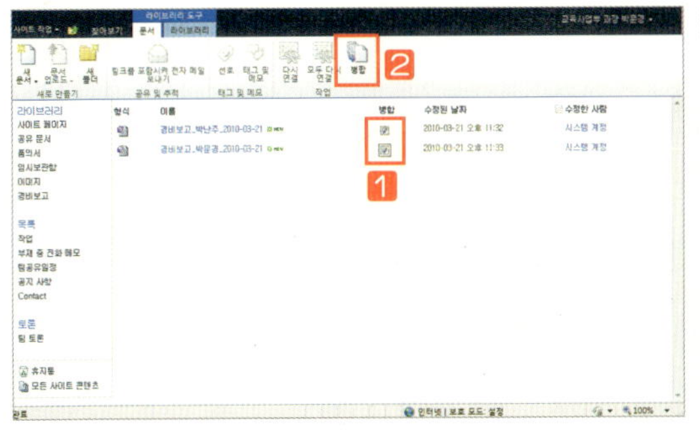

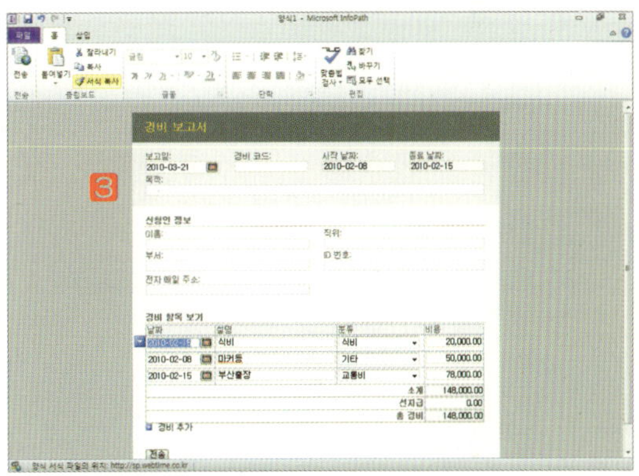

모바일에서 액세스

모바일을 통해 쉐어포인트 사이트에 액세스할 수 있다. 모바일 웹 브라우저를 통하거나 쉐어포인트 워크스페이스 모바일을 통해 웹 액세스와 동일한 주소로 접근할 수 있다(여기서는 옴니아 2 스마트 폰을 기준으로 설명한다).

❶ 오피스 모바일 2010 앱 설치

Marketplace에서 오피스 모바일 2010 애플리케이션인 Microsoft Office Mobile 2010 앱을 설치한다. **1** 스마트 폰의 [시작]을 클릭하면 **2** [Marketplace]를 확인할 수 있다. Marketplace을 선택한 후 'Microsoft Office Mobile 2010' 을 검색하거나 **3** 새로운 소식을 살펴보면 Microsoft Office Mobile 2010의 앱을 확인할 수 있다. **4** 설명을 확인한 후 [설치]를 선택하면 앱이 다운로드 되어 스마트 폰이 재시작 된다. 재시작 후 다시 [시작] 을 클릭하면 Microsoft Office Mobile 2010 메뉴를 볼 수 있고 클릭하면 **5** 응용 프로그램을 확인할 수 있다.

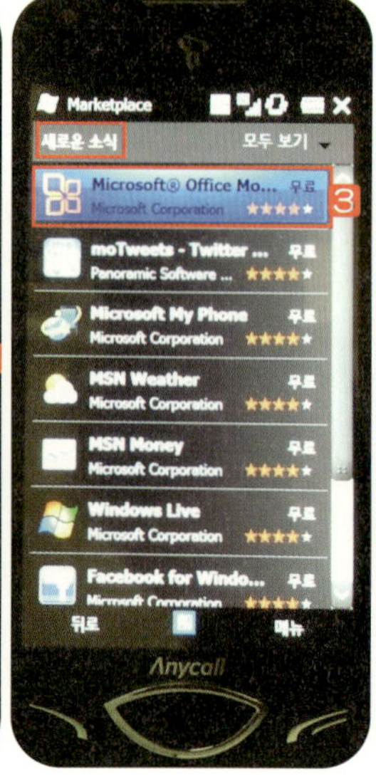

 **POINT** Excel Mobile 뿐만 아니라 PowerPoint Mobile, Word Mobile도 활용할 수 있다.

2 모바일 브라우저로 액세스

모바일 브라우저로 쉐어포인트 사이트를 액세스하면 **1** 로그인 창이 보이고 계정과 비밀번호를 입력하게 된다. **2** 로그인 후 사이트 내용을 모바일 브라우저에서 확인할 수 있다.

3 쉐어포인트 워크스페이스 모바일로 액세스

오피스 모바일 2010 앱을 설치하면 스마트 폰에서 오피스 문서를 편집할 수 있다. [시작] 에서 [Office Mobile 2010]을 클릭하고 [SharePoint Workspace Mobile]을 더블 클릭하여 쉐어포인트 사이트를 액세스하면 문서 라이브러리 등을 살펴볼 수 있고 문서 라이브러리에서는 오피스 문서를 확인할 수 있다. **1** 해당 문서를 클릭해서 열어보면 **2** Excel Mobile에서 문서 내용을 보고 수정할 수 있다. **3** 웹 브라우저에서 쉐어포인트 사이트에 액세스하여 해당 문서를 열어보면 모바일에서 수정된 결과가 반영된 것을 확인할 수 있다.

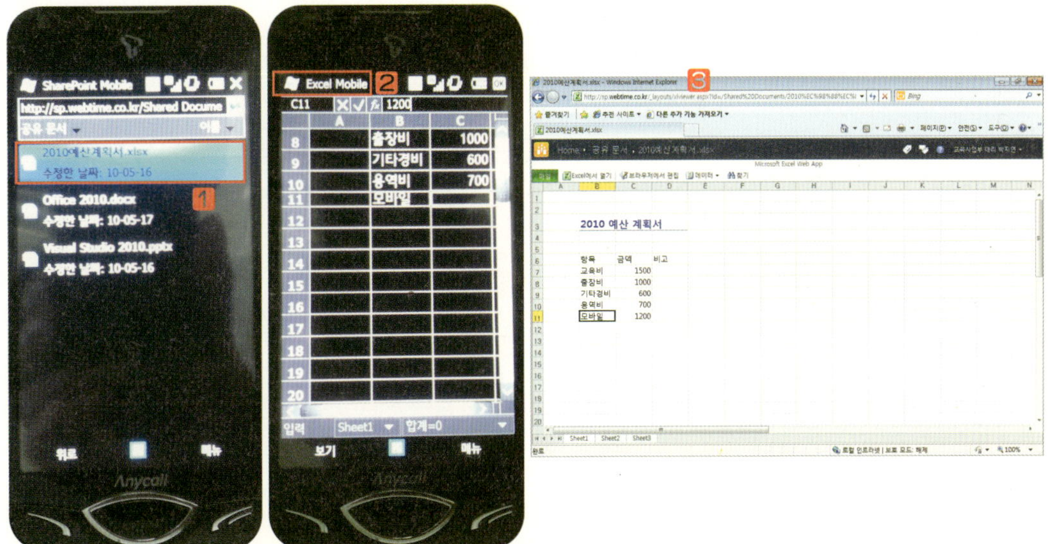

Microsoft

PC, 웹, 모바일이 통합된 비즈니스 플랫폼
Microsoft Office 2010

Office 2010
Office Mobile
Office Web Apps

Microsoft®
Office Microsoft®

지식근로자의 배움과 나눔터 - 오피스튜터 (www.officetutor.co.kr)

오피스튜터는 마이크로소프트 오피스 프로그램에 대한 콘텐츠 개발 및 교육, 온라인 서비스를 위해 1999년에 설립된 회사로서 오피스 제품 분야별 최고 전문가들이 쌓아온 노하우와 오피스 사용자들의 지식과 정보를 통합하는데 노력을 기울이고 있습니다. 총1만 페이지가 넘는 무료 강좌를 비롯하여 제품별 커뮤니티, 온라인 교육 과정, 사이버 아카데미 서비스 등을 통해 오피스 사용자들에게 최신의 정보를 제공할 수 있는 지식포탈 사이트를 구축하고 있습니다.

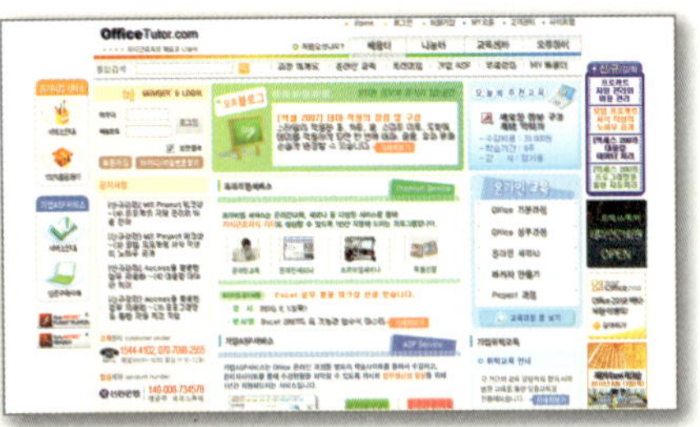
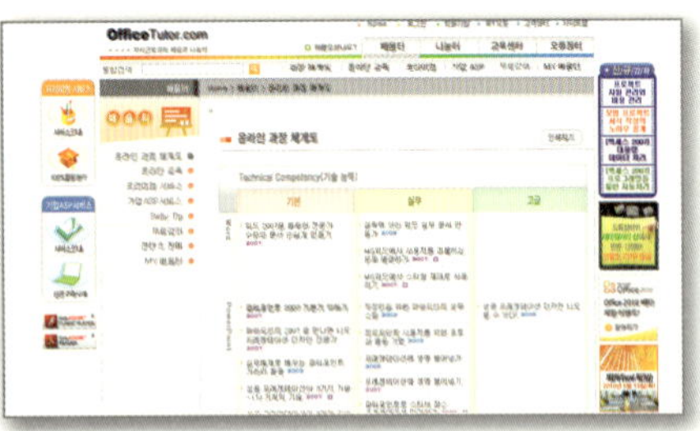

오피스튜터 사이트 (www.officetutor.co.kr)

단일 사이트로는 전세계 최대의 Office 콘텐츠 및 커뮤니티 확보

- 강좌 : 10,000페이지 이상, Q&A : 35 만건
- 커뮤니티 : 가입회원 35만명, 일 페이지뷰 1만5천 페이지(2010. 4월 기준)

E-learning 업체 중 최대 마이크로소프트 오피스 콘텐츠 개발 실적

- 마이크로소프트 오피스 97 · 2000 · XP 교재, 제품 매뉴얼 및 콘텐츠 다수 납품
- 배움닷컴 오피스 강좌 공동 개발 및 국내 주요 기업 사이버 연수 진행
- 국민은행, 하나은행, 조흥은행, 현대중공업 등 기업용 콘텐츠 제작 및 납품
- 마이크로소프트 오피스 제품에 대한 Daily Tip 제작
- 마이크로소프트 오피스 2003 · 2007 콘텐츠 다수 제작

오피스튜터의 교육 서비스 방식

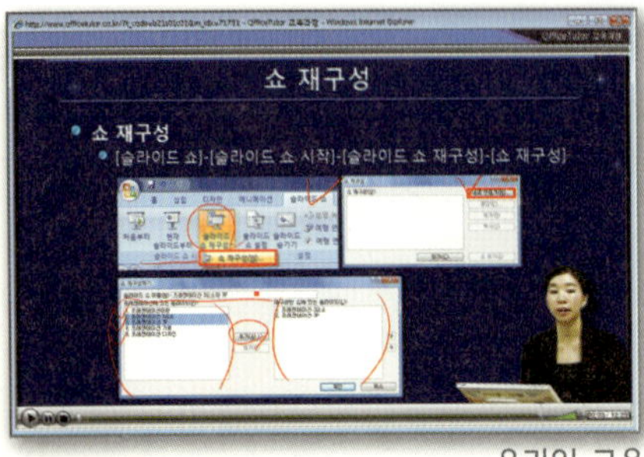

온라인 교육

기업출강 교육

개인 및 기업의 업무 생산성 향상을 위한 오피스튜터의 특별한 서비스

개인을 위한 프리미엄 서비스

온라인 교육 및 최신의 정보와 다양한 서비스를 통해 Microsoft Office Power User로 성장할 수 있도록 1년 동안 지원해 드리는 서비스 입니다. 지금까지 약 1,060여명의 회원님들께서 프리미엄 서비스를 통해 Office 활용 능력을 업그레이드 하셨습니다.

기업을 위한 기업ASP 서비스

1년간 귀사의 업무 생산성 향상을 위해 오피스튜터의 Office 온라인 과정을 수강할 수 있는 별도의 학습 사이트와 수강생들의 수강 현황을 파악할 수 있는 관리자 사이트를 제공해 드리는 서비스 입니다. 2010년 4월 29일 현재 오피스튜터 기업ASP서비스 고객사는 621개, 회원은 35,967명입니다.

대표번호 : 1544-4102   이메일 : edu@officetutor.com